Die Normativität von Wettbewerb

Europäische Hochschulschriften Recht

European University Studies in Law

Publications Universitaires Européennes de Droit

Band/ Volume **6689**

Hans-Markus Wagener

Die Normativität von Wettbewerb

Zugleich eine Untersuchung der Rechtsgenese im Bereich der institutionellen Schiedsgerichtsbarkeit

PETER LANG

Bibliografische Information der Deutschen Nationalbibliothek
Die Deutsche Nationalbibliothek verzeichnet diese Publikation in der Deutschen Nationalbibliografie; detaillierte bibliografische Daten sind im Internet über http://dnb.d-nb.de abrufbar.

Zugl.: Düsseldorf, Univ., Diss., 2022

D 61
ISSN 0531-7312
ISBN 978-3-631-88288-7 (Print)
E-ISBN 978-3-631-88605-2 (E-PDF)
E-ISBN 978-3-631-88606-9 (EPUB)
DOI 10.3726/b20080

Diese Publikation wurde begutachtet.

www.peterlang.com

Für Irmgard und Josef Beck

Vorwort

Die Juristische Fakultät der Heinrich-Heine-Universität Düsseldorf hat die vorliegende Arbeit im Sommersemester 2022 als Dissertation angenommen. Für ihre Veröffentlichung konnten bis zum Juni 2022 veröffentlichte Rechtsprechung und Literatur sowie sonstige Beiträge Berücksichtigung finden. Soweit im Folgenden auf Internetfundstellen verwiesen ist, wurden diese letztmalig am 12. Juli 2022 erfolgreich abgerufen.

Der Wettbewerb zwischen Normgefügen und ihren Urhebern hat als Phänomen in der internationalen Literatur bislang breitere Behandlung gefunden als im deutschsprachigen Raum. Die vorliegende Arbeit setzt, anders als die nennenswerten dieser vorhandenen Beiträge, nicht unmittelbar auf Ebene des staatlichen Rechts an, sondern nimmt stattdessen zunächst den Bereich der institutionellen Schiedsgerichtsbarkeit in den Blick, um Störfaktoren, die speziell mit der Betrachtung der staatlichen Sphäre unweigerlich verbunden sind, außen vor lassen zu können. Aus der Herrschaft der Schiedsinstitutionen über ihre jeweiligen Verfahrensordnungen kommt ihnen insofern eine gesetzgeberähnliche Rolle zu, sodass sich die Untersuchungsergebnisse zur Genese dieser Normgefüge mit gewissen Einschränkungen eignen, um Erkenntnisse zu wettbewerblichen Effekten auf die staatliche Sphäre zu übertragen.

Die Veröffentlichung dieses Werks markiert den Abschluss eines Projektes, welches von Beginn an Herzensangelegenheit genauso wie Herausforderung war. Die thematische Ausrichtung der Arbeit setzt an einer Schnittstelle zwischen öffentlichem- und Zivilrecht an und ist das Ergebnis eines intensiven Prozesses, der im Anschluss an das auf Rechtsanwendung ausgerichtete Studium insbesondere von Neugier an der normkreierenden Dimension angestoßen und geleitet war.

In dieser frühen Phase war es Frau Prof. Dr. Dr. h.c. Juliane Kokott, LL.M. (Am. Univ.), S.J.D. (Harvard), die mir ihr Vertrauen schenkte und mich förderte. Sie trug maßgebend dazu bei, erste Forschungsideen weiterzuentwickeln, sie zu präzisieren und damit die Weichen für das Gelingen dieses Projekts zu stellen. Dafür danke ich ihr herzlich. Besonderer Dank gebührt zudem meinem Doktorvater, Herrn Prof. Dr. Christian Kersting, LL.M. (Yale). Er eröffnete mir neben wissenschaftlicher Freiheit nicht zuletzt die Möglichkeit, zu hochaktuellen Entwicklungen im Kartellrecht mit Fachbeiträgen Stellung zu nehmen – allein sowie gemeinsam mit ihm. Für die zügige Anfertigung des Zweitgutachtens sei zudem Frau Prof. Dr. Katharina Lugani gedankt.

Über die gesamte Zeit hatte ich das unschätzbare Glück, von großartigen Menschen umgeben gewesen zu sein. Sie alle – besonders meine Eltern – haben auf ganz unterschiedliche Weise, aber jede und jeder für sich genommen entscheidend zum Gelingen dieser Arbeit beigetragen. In der Hoffnung, dass sie sich meiner tiefen Dankbarkeit ohnehin bewusst sind, sei sie ihnen an dieser Stelle von ganzem Herzen versichert.

Düsseldorf, im Juli 2022
Hans-Markus Wagener

Abkürzungsverzeichnis

AAA	American Arbitration Association
AALCC	Asian-African Legal Consultative Committee
AALCO	Asian-African Legal Consultative Organization
ABl.	Amtsblatt
Abs.	Absatz
ADR	Alternative Dispute Resolution
AEUV	Vertrag über die Arbeitsweise der Europäischen Union
AGB	Allgemeine Geschäftsbedingungen
AIAC	Asia International Arbitration Centre
AJCL	American Journal of Comparative Law
ALI	American Law Institute
Anh.	Anhang
Arb. Int'l.	Arbitration International
ARIA	American Review of International Arbitration
Art.	Artikel
ASA	Association Suisse de l'Arbitrage
ASA Bull.	ASA Bulletin
B2B	Business-to-Business
BB	Betriebs-Berater
BCLR	Boston College Law Review
Bd.	Band
BeckOK PatR	Beck'scher Onlinekommentar zum Patentrecht
BeckOK ZPO	Beck'scher Onlinekommentar zur Zivilprozessordnung
Begr.	Begründerin/Begründer
BGB	Bürgerliches Gesetzbuch
BGBl.	Bundesgesetzblatt
BGH	Bundesgerichtshof
BGHZ	Entscheidungssammlung des Bundesgerichtshofs in Zivilsachen
Berk. J. of Int'l. L.	Berkeley Journal of International Law
Brookl. J. of Int'l. L.	Brooklyn Journal of International Law
BKartA	Bundeskartellamt
BLR	Buffalo Law Review
BR	Bundesrat
bspw.	beispielsweise

BT	Deutscher Bundestag
BVerfG	Bundesverfassungsgericht
BVerfGE	Entscheidungen des Bundesverfassungsgerichts
bzw.	beziehungsweise
CAS	Court of Arbitration for Sport (Internationaler Sportgerichtshof)
Ch.	Chapter
CJEL	Columbia Journal of European Law
CJQ	Civil Justice Quarterly
cl.	clause
CLR	Columbia Law Review
CPC	Code de Procédure Civil (Frankreich)
ders.	derselbe
d.h.	das heißt
dies.	dieselbe(n)
DIS	Deutsche Institution für Schiedsgerichtsbarkeit
Disp. Res.	Dispute Resolution
DLJ	Duke Law Journal
DÖV	Die Öffentliche Verwaltung
DRiG	Deutsches Richtergesetz
DRJ	Dispute Resolution Journal
Drs.	Drucksache
DStJG	Veröffentlichungen der Deutschen Steuerjuristischen Gesellschaft
Ed.	Edition
ed./eds.	editor/editors
EG	Europäische Gemeinschaft
EGGVG	Einführungsgesetz zum Gerichtsverfassungsgesetz
EL	Ergänzungslieferung
EMRK	Europäische Menschenrechtskonvention
et al.	et alii/alae
EU	Europäische Union
EUV	Vertrag über die Europäische Union
EuG	Gericht der Europäischen Union
EuGH	Europäischer Gerichtshof
EuGVVO	Verordnung (EU) Nr. 1215/2012 des Europäischen Parlaments und des Rates vom 12. Dezember 2012 über die gerichtliche Zuständigkeit und die Anerkennung und Vollstreckung von Entscheidungen in Zivil- und Handelssachen
EuR	Europarecht

EuÜ	Europäisches Übereinkommen über die internationale Handelsschiedsgerichtsbarkeit vom 21. April 1961
f.	folgender/folgende/folgendes
FAQ	Frequently Asked Questions
FAZ	Frankfurter Allgemeine Zeitung
ff.	folgende
FILJ	Fordham International Law Journal
FKVO	Verordnung (EG) Nr. 139/2004 des Rates vom 20. Januar 2004 über die Kontrolle von Unternehmenszusammenschlüssen (sog. Fusionskontrollverordnung)
Fn.	Fußnote
FuL	Forschung & Lehre
GG	Grundgesetz der Bundesrepublik Deutschland
ggf.	gegebenenfalls
GLR	Georgia Law Review
GRCh	Charta der Grundrechte der EU
GRUR	Gewerblicher Rechtsschutz und Urheberrecht
GVG	Gerichtsverfassungsgesetz
GWB	Gesetz gegen Wettbewerbsbeschränkungen
GWLR	George Washington Law Review
HGÜ 2005	Haager Übereinkommen vom 30. Juni 2005 über Gerichtsstandsvereinbarungen
HGÜ 2019	Haager Übereinkommen vom 2. Juli 2019 über die Anerkennung und Vollstreckung ausländischer Urteile in Zivil- oder Handelssachen
HLR	Harvard Law Review
Hrsg.	Herausgeberin/Herausgeber
IBL	International Business Lawyer
ICA	International Court of Arbitration der ICC
ICC	International Chamber of Commerce
ICCA	International Council for Commercial Arbitration
ICC Dis. Res. Bul.	ICC Dispute Resolution Bulletin
ICC-ICA Bul.	ICC International Court of Arbitration Bulletin
ICDR	International Centre for Dispute Resolution of the American Arbitration Association
ICDR-IAR	ICDR International Arbitration Reporter
ICLQ	International and Comparative Law Quarterly
ICSID	International Center for Settlement of Investment Disputes
ICSID Rev.	ICSID Review

i.e.	id est
IIC	International Review of Intellectual Property and Competition Law
IJGLS	International Journal of Global Legal Studies
insb.	insbesondere
IPRax	Praxis des Internationalen Zivil- und Verfahrensrechts
i.S.d.	im Sinne der/des
ISDS	Investor-State Dispute Settlement
IStR	Internationales Steuerrecht
i.S.v.	im Sinne von
i.Ü.	im Übrigen
i.V.m.	in Verbindung mit
JA	Juristische Arbeitsblätter
JAS	Journal of Arbitration Studies
JCL	Journal of Corporation Law
JCMS	Journal of Common Market Studies
JIA	Journal of International Arbitration
JLEO	Journal of Law, Economics and Organization
JLS	Journal of Legal Studies
JuS	Juristische Schulung
JZ	JuristenZeitung
Kap.	Kapitel
KOMM.	Europäische Kommission (auch EU-Kommission)
LCP	Law and Contemporary Problems
lit.	littera
LSR	Law & Society Review
LCIA	London Court of International Arbitration
m. Anm.	mit Anmerkungen von
m.w.N.	mit weiteren Nachweisen
ModG	UNCITRAL-Modellgesetz
NJ	Neue Justiz
NJOZ	Neue Juristische Online-Zeitschrift
NJW	Neue Juristische Wochenschrift
No.	Number
Nr.	Nummer
NStZ	Neue Zeitschrift für Strafrecht
NStZ-RR	NStZ-Rechtsprechungs-Report
NwULR	Northwestern University Law Review
NYÜ	New Yorker Übereinkommen über die Anerkennung und Vollstreckung ausländischer Schiedssprüche vom 10. Juni 1958

NZFam	Neue Zeitschrift für Familienrecht
OJDR	Ohio State Journal on Dispute Resolution
OLG	Oberlandesgericht
OREP	Oxford Review of Economic Policy
PCA	Permanent Court of Arbitration
RabelsZ	Rabels Zeitschrift für ausländisches und internationales Privatrecht
RACI	Revista de Arbitraje Comercial y de Inversiones
RdW	Österreichisches Recht der Wirtschaft
Rev. de l'Arb.	Revue de l'Arbitrage
RG	Reichsgericht
RGZ	Entscheidungssammlung des Reichsgerichts in Zivilsachen
RIW	Recht der Internationalen Wirtschaft
Rl.	Rule
Rn.	Randnummer
Rom-I-VO	Verordnung (EG) Nr. 593/2008 des Europäischen Parlaments und des Rates vom 17. Juni 2008 über das auf vertragliche Schuldverhältnisse anzuwendende Recht (Rom I)
S.	*Im Dissertationstext:* Satz *In Literaturverzeichnis und Fußnotentext:* Seite
SchiedsVZ	Zeitschrift für Schiedsverfahren
SCC	Stockholm Chamber of Commerce
SEC	United States Security and Exchange Commission
SIAC	Singapore International Arbtitration Centre
SLR	Stanford Law Review
sog.	sogenannt
StuW	Steuer und Wirtschaft
TILJ	Texas International Law Journal
Transnat'l. Lawy.	The Transnational Lawyer
u.	und
u.a.	unter anderem/anderen
UILR	University of Illinois Law Review
UNCITRAL	United Nations Commission on International Trade Law
UNCITRAL-ModG	UNCITRAL-Modellgesetz
UoPLR	University of Pennsylvania Law Review
Var.	Variante
vgl.	vergleiche

VIAC	Vienna International Arbitration Centre
Vol.	Volume
Virg. L. Rev.	Virginia Law Review
Vand. L. Rev.	Vanderbilt Law Review
VJTL	Vanderbilt Journal of Transnational Law
Vorb.	Vorbemerkungen
WIPO	World Intellectual Property Organization
WTO	World Trade Organisation (Welthandelsorganisation)
WÜ	(Washingtoner) Übereinkommen zur Beilegung von Investitionsstreitigkeiten zwischen Staaten und Angehörigen anderer Staaten
YCA	Yearbook Commercial Arbitration
YLJ	Yale Law Journal
ZEuP	Zeitschrift für Europäisches Privatrecht
ZHR	Zeitschrift für das gesamte Handels- und Wirtschaftsrecht
ZPO	Zivilprozessordnung
ZRP	Zeitschrift für Rechtspolitik
ZVglRWiss	Zeitschrift für Vergleichende Rechtswissenschaft
ZZP	Zeitschrift für Zivilprozeß

Inhaltsverzeichnis

Einleitung

A. Untersuchungsgegenstand

I. Wettbewerb zwischen rechtserzeugenden Instanzen?

Im Zentrum dieser Arbeit steht das Vorhaben, neue Erkenntnisse in Bezug auf das Phänomen ‚Rechtswettbewerb' zu gewinnen. Wie im Verlauf noch ausführlich zu erläutern sein wird, verbirgt sich dahinter der Verdacht einer Wettbewerbsdynamik, die zwischen konkurrierenden Gesetzgebern wirkt, und so gegebenenfalls den Inhalt der von ihnen geschaffenen Normen beeinflussen könnte. Diese Schrift vertritt die These, dass Recht genauso wie ein klassisches Wirtschaftsgut grundsätzlich Gegenstand von Wettbewerb sein kann.

Instanzen, die Regelungen entwerfen und Dritten zur Nutzung zur Verfügung stellen, sind insofern als Anbieter von Recht anzusehen. Ihnen gegenüber stehen auf der Nachfrageseite Personen, die einen Bedarf nach gesicherten rechtlichen Verhältnissen und damit nach Regulierung aufweisen. Solcher Bedarf lässt sich aus ökonomischer Perspektive als Marktpotential verstehen. Wo immer Personen mit entsprechender Nachfrage mehrere alternative Normgefüge zur Befriedigung ihres Regulierungsbedarfs zur Verfügung stehen, ist ihre Entscheidung vernünftigerweise das Ergebnis eines Vergleichs, bei dem sich die attraktivste Option durchsetzt. Sofern die Anbieter ein Interesse daran haben, dass Nutzer sich für die von ihnen bereitgestellte und damit gegen die übrigen Regelungsalternativen entscheiden, bildet sich ein Wettbewerbsverhältnis zwischen den Akteuren der Angebotsseite.

Voraussetzung für einen solchen Wettbewerb ist allerdings, dass die Vertreter der Nachfrageseite in ihrer Entscheidung zwischen den verfügbaren Regelungsalternativen frei sind. Indes muss die Auswahl sowohl juristisch zulässig als auch faktisch umsetzbar für den Nutzer sein. Ist die Rechtswahl von Normen mit zwingender Geltung ausgeschlossen, besteht keinerlei Entscheidungsspielraum auf der Nachfrageseite. Und auch wo die Rechtslage diese Freiheit zwar prinzipiell eröffnet, die Ausübung der Rechtswahl allerdings in tatsächlicher Hinsicht nur mit unverhältnismäßig hohem Aufwand umgesetzt werden kann, ist die Entscheidung der Nutzer nicht als hinreichend frei zu qualifizieren. Daher kann die Auswahl eines bestimmten Rechtsregimes nur dann als frei gelten, wenn die Entscheidung weder rechtlich noch faktisch vorherbestimmt ist.

Mit Blick auf diese beiden Dimensionen lässt sich vorweg bereits ein Befund festhalten: Spezialisierung, Globalisierung und Digitalisierung der Wirtschaft und ihrer Handelsströme, fördern als rasant fortschreitende Transformationsprozesse Effizienzgewinne zu Tage, angesichts derer die Auswahl des individuell günstigsten Rechtsregimes für den Nutzer logistisch immer leichter zu bewerkstelligen ist. Bei *Goethe* und zu seiner Zeit hieß es noch:

> „Wer sich den Gesetzen nicht fügen lernt,
> muß die Gegend verlassen, wo sie gelten.“[1]

Schon darin spiegelte sich der Gedanke wider, dass jedes Individuum berufen ist, selbst zu entscheiden, der Geltung welcher Gesetze beziehungsweise welchen Rechts es sich verschreibt.[2]

Bei dem Konzept der Rechtswahlfreiheit handelt es sich weder um eine Errungenschaft der Moderne noch um eine Folge fortschreitender Globalisierung. Dennoch trifft der Aussagegehalt des Zitats heute nicht mehr zu. Denn anders als noch etwa zu Goethes Lebzeiten ist freie Rechtswahl nicht mehr unbedingt mit dem erschwerenden Erfordernis verbunden, die Gegend zu verlassen.[3] Mittlerweile findet auf Wahl der Nutzer hin ausländisches Recht insbesondere im Bereich des Vertragsrechts oder auch des Gesellschaftsrechts, regelmäßig auch im Inland unmittelbare Anwendung.[4]

In der heutigen Geschäftsrealität kann beispielsweise eine in Düsseldorf wohnhafte italienische Staatsbürgerin eine spanische Gesellschaftsform für ihr Startup wählen und dessen Geschäftsbetrieb mit Krediten U.S.-amerikanischer Banken finanzieren, die wiederum dem Recht des Bundesstaates New York unterliegen. Gleichzeitig lässt sich in den Statuten der Gesellschaft festlegen, dass die aus ihr erwachsenden Streitfälle vor einem schweizerischen Schiedsgericht auszutragen sind. All dies kann organisiert werden, ohne dass die Unternehmerin ihren Lebensmittelpunkt weg aus Düsseldorf verlagern müsste.[5]

---

1 *J. Goethe*, Wilhelm Meisters Wanderjahre oder die Entsagenden, 1821, Zweites Buch, Zweites Kapitel (zitiert nach der Reclam-Ausgabe 1982, S. 182).

2 *Kirchhof* spricht in diesem Zusammenhang auch von der „Befugnis, dem Recht als der Bedingung seiner Freiheit auszuweichen, in der Entscheidung über die jeweils für ihn wirksame Rechtsordnung gleichsam sein eigener Gesetzgeber zu sein.“, *P. Kirchhof*, Freiheitlicher Wettbewerb und staatliche Autonomie – Solidarität, in: H. Lenel/H. Gröner/W. Hamm et al. (Hrsg.), ORDO, 39, 43.

3 *A. Peters*, Wettbewerb der Rechtsordnungen, in: T. Giegerich/A. Hatje/A. Peters (Hrsg.), Gemeinwohl durch Wettbewerb?, 7, 19.

4 Monopolkommission, Systemwettbewerb, 1998, S. 17.

5 Nachempfunden dem Beispiel von *H. Eidenmüller*, The Transnational Law Market, Regulatory Competition, and Transnational Corporations, in: IJGLS 18 (2011) No. 2, 707, 708 sowie *H. Eidenmüller*, Regulatory Competition in Contract Law and Dispute

Konstellationen wie diese verdeutlichen, dass der Ort des Aufenthalts beziehungsweise der Niederlassung einer Person nicht mehr unbedingt mit der Anwendung eines bestimmten staatlichen Rechtsregimes einhergeht. Obgleich die Wahl der jeweils präferierten Rechtsregeln und damit das Konzept der sogenannten Rechtsarbitrage kein Geistesprodukt der Moderne sind, so konnte sich der Quantensprung von utopischer Theorie hin zu praxistauglichem Optimierungsinstrument doch erst im Licht der industriellen Transformationsprozesse vollziehen.[6] Insbesondere der schnelle Fortschritt sowohl der Transport- als auch der Kommunikationstechnologie haben die private Mobilität im Laufe der letzten Jahrzehnte drastisch erhöht.[7]

Die Ausübung der Rechtswahlfreiheit ist insbesondere in das Bewusstsein von Unternehmen gerückt. Für sie stellt die Wahl des individuell günstigsten Rechtsregimes einen Teil der Geschäftsstrategie zur Verfolgung ihrer Interessen dar. In der Folge ist Recht zum Produkt[8] und damit zum Standortfaktor geworden.[9] Sofern Staaten in ihrem Streben nach einer florierenden Volkswirtschaft miteinander im Wettbewerb um private Investitionen stehen, könnte diese Konkurrenz das Schaffen der Legislative beeinflussen.[10]

Resolution, in: H. Eidenmüller (Hrsg.), Regulatory Competition in Contract Law and Dispute Resolution, 1.

6 Anstatt vieler vgl. nur *A. Ogus*, Competition between National Legal Systems, in: ICLQ 48 (1999) No. 2, 405, 408 f.; unter besonderer Hervorhebung der Mobilität von Kapital zudem *A. Peters*, Wettbewerb der Rechtsordnungen, in: T. Giegerich/A. Hatje/A. Peters (Hrsg.), Gemeinwohl durch Wettbewerb?, 7, 15 (Fn. 20).

7 *W. Kerber*, Interjurisdictional Competition within the European Union, in: FILJ 23 (2000) Special Symposium Issue, 217, 219.

8 Dazu ausführlich siehe *H. Eidenmüller*, Recht als Produkt, in: JZ 2009, 641 ff.

9 In diesem Sinne vgl. *W. Kerber*, Interjurisdictional Competition within the European Union, in: FILJ 23 (2000) Special Symposium Issue, 217, 220 f.

10 *Eidenmüller* unterscheidet für den Bereich staatlicher Gesetzgebung zwischen direkten finanziellen Anreizen in Form von Steuern und Gebühren, die infolge der Entscheidung für ein bestimmtes Rechtsregime zugunsten des jeweiligen Staatshaushaltes anfallen, und den indirekten finanziellen Anreizen eines Gesetzgebers. Gemeint sind damit unterschiedliche Folgeeffekte der Rechtswahl, welche sich günstig auf die Gesamtwirtschaft auswirken können, wie etwa ein entsprechender (langfristiger) Bedarf an rechtlicher Beratung durch heimische Dienstleister. Zwar seien diese indirekten Anreize kaum zu quantifizieren, geschweige denn aufgrund ihrer gerade mittelbaren Natur als kausale Folge der Rechtswahl nachzuweisen. Nichtsdestoweniger übersteige ihre Relevanz diejenige der direkten finanziellen Anreize, *H. Eidenmüller*, Recht als Produkt, in: JZ 2009, 641, 643. Dem zustimmend und daran anknüpfend siehe *C. Kersting*, Wettbewerb der Rechtskulturen, in: H. Piper/Heinrich-Heine-Universität

Die Rolle des Gesetzgebers wandelt sich nach dieser Betrachtung vom einst monopolistischen Versorger hin zu einem von vielen Anbietern, der angesichts der Konkurrenz wettbewerbsbedingtem Druck ausgesetzt ist und dessen Gestaltungsfreiheit dadurch unter Umständen mehr oder weniger effektiv beschränkt wird. Denn indem es gilt, das eigene Recht an den Bedürfnissen und Vorlieben der Nachfrageseite orientiert zu gestalten, um so möglichst viele Nutzer anzusprechen, ist die Attraktivität der eigenen Regelungen stets im Vergleich zu den konkurrierenden Regelungsregimen zu bewerten. Die Nachfrageseite selektiert die angebotenen Lösungen und wird folglich zur Kontrollinstanz, welche die Anbieter für die konkrete Ausübung ihrer prinzipiellen Freiheit bei der Rechtsgestaltung sanktioniert.[11]

Die skizzierte Konstellation weist unverkennbare Parallelen zu typischem Marktgeschehen auf, in dessen Rahmen Angebot und Nachfrage aufeinandertreffen und sich gegenseitig bedingen. Indes agieren die Marktteilnehmer zwar autonom; sie sind jedoch einem gewissen Wettbewerbsdruck ausgesetzt, der disziplinierende, mitunter faktisch beschränkende Wirkung in Bezug auf die Handlungsfreiheit der Akteure entfaltet.[12] Vor diesem Hintergrund drängt sich die Frage nach der Existenz derartiger Wettbewerbsdynamik unter rechtsgestaltenden Instanzen auf. Sofern Recht in diesem Sinne Gegenstand von Wettbewerb ist, schlagen sich die Auswirkungen potentiell auf normativer Ebene nieder. Daher sind etwaige Konsequenzen einer solchen Dynamik für die Rechtsgenese zu ergründen.

II. Auswirkungen von Wettbewerb auf die Rechtsgenese?

Der Fokus dieser Untersuchung liegt auf Regelwerken, die originär von privaten beziehungsweise nicht-staatlichen Einheiten erzeugt werden. Konkret nimmt die vorliegende Arbeit die sogenannten Schiedsinstitutionen (auch Schiedszentren) in den Blick. Schiedsinstitutionen entfalten vielfältige Aktivitäten, die

---

Düsseldorf (Hrsg.), Neues aus Wissenschaft und Lehre, 557. Speziell in Bezug auf die entsprechende Bedeutung effizienter Wirtschaftsgerichtsbarkeit siehe *R. Podszun/T. Rohner*, Nach dem Brexit: Die Stärkung staatlicher Gerichte für wirtschaftsrechtliche Streitigkeiten, in: BB 2018, 450, 453; *S. Wernicke*, Perspektiven des deutschen Rechts im Wettbewerb der Rechtsordnungen, 2017, 3038, 3041; *G.-P. Calliess/H. Hoffmann*, Effektive Justizdienstleistungen für den globalen Handel, in: ZRP 2009, 1, 4.

11 Monopolkommission, Systemwettbewerb, 1998, S. 18.

12 In diesem Sinne vgl. *J. Wieland*, Steuerwettbewerb in Europa, in: EuR 2001, 119, 123 m.w.N.

allesamt dem Feld der Konfliktlösung zuzuordnen sind. Das Herzstück ihres Geschäftsmodells bildet die administrative Begleitung von Schiedsverfahren auf Grundlage institutionseigener Regelwerke. Diese sind im Folgenden als ‚Schiedsordnungen' bezeichnet.[13]

Schiedsordnungen sind Regelwerke, deren Normen die Grundzüge des Verfahrens von der Einleitung über den Ablauf bis zur Beendigung vorgeben. Anders als staatliche Gesetze, die aufgrund ihres hoheitsrechtlichen Ursprungs *ipso iure* absolute Geltung für jedermann entfalten, kommt den institutionellen Schiedsordnungen keinerlei autonome Rechtswirkung zu. Ihr normativer Gehalt erlangt nur im Kontext vertraglicher Rechtsverhältnisse verbindliche Wirkung, sofern die daran beteiligten Personen dies im Lichte ihrer Privatautonomie miteinander vereinbaren.[14] Sprachlich wie inhaltlich entsprechen die institutionellen Schiedsordnungen jedoch aufgrund ihrer abstrakt-generellen Fassung dem Regelungscharakter staatlicher Gesetze.

Im Kontext institutioneller Schiedsverfahren erfüllt die einschlägige Schiedsordnung dieselbe Funktion, die in staatlichen Gerichtsprozessen den gesetzlich verfassten Prozessordnungen zukommt.[15] Wie ihre gesetzlichen Pendants erfahren auch die Schiedsordnungen in unregelmäßigen Abständen Änderungen und Ergänzungen in teils ausgiebigen Reformen. Ob und bejahendenfalls, inwiefern diese durch etwaige Konkurrenz der Schiedsinstitutionen um ein möglichst hohes Fallaufkommen beeinflusst werden, ist hinsichtlich mehrerer Gesichtspunkte von weiterführender Relevanz. Zunächst lassen sich aus dem Ergebnis rein praktisch gesehen Implikationen für den Umgang von Wettbewerbsbehörden mit Schiedsinstitutionen ableiten. Je nachdem wie sich der Wettbewerb auf dem Gebiet der institutionellen Schiedsgerichtsbarkeit darstellt, könnte sowohl angesichts von Kartell- und Marktmissbrauchsverbot als auch im Rahmen der Fusionskontrolle erhöhte Aufmerksamkeit geboten sein oder gar akuter Handlungsbedarf bestehen.

---

13 Im Schrifttum wird teilweise stattdessen der Begriff der ‚Schiedsgerichtsordnung' verwendet. Dieser erscheint allerdings insoweit ungeeignet, als der Regelungsgehalt der institutionellen Verfahrensregeln über die Sphäre des Schiedsgerichts hinausgeht. Denn insbesondere legt eine institutionelle Schiedsordnung auch die Kompetenzen der verantwortlichen Schiedsinstitution fest.

14 Siehe dazu umfassend unter *Rechtsnatur institutioneller Schiedsordnungen*.

15 Im Hinblick auf diese Funktionalität passend bezeichnet *Habel* institutionelle Schiedsordnungen als ‚quasi-Prozessordnungen', siehe *A. Habel*, Contract Governance, 2012, S. 103.

Aus wissenschaftlicher Sicht liegt das Hauptaugenmerk jedoch auf der Gewinnung von Erkenntnissen zu den Auswirkungen von Wettbewerb auf die Rechtsgenese. Bis dato konzentriert sich der Diskurs auf die staatliche Dimension. Aufgrund der empirischen und methodischen Schwierigkeiten, die mit einer Untersuchung des Phänomens auf staatlicher Ebene unweigerlich verbunden sind, ist der Diskurs mehr oder weniger ins Stocken geraten.[16] Erkenntnisse aus dem Bereich der Schiedsinstitutionen haben vor diesem Hintergrund das Potential, einerseits bisherige Theorien in neuem Licht erscheinen zu lassen und andererseits Ansatzpunkte für künftige Forschungsprojekte aufzuzeigen.

B. Von freier Rechtswahl über den Rechtsmarkt zum Rechtswettbewerb

Die wissenschaftliche Debatte hat in der Vergangenheit eine Vielzahl von Beiträgen hervorgebracht, die sich mit dem Wettbewerb von staatlichen Gesetzgebern und deren *Regelungsprodukten* befassen. Immerhin nimmt der freie Wettbewerb im global dominierenden System der Marktwirtschaft eine zentrale Funktion ein. So stehen zur Befriedigung eines Bedarfs in der Regel verschiedene Angebote von ebenso unterschiedlichen Anbietern zur Verfügung. Angesichts der Wahlmöglichkeiten der Nachfrager entsteht eine Dynamik, die maßgeblich mitbestimmt, welche Produkte zur Auswahl stehen und zu welchem Preis diese gehandelt werden.

Demgegenüber wird Recht in erster Linie – wenn nicht gar ausschließlich – als normativer Rahmen verstanden, innerhalb dessen sich jedwedes Verhalten der Rechtssubjekte abzuspielen hat. So stellt *Eidenmüller* in Bezug auf die marktwirtschaftliche Betrachtung von Systemen allgemein fest:

> „Wir fassen Recht als Rahmen auf, innerhalb dessen sich Handel abspielt. Aber das Recht selbst betrachten wir nicht als Ware.“[17]

Wirtschaft beziehungsweise Wettbewerb auf der einen und Recht auf der anderen Seite werden im Verhältnis zueinander regelmäßig als zwei in sich geschlossene Systeme verstanden, wobei die Kategorien der einen Disziplin im Kontext der anderen jeweils ungeeignet seien.[18]

---

16 Zu den praktischen Problemen von Untersuchungen der staatlichen Sphäre siehe sogleich unter C.I. *Vorüberlegungen*.

17 *H. Eidenmüller*, Recht als Produkt, in: JZ 2009, 641.

18 In diesem Sinne vgl. *P. Kirchhof*, Freiheitlicher Wettbewerb und staatliche Autonomie – Solidarität, in: H. Lenel/H. Gröner/W. Hamm et al. (Hrsg.), ORDO, 39 ff.

Unter dieser Prämisse kann ein Konzept, welches Recht und Gesetz als eine von Wettbewerb beeinflusste Größe betrachtet, auf den ersten Blick vor allem für Juristen mit dem Hintergrund des dogmatikdominierten deutschsprachigen Rechtsraums höchst befremdlich wirken. Schließlich entspricht es dem Grundverständnis der aufgeklärten Staatstheorie, dass die allgemein verbindliche Rechtsetzung, die Legislative, eine der ureigenen Ausdrucksformen von autonom-souveräner Staatsgewalt darstellt.[19] Dementsprechend meint etwa Seiler, der Wettbewerbsbegriff sei im staatlichen Kontext

> „schon sprachlich unglücklich gewählt, weil er einen der gesellschaftlichen Sphäre zugehörigen Begriff unkritisch auf die Ausübung von Hoheitsgewalt überträgt. Es gibt jedoch keinen ‚Markt' der Staaten und damit im eigentlichen Sinne auch keinen Wettbewerb zwischen ihnen. Staaten werben sich nicht gegenseitig Kunden ab und wollen sich erst recht nicht wechselseitig aus einem Markt verdrängen".[20]

In diesem Sinne ähnlich meint *Paul Kirchhof*:

> „Den Gedanken des Wettbewerbs auf Staaten anzuwenden, ist völlig verfehlt. Der Staat ist freiheitsverpflichtet, nicht freiheitsberechtigt, nimmt also nicht am Wettbewerb teil, sondern gewährleistet den Wettbewerb."[21]

Die Prämisse des freiheitsverpflichteten Staates gilt jedoch nicht universell, sondern nur in Abhängigkeit von der Perspektive. So ist ein Staat bloß im Verhältnis zu denjenigen Rechtssubjekten freiheitsverpflichtet, im Verhältnis zu denen er seine Staatsgewalt ausübt. Da ein Staat in der Ausübung hoheitlicher Herrschaftsrechte grundsätzlich fest an die geografischen Grenzen seines Territoriums gebunden ist, geht seine rechtliche Freiheitsverpflichtung darüber nicht

---

19 Die Gesetzgebung ist neben der Exekutive und der Judikative eine der drei Staatsgewalten in der Tradition von *Locke* (Two Treatises of Government, 1689) und *Montesqieu* (De l'esprit des loix, 1748).

20 *C. Seiler*, Steuerstaat und Binnenmarkt, in: O. Deppenheuer/M. Heintzen/M. Jestaedt, et al. (Hrsg.), Staat im Wort, 875, 884 Insofern widersprüchlich heißt es im unmittelbar anschließenden Absatz desselben Textes allerdings, es sei „ein Bestreben der europäischen Staaten zu beobachten, einander Steuerzahler abzuwerben [...]. Dieses Bestreben [...] erzeugt in der Tat einen erheblichen faktischen Anpassungsdruck".

21 *P. Kirchhof*, Freiheitlicher Wettbewerb und staatliche Autonomie – Solidarität, in: H. Lenel/H. Gröner/W. Hamm et al. (Hrsg.), ORDO, 39, 40. Vgl. in diese Richtung auch *Fezer*, der in der wettbewerblichen Betrachtung eine „ökonomische Reduktion der Komplexität des Rechts" ausmacht, *K.-H. Fezer*, Aspekte einer Rechtskritik an der economic analysis of law und am property rights approach, in: JZ 41 (1986) No. 18, 817, 823.

hinaus. Dagegen ist ein Staat gegenüber allen anderen Staaten aufgrund seiner Souveränität prinzipiell freiheitsberechtigt. Denn jeder Staat kann die ihm zustehenden Hoheitsrechte grundsätzlich eigenständig, das heißt unabhängig von den anderen ausüben. Insbesondere in der Gestaltung seiner eigenen Rechtsordnung ist ein Staat in diesem Sinne grundsätzlich freiheitsberechtigt.[22]

Während Staaten somit im Grundsatz unabhängig in der Ausgestaltung ihrer Rechtsordnung sind, streben sie in der Regel danach, sich als attraktive Wirtschaftsstandorte zu präsentieren. Sofern ihrer Rechtsordnung beziehungsweise bestimmten Teilen davon die Relevanz eines Standortfaktors zukommt, erfolgt die inhaltliche Gestaltung von Recht unweigerlich im Bewusstsein über die Möglichkeit, dass Rechtssubjekte im Rahmen etwaiger Wahlfreiheit auf alternative Rechtsregime ausweichen könnten.

Obgleich die Handlungsfreiheit der rechtserzeugenden Legislative vor dem Hintergrund staatlicher Souveränität rechtlich betrachtet unbeschränkt ist, könnte etwaiger Wettbewerbsdruck mitunter eine faktische Beschränkung der formalen Gestaltungssouveränität nach sich ziehen.[23] Demnach ist ergründen, ob zwischen Rechtserzeuger alternativer Rechtsregime eine disziplinierende Dynamik entsteht, die sich in der Rechtsgenese niederschlägt.

I. Rechtswettbewerb zwischen den U.S.-amerikanischen Bundesstaaten

Die U.S.-amerikanische Wissenschaft im Besonderen hat bereits vor langer Zeit ein Problembewusstsein für etwaige Wechselwirkungen zwischen konkurrierenden Gesetzgebern entwickelt. Angesichts der föderalen Binnenstruktur der Vereinigten Staaten von Amerika, die sich durch die weitreichenden Regelungskompetenzen der Glied- beziehungsweise Bundesstaaten auszeichnet, kann die Vorreiterrolle der dortigen Forschung auf dem Gebiet des Rechtswettbewerbs nicht sonderlich verwundern. Denn unter derartigen Bedingungen offenbart sich schon auf nationaler Ebene ein Umfeld, in dem mit den bundesstaatlichen Gesetzgebern autonome Akteure Normgefüge erzeugen, die jeweils dieselbe Regelungsmaterie betreffen.

---

22 Zum Ganzen ähnlich siehe *V. Vanberg*, Auch Staaten tut der Wettbewerb gut, in: H. Lenel/H. Gröner/W. Hamm et al. (Hrsg.), ORDO, 47, 48 f.

23 Dahingehend spricht *Seiler* in seinem zuvor zitierten Beitrag von einem ‚erheblichen faktischen Anpassungsdruck', *C. Seiler*, Steuerstaat und Binnenmarkt, in: O. Depenheuer/M. Heintzen/M. Jestaedt, et al. (Hrsg.), Staat im Wort, 875, 884 f.

Herausragende Beachtung findet dort nach wie vor der Bereich des Gesellschaftsrechts. Aufgrund der föderalistischen Organisationsstruktur sind die legislativen Kompetenzen in den Vereinigten Staaten von Amerika traditionell zwischen dem Bundesgesetzgeber in Washington (*Federal Government*) und den einzelnen Gliedstaaten (*State Governments*) aufgeteilt.[24] Unter diesen Bedingungen besteht bereits innerhalb ein und desselben nationalstaatlichen Rechtssystems Pluralität von alternativen Rechtsregimen in Bezug auf sämtliche Regelungsgegenstände, die in den Kompetenzbereich der Bundesstaaten fallen. Dazu gehört unter anderem auch das Gesellschafts- beziehungsweise das Körperschaftsrecht.[25]

Unternehmen, die sich auf dem Gebiet der Vereinigten Staaten ansiedeln möchten, sind in der Wahl ihres Gesellschaftsstatuts frei. Denn jeder Bundesstaat bietet insoweit unabhängig von physischer Präsenz des geplanten Geschäftsbetriebs dessen Eintragung als *corporation* unter seinem Rechtsstatut an.[26] Genauso wenig wie auf die Aktivitäten der Gesellschaft kommt es auf die hinter ihr stehenden Personen und deren Wohnsitz an.[27] Derartige Irrelevanz einer tatsächlichen Verbindung des Unternehmens zu seinem Gründungsstaat wird nachstehend als *absolute Gründungsfreiheit* bezeichnet.

Gemäß Art. III § 8 cl. 3 der U.S.-amerikanischen Verfassung, der sogenannten *Interstate Commerce Clause* steht dem U.S.-Kongress und damit dem Federal Government unter anderem die Regelungskompetenz für den Handel *zwischen den Bundesstaaten* zu. Demgegenüber sind die Bundesstaaten mit der legislativen Hoheit über den jeweiligen innerstaatlichen Handel ausgestattet.[28] Zu

---

24 Vgl. Amendment X (Powers of the States and the People), Art. 1, § 8 U.S.-amerikanische Verfassung.

25 "It [...] is an accepted part of the business landscape in this country for States to create corporations, to prescribe powers, and to define the rights that are acquired by purchasing their shares.", U.S. Supreme Court, *CTS Corp. v. Dynamics Corp. of America*, 481 U.S. 69, 91 (1987). Siehe außerdem *F. Tung*, Origins of the Internal Affairs Doctrine, in: JCL 32 (2006) No. 1, 33 ("Corporate Law is state law.").

26 *F. Tung*, Origins of the Internal Affairs Doctrine, in: JCL 32 (2006) No. 1, 33, 44; *R. Romano*, The Genius of American Corporate Law, 1993, S. 1.

27 Siehe zum Ganzen *M. Stevens*, Internal Affairs Doctrine, in: BCLR 48 (2007) No. 4, 1047; *G. Subramanian*, The Influence of Antitakeover Statutes on Incorporation Choice, in: UoPLR 150 (2002) No. 6, 1795, 1802; *F. Tung*, Origins of the Internal Affairs Doctrine, in: JCL 32 (2006) No. 1, 33, 44; *S. Kaplan*, Foreign Corporations and Local Corporate Policy, in: Vand. L. Rev. 21 (1968) No. 4, 433, 435.

28 Die Differenzierung zwischen innerstaatlichem Handel (Kompetenz der *State Governments*) einerseits und zwischenstaatlichem Handel andererseits (Kompetenz des

diesem Bereich zählt insbesondere die Kompetenz, eigene Gesellschaftsformen zu definieren, da Gesellschaften nach der U.S.-amerikanischen Dogmatik allein Geschöpfe des regionalen Rechts des jeweiligen Gründungsstaates sind.[29]

In diesem Bereich nimmt der kleine Bundesstaat Delaware eine herausragende Rolle ein, mit der sich eine Vielzahl der Literaturbeiträge zum Rechtswettbewerb direkt oder zumindest mittelbar befassen. Die Kommentatoren sind sich unterdessen zwar einig, dass jedenfalls Delaware sich im Wege möglichst nutzerfreundlicher, weitgehend liberaler Gesetzgebung proaktiv um Gesellschaftsneugründungen und -zuzug unter seinem Recht bemüht. Kontrovers diskutiert wird allerdings, ob und falls ja, inwiefern die übrigen Bundesstaaten dasselbe Ziel verfolgen und insoweit mit Delaware beziehungsweise untereinander im Wettbewerb stehen.[30] Soweit die Stimmen in der Literatur von einem aktiven

---

Federal Governments) kann nur in relativ einfach gelagerten Konstellationen trennscharf vorgenommen werden. Mit steigender Komplexität verschwimmen zunehmend die Grenzen. Letztlich obliegt die Auslegung der Interstate Commerce Clause dem U.S. Supreme Court, sodass die Verteilung der Kompetenzen im konkreten Einzelfall entscheidend von dessen Rechtsprechungspraxis abhängt. Ein vertiefender Überblick zur Grenzziehung zwischen Kompetenzbereichen des U.S.-Kongress auf der einen und der Bundesstaaten auf der anderen Seite unter Heranziehung der einschlägigen Rechtsprechungspraxis findet sich bei *K. Thomas*, The Power to Regulate Commerce, abrufbar unter: https://fas.org/sgp/crs/misc/RL32844.pdf.

29 Gemäß der ständigen höchstrichterlichen Rechtsprechung sind Gesellschaften *creatures of local law*. Infolgedessen bestehe ihrerseits auch kein absolutes Recht auf Anerkennung ihres Rechtsstatus außerhalb ihres Gründungsbundesstaates, so U.S. Supreme Court, *Paul v. Virginia*, 75 U.S. 168 (1869).

30 Für nach wie vor stattfindenden Wettbewerb aller Bundesstaaten um Gesellschaftsgründungen streitet beispielsweise *R. Romano*, Is Regulatory Competition a Problem or Irrelevant for Corporate Governance?, in: OREP 21 (2005) No. 2, 212, 223 ("[S] tates can and do compete with Delaware for the business of local incorporations by following a different, rather than identical, strategy with respect to their corporation law".). Demgegenüber betonen andere Beiträge die marktbeherrschende Stellung Delawares als Quasi-Monopolist auf diesem Gebiet und argumentieren, dass angesichts dieser Dominanz mittlerweile kein wirklicher Wettbewerb mehr stattfindet bzw. unter diesen Bedingungen gar nicht mehr stattfinden kann, so etwa *M. Kahan/E. Kamar*, The Myth of State Competition in Corporate Law, in: SLR 55 (2002) No. 3, 679, 684 f. ("Other than Delaware, no state is engaged in significant efforts to attract incorporations of public companies."); *L. Bebchuk/A. Hamdani*, Vigorous Race or Leisurely Walk, in: YLJ 112 (2002) No. 3, 553, 615 ("The competitive threat to Delaware's dominant position [...] is rather weak, and Delaware's position is far stronger and more secure than has been previously recognized.").

Wettbewerb der Bundesstaaten um Gesellschaftsgründungen ausgehen, untergliedert sich die Forschung in zwei gegenläufige Meinungslager, die sich durch die Bewertung der langfristigen Effekte des Rechtswettbewerbs auf dem Gebiet des Gesellschaftsrechts unterscheiden.

Die eine Seite erkennt im Rechtswettbewerb vor allen Dingen positives Potential und hat daher den Begriff des *race to the top* geprägt. Das Wettbewerbsverhältnis zwischen den verschiedenen Gesellschaftsrechtsordnungen erzeuge nicht bloß einen systemischen Anreiz für rechtspolitische Innovationen, sondern der dadurch in Gang gesetzte Erkenntnisprozess fördere gleichzeitig vor dem Hintergrund des Erfolgs oder Misserfolgs einer Regelung das effizienteste Recht zu Tage.[31]

Demgegenüber führt der Wettbewerb der verschiedenen Gesellschaftsrechtsregime laut der Gegenmeinung langfristig zu einer Abwärtsspirale, die sich in Form von Deregulierung niederschlägt, wobei jeder Gesetzgeber die anderen in Sachen Laxheit der Regularien unterbieten muss, um selbst als (Rechts-) Standort konkurrenzfähig zu bleiben. Im Endeffekt bewirke der Rechtswettbewerb folglich ein *race to the bottom*.[32]

---

31 Exemplarisch dafür siehe *R. Winter*, State Law, Shareholder Protection, and the Theory of the Corporation, in: JLS 6 (1977) No. 2, 251, 290 ("[C]ompetition between states for charters will tend toward optimal legal systems regulating the market for capital."); *D. Fischel*, The 'Race to the Bottom' Revisited, in: NwULR 76 (1982) No. 6, 913, 921 ("[C] ompetition in corporate charters ensures that, as in any other competitive market, only the efficient will survive."); *R. Romano*, Law as a Product: Some Pieces of the Incorporation Puzzle, in: JLEO 1 (1985) No. 2, 225, 280 ("The relation between state revenues and responsiveness is one feature that serves to bind a state to cooperate with firms by continuing to revise its code and thereby adequately service its corporate clientele. [...] A state's success in obtaining incorporations therefore constraints it to continue to update its corporation laws because it has more to lose if firms depart.").

32 Zu den klassischen Beiträgen dieses Lagers gehören *W. Cary*, Federalism and Corporate Law, in: YLJ 83 (1974) No. 4, 663, 697 ("[S]tates shall not compete with each other by lowering standards for competitive reasons or for the purpose of generating revenue."); *Bebchuk* schließt aus seiner Analyse, dass der Rechtswettbewerb zwischen den Bundesstaaten in manchen Bereichen positive Effekte begünstigt, während er in anderen Belangen (Berücksichtigung der Interessen von Teilhabern im Verhältnis zu Entscheidungsträgern, des Gläubigerschutzes sowie des Allgemeininteresses der nicht an der Gesellschaft beteiligten Bevölkerung) versagt und negative Entwicklungen wahrscheinlicher macht, siehe *L. Bebchuk*, Federalism and the Corporation, in: HLR 107 (1992) No. 7, 1435, 1440, 1509; *L. Bebchuk/A. Ferrell*, Federalism and Corporate Law, in: CLR 99 (1999) No. 5, 1168, 1199 ("Takeover law is one important area in which state competition is likely to fail. There are strong theoretical reasons to expect that

Die Begrifflichkeit des Wettrennens gen ‚oben' oder ‚unten' impliziert mitunter gewisse Wertungen in Bezug auf Sinn und Zweck des untersuchten Rechtsgebiets, die in nicht unerheblichem Maße Ausdruck subjektiver Rezeption sind. Verwundern kann das jedoch kaum, da auf staatlicher Ebene keine trennscharfen Grenzen zwischen legislativem und politischem Wettbewerb existieren. Jedweder staatlichen Rechtssetzung geht zwangsläufig ein politischer Prozess voraus, wobei dessen Defizite unweigerlich auf die gesetzgeberische Tätigkeit durchschlagen.[33] So liegt jedem Arbeitsprodukt eines staatlichen Gesetzgebers im Ursprung eine politische Motivation zu Grunde, die wiederum aus mannigfaltigen Interessen von Individuen herrührt und die im Endeffekt – mit Ausnahme von unipersonal angelegten Diktaturen – einen Kompromiss vieler verschiedener solcher Individualpositionen verkörpert.[34]

II. Rechtswettbewerb innerhalb der Europäischen Union

Ähnlich wie die Vereinigten Staaten von Amerika bildet auch die Europäische Union (EU) heutzutage in vielerlei Hinsicht einen einheitlichen Rechtsraum, der sich über das Territorium eigenständiger Mitgliedstaaten erstreckt. Seine Ausgestaltung erfährt er durch die Ausübung von Gesetzgebungskompetenzen, die zwischen der supranationalen Ebene der Union und der nationalen Ebene ihrer Mitgliedstaaten aufgeteilt sind. Insofern gilt gemäß Art. 5 Abs. 1 EUV der Grundsatz der begrenzten Einzelermächtigung, wonach sich die Gesetzgebungskompetenz der Europäischen Union strikt auf diejenigen Regelungsbereiche

---

state competition will work to produce a body of corporate law that excessively protects incumbent managers."); *M. Klausner*, Corporations, Corporate Law, and Networks of Contracts, in: Virg. L. Rev. 81 (1995) No. 3, 757, 852 ("[T]he possibility that network externalities are significant in the corporate charter market implies that the products produced in that market may be suboptimal.").

33 Monopolkommission, Systemwettbewerb, 1998, S. 19; *A. Peters*, Wettbewerb der Rechtsordnungen, in: T. Giegerich/A. Hatje/A. Peters (Hrsg.), Gemeinwohl durch Wettbewerb?, 7, 29.

34 *Klick* verweist in Zusammenhang mit der Terminologie des *race to the top/bottom* auf die darin immanent verankerten Werturteile, vgl. *J. Klick*, The Law and Economics of Regulatory Competition, in: F. Parisi (Hrsg.), Production of Legal Rules, 386, 387. Aus Sicht des Verfassers steht diese subjektive Komponente dem rein technischen Gebrauch des Begriffs eigentlich unabdingbar im Wege. Die plakative Bewertung der Qualität von bestimmten Vorschriften und Normgefügen nach den Kategorien ‚Gut' (*race to the top*) oder ‚Schlecht' (*race to the bottom*) kann der Vielschichtigkeit der Thematik nicht annähernd gerecht werden und tut ihr somit Unrecht.

beschränkt, die ihr von den Mitgliedstaaten übertragen wurden. Letztere verfügen im Umkehrschluss über die Legislativgewalt in allen anderen Sachbereichen, Art. 5 Abs. 2 S. 2 EUV.

Soweit Regelungsmaterie auf nationaler Ebene verortetet bleibt, ergeben sich unweigerlich unterschiedliche Ausgestaltungen. Nachdem die Mitgliedstaaten die Idee einer umfassenden Vollharmonisierung aller wirtschaftsrelevanten Rechtsgebiete verworfen hatten, setzte sich das *Prinzip gegenseitiger Anerkennung* in immer mehr Rechtsbereichen nationalstaatlicher Gesetzgebungskompetenz durch.[35] In diesem Sinne verbürgen mittlerweile institutionalisierte Garantien in Gestalt der unionsrechtlichen Grundfreiheiten die uneingeschränkte Mobilität für Personen, Wirtschaftsgüter und Kapital innerhalb des europäischen Binnenmarktes. Folgerichtig können Personen und Unternehmen eine freie Wahl zwischen alternativen Regelungsoptionen treffen, welche die Mitgliedstaaten mit ihren jeweiligen nationalen Regimen zur Verfügung stellen.

1. Gezieltes Ausschalten von mitgliedstaatlichem Rechtswettbewerb durch Harmonisierung

In einem ausführlichen Beitrag aus dem Jahre 2000, der damals bezeichnenderweise in einer U.S.-amerikanischen Fachzeitschrift erschien, argumentierte *Kerber*, dass die ökonomische Sichtweise des Staates als Legislativmonopolist angesichts der gestiegenen Mobilität von Personen, Unternehmen und Wirtschaftsgütern nicht mehr zu halten sei.[36] Vielmehr erzeuge das Zusammentreffen von dezentralen Regelungskompetenzen und erhöhter privater Mobilität automatisch Wettbewerb zwischen den Mitgliedstaaten und ihren Rechtsordnungen. Die geringe Beachtung, welche dieses Phänomen erfahren habe, sei auf den Entwicklungstrend der europäischen Integration zurückzuführen.[37] Schließlich entspricht die Harmonisierung rechtlicher Vorgaben einer ‚Kartellierung des Rechts',[38] indem der zwischenstaatliche Wettbewerb auf der normativen Ebene bewusst ausgeschaltet wird.[39] *Kersting* führt in diese Richtung aus,

---

35 *W. Kerber*, Interjurisdictional Competition within the European Union, in: FILJ 23 (2000) Special Symposium Issue, 217, 218.

36 *W. Kerber*, Interjurisdictional Competition within the European Union, in: FILJ 23 (2000) Special Symposium Issue, 217, 248.

37 Siehe zum Ganzen *W. Kerber*, Interjurisdictional Competition within the European Union, in: FILJ 23 (2000) Special Symposium Issue, 217, 221.

38 *W. Kerber*, Interjurisdictional Competition within the European Union, in: FILJ 23 (2000) Special Symposium Issue, 217, 228 ('cartelization').

39 In diesem Sinne auch *K. Meessen*, Prinzip Wettbewerb, in: JZ 2009, 697, 704.

dass der Unionsgesetzgeber den Wettbewerb der Mitgliedstaaten in bestimmten Regelungsbereichen durch die Vorgabe eines gemeinsamen Mindeststandards beschränkt.[40]

2. *Wahlfreiheit hinsichtlich gesellschaftsrechtlicher Organisationsform*

In der jüngeren Vergangenheit rückten dann insbesondere die EuGH-Entscheidungen in den Rechtssachen *Centros*,[41] *Überseering*,[42] *Inspire Art*[43] und zuletzt *Polbud*[44] das Thema der Rechtswahlfreiheit speziell aus gesellschaftsrechtlicher Sicht in den Fokus. So stellte *Kieninger* mit Blick auf die Konsequenzen des Polbud-Urteils des EuGH zuletzt fest, dass der durch sie ermöglichte unmittelbare Rechtsformwechsel von existierenden Gesellschaften eine schlagartige Erweiterung des Angebots für entsprechendes Recht bewirke, wodurch der regulatorische Wettbewerb zwischen den Mitgliedstaaten intensiviert werde.[45] Bereits zuvor hatten *Kersting* und *Schindler* anlässlich der Entscheidung in Sachen Inspire Art prognostiziert, dass der Wettbewerb zwischen den nationalen Gesellschaftsrechtsordnungen der Mitgliedstaaten angesichts der erweiterten Rechtswahlfreiheit zunehmen werde.[46]

3. *Steuerrechtlicher Wettbewerb*

Mit gewisser Regelmäßigkeit rückt zudem das europäische Steuerrecht in den besonderen Fokus des wissenschaftlichen Diskurses. Da die Besteuerungshoheit einen Kernbestandteil staatlicher Souveränität darstellt, ist der europäische

---

40 So in Bezug auf die europäische Gesellschaftsrechtspraxis *C. Kersting*, Corporate Choice of Law, in: Brookl. J. of Int'l. L. 28 (2002) No. 1, 1, 52.

41 EuGH, Urteil vom 9. März 1999, C-212/97, ECLI:EU:C:1999:126 – *Centros*.

42 EuGH, Urteil vom 5. November 2002, C-208/00, ECLI:EU:C:2002:632 – *Überseering*.

43 EuGH, Urteil vom 30. September 2003, C-167/01, ECLI:EU:C:2003:512 – *Inspire Art*.

44 EuGH, Urteil vom 25. Oktober 2017, C-106/16, ECLI:EU:C:2017:804 – *Polbud*.

45 *E.-M. Kieninger*, Niederlassungsfreiheit als Freiheit der nachträglichen Rechtswahl, in: NJW 2017, 3624, 3627. Zuvor war von der Niederlassungsfreiheit lediglich freie Wahl der Rechtsform im Neugründungsszenario geschützt, sodass als potentielle Nachfrager von staatlichem Gesellschaftsrecht allein neu zu gründende Einheiten in Betracht kamen (vgl. Entscheidung des EuGHs in Sachen *Centros* und *Inspire Art*, denen jeweils eine derartige Konstellation zu Grunde lag). Nunmehr kommen zusätzlich all jene bestehenden Gesellschaften hinzu, die bereits in Einklang mit dem Recht eines Mitgliedstaates gegründet wurden.

46 *C. Kersting/C. Schindler*, Die EuGH-Entscheidung „Inspire Art" und ihre Auswirkungen auf die Praxis, in: RdW 2003, 621, 625.

Integrationsprozess auf dem Gebiet des Steuerrechts bisweilen hinter der Entwicklung auf anderen Rechtsgebieten zurückgeblieben.[47] Mangels Harmonisierung bestehen in jedem Mitgliedstaat folglich unterschiedliche Steuerrechtsordnungen. Insbesondere im Bereich der Besteuerung von Unternehmen stehen die Mitgliedstaaten nicht nur mit Drittstaaten, sondern auch miteinander im Wettbewerb.[48] Sofern Staaten bestrebt sind, einander Steuerzahler und somit Einnahmequellen abzuwerben, entstehe ein Konkurrenzverhältnis zwischen den Staaten, das ‚erheblichen faktischen Anpassungsdruck' entfalte.[49] *Schön* erkennt in derartigem unionsinternem Wettbewerb zwischen den Rechtsordnungen der Mitgliedstaaten die Verkehrung des traditionellen wirtschaftlichen Grundverständnisses des Binnenmarktes:

> "The traditional view [of the EU's economic constitution] sees private enterprises in open competition for their consumers' favour, whereas the Member States congregate under the roof of Community law for the purposes of a specific coordination and approximation of their legal orders. The concept of a 'competition' between legal orders turns this ideal upside down: now it is the states themselves which enter into free competition with one another, trying to attract the favour of the economic subjects. The latter in turn take a sovereign decision as to which tax jurisdiction they wish to grant access to their tax base."[50]

Der Wettbewerb im Bereich des Steuerrechts wird wie in den bereits erwähnten anderen Feldern ambivalent bewertet.[51] Im Sinne eines ‚race to the bottom' sei zu befürchten, dass Staaten tendenziell zu niedrige Steuersätze festlegen, um die Attraktivität des eigenen Standorts im Vergleich zu anderen Staaten nicht zu

---

47 Statt vieler nur *R. Schenke*, in: M. Pechstein/C. Nowak/U. Häde (Hrsg.), Frankfurter Kommentar zu EUV, GRC und AEUV, Bd. 3, 1. Aufl. 2017, Art. 110 AEUV, Rn. 1 m.w.N.

48 Siehe dazu ausführlich jeweils m.w.N. *P. Genschel/A. Kemmerling/E. Seils*, Accelerating Downhill: How the EU Shapes Corporate Tax Competition in the Single Market, in: JCMS 49 (2011) No. 3, 585, 586 ff.; *J. Wieland*, Steuerwettbewerb in Europa, in: EuR 2001, 119 ff.; *W. Schön*, Der „Wettbewerb" der europäischen Steuerordnungen als Rechtsproblem, in: DStJG 2000, 191, 195; *H.-J. Selling*, Deutschland im Steuerwettbewerb der Staaten, in: IStR 2000, 225 ff.

49 *C. Seiler*, Steuerstaat und Binnenmarkt, in: O. Deppenheuer/M. Heintzen/M. Jestaedt, et al. (Hrsg.), Staat im Wort, 875, 884.

50 *W. Schön*, Tax competition in Europe, in: ECTR 9 (2000) No. 2, 90, 91.

51 Zum Ganzen siehe *M. Rodi*, Internationale Besteuerung, in: StuW 2008, 327, 328 ff. m.w.N.

gefährden.[52] Die kritischen Stimmen mahnen daher an, dass Steueroasen unweigerlich die Einnahmen anderer Staaten durch die Entziehung von Steuersubstrat schmälern, sodass deren politische Gestaltungsfähigkeit des eigenen Gemeinwesens bedroht werde.[53] Dagegen stehen die Befürworter auf dem Standpunkt, dass die mit dem Steuerwettbewerb verbundene Beschränkung ansonsten grenzenloser staatlicher Steuergewalt zur Haushaltsdisziplin anhalte. Folgerichtig müssen Regierungen somit stets das „Preis-Leistungs-Verhältnis zwischen der Höhe der Abgaben […] und der Qualität der Infrastruktur überprüfen."[54]

III. Verschiedene Sphären des Wettbewerbs im Bereich der Konfliktlösung

Der Wettbewerb im Kontext von Streitbeilegung spielt sich auf unterschiedlichen Ebenen ab. Sie sind jeweils im Hinblick auf die konkurrierenden Akteure sowie den konkreten Gegenstand voneinander zu unterscheiden.

1. Wettbewerb der staatlichen Justizsysteme

Von dem hier untersuchten potentiellen Wettbewerbsverhältnis ist der Markt für Konfliktlösung durch staatliche Gerichtsverfahren abzugrenzen. Auf diesem konkurrieren (ausschließlich) staatliche Gerichte miteinander, wobei ihr Wettbewerb im Bereich des Wirtschaftsrechts hauptsächlich auf zwischenstaatlicher Ebene stattfindet. Nationalstaaten schicken sich in diesem Zuge an, ihr Gerichtssystem derart zu gestalten, dass es sich für Kläger als möglichst attraktives Forum für die Rechtsdurchsetzung darstellt.[55]

---

52 *M. Rodi*, Internationale Besteuerung, in: StuW 2008, 327, 329. Zu möglichen Sogeffekten siehe Monopolkommission, Systemwettbewerb, 1998, S. 22 f.

53 In diesem Sinne *P. Genschel/A. Kemmerling/E. Seils*, Accelerating Downhill: How the EU Shapes Corporate Tax Competition in the Single Market, in: JCMS 49 (2011) No. 3, 585, 600; *W. Schön*, Tax competition in Europe, in: ECTR 9 (2000) No. 2, 90, 94. Zu Steueroasen in der EU vgl. *J. Wieland*, Steuerwettbewerb in Europa, in: EuR 2001, 119, 120 f.

54 *H.-J. Selling*, Deutschland im Steuerwettbewerb der Staaten, in: IStR 2000, 225, 226.

55 Vgl. in diesem Sinne etwa *A. Wolf*, Ist der "Justizstandort Deutschland" international wettbewerbsfähig?, in: RIW 2019, 258, 259 ff.; *G. Wagner*, Rechtsstandort Deutschland im Wettbewerb, 2017, S. 58 ff.; *W. Wurmnest*, Forum Shopping bei Kartellschadensersatzklagen und die Kartellschadensersatzrichtlinie, in: NZKart 2017, 2 ff.; *R. Podszun*, Wirtschaftsordnung durch Zivilgerichte, 2014, S. 522; *G. Wagner*, Dispute Resolution as a Product, in: H. Eidenmüller (Hrsg.), Regulatory Competition in Contract Law and Dispute Resolution, 347, 352 ff.; *H. Koch*, Sammelklage und Justizstandorte

In diesem Kontext sind aus der Perspektive des deutschen Rechtsraumes beispielhaft die zuletzt vermehrt laut gewordenen Rufe nach der Einrichtung speziell wirtschaftsrechtlich orientierter Kammern an deutschen Gerichten fordern.[56] Zum 1. November 2020 richtete das Land Baden-Württemberg die ersten sogenannten ‚Commercial Courts' in Stuttgart und Mannheim ein, die als organisatorische Teile der dortigen Landgerichte ein spezialisiertes Angebot für internationale wirtschaftsrechtliche Streitigkeiten zur Verfügung stellen sollen.[57]

---

im internationalen Wettbewerb, in: JZ 2011, 438, 443 ff.; *A. Maurer*, Justizstandort Deutschland im globalen Wettbewerb, in: ZRP 2009, 88, 90; *C. Kersting*, Wettbewerb der Rechtskulturen, in: H. Piper/Heinrich-Heine-Universität Düsseldorf (Hrsg.), Neues aus Wissenschaft und Lehre, 557, 572 f.; *J. Oebbecke*, Justiz im Wettbewerb, in: DÖV 60 (2007) No. 5, 177, 178 ff.

56 Siehe dazu das offizielle Diskussionspapier zum Symposium vom 3. September 2018 mit dem Titel „Justizstandort Deutschland – Stärkung der Gerichte in Wirtschaftsstreitigkeiten", abrufbar unter: https://www.justiz.nrw.de/WebPortal/JM/organisation/aufgaben/abtII/zt_commercial_courts/2019-02-07-Diskussionspapier-Symposium_2018-09-03.pdf. Bereits zuvor gab es ähnliche politische Bestrebungen seitens der Justizministerkonferenz, die sie 2004 als Teil ihrer Empfehlungen für eine „Große Justizreform" präsentierte, vgl. dazu *R. Trittmann/H.-P. Schroeder*, Der Einfluss der Reformen des Zivilprozesses auf die Schiedsgerichtsbarkeit in Deutschland, in: SchiedsVZ 2005, 71 ff. 2010 gab es außerdem eine Initiative des Bundesrates, durch die mitunter gerichtliche Verfahren in Englischer Sprache eingeführt werden sollten, BR Drs. 42/10 sowie BT Drs. 17/2163. Auch seitens der Wissenschaft wurden zuletzt wieder Rufe nach Reformen der Gerichtsorganisation u.a. zur Attraktivitätssteigerung laut, siehe exemplarisch *R. Podszun/T. Rohner*, Die Zukunft der Kammern für Handelssachen, in: NJW 2019, 131 ff; *C. Kersting*, Wettbewerb der Rechtskulturen, in: H. Piper/Heinrich-Heine-Universität Düsseldorf (Hrsg.), Neues aus Wissenschaft und Lehre, 557, 572 f. Für einen Überblick über frühere Stimmen vgl. Nachweise bei *A. Peter*, Warum die Initiative „Law – Made in Germany" bislang zum Scheitern verurteilt ist, in: JZ 66 (2011) No. 19, 939, 941, Fn. 24. Eine ausführliche Darstellung zum Thema ab von der tagesaktuellen Debatte findet sich bei *G. Wagner*, Dispute Resolution as a Product, in: H. Eidenmüller (Hrsg.), Regulatory Competition in Contract Law and Dispute Resolution, 347 ff.; mit besonderem Blick auf das deutsche Justizsystem vgl. zudem auch *G. Wagner*, Rechtsstandort Deutschland im Wettbewerb, 2017, S. 212 ff. Für einen vereinzelt vertretenen, ablehnenden Standpunkte speziell in Bezug auf die Öffnung der deutschen Gerichte für englischsprachige Verfahren siehe *A. Piekenbrock*, Englisch als Gerichtssprache? – Contra, in: FuL 2010, 171.

57 Staatsministerium Baden-Württemberg, Pressemitteilung vom 21. Juli 2020, Zukunftsweisende Ausrichtung der Justiz im Land, abrufbar unter: https://stm.baden-wuerttemberg.de/de/service/presse/pressemitteilung/pid/zukunftsweisende-ausrichtung-der-justiz-im-land/.

Der seinerzeit verantwortliche Justizminister Guido Wolf erklärte zu den Motiven der Landesregierung:

> „Wir beobachten, dass große Wirtschaftsstreitigkeiten in Deutschland zunehmend seltener vor staatlichen Zivilgerichten ausgetragen werden. Es ist unser Ziel, dieses Feld wieder zurückzuerobern. [E]s ist vor allem unsere Überzeugung, dass die baden-württembergische Justiz eine echte Alternative darstellen kann zu ausländischen Gerichten oder auch zur privaten Schiedsgerichtsbarkeit. Mit dem ersten Commercial Court in Deutschland [...] stellen wir uns zukunfts- und *wettbewerbsorientiert* auf [...].“[58]

Insgesamt handelt es sich im Grundsatz – genau wie auch bei dem das Gesellschaftsrecht betreffenden Diskurs – um die Betrachtung eines zwischenstaatlichen Verhältnisses (Staat A versus Staat B).

2. *Wettbewerb des staatlichen Schiedsverfahrensrechts*

Wie der Wettbewerb der Justizsysteme, betrifft auch die Konkurrenz um die Ansiedlung von Schiedsverfahren die rein (zwischen-) staatliche Ebene. So ließ sich in der Vergangenheit feststellen, dass staatliche Gesetzgeber bestrebt sind, mit der eigenen Rechtsordnung möglichst günstige Rahmenbedingungen für die Durchführung von Schiedsverfahren und die Durchsetzung daraus hervorgehender Entscheidungen zu schaffen.[59] In der Hoffnung auf positive Synergieeffekte für die eigene Wirtschaft und den Standort sollen auf diese Weise Nutzer von Schiedsverfahren zu einer entsprechenden Ansiedlung bewegt werden.[60]

3. *Wettbewerb der gerichtsförmigen Streitbeilegungsmethoden*

Darüber hinaus ist auch die Konkurrenz zwischen staatlichen Gerichten und nicht-staatlichen Konfliktlösungsmethoden schon Thema von Beiträgen

---

58 Zitiert nach Staatsministerium Baden-Württemberg, Pressemitteilung vom 21. Juli 2020, Zukunftsweisende Ausrichtung der Justiz im Land, abrufbar unter: https://stm.baden-wuerttemberg.de/de/service/presse/pressemitteilung/pid/zukunftsweisende-ausrichtung-der-justiz-im-land/ (Hervorhebung nur hier).

59 Anstatt vieler siehe nur *K. Lynch*, The Forces of Economic Globalization, 2003, ff. m.w.N.

60 Vgl. *G. Wagner*, The Dispute Resolution Market, in: BLR 62 (2014) No. 5, 1085, 1134; *H. Eidenmüller*, The Transnational Law Market, Regulatory Competition, and Transnational Corporations, in: IJGLS 18 (2011) No. 2, 707, 722 f.; *K. Berger*, Herausforderungen für die (deutsche) Schiedsgerichtsbarkeit, in: SchiedsVZ 2009, 289 ff.; *C. Drahozal*, Regulatory competition and the location of international arbitration proceedings, in: IRLE 24 (2004) No. 3, 371, 373; *K. Berger*, Internationale Wirtschaftsschiedsgerichtsbarkeit, 1992, S. 8 ff.

gewesen.[61] Diese Fragestellung bezieht sich auf das Konkurrenzverhältnis ‚Staat – Privat'.[62] Insoweit handelt es sich mitunter weniger um eine Debatte zum Rechtswettbewerb (Rechtsregime A versus Rechtsregime B) als vielmehr um eine, die den Wettbewerb der übergeordneten Konfliktlösungssysteme betrifft (System ‚staatliche Gerichtsbarkeit' versus System ‚private Schiedsgerichtsbarkeit').[63]

Teilweise wurde diese Art von Konkurrenzverhältnis in Referenz zu dem jeweiligen Verfahrenssystem als ‚interner Wettbewerb' bezeichnet.[64] Dieser schließe sämtliche Anbieter mit ein, die denselben Konfliktlösungstyp zur Verfügung stellen.[65] In diese Kategorie fiele beispielsweise auch der Wettbewerb von staatlichen Gerichten untereinander, wobei die wesentliche Konkurrenz bei wirtschaftsrechtlichen Streitigkeiten heute weniger von innerhalb einer Jurisdiktion ausgeht als vielmehr ausländischen Staaten und deren Gerichten.[66]

Der Wettbewerb auf dem Gebiet staatlicher Justiz betrifft in der Praxis demnach weniger das Verhältnis von Gerichten, die Teil desselben staatlichen Justizsystems sind, als vielmehr das zwischenstaatliche, welches zwischen den Gerichten verschiedener Staaten besteht. Nichtsdestoweniger ist dieses Konkurrenzverhältnis insofern als intern zu klassifizieren, als es ausschließlich Ausprägungen des Systems ‚staatliche Justiz' betrifft.

---

61 Vgl. *J. Oebbecke*, Justiz im Wettbewerb, in: DÖV 60 (2007) No. 5, 177 ff.; *E. O'Hara O'Connor*, Jurisdictional Competition for Dispute Resolution, in: H. Eidenmüller (Hrsg.), Regulatory Competition in Contract Law and Dispute Resolution, 427 ff.; *S. Wilske*, International Commercial Courts and Arbitration, in: CAAJ 11 (2018) No. 2, 153 ff.

62 „Privat" meint hier lediglich allgemein das Konzept „Schiedsgerichtsbarkeit" und muss angesichts der unterschiedlichen Erscheinungsformen als Sammelbegriff verstanden werden.

63 Vgl. dazu *B. Klose*, Justiz als Wirtschaftsfaktor, 2020, S. 288 ff. Insbesondere die erwähnten staatlichen Commercial Courts stehen in direkter Konkurrenz mit der Methode Schiedsverfahren. Sie entspringen gerade der Bestrebung, hochkarätige wirtschaftsrechtliche Verfahren mit internationalem Einschlag anzuziehen. Wie *Wilske* treffend feststellt, fischen sie somit im selben sprichwörtlichen Teich, siehe *S. Wilske*, International Commercial Courts and Arbitration, in: CAAJ 11 (2018) No. 2, 153, 181. Zum Ganzen sogleich ausführlich im Zweiten Teil unter *Sachlich relevanter Markt*.

64 Vgl. *J. Oebbecke*, Justiz im Wettbewerb, in: DÖV 60 (2007) No. 5, 177, 180 ff.; *G. Wagner*, Rechtsstandort Deutschland im Wettbewerb, 2017, S. 57 ff.

65 *J. Oebbecke*, Justiz im Wettbewerb, in: DÖV 60 (2007) No. 5, 177, 178; *G. Wagner*, Rechtsstandort Deutschland im Wettbewerb, 2017, S. 57.

66 *G. Wagner*, Rechtsstandort Deutschland im Wettbewerb, 2017, S. 57.

4. *Wettbewerb der Streitbeilegungsmethoden im Allgemeinen*

Dehnt man den Blickwinkel über gerichtliche und schiedsgerichtliche Verfahren hinaus auf die außergerichtliche Konfliktlösung wie die Mediation aus, lässt sich diese Kategorisierung verschiedener Wettbewerbssphären entsprechend fortsetzen.[67] So können Personen vor dem Hintergrund ihrer Parteiautonomie nicht nur zwischen den gerichtsförmigen Konfliktlösungsvarianten wählen. Vielmehr stehen ihnen darüber hinaus weitere alternative Konfliktlösungsmethoden zur Verfügung, die ebenfalls auf die Befriedigung desselben Bedarfs an Konfliktlösung abzielen. In diesem Sinne charakterisiert *Elsing* Schiedsrichter, Schiedsinstitutionen sowie Parteivertreter als zweckbedingte Interessengemeinschaft, da sie alle Dienstleistungen im Zusammenhang mit Schiedsverfahren anbieten und als Vertreter dieses Systems mit anderen Formen der Konfliktlösung auf einem Markt für Streitbeilegung konkurrieren.[68]

In Abgrenzung zu dem oben erläuterten systeminternen Wettbewerb kann dieses Konkurrenzverhältnis als „externer Wettbewerb" bezeichnet werden.[69] Dieser erstreckt sich gerade über die Systemgrenzen der einzelnen Konfliktlösungsmethoden hinweg und schließt sowohl gerichtliche und schiedsgerichtliche wie auch außergerichtliche Verfahrenstypen mit ein.[70] Als Wettbewerber treffen insoweit sämtliche Akteure staatlicher wie auch privater Natur aufeinander, welche Dienstleistungen in Zusammenhang mit irgendeiner Art von Konfliktlösungsverfahren anbieten.

IV. Wettbewerb der Schiedsinstitutionen

Die vorliegende Arbeit nimmt in Abgrenzung zu diesen potentiellen Wettbewerbssphären das Konkurrenzverhältnis zwischen Schiedsinstitutionen und deren Verfahrensordnungen in den Blick. In der Vergangenheit haben Kommentatoren der institutionellen Schiedsgerichtsbarkeit auf Wettbewerbskräfte

---

67 Ausführlicher zu außergerichtlichen Konfliktlösungsmethoden unter *Schiedsgerichtsbarkeit und alternative Streitbeilegungsmethoden*.

68 *S. Elsing*, Procedural Efficiency in International Arbitration, in: SchiedsVZ 2011, 114, 115.

69 *J. Oebbecke*, Justiz im Wettbewerb, in: DÖV 60 (2007) No. 5, 177, 180 ff.; *G. Wagner*, Rechtsstandort Deutschland im Wettbewerb, 2017, S. 57 f.

70 Vgl. ausführlich zu der Konkurrenz der staatlichen Justiz mit der Schiedsgerichtsbarkeit *R. Podszun*, Wirtschaftsordnung durch Zivilgerichte, 2014, S. 522 ff.; *E. O'Hara O'Connor*, Jurisdictional Competition for Dispute Resolution, in: H. Eidenmüller (Hrsg.), Regulatory Competition in Contract Law and Dispute Resolution, 427 ff.

hingewiesen. In einer 1979 veröffentlichten Schrift leitete *Wetter* seinen Ausblick auf die zukünftigen Trends der Schiedsgerichtsbarkeit wie folgt ein:

> "International arbitration institutions, like any other institutions, inevitably want to expand their activities and to grow in size and importance. They also live in a *competitive climate*, albeit one of mutual respect, dignity and friendship."[71]

Viele weitere Stimmen haben seitdem ebenfalls auf den Wettbewerb der Schiedsinstitutionen Bezug genommen. Etwa in *Wagners* Beitrag, der einen ‚Markt für Streitbeilegung' identifiziert, heißt es im Hinblick auf die Schiedsgerichtsbarkeit:

> "Arbitration is an easy case for competition in the market for dispute resolution services because the supply side is composed of self-serving individuals and institutions that offer their services on a private market."[72]

Indes wird jeweils unausgesprochen vorausgesetzt, dass die Nutzer institutioneller Schiedsverfahren möglichst effiziente Konfliktlösung erreichen wollen und die Schiedsinstitutionen folgerichtig bestrebt sind, mit ihrer jeweiligen Schiedsordnung einen möglichst attraktiven Mechanismus zur Beilegung von Rechtsstreitigkeiten anzubieten.[73]

Während einige Stimmen auf dieser Grundlage den mutmaßlichen Wettbewerb zwischen den Schiedsinstitutionen ohne Weiteres voraussetzen, ohne ihn dezidiert herzuleiten, äußern sich nur wenige Stimmen zu etwaigen Auswirkungen.[74] Zu dieser Gruppe zählt mit *Wetter* einer der bereits zitierten Autoren, der seiner Zeit prognostizierte:

---

71 *J. Wetter*, The International Arbitral Process, 1979, S. 241 (Hervorhebungen nur hier).

72 *G. Wagner*, The Dispute Resolution Market, in: BLR 62 (2014) No. 5, 1085, 1132.

73 In diesem Sinne vgl. *Y. Banifatemi*, Expedited Proceedings in International Arbitration, in: L. Lévy/M. Polkinghorne (Hrsg.), Expedited Procedures in International Arbitration, 9, 11; *J. Karton*, The Culture of International Arbitration and the Evolution of Contract Law, 2013, S. 66 f.

74 Erwähnung – teils nur andeutungsweise – findet der Wettbewerb zwischen den Schiedsinstitutionen mitunter bei *A. Stone Sweet/F. Grisel*, The Evolution of International Arbitration, 2017, S. 8, 45 u. 49; *Y. Banifatemi*, Expedited Proceedings in International Arbitration, in: L. Lévy/M. Polkinghorne (Hrsg.), Expedited Procedures in International Arbitration, 9, 11; *J. Sgard*, A Tale of Three Cities, in: G. Mallard/J. Sgard (Hrsg.), Contractual Knowledge, 153, 160 u. 173; *G. Wagner*, The Dispute Resolution Market, in: BLR 62 (2014) No. 5, 1085, 1132 ff.; *J. Karton*, The Culture of International Arbitration and the Evolution of Contract Law, 2013, S. 66; *S. Elsing*, Procedural Efficiency in International Arbitration, in: SchiedsVZ 2011, 114, 115 f.; *N. Voser*, Multi-Party Disputes and Joinder of Third Parties, in: A. van den Berg (Hrsg.), 50 Years of the New York Convention, 343, 406; *P. Fouchard*, in: E. Gaillard/J. Savage

> "[T]he features distinguishing the different bodies that are already clearly discernible are likely to become more pronounced. For on account of human inertia, each institution will continue to build on its own historical legal and practical foundations and practices and will grow and develop in accordance with its inherent structure, using the institutional means at its disposal."[75]

Entgegen dieser Erwartung bemerkte der auf Schiedsverfahren spezialisierte Jurist *Dipen Sabharwal* im Jahr 2018:

> "Twenty years ago there was considerable diversity in the rules of the various institutions, but today that divergence has really narrowed. It is a competitive market and every institution is fighting for market share. If there is a feature that another institution has, and is popular with users, other institutions are very quick to make sure that they are not left behind in the race."[76]

Wetters Prognose und *Sabharwals* Befund stehen in evidentem Widerspruch zueinander. Dennoch gehen beide in ihren Überlegungen von derselben zweistufigen Prämisse aus:

1. Schiedsinstitutionen stehen miteinander im Wettbewerb.
2. Dieser Wettbewerb hat unmittelbare Auswirkungen auf die Genese ihrer Schiedsordnungen.

Weder die zitierten noch andere Kommentatoren, welche sich mitunter beiläufig auf diese Thematik beziehen, nehmen jedoch eine vollwertige Analyse vor, die geeignet wäre, ihre Thesen zu belegen. Mangels wissenschaftlicher Herleitung kann dahingehenden Ausführungen kaum mehr Gewicht als einer trivialen Vermutung beigemessen werden. An dieser Stelle setzt die vorliegende

---

(Hrsg.), Fouchard, Gaillard, Goldman on International Commercial Arbitration, 1999, Rn. 336; *J. Wetter*, The Present Status of the International Court of Arbitration of the ICC, in: ARIA 1 (1990) No. 1, 91, 107; *M. Hunter/J. Paulsson*, A Commentary on the 1985 Rules of the London Court of International Arbitration, in: P. Sanders (Hrsg.), ICCA Yearbook Commercial Arbitration 1985, 167.

75 *J. Wetter*, The International Arbitral Process, 1979, S. 242.

76 *D. Sabharwal*, zitiert nach *M. Taddia*, Forum Shopping, in: The Law Society Gazette, 3. Februar 2020, abrufbar unter: https://www.lawgazette.co.uk/features/forum-shopping/5102915.article Ganz ähnlich fragte Lim mit einem Blogbeitrag, ob mittlerweile nicht alle institutionellen Schiedsordnungen ohnehin grundsätzlich ‚dasselbe' sind, vgl. *J. Lim*, Are All Institutional Rules Now Basically The Same?, in: Kluwer Arbitration Blog, 10. April 2015, abrufbar unter: http://arbitrationblog.kluwerarbitration.com/2015/04/10/are-all-institutional-rules-now-basically-the-same/.

Untersuchung an und verkehrt die vorgenannten Prämissen in leicht modifizierte Forschungsfragen:

1. Stehen Schiedsinstitutionen mit ihren Schiedsordnungen als Erzeuger abstrakt-genereller Rechtsvorschriften miteinander im Wettbewerb?
2. Lassen sich gegebenenfalls unmittelbare Auswirkungen eines solchen Wettbewerbs auf die Genese der Schiedsordnungen feststellen?

Der Beantwortung dieser Fragen nähert sich die Arbeit insbesondere aus einer wettbewerbsrechtlichen und damit aus einer stark ökonomisch konnotierten Perspektive. Insoweit bildet der Rückgriff auf die in diesem Gebiet etablierten Methoden, die aus der ständigen Fortentwicklung der wettbewerbsbehördlichen Praxis hervorgegangen sind, das wissenschaftliche Fundament der gegenständlichen Untersuchung.

C. Methodische Vorgehensweise

Die wissenschaftliche Befassung mit dem Rechtswettbewerb ist von dem Fokus auf originär staatliches Recht geprägt. Ausgehend von diesem Untersuchungsgegenstand sieht man sich zwangsläufig mit dem Problem der schieren Masse an auszuwertendem Material konfrontiert, da im Grunde jedes regulatorische Arbeitsprodukt eines jeden Gesetzgebers von Relevanz sein könnte. Eine wie auch immer geartete Limitierung ist daher unvermeidbar, um die Problematik des Rechtswettbewerbs für eine wissenschaftliche Untersuchung handhabbar zu machen.

So tut sich ein nicht zu unterschätzendes Dilemma auf: Beschränkt man das Vorhaben von Anfang an nicht nur auf einige wenige Staaten, sondern zusätzlich noch auf ein einziges Rechtsgebiet, steht am Ende ein Ergebnis, das nur einen äußerst kleinen, willkürlich gewählten Ausschnitt des Phänomens abbildet, ohne Aufschluss über die allgemeine Existenz oder Wirkungsweise von Rechtswettbewerb zu bringen. Jedweden Ergebnissen, die auf einer derartig massiv limitierten Grundlage beruhen, kann kein repräsentativer Charakter beigemessen werden. Verzichtet man dagegen alternativ auf jedwede Vorjustierung des Untersuchungsgegenstandes, droht der Beitrag zu einer Aneinanderreihung von theoretischen Prämissen und daraus geborenen Schlussfolgerungen zu geraten, sodass am Ende kaum mehr als ein unzureichend fundiertes Gedankenexperiment steht.[77]

---

77 Genau diese Kritik bringt etwa *Michaels* seinem eigenen Beitrag entgegen und stellt sie gar prominent an den Anfang seines Resümees, siehe *R. Michaels*, Make or Buy, in: H.

Angesichts dieser Schwierigkeiten wählt die vorliegende Untersuchung einen anderen Ansatz. Indem sie den Blick auf die wettbewerbliche Dynamik im Kontext der institutionellen Schiedsgerichtsbarkeit richtet, überwindet sie die dargestellten methodischen Defizite des bisherigen wissenschaftlichen Diskurses und ist mithin prinzipiell geeignet, repräsentative Aussagen zu Existenz und Auswirkungen von Wettbewerb auf die Genese von Recht zu treffen:

I. Vorüberlegungen

Erstens stellt jede institutionelle Schiedsordnung für sich genommen ein in sich geschlossenes Regelungsgefüge dar. Im Gegensatz dazu sind staatliche Regelwerke stets in den Gesamtkontext der jeweiligen Rechtsordnung eingebunden. Wählt man etwa das Insolvenzrecht als Referenzkomplex, kann man nicht ohne Weiteres ausschließen, dass maßgebliche Rechtsquellen unbeachtet bleiben, weil die relevanten Vorschriften auf mehrere unterschiedliche Rechtsquellen verteilt sind und mitunter leicht übersehen werden könnten. Folgerichtig erfordert eine vergleichende Analyse, wie sie die Betrachtung der Entwicklung ganzer Rechtsgebiete darstellt, vertiefte Kenntnisse von jeder einzelnen der betreffenden Rechtsordnungen allein um alle maßgeblichen Normen zu identifizieren. Nur so lässt sich mit hinreichender Sicherheit ausschließen, dass relevante Vorschriften außerhalb des Hauptregelwerks unberücksichtigt bleiben.

Diese Gefahr erscheint mit Blick auf die rechtvergleichende Analyse verschiedener Jurisdiktionen umso größer, da die juristische Ausbildung stets auf den Umgang mit der heimischen Rechtsordnung des jeweiligen Staates ausgelegt ist. Juristen sind regelmäßig in einer einzigen und bloß selten in einzelnen weiteren Rechtsordnungen ausgebildet, sodass komplexe Analysen zwangsläufig mit gewissen Vorbehalten behaftet sind. Institutionelle Schiedsordnungen bilden dagegen von vornherein einen Untersuchungsgegenstand, der schon seinem Wesen nach beschränkt ist. Da keine inhaltliche Verzahnung mit anderen Normgefügen besteht, lassen die Schiedsordnungen eine isolierte Betrachtung zu, ohne dass ein Zusammenwirken mit anderen Rechtsnormen unbeachtet bleiben könnte.

Zweitens verteilt sich ein Großteil des internationalen Fallaufkommens auf nur eine Handvoll Schiedsinstitutionen.[78] Dieser hohe Grad an Marktkonzentration

Eidenmüller (Hrsg.), Regulatory Competition in Contract Law and Dispute Resolution, 27, 38. Ähnlich auch *E.-M. Kieninger*, Wettbewerb der Privatrechtsordnungen im europäischen Binnenmarkt, 2002, S. 8 f. u. 18.

78 *C. Baaij*, Hiding in Plain Sight, in: HILJ 60 (2019) No. 1, 135, 136.

rechtfertigt die Verallgemeinerung etwaiger Erkenntnisse, da bereits die Untersuchung der wenigen bedeutenden Schiedsinstitutionen einen großen Teil der gesamten Bewegungen auf dem Felde der Schiedsgerichtsbarkeit repräsentiert. In Anbetracht dessen können die Ergebnisse der gegenständlichen Untersuchung die Dynamik des Rechtswettbewerbs trotz der Vorselektion einiger Schiedsinstitutionen genauer abbilden, als dies bei Analysen staatlicher Regelungsprodukte zu erwarten ist.

Drittens stehen mit den Schiedsinstitutionen Privatrechtssubjekte auf der Angebotsseite. Sie konkurrieren mithin um Marktanteile sowie um Einfluss auf die Entwicklung der Schiedspraxis.[79] Dabei kann jede einzelne Schiedsinstitution lediglich zu Lasten der übrigen entsprechende Zugewinne realisieren.[80] Denn wo sich Nutzer für die Administrierung eines Schiedsverfahrens an eine Schiedsinstitution wenden, entscheiden sie sich indes unweigerlich gegen die Angebote aller anderen Wettbewerber.[81] In dem institutionellen Schiedsverfahren kommt ausschließlich das vereinbarte Verfahrensregime der entsprechenden Schiedsinstitution zur Anwendung, wohingegen Schiedsordnungen anderer Wettbewerber keine Rolle spielen.

Als Urheber ihrer hauseigenen Schiedsordnung entscheiden Schiedszentren grundsätzlich autonom über deren normative Ausgestaltung. Sie orientieren sich dabei maßgeblich an den Interessen und Präferenzen der Nachfrageseite, um

---

79 *A. Stone Sweet/F. Grisel*, The Evolution of International Arbitration, 2017, S. 45 u. 49; *T. Ginsburg*, The Culture of Arbitration, in: VJTL 36 (2003), 1335, 1342.

80 Dieses Marktprinzip ist ein Charakteristikum jedweden freien Wettbewerbs und liegt als solches *mutatis mutandis* auch der Forschung zum staatlichen Rechtswettbewerb zugrunde. In diesem Sinne macht *Lackhoff* im Zuge seiner vergleichenden Analyse zwischen den U.S.A. und der EU (damals noch Europäische Gemeinschaft) ganz zu Anfang das gemeinsame strukturelle Problem aus, das letztlich den Ursprung des jeweiligen internen Rechtswettbewerbs darstellt: „smaller, incorporated entities [i.e. each of the states making up the U.S.A. or EU Member States] attempting to ensure their own advantages at the cost of other members of the 'superstructure'", *K. Lackhoff*, Restrictions on State Interference with Commerce in the U.S.A. and the EC, in: CJEL 2 (1996) No. 2, 313. Die Begrifflichkeit der Marktanteile findet sich in Zusammenhang mit der Attraktivität der deutschen Justiz beziehungsweise der Schiedsgerichtsbarkeit bereits bei *G. Wagner*, Rechtsstandort Deutschland im Wettbewerb, 2017, 93 ff. u. 100 ff.

81 Allgemein in diesem Sinne vgl. *E.-J. Mestmäcker/H. Schweitzer*, Europäisches Wettbewerbsrecht, 3. Aufl. 2014, § 3, Rn. 72 („Jeder erfolgreiche Wettbewerb schädigt andere Wettbewerber.").

das eigene Angebot für (potentielle) Nutzer möglichst attraktiv zu machen.[82] Demnach sind die einzelnen Schiedsordnungen in ein klassisches Wettbewerbsgefüge von privaten Anbietern eingebettet.[83] Vor diesem Hintergrund lassen sich die Bedenken hinsichtlich der Anwendung des Wettbewerbskriteriums im staatlichen Bereich durch die Verlagerung der Untersuchung hinaus aus der staatlichen und hinein in die Sphäre der institutionellen Schiedsgerichtsbarkeit ausräumen.[84]

II. Gang der Untersuchung

Im ersten Teil führt die Arbeit in den Themenbereich der institutionellen Schiedsgerichtsbarkeit ein. Der Schwerpunkt der gesamten Arbeit liegt auf der Untersuchung von Rechtswettbewerb. Sofern die institutionelle Schiedsgerichtsbarkeit als Ausgangspunkt herangezogen wird, belaufen sich die Ausführungen ausschließlich auf diejenigen Aspekte, die eine gewisse Bedeutung für die anschließende Untersuchung erlangen. In Zusammenschau mit den rechtlichen Grundlagen wird zudem der ökonomische Kontext beleuchtet, in dem die Schiedsinstitutionen agieren.

Aufbauend darauf unternimmt der zweite Teil die Definition des vorliegend relevanten Marktes. Dazu werden die üblichen ökonomischen Kriterien herangezogen, denen sich die Rechtswissenschaft sonst gängigerweise im Bereich des Wettbewerbs- und Kartellrechts bedient. Der im Wege der Abgrenzung noch genauer zu identifizierende Markt wird anschließend unter besonderer Berücksichtigung ausgewählter Schiedsinstitutionen einer Wettbewerbsanalyse unterzogen. Unter Heranziehung gefestigter Erkenntnisse zu den Auswirkungen bestimmter Wettbewerbsbedingungen auf anderen Märkten lassen sich konkrete Hypothesen für die zu erwartenden Effekte etwaiger kompetitiver Dynamik auf die Genese der Schiedsordnungen aufstellen.

Der dritte Teil überprüft die zuvor aufgestellten Erwartungen einem praktischen Test. Dazu werden die Entwicklungen der institutionellen Schiedsordnungen der führenden Schiedszentren im Hinblick auf bestimmte

82 Die Angebotsseite kann ihr Portfolio entweder an der Nachfrage auf einem bestehenden Markt ausrichten oder aber durch Innovation eigenständig gänzlich neue Märkte hervorbringen. Letztlich geht es stets um die Identifizierung eines bestimmten Bedarfspotentials auf der Nachfrageseite.

83 Dazu ausführlich der Zweite Teil.

84 Ausführlich zu weiteren Störfaktoren im Bereich des staatlichen Rechts vgl. statt vieler *K. Meessen*, Prinzip Wettbewerb, in: JZ 2009, 697, 700 f. m.w.N.

Regelungsgegenstände verglichen. Allerdings ist der Beweis für die Existenz von Wettbewerb allein durch die Betrachtung der aktuellen Regelwerke der Schiedsinstitutionen nicht zu erbringen. Da es sich bei Wettbewerb um ein Verfahren handelt, ist sein Vorhandensein nur in Ansehung von Zeitablauf nachweisbar.[85] Dementsprechend gegliedert dokumentiert die Untersuchung die jeweiligen Veränderungen, welche die einzelnen Regelwerke durchlaufen haben. Indes finden zwei unterschiedliche Vergleichsebenen Berücksichtigung. Neben der institutionsübergreifenden Perspektive, wird außerdem die institutionsspezifische Entwicklung aufgezeigt, welche die Schiedsordnungen der jeder einzelnen Schiedsinstitution im Zuge ihrer individuellen Historie von einer Fassung zur jeweils nächsten Fassung durchlaufen haben. Dadurch werden sowohl die individuellen Veränderungen jeder einzelnen Schiedsordnung als auch institutionsübergreifende Dynamiken identifiziert.

Sofern solche erkennbar sind, werden sie mit den zuvor angestellten Prognosen abgeglichen. So lässt sich ermitteln, ob sich die Erwartungen bestätigen, die zuvor unter Zugrundelegung klassischer Wettbewerbstheorie für den relevanten Markt formuliert wurden. Gegebenenfalls wäre der Beweis erbracht, dass Recht Gegenstand von wettbewerblicher Dynamik ist und die entsprechenden Kriterien auch anwendbar sind, wo mehrere Normgefüge als Regelungsalternativen miteinander in Konkurrenz stehen. Der unmittelbare Einfluss von Wettbewerb auf die Beschaffenheit der normativen Dimension wäre damit nachgewiesen.

Abschließend stellt sich die Frage nach etwaigen Rückschlüssen hinsichtlich der Existenz und den Implikationen von Rechtswettbewerb auf (zwischen-) staatlicher Ebene. Lassen sich die im Bereich der institutionellen Schiedsgerichtsbarkeit gewonnenen Erkenntnisse ganz oder wenigstens teilweise auf die staatliche Gesetzgebung übertragen? Sofern Wettbewerbseffekte auf die Genese normativer Regelungsgefüge festzustellen sind, bedarf es deren Bewertung vor dem Hintergrund des aufgezeigten Spannungsfeldes zwischen staatlicher souveräner Normgestaltung auf der einen und systemfremdem Wettbewerbsdruck auf der anderen Seite.

---

85 *K. Meessen*, Prinzip Wettbewerb, in: JZ 2009, 697, 698.

Erster Teil: Rechtserzeugung in der institutionellen Schiedsgerichtsbarkeit

Die schiedsgerichtliche Streitbeilegung als Geschäftsmodell

Für den Gang der Untersuchung ist es unverzichtbar, zunächst in das Feld der institutionellen Schiedsgerichtsbarkeit einzuführen. Die vorliegende Arbeit zielt ausdrücklich auf den Gewinn von möglichst grundlegenden im Sinne von allgemeingültigen Erkenntnissen zum Rechtswettbewerb ab. Die Ergebnisse sollen indes auf andere Bereiche, in denen rechtsgestaltende Instanzen miteinander in Konkurrenz stehen, übertragbar sein. Im Lichte dieser Zielsetzung ist die institutionelle Schiedsgerichtsbarkeit als Untersuchungsgegenstand aus den vorangestellten Gründen besonders geeignet.[1] Etwaige Feststellungen, welche die juristischen Eigenheiten dieses spezifischen Rechtsgebiets betreffen, sind allerdings lediglich Nebenprodukte der vorliegenden Studie.

Nichtsdestoweniger soll im Hinblick auf die Begrifflichkeiten sowie Funktionsweise und Verfahrensabläufe in das System der institutionellen Schiedsgerichtsbarkeit eingeführt werden, um sie als Gegenstand der Untersuchung handhabbar zu machen. Daher stehen zu Anfang dieses Kapitels einige Begriffsbestimmungen (A.). Sie skizzieren unterschiedliche Differenzierungskategorien, die in Zusammenhang mit der Schiedsgerichtsbarkeit stehen. Teilweise beschreiben die Begriffspaare gleichzeitig wiederum eigenständige Wettbewerbssphären. Durch die Abgrenzung dieser Felder voneinander und der damit verbundenen Kontrastierung stellt die vorliegende Studie die institutionelle Handelsschiedsgerichtsbarkeit als ihren exklusiven Untersuchungsgegenstand heraus.

Die Analyse des Wettbewerbs der Schiedszentren und ihrer Verfahrensregeln kann zudem nur unter Berücksichtigung der speziellen Vertragskonstellation erfolgen, in die ein institutionelles Schiedsverfahren eingebettet ist (B.). Mit Blick auf die Vielzahl der Personen, die insofern auf verschiedene Weise in ein institutionelles Schiedsverfahren involviert sind, gilt es, die wettbewerbsrelevanten Akteure samt ihrer Funktion und den sich daraus ergebenden Interessen zu identifizieren.

---

1 Siehe vorstehende Erläuterungen im Zuge der Einführung unter C. *Methodische Vorgehensweise.*

Die Gesamtschau all dieser Aspekte offenbart die Eignung der Schiedsinstitutionen für eine Studie des regulatorischen Wettbewerbs (C.). Denn jede Schiedsinstitution betreibt in ihrer Funktion als solche private Rechtssetzung. Die institutionellen Schiedsordnungen sind die normativen Produkte dieses Schaffensprozesses. Sie werden von den Schiedszentren zusammen mit ihren administrierenden Dienstleistungen Dritten zur entgeltlichen Nutzung bereitgestellt. Da jeder Schiedsinstitution in ihrer Eigenschaft als Urheberin nahezu uneingeschränkte Gestaltungsfreiheit in Bezug auf die eigenen Verfahrensregeln zukommt, verfügt sie im Prinzip wie ein staatlicher Gesetzgeber über den konkreten Regelungsgehalt.[2]

Angesichts ihrer normgestaltenden Rolle liegt das besondere Augenmerk im Weiteren auf den Schiedsinstitutionen. Da die Untersuchung den Wettbewerb unter Heranziehung konkreter Schiedsordnungen und deren Genese analysieren soll, ist zudem eine Typologie der Schiedsinstitutionen zu entwickeln (D.), auf deren Grundlage passende Untersuchungsobjekte ausgewählt werden (E.).

A. Begriffsbestimmungen zur Annäherung an den Untersuchungsgegenstand

I. Schiedsgerichtsbarkeit und staatliche Ziviljustiz

Im Kern beschreibt Schiedsgerichtsbarkeit die Idee eines privaten Verfahrens zur Beilegung rechtlicher Streitigkeiten durch die verbindliche Entscheidung einer neutralen Instanz, welche zuvor von den betroffenen Parteien bestimmt wurde und deren Spruchgewalt sie sich freiwillig und einvernehmlich unterworfen haben.[3] Wie auch vor staatlichen Gerichten steht idealtypisch ein unparteiischer, unabhängiger Spruchkörper dem Prozess vor und trifft an dessen Ende

2 Faktische Einschränkungen, die sich aus zwingendem staatlichem Recht ergeben, kommen mangels allgemeiner Bindungswirkung einer alleinstehenden institutionellen Schiedsordnung nicht etwa auf der Ebene der Konzeption, sondern erst im Rahmen der konkreten Anwendung im Parteiverhältnis zum Tragen. Zu den sich daraus ergebenden fatkischen Einschränkungen für die Gestaltung von Schiedsordnungen sogleich unter A.I. *Institutionelle Schiedsgerichtsbarkeit und Ad-Hoc-Schiedsverfahren*. Siehe zudem ausführlich zur Rechtnatur und Wirkungsweise der Schiedsordnungen unter C. *Die Schiedsordnung als Produkt privater Rechtsetzung*.

3 Statt vieler siehe nur *J. Paulsson*, The Idea of Arbitration, 2013, S. 1 ("The idea of arbitration is that of binding resolution of disputes accepted with serenity by those who bear its consequences because of their special trust in chosen decision-makers.").

grundsätzlich eine für die Parteien verbindliche Entscheidung.[4] Ein solcher Schiedsspruch hat üblicherweise die gleiche rechtliche Wirkung wie ein rechtskräftiges Urteil eines staatlichen Gerichts.[5] Anders als jedoch vor den ordentlichen Gerichten, für die umfassende gesetzliche Regelungen den Verfahrensablauf detailliert vorgeben, sind es in einem Schiedsverfahren die Parteien selbst, die nicht bloß über die personelle Besetzung des Spruchkörpers entscheiden, sondern auch die spezifische Ausgestaltung des gesamten Prozederes bestimmen.[6]

II. Schiedsgerichtsbarkeit und alternative Streitbeilegungsmethoden

Das Verhältnis der Schiedsgerichtsbarkeit zum Bereich der alternativen Streitbeilegung ist umstritten und bisweilen ungeklärt.[7] Fest steht nur, dass jedenfalls Mediation und Schlichtung allgemein anerkannt unter den Sammelbegriff *Alternative Dispute Resolution* (‚ADR') gefasst werden.[8] Die Schiedsgerichtsbarkeit teilt mit Verfahren wie der Schlichtung und der Mediation in erster Linie den Zweck der Beilegung eines juristischen Konflikts mehrerer Personen.[9] Das Hinwirken auf eine Befriedung der streitenden Parteien durch die Beilegung ihres Rechtsstreits markiert gleichermaßen für Mediator und Schlichter genauso wie für einen Schiedsrichter den Kern ihres Wirkens.[10] Insofern lässt sich eine

---

4 Dem Willen des deutschen Gesetzgebers gemäß steht die Schiedsgerichtsbarkeit grundsätzlich gleichberechtigt auf einer Stufe neben der staatlichen Gerichtsbarkeit, siehe BT, Drs. 13/5274, S. 34.

5 In Deutschland ist dies über § 1055 ZPO verbürgt.

6 Mitunter plakativ, jedoch durchaus zur Veranschaulichung geeignet ist in diesem Zusammenhang der schlichte Hinweis auf das Mengenverhältnis der Paragraphen der deutschen ZPO, die sich mit dem Verfahren vor den staatlichen Gerichten beschäftigen (mehr als 1.000 Paragraphen) gegenüber denen des 10. Buches zur Schiedsgerichtsbarkeit (§§ 1025–1066 ZPO, also gerade einmal 42). Vorgetragen ist dieser etwa bei *G. Lörcher/T. Lörcher*, Organisation eines Ad-hoc-Schiedsverfahrens, in: SchiedsVZ 2005, 179, 180.

7 Vgl. *J. Risse*, Wirtschaftsmediation, 2003, § 1, Rn. 10; *G. Walter*, Dogmatik der unterschiedlichen Verfahren zur Streitbeilegung, in: ZZP 103 (1990) No. 2, 141, 142.

8 Anstatt vieler siehe *G. Wagner/H. Eidenmüller*, in: H. Eidenmüller/G. Wagner (Hrsg.), Mediationsrecht, 2015, Kap. 1, Rn. 35 f.

9 Laut EuGH etwa haben „Schiedsrichterleistungen hauptsächlich und gewöhnlich die Beilegung eines Streites zwischen zwei oder mehr Parteien [...] zum Gegenstand", so EuGH, Urteil vom 16. September 1997, ECLI:EU:C:1997:406, Rn. 17.

10 In diesem Lichte ist auch § 278 Abs. 1 ZPO zu verstehen, der den staatlichen Gerichten dementsprechend die Schaffung von Rechtsfrieden durch gütliche Einigung der

gewisse gemeinsame Natur der genannten Verfahrensarten kaum von der Hand weisen.

Die skizzierte Debatte dreht sich im Ausgangspunkt um den Bezugsgegenstand des Begriffs ‚*alternative*' im Rahmen von ADR. Begreift man deren Konzept als alternative Verfahren zur Konfliktlösung durch staatliche Instanzen, so gehört die Schiedsgerichtsbarkeit zweifellos mit in diese Kategorie.[11] Definiert man ADR dagegen als Oberbegriff für sämtliche Alternativen zu Streitbeilegungsmechanismen, an deren Ende die Parteien durch die Entscheidung einer dritten Instanz gebunden sind, so wäre die Schiedsgerichtsbarkeit angesichts ihres verbindlichen Charakters kein ADR-Verfahren.

Nichtsdestoweniger bedarf es weder an dieser Stelle noch im weiteren Verlauf der vorliegenden Untersuchung einer dahingehenden Einordnung der Schiedsgerichtsbarkeit. Erstens, weil sich Mediation und Schlichtung unabhängig davon aufgrund ihrer eigenen Charakteristika hinreichend genau von der Schiedsgerichtsbarkeit abgrenzen lassen.[12] Indem etwaige Resultate von Mediation oder Schlichtung keinerlei verbindliche Wirkung für beziehungsweise gegen die Parteien entfalten, verbleibt das letzte Wort bei denselben. Sofern sie keine Einigung erzielen oder der Schlichtungsvorschlag nicht allseits akzeptiert wird,

---

Parteien nahelegt. Derweil prägte das Streben nach Abgrenzung von staatlicher Justiz bis in die Mitte des 20. Jahrhunderts das allgemeine Selbstverständnis von Vertretern der Handelsschiedsgerichtsbarkeit. Demnach war der idealtypische Schiedsrichter im Gegensatz zum staatlichen Richter in seiner Tätigkeit nicht auf rein juristische Überlegungen beschränkt. Vielmehr war er nach zeitgenössischer Ansicht in erster Linie den Interessen der Parteien verpflichtet. Keine der Streitparteien sollte als Gewinner oder Verlierer gebrandmarkt werden, um das Geschäftsklima zwischen ihnen damit nicht über Gebühr zu belasten, dazu ausführlich siehe im Zweiten Teil unter A.I.1.d) *Zerrüttungsrisiko*. Insbesondere auch die Internationale Handelskammer (ICC) sah Schiedsverfahren ursprünglich weniger als einen wesensgleichen Ersatz für staatliche Gerichtsverfahren an, sondern verstand sie vielmehr als eine Variante der Mediation, *A. Stone Sweet/F. Grisel*, The Evolution of International Arbitration, 2017, S. 57 f.

11 Dieses Begriffsverständnis ('alternative to court litigation') herrscht speziell in den U.S.A. vor, deren Sprachgebrauch der ADR-Begriff entlehnt ist. Siehe dazu *G. Walter*, Dogmatik der unterschiedlichen Verfahren zur Streitbeilegung, in: ZZP 103 (1990) No. 2, 141, 142 m.w.N.

12 Für einen Überblick zu den wesensprägenden Merkmalen von Mediation, Schlichtung und Schiedsgerichtsbarkeit vgl. *B. Klose*, Entwicklungen bei der außergerichtlichen Justiz, in: NJ 2018, 12 ff. Siehe auch *P. Tochtermann*, Alternative Dispute Resolution, in: JuS 2005, 131 ff.; *J.-P. Lachmann*, Handbuch für die Schiedsgerichtspraxis, 3. Aufl. 2008, Rn. 45 ff.

bleibt die Streitigkeit ungelöst und steht weiter im Raum. In Abgrenzung dazu wird einem Schiedsgericht gerade die Kompetenz zur verbindlichen Streitentscheidung übertragen. Diese justizielle Kompetenz ist wesensstiftend für einen Schiedsrichter.

Zweitens bedarf die Frage auch im Übrigen keiner Entscheidung, da mit der Etikettierung keinerlei Rechtsfolgen einhergehen. Insbesondere besteht der verbindliche Charakter der Schiedsgerichtsbarkeit unabhängig davon, ob sie von Kommentatoren als Ausprägung der ADR angesehen wird oder nicht. Um Missverständnissen vorzubeugen, sei indes darauf hingewiesen, dass im Rahmen dieser Arbeit der Begriff der alternativen Konfliktlösung grundsätzlich die Schiedsgerichtsbarkeit außen vor lässt.

III. Handelsschiedsgerichtsbarkeit und Investitionsschutz

Trotz einiger Gemeinsamkeiten, die die Handels- mit der Investitionsschiedsgerichtsbarkeit teilt, sind beide Spielarten strikt voneinander zu differenzieren. Während sich in Handelsschiedsverfahren üblicherweise privatrechtlich organisierte Akteure gegenüberstehen, die ihren Disput einvernehmlich der Zuständigkeit eines Schiedsgerichts unterworfen haben, geht es im Rahmen von Investitionsschiedsverfahren um die rechtliche Beurteilung von Streitigkeiten zwischen privaten Investoren und souveränen Staaten. Auch in dieser Konstellation bildet eine vertragliche Abrede die rechtliche Grundlage für das schiedsgerichtliche Verfahren.

Anders als im Rahmen von sonstigen unternehmerischen Streitigkeiten ist die Schiedsvereinbarung bei Investitionsschutzstreitigkeiten nicht zwischen den privaten Parteien des gegenständlichen Rechtsstreits, sondern vielmehr in Form eines völkerrechtlichen Abkommens zwischen den betreffenden Staaten geschlossen.[13] Investoren können dann unter Berufung auf ihre Nationalität gegen Maßnahmen des anderen Vertragsstaates vor einem Schiedsgericht Klage erheben. Dabei sind sie jedoch ausschließlich auf diejenigen Rechte beschränkt, die ihnen das jeweils maßgebliche Investitionsschutzabkommen vermittelt.[14]

---

13 *N. Blackaby/C. Partasides*, Redfern and Hunter on International Arbitration, 6. Aufl. 2015, Rn. 1.43.

14 *S. Elsing/F. Grote*, TTIP und der Spill-over-Effekt auf die Handelsschiedsgerichtsbarkeit, in: RIW 2018, 321, 322; *P. Fouchard*, in: E. Gaillard/J. Savage (Hrsg.), Fouchard, Gaillard, Goldman on International Commercial Arbitration, 1999, Rn. 44. Dogmatisch ähnelt dieser in vielen bilateralen Investitions- und Handelsabkommen vorgesehene Mechanismus, das sog. *Investor-State Dispute Settlement* (ISDS), stark der Rechtsfigur des Vertrags mit Schutzwirkung zu Gunsten Dritter aus dem deutschen

Zwischen den Parteien des Rechtsstreits bestehen dann aber gerade keine direkten vertraglichen Beziehungen.

Die vorliegende Untersuchung beschäftigt sich ausschließlich mit der Genese von Schiedsordnungen, die für die schiedsgerichtliche Auseinandersetzung von privaten Rechtssubjekten konzipiert sind. Der besseren Lesbarkeit halber wird daher fortan – sofern nicht ausdrücklich anderweitig bezeichnet – allein auf die Handelsschiedsgerichtsbarkeit Bezug genommen.

IV. Institutionelle Schiedsgerichtsbarkeit und Ad-Hoc-Schiedsverfahren

Weiter lässt sich unter dem Oberbegriff der Schiedsgerichtsbarkeit auch zwischen institutionellen und sogenannten Ad-Hoc-Schiedsverfahren differenzieren.

Im Sinne eines klassischen, vollständig autonom organisierten Schiedsverfahrens können die Parteien eines Ad-Hoc-Schiedsverfahrens dessen prozessuale Gestaltung aufgrund ihrer Vertragsautonomie vollkommen eigenständig bestimmen. Im Einklang mit den Grundsätzen des Vertragsrechts ist dazu lediglich Konsens hinsichtlich der Verfahrensregeln erforderlich. Während die Festlegung auf eine Schiedsinstitution prinzipiell die Adaption von deren Verfahrensregeln als Gesamtpaket bedeutet,[15] können die Parteien einer Schiedsabrede stattdessen auch vollkommen eigenständig umfassende Verfahrensregeln entwickeln. Prinzipiell steht es ihnen frei, zu diesem Zwecke auf ein bereits bestehendes prozessuales Regelwerk wie die UNCITRAL-Schiedsordnung[16] zu verweisen und sich die entsprechenden Vorschriften auf diese Weise zu eigen zu machen.

Die institutionelle Schiedsgerichtsbarkeit bezeichnet dagegen denjenigen Teilbereich der Schiedsgerichtsbarkeit, in dem das Verfahren nicht unmittelbar von den Parteien selbst, sondern vielmehr von einer sogenannten Schiedsinstitution

---

Zivilrecht. Die insofern allgemein anerkannten Kriterien (Leistungsnähe des Dritten, hier des Investors; das gläubigerseitige Interesse an der Einbeziehung des Dritten; entsprechende Erkennbarkeit für die andere Seite zum Zeitpunkt des Vertragsschlusses; Schutzbedürftigkeit des Dritten mangels ausreichender eigener Rechte im Verhältnis zum Schuldner) lassen sich *mutatis mutandis* auf diejenigen Situationen übertragen, für die entsprechende zwischenstaatliche Abkommen regelmäßig ISDS und damit Schiedsgerichte vorsehen.

15 In diesem Zusammenhang vgl. B. *Vertragskonstellation im institutionellen Schiedsverfahren* sowie C. *Rechtsnatur institutioneller Schiedsordnungen*.

16 UNCITRAL, Arbitration Rules, abrufbar unter: https://uncitral.un.org/sites/uncitral.un.org/files/media-documents/uncitral/en/uncitral-arbitration-rules-2013-e.pdf.

organisiert wird. Bei diesen handelt es sich grundsätzlich um permanent verfasste Einrichtungen, die eine Reihe von Dienstleistungen im Zusammenhang mit alternativer Konfliktlösung anbieten. Schiedsinstitutionen befassen sich dabei ihrer Konzeption nach weder inhaltlich mit den an sie herangetragenen Rechtsstreitigkeiten noch sind sie selbst als Spruchkörper zur Entscheidung in der Sache berufen.[17] Im Mittelpunkt ihrer Tätigkeit steht vielmehr die Administrierung der ihnen anvertrauten Schiedsverfahren im Einklang mit ihren jeweiligen Verfahrensregeln.

Der Rückgriff auf diese stehenden Regelwerke befreit die Parteien einer Schiedsabrede von einem entscheidenden Teil der Selbstorganisation, da sie die Regeln für ihre Schiedsverfahren somit nicht von Grund auf selbst entwerfen und vereinbaren müssen. Dieses Vorgehen kann sich für die Parteien insoweit als nützlich erweisen, als sie Effizienzgewinne erzielen, indem sie die Kosten mitunter langwieriger und komplizierter Verhandlungen über die Verfahrensregeln einsparen.[18] Darüber hinaus sind bestehende Regelwerke in der Praxis bereits erprobt und haben sich mitunter als geeignet erwiesen, sodass sich Nutzer prinzipiell auf deren Funktionalität verlassen können. Vollends in Eigenregie gestaltete Regelungen kommen dagegen im Streitfalle erstmalig zum Einsatz, sodass unweigerlich ein höheres Risiko besteht, dass das Schiedsverfahren in Anbetracht etwaiger Schwachstellen des vereinbarten Regimes einen unvorhergesehenen Lauf nimmt, der nicht dem ursprünglichen Parteiwillen entspricht.

Mit zunehmender Komplexität der Vertragskonstruktionen im internationalen Handel und den aus ihnen resultierenden Rechtsstreitigkeiten ist ebenso die Regelungsdichte der institutionellen Schiedsordnungen gestiegen.[19] Diese Entwicklung ist unmittelbar auf Forderungen der Nachfrageseite nach mehr Rechtssicherheit beziehungsweise besserer Vorhersehbarkeit zurückzuführen.

---

17 *G. Born*, International Commercial Arbitration, 3. Aufl. 2021, S. 191 u. S. 2127. Siehe dazu ausführlich unter *Typologie der Schiedsinstitutionen*.

18 *A. Stone Sweet/F. Grisel*, The Evolution of International Arbitration, 2017, S 83.

19 Die erste Version der Schiedsordnung der ICC umfasste bei ihrer Einführung 24 Artikel. In der Fassung aus dem Jahr 2017 zählt sie 42 Artikel sowie 6 Anhänge mit ergänzenden Regelungen zum Schiedsverfahren. Ebenso hat die Länge der offiziellen Begleitwerke, welche die ICC zu ihrer Schiedsordnung veröffentlicht, erheblich zugenommen. Während sich die Kommentierung (*Explanatory Commentary*) zu der ersten Ausgabe der Schiedsregeln auf lediglich fünf Seiten belief, umfasste die Begleitveröffentlichung zu den überarbeiteten Regeln aus dem Jahre 2012 (*The Secretariat's Guide to ICC Arbitration*) über 500 Seiten. Vgl. *A. Stone Sweet/F. Grisel*, The Evolution of International Arbitration, 2017, S. 87.

In diesem Sinne kommentierten *Hunter* und *Paulsson* die Reform der Schiedsordnung des London Court of International Arbitration aus dem Jahre 1985 wie folgt:

> "Finally, it was perceived that the 1981 Rules left too many matters unstated. Reactions from consumers in the international legal and trading community had indicated that [...] legal practitioners representing their clients needed to have a more explicit framework on a number of particular aspects, such as the way in which arbitrators are appointed or challenged."[20]

Während die Regelungsdichte der institutionellen Schiedsordnungen immer weiter gestiegen ist, kritisieren einzelne Stimmen diese Entwicklung und warnen vor einer ‚übermäßigen Vergerichtlichung' institutioneller Schiedsverfahren.[21] Nichtsdestoweniger offerieren die Schiedszentren mittlerweile ein im Umfang ebenso verbreitertes Repertoire an ergänzenden Dienstleistungen – von der Vermittlung passender Schiedsrichter bis hin zum Bereitstellen von Räumlichkeiten für die Verhandlungen. In der Gesamtschau stellt jede Schiedsinstitution somit eine professionelle, systemische Infrastruktur dar, die hinsichtlich ihres Organisationsgrades derjenigen der staatlichen Justiz nicht nachsteht.

Genauso zulässig wie ein umfassender Verweis auf eine Verfahrensordnung insgesamt ist das Zusammenstellen eines eigenen prozessualen Regelwerks, das je nach Nutzerpräferenz Vorschriften aus den institutionellen Regelwerken

---

20 *M. Hunter/J. Paulsson*, A Commentary on the 1985 Rules of the London Court of International Arbitration, in: P. Sanders (Hrsg.), ICCA Yearbook Commercial Arbitration 1985, 167, 168.

21 *C. Tevendale* zitiert nach *M. Taddia*, Forum Shopping, in: The Law Society Gazette, 3. Februar 2020, abrufbar unter: https://www.lawgazette.co.uk/features/forum-shopping/5102915.article. In diesem Sinne auch *V. Veeder*, Strategic Management in Commencing an Arbitration, in: A. van den Berg (Hrsg.), Arbitration Advocacy in Changing Times, 27, 28 f.; *P. Fouchard*, in: E. Gaillard/J. Savage (Hrsg.), Fouchard, Gaillard, Goldman on International Commercial Arbitration, 1999, Rn. 53 m.w.N.; *Y. Dezalay/B. Garth*, Merchants of Law as Moral Entrepreneurs, in: LSR 29 (1995) No. 1, 27, 47, 58; *N. Blackaby/C. Partasides*, Redfern and Hunter on International Arbitration, 6. Aufl. 2015, Rn. 1.93.; *R. Michaels*, Rollen und Rollenverständnisse im transnationalen Privatrecht, in: Deutsche Gesellschaft für Völkerrecht (Hrsg.), Paradigmen im internationalen Recht, 175, 193. Zu der Debatte siehe *R. Gerbay*, The Functions of Arbitral Institutions, 2016, S. 51 ff. Eine allgemeine, d.h. nicht spezifisch auf die Schiedsgerichtsbarkeit, sondern vielmehr auf jedwede Konfliktlösungsmethode unter Hinzuziehung Dritter bezogene Theorie zu dem Phänomen entwickeln *A. Stone Sweet/F. Grisel*, The Evolution of International Arbitration, 2017, S. 11 ff.

nach dem Günstigkeitsprinzip vereint. Diese Methode kann speziell in internationalen Verfahren gewinnbringend sein, wenn jede der Parteien Wurzeln in einer anderen Zivilrechtsordnung aufweist.[22] Alternativ ist es den Parteien vor dem Hintergrund der Parteiautonomie jedoch genauso möglich, in Eigenregie individuelle Vorgaben neu zu entwerfen und für den konkreten Einzelfall maßzuschneidern.[23]

Die Freiheit der Verfahrensgestaltung unterliegt allerdings sowohl bei institutionellen als auch bei Ad-hoc-Schiedsverfahrensregeln Beschränkungen in Gestalt der fundamentalen Rechts- beziehungsweise Justizgrundsätze. Bleiben solche in einem Verfahren unbeachtet, droht dem Schiedsspruch selbst im Lichte des New Yorker *Übereinkommens vom 10. Juni 1958 über die Anerkennung und Vollstreckung ausländischer Schiedssprüche*[24] (New Yorker Übereinkommen, kurz: ‚NYÜ') die Aufhebung.[25] Sofern institutionelle Verfahrensordnungen den rechtlichen Rahmen für die Durchführung von Schiedsverfahren bereitstellen, wirken sich diese zwingenden Vorgaben aus der Sphäre des staatlichen Rechts einschränkend auf die normative Gestaltungsfreiheit der Schiedsinstitutionen aus. Denn im Kollisionsfall werden etwaige Konflikte zwischen ihren Schiedsordnungen und zwingenden Vorgaben staatlichen Rechts zugunsten letzterer aufgelöst. Um den Grundstein für die Befriedigung des nachfrageseitigen Interesses an verbindlichen und durchsetzbaren Entscheidungen ihrer Streitigkeiten zu legen, muss eine Schiedsinstitution daher sicherstellen, dass die von ihr gestalteten Regelungen den entsprechenden, dennoch weitläufigen Rahmen des zwingenden staatlichen Rechts Rechnung tragen. Andernfalls riskiert die Schiedsinstitution, dass die von nach Maßgabe der eigenen Schiedsordnung administrierten Schiedsverfahren Entscheidungen hervorbringen, denen von staatlicher Seite letztlich die Vollstreckung verwehrt wird. Solche lassen im

---

22 In besonderer Weise gilt dies für Konstellationen, in denen eine Partei mit Hintergrund im Common Law auf ein Gegenüber aus einem Rechtssystem mit Civil Law Traditon trifft. Siehe dazu *G. Lörcher/T. Lörcher*, Organisation eines Ad-hoc-Schiedsverfahrens, in: SchiedsVZ 2005, 179, 182 f.

23 Anstatt vieler siehe exemplarisch *G. Born*, International Commercial Arbitration, 3. Aufl. 2021, S. 291; *N. Blackaby/C. Partasides*, Redfern and Hunter on International Arbitration, 6. Aufl. 2015, Rn. 1.79; *J. Lew/L. Mistelis/S. Kröll*, Comparative International Commercial Arbitration, 2003, Ch. 1, Rn. 11.

24 BGBl. 1961 II, Nr. 11, S. 121 ff. (Engl.: *Convention on the Recognition and Enforcement of Foreign Arbitral Awards*). Näher zum NYÜ vgl. im Zweiten Teil, insb. Unter A.I.2.d) *Vollstreckbarkeit von Entscheidungen*.

25 Vgl. Art. V NYÜ.

Endeffekt unzufriedene Nutzer zurück, welche in der Folge geneigt sein werden, künftige Mandate nicht mehr anderweitig zu vergeben,

B. Vertragskonstellation im institutionellen Schiedsverfahren

Die Schiedsvereinbarung legt als Vertrag über die Konfliktlösungsmethode den Grundstein eines jeden Schiedsverfahrens. An der Durchführung eines Schiedsverfahrens sind jedoch wesensgemäß nicht allein die Parteien beteiligt. Vielmehr wird die Entscheidungskompetenz ihrem Willen nach gerade einer neutralen Instanz übertragen. Eine solche muss *per definitionem* außerhalb der jeweiligen Lager der Streitparteien stehen.[26] Folgerichtig ergeben sich im Zuge eines Schiedsverfahrens weitere Rechtsverhältnisse, die ihrerseits einer eigenen vertraglichen Ausgestaltung bedürfen, um die allseitige Bindung an die Verfahrensregeln zu bewirken. Vor diesem Hintergrund sind sämtliche verfahrensprägende Akteure in die vertragsrechtliche Konzeption einzubeziehen. Neben den Parteien betrifft dies auch den oder die Schiedsrichter sowie im Falle eines institutionellen Verfahrens außerdem die Schiedsinstitution. In gebotener Kürze skizziert der folgende Abschnitt diese Rechtsverhältnisse, um die Verankerung des Schiedsverfahrens in diesen privatrechtlichen Vertragsstrukturen zu verdeutlichen. Außerdem ergeben sich mit Blick auf die administrierende Schiedsinstitution als zusätzlichem Akteur gewisse Besonderheiten für institutionelle Schiedsverfahren.

Vorab sei darauf hingewiesen, dass die hier vorgenommene Identifikation und Einteilung der einzelnen Vertragsbeziehungen aus zwei Gründen keinen Anspruch auf Allgemeingültigkeit erhebt. Erstens verbietet sich dies schlicht aufgrund der Uneinigkeit, die unter internationalen Kommentatoren der Schiedsgerichtsbarkeit speziell in Bezug auf die Vertragskonstellation in institutionellen Schiedsverfahren vorherrscht.[27] Zweitens ergibt sich vor dem Hintergrund der

---

26 Statt vieler siehe *N. Blackaby/C. Partasides*, Redfern and Hunter on International Arbitration, 6. Aufl. 2015, Rn. 4.75; *J. Lew/L. Mistelis/S. Kröll*, Comparative International Commercial Arbitration, 2003, Ch. 11, Rn. 1 f. Unter Bezug auf verschiedene nationale Rechtsordnungen vgl. *G. Born*, International Commercial Arbitration, 3. Aufl. 2021, S. 2107 ff.

27 *Gal* hebt insofern das Rechtsverhältnis von Schiedsrichtern mit der Schiedsinstitution hervor, das bisweilen von Kommentatoren geleugnet oder schlicht übersehen wird. Dazu weiterführend *J. Gal*, Die Haftung des Schiedsrichters in der internationalen Handelsschiedsgerichtsbarkeit, 2009, S. 112 ff. m.w.N.

Vertragsfreiheit einerseits sowie den unterschiedlichen Institutionsregeln andererseits ein derart weitläufiger Gestaltungsspielraum für den Einzelfall, dass der Versuch, diese allesamt mit ein und demselben abstrakten Konstellationsmodell zu erfassen, vermessen wäre. Nichtsdestoweniger dient die folgende Erläuterung als Modell, um im Sinne des Untersuchungszwecks zu verdeutlichen, inwiefern ein Schiedsverfahren beziehungsweise sein rechtliches Fundament von den Verfahrensregeln einer Institution geprägt wird.

Neben einer Schiedsabrede der Parteien (I.) bedarf es stets eines Vertrages der Parteien mit den Schiedsrichtern, um letzteren die Entscheidungsgewalt zu übertragen (III.). Darüber hinaus ergeben sich noch zwei weitere, ebenfalls bilaterale Rechtsverhältnisse, wenn das Verfahren von einer Schiedsinstitution durchgeführt wird. Deren Einbindung wird einerseits durch den sogenannten Schiedsorganisationsvertrag erreicht, den sie mit den Parteien des Rechtsstreits abschließt (II.), und andererseits durch eine vertragliche Abrede zwischen der Schiedsinstitution und den einzelnen Schiedsrichtern, der sogenannte Schiedskooperationsvertrag (IV.).

I. Die Schiedsvereinbarung: Der Vertrag zwischen den Parteien des Rechtsstreits

Als privat organisierter Konfliktlösungsansatz ist die Schiedsgerichtsbarkeit naturgemäß engstens mit dem Konzept der Parteiautonomie verwoben. Mittels ihrer Schiedsabrede verzichten die kontrahierenden Parteien – soweit angesichts absolut zwingender Verfahrensgrundsätze als Teil des *ordre public* zulässig[28] – auf ihren Justizgewähranspruch vor staatlichen Gerichten,[29] um stattdessen einen eigens dazu berufenen Spruchkörper in der Sache befinden zu lassen. Genauso wie jede andere inhaltliche Festlegung von Vertragskonditionen stellt auch eine Schiedsvereinbarung nichts anderes als eine parteiautonome Ausgestaltung eines Rechtsverhältnisses zwischen Privaten dar.[30]

---

28 Die ZPO sieht auch im Falle einer wirksamen Schiedsvereinbarung unter Umständen die Einschaltung staatlicher Gerichte vor, soweit anderenfalls essentielle Verfahrensgrundsätze vernachlässigt werden könnten. In diesem Zusammenhang sei insb. auf §§ 1037 Abs. 3 S. 1, 1059, 1062 ZPO verwiesen.

29 *R. Wolff*, Die Schiedsvereinbarung als unvollkommener Vertrag?, in: SchiedsVZ 2015, 280, 283; *R. Poseck*, Schiedsgerichte und Schlichtungsstellen, in: V. Bouffier/H.-D. Horn/R. Poseck, et al. (Hrsg.), Grundgesetz und Europa, 561, 563 m.w.N.

30 In diesem Sinne siehe statt vieler nur *K. Berger*, Institutional Arbitration, in: RACI 11 (2018) No. 2, 335, 336 f. m.w.N. in Bezug auf entsprechende Fundstellen für unterschiedliche nationale Rechtsordnungen.

Vor diesem Hintergrund kann sie von den Parteien bereits eingebettet in das vertragliche Rechtsverhältnis, auf dessen Konfliktpotential sie sich bezieht, getroffen werden. In diesem Falle zeichnet sich die Schiedsabrede durch ihre inhärente Bedingtheit auf den Eintritt eines Streitfalles aus.[31] Nur unter Eintritt dieses Umstandes, kommt ihr Regelungsgehalt zum Tragen. Aber auch wenn ein Vertrag originär zunächst ohne Schiedsvereinbarung geschlossen wurde und sich dessen Konfliktpotential bereits zu einem entscheidungsbedürftigen Streitfall konkretisiert hat, können die Parteien zumindest theoretisch nach wie vor-schiedsgerichtliche Konfliktlösung vereinbaren.[32] Den ganz überwiegenden Regelfall in der schiedsrechtlichen Praxis bildet allerdings der Abschluss der Schiedsabrede *ex ante*, also vor dem Aufkommen einer konkreten Streitigkeit.[33]

Vereinbaren die Parteien die Abhaltung eines institutionellen Schiedsverfahrens, indem sie in ihrer Schiedsabrede Bezug auf eine Institution beziehungsweise deren Verfahrensordnung nehmen, werden dadurch die entsprechenden Regelungen in die Schiedsvereinbarung einbezogen.[34] Als vertraglicher Bestandteil entfalten sie damit rechtsverbindliche Wirkung zwischen den Parteien der Schiedsabrede. Sie verpflichten sich gegenseitig auf die Geltung der Verfahrensregeln für jedwedes Schiedsverfahren zur Klärung von Streitfällen, deren Gegenstand von der Schiedsvereinbarung erfasst ist. Im Lichte des vertragsrechtlichen Grundsatzes *pacta sunt servanda* kann sich keine der Parteien einer Schiedsvereinbarung einseitig von der Geltung des darin bezeichneten Regelwerks lösen. Der Abschluss der Schiedsabrede fällt folglich mit dem ‚Inkrafttreten' der Schiedsordnung in demselben Rechtsverhältnis zusammen.[35] Aus der

---

31 Dahingehend ist auch der Zusatz bei *Rüßmann* zu verstehen, der besagt, dass die Schiedsvereinbarung „von den Parteien des *(möglichen)* Schiedsverfahrens getroffen" wird, *H. Rüßmann*, Zwingendes Recht in den Schiedsregeln einer Schiedsinstitution?, in: A. Bruns/C. Kern/J. Münch, et al. (Hrsg.), Festschrift für Rolf Stürner zum 70. Geburtstag, 481, 482 (Hervorhebung nur hier).

32 Allgemein anerkannt, statt vieler daher nur *N. Blackaby/C. Partasides*, Redfern and Hunter on International Arbitration, 6. Aufl. 2015, Rn. 2.02 f.; *J. Lew/L. Mistelis/S. Kröll*, Comparative International Commercial Arbitration, 2003, Ch. 6, Rn. 4. Siehe auch *N. Schmidt-Ahrendts/M. Schmitt*, Einführung in das Schiedsverfahrensrecht, in: JURA 2016, 520, 522.

33 *J. Lew/L. Mistelis/S. Kröll*, Comparative International Commercial Arbitration, 2003, Ch. 6, Rn. 5.

34 Art. 2 lit. e.) UNCITRAL Model Law on International Commercial Arbitration (UNCITRAL Modellgesetz, „ModG").

35 Näher zu der Rechtsnatur und der Wirkungsweise einer institutionellen Schiedsordnung sogleich unter C.I. *Rechtsnatur institutioneller Verfahrensordnungen*.

ökonomischen Perspektive markiert der Vertragsabschluss zudem eine marktmäßige Transaktion. So manifestiert sich in der Schiedsabrede die gemeinsame Entscheidung der Parteien, die als Vertreter der Nachfrageseite ihre Auswahl zwischen den unterschiedlichen Schiedsinstitutionen auf der Angebotsseite treffen.

Die Parteien können in ihrer Schiedsabrede über die Geltung der Schiedsordnung einer bestimmten Schiedsinstitution hinaus vereinbaren, dass diese in einer bestimmten, im Zweifel der zum Zeitpunkt des Vertragsschlusses aktuellen Fassung zu Anwendung kommen soll. Bleibt es dagegen lediglich bei der pauschalen Bezugnahme auf eine Schiedsinstitution und deren Schiedsordnung, sehen diese in der Regel vor, dass im Schiedsverfahren die jeweils im Zeitpunkt des Verfahrensbeginns aktuelle Fassung gelten soll.[36] Für welche dieser beiden Varianten sich die Parteien bei der Gestaltung ihrer Schiedsvereinbarung entscheiden, ist für die Konkurrenz der Schiedsinstitutionen unerheblich. Denn solange die Wahl auf ihre Schiedsordnung fällt und sie sich somit gegen die anderen Anbieter durchsetzen, kommt es für sie nicht weiter darauf an, ob etwaige Schiedsverfahren nach der aktuellen oder einer früheren Version der eigenen Verfahrensordnung administriert werden. Ein Wechsel von der ursprünglich gewählten hin zu einer anderen Schiedsinstitution kann nach Abschluss der Schiedsvereinbarung zudem nur unter Zustimmung sämtlicher Parteien vollzogen werden. Dieses Konsenserfordernis stellt bereits vor, aber speziell nach Eintritt des Streitfalles faktisch eine besonders hohe Hürde dar.[37] Aus Sicht der Schiedsinstitutionen auf Anbieterseite ist die Gefahr, ein einmal erteiltes Mandat zu verlieren, daher äußerst gering.

II. Der Schiedsorganisationsvertrag: Der Vertrag der Parteien mit der Schiedsinstitution

Sieht eine Schiedsvereinbarung die Abhaltung eines institutionellen Verfahrens vor, so gehen der Konstitution des Schiedsgerichts bereits erste Interaktionen der Parteien des Rechtsstreits mit der Schiedsinstitution voraus. Infolgedessen

---

36 Siehe nur Art. 6(1) ICC-Rules-2021: "Where the parties have agreed to submit to arbitration under the Rules, they shall be deemed to have submitted ipso facto to the Rules in effect on the date of commencement of the arbitration, unless they have agreed to submit to the Rules in effect on the date of their arbitration agreement." Inhaltlich dementsprechend vgl. Präambel der LCIA-Rules-2020; Rl. 1.2 SIAC-Rules-2017; Art. 1.1 ICDR-Rules-2021.

37 Dazu eingehend der Zweite Teil unter B.III. *Ausweichmöglichkeiten der Nutzer.*

bedarf dieses Rechtsverhältnis einer zeitlich vorgelagerten Ausgestaltung. In diesem Zusammenhang ist verbreitet von dem sogenannten Schiedsorganisationsvertrag die Rede.[38] Dieser kommt zwischen den Parteien der Schiedsvereinbarung auf der einen und der Schiedsinstitution auf der anderen Seite zustande. Der Schiedsorganisationsvertrag normiert im Kern den Austausch von gegenseitigen Leistungen. Nach ihm ist die Schiedsinstitution gegenüber den Parteien der Schiedsvereinbarung zur entgeltlichen Organisation des anstehenden Schiedsverfahrens in Einklang mit den dahingehend einschlägigen Verfahrensregeln verpflichtet.[39]

Der exakte Leistungskatalog ergibt sich unmittelbar aus der einschlägigen Schiedsordnung, die wiederum ihrerseits Teil des Schiedsorganisationsvertrages wird.[40] Sofern die Parteien darin Maßgaben für das Verfahren getroffen haben, die über den Inhalt der in Bezug genommenen Schiedsordnung hinausgehen, werden diese durch das Einverständnis der Schiedsinstitution ihr gegenüber genauso verbindlich wie die Regeln der hauseigenen Schiedsordnung.

Derweil vertreten Kommentatoren unterschiedliche Ansichten in Bezug auf den Zeitpunkt des Zustandekommens des Vertrages zwischen den Parteien des Rechtsstreits und der Schiedsinstitution. Im Wesentlichen ergibt sich dies aus der Uneinigkeit darüber, ob die Veröffentlichung von Verfahrensregeln ein verbindliches Angebot an unbestimmte Personen (*ad incertas personas*) darstellt (dann kommt der Vertrag durch die Bezugnahme auf die Schiedsordnung im

---

38 Vgl. *H. Rüßmann*, Zwingendes Recht in den Schiedsregeln einer Schiedsinstitution?, in: A. Bruns/C. Kern/J. Münch, et al. (Hrsg.), Festschrift für Rolf Stürner zum 70. Geburtstag, 481, 483 ff.; *J. Münch*, in: T. Rauscher/W. Krüger (Hrsg.), Münchener Kommentar zur Zivilprozessordnung, Bd. 3, 6. Aufl. 2022, Vor § 1034 ZPO, Rn. 77 ff.; *R. Schütze*, in: R. Schütze (Hrsg.), Institutionelle Schiedsgerichtsbarkeit, 3. Aufl. 2018, Kap. I, Rn. 36 ff.; *J. Risse/L. Reiser*, Die Haftung von Schiedsorganisationen, in: NJW 2015, 2839 ff.; *C. Wolf*, Die institutionelle Handelsschiedsgerichtsbarkeit, 1992, S. 70 ff. Aus der deutschen Rechtsprechungspraxis siehe zudem OLG München, Beschluss vom 18. Dezember 2014, 34 SchH 3/14, = NJOZ 2015, 893, 894.

39 *R. Schütze*, in: R. Schütze (Hrsg.), Institutionelle Schiedsgerichtsbarkeit, 3. Aufl. 2018, Kap. I, Rn. 37; *J. Gal*, Die Haftung des Schiedsrichters in der internationalen Handelsschiedsgerichtsbarkeit, 2009, S. 113.

40 *J. Münch*, in: T. Rauscher/W. Krüger (Hrsg.), Münchener Kommentar zur Zivilprozessordnung, Bd. 3, 6. Aufl. 2022, Vor § 1034 ZPO, Rn. 81; *G. Born*, International Commercial Arbitration, 3. Aufl. 2021, S. 2127. Siehe auch § 1042 Abs. 3 Var. 2 ZPO, der für die deutsche Rechtsordnung eine Regelung des Schiedsverfahrens durch Bezugnahme auf eine ‚schiedsrichterliche Verfahrensordnung' ausdrücklich normiert.

Rahmen der Schiedsvereinbarung zu Stande)[41] oder dieser Akt als unverbindliche *invitatio ad offerendum* zu verstehen ist (dann bedarf es einer gesonderten, gegebenenfalls konkludenten Annahme durch die Schiedsinstitution).[42]

Auch wenn die überzeugenderen Argumente für letztere Konstruktion sprechen, bedarf es für die Zwecke dieser Untersuchung keiner dahingehenden Festlegung. Entscheidend ist lediglich die Feststellung, dass mit dem Schiedsorganisationsvertrag ein entsprechendes Rechtsverhältnis zwischen den Parteien der Schiedsvereinbarung beziehungsweise des konkreten Rechtsstreits (den Nutzern) einerseits und der administrierenden Schiedsinstitution andererseits besteht. Der Schiedsorganisationsvertrag bildet somit neben der Schiedsvereinbarung eine weitere Säule des institutionellen Schiedsverfahrens, auf denen die verbindliche Geltung einer Schiedsordnung fußt.

III. Der Schiedsrichtervertrag: Der Vertrag der Parteien des Rechtsstreits mit den Schiedsrichtern

Der Schiedsrichtervertrag legt die Rechte und Pflichten der Schiedsrichter im Verhältnis zu den Parteien verbindlich fest. Anerkanntermaßen kommt er dementsprechend zwischen den Parteien des Schiedsverfahrens einerseits und dem Schiedsrichter andererseits zustande.[43] Die Streitparteien treten dabei

---

41 So vertreten etwa von *P. Schlosser*, in: F. Stein/M. Jonas (Hrsg.), Kommentar zur Zivilprozessordnung, Bd. 10, 23. Aufl. 2014, vor § 1025 ZPO, Rn. 18; *G. Born*, International Commercial Arbitration, 3. Aufl. 2021, S. 2127 f.; *P. Fouchard*, in: E. Gaillard/J. Savage (Hrsg.), Fouchard, Gaillard, Goldman on International Commercial Arbitration, 1999, Rn. 1110.

42 Für die Notwendigkeit einer (konkludenten) Annahmeerklärung seitens der Schiedsinstitution *R. Schütze*, in: R. Schütze (Hrsg.), Institutionelle Schiedsgerichtsbarkeit, 3. Aufl. 2018, Kap. I, Rn. 41 f.; *J. Münch*, in: T. Rauscher/W. Krüger (Hrsg.), Münchener Kommentar zur Zivilprozessordnung, Bd. 3, 6. Aufl. 2022, Vor § 1034 ZPO, Rn. 80; *H. Rüßmann*, Zwingendes Recht in den Schiedsregeln einer Schiedsinstitution?, in: A. Bruns/C. Kern/J. Münch, et al. (Hrsg.), Festschrift für Rolf Stürner zum 70. Geburtstag, 481, 485.

43 Allgemeine Meinung in Rechtsprechung und Literatur. Siehe BGH, Urteil vom 22. Februar 1971, VII ZR 110/69 = BGHZ 55, 344. Für die Literatur statt vieler *J. Gal*, Die Haftung des Schiedsrichters in der internationalen Handelsschiedsgerichtsbarkeit, 2009, S. 100 m.w.N. Vereinzelte Stimmen in der Literatur halten derweil die Konstruktion eines Schiedsrichtervertrages für unnötig, da eine Person schon ihres Schiedsrichteramts wegen entsprechenden rechtlichen Bindungen unterliege, so etwa *C. Calavros*, Grundsätzliches zum Rechtsverhältnis zwischen Schiedsrichtern und Parteien nach griechischem Recht, in: W. Lindacher/D. Pfaff/G. Roth, et al. (Hrsg.), Festschrift für

gemeinsam als einheitliche Vertragsseite auf, da sie angesichts ihrer vertraglichen Bindung in Form der Schiedsvereinbarung insofern ein homogenes Lager bilden.[44] Rechtsdogmatisch liegt der Schiedsrichterbenennung eine in der Schiedsabrede begründete, gegenseitige Bevollmächtigung zu Grunde.[45] Unabhängig davon, welche Partei den Schiedsrichter benannt hat, ist dieser dadurch stets beiden gegenüber gleichermaßen verpflichtet.[46] Selbst parteiseitig benannte

---

Walther J. Habscheid zum 65. Geburtstag, 65 ff. *Bucher* lehnt jedenfalls eine gerichtskonstituierende Wirkung des Schiedsrichtervertrags ab und begründet dies mit einem Verweis darauf, dass ansonsten eine Partei mit ernsthaftem Obstruktionswillen die Konstitution eines Schiedsgerichts bereits von Anfang an be- bzw. verhindern könnte, siehe *E. Bucher*, Was macht den Schiedsrichter?, in: B. Bachmann/S. Breidenbach/D. Coester-Waltjen, et al. (Hrsg.), Grenzüberschreitungen: Beiträge zum internationalen Verfahrensrecht und zur Schiedsgerichtsbarkeit, 97, 101 ff. Angesichts der Möglichkeit der ersatzmäßigen Bestellung durch Dritte vermag dieses Argument allerdings nicht zu überzeugen. Denn selbst wenn sich eine der Parteien dem Bestellungsverfahren vollkommen verschließt, können die übrigen vor den zuständigen staatlichen Gerichten entsprechenden Rechtsschutz ersuchen, indem sie die Erteilung einer Bevollmächtigung zur Abgabe einer Willenserklärung für die ausfallende Partei einklagen, die auf den Abschluss des Schiedsrichtervertrages gerichtet ist, so auch *P. Schlosser*, in: F. Stein/M. Jonas (Hrsg.), Kommentar zur Zivilprozessordnung, Bd. 10, 23. Aufl. 2014, vor § 1025 ZPO, Rn. 19. Dazu ähnlich führt *Münch* eine gesetzliche Vertretungsmacht aus § 1035 Abs. 3 S. 1 u. 3 ZPO zu Lasten der untätigen Partei an, *J. Münch*, in: T. Rauscher/W. Krüger (Hrsg.), Münchener Kommentar zur Zivilprozessordnung, Bd. 3, 6. Aufl. 2022, Vor § 1034 ZPO, Rn. 13 m.w.N. Noch darüber hinaus mutmaßt *Fouchard* gar, dass derlei Ansichten, die die vertragliche Natur des Schiedsrichteramtes leugnen, auf die „ungewöhnliche Natur des Rechtsverhältnisses zwischen Parteien und Schiedsrichtern" zurückzuführen seien. Ihren Vertretern wirft er mangelnden „Einfallsreichtum" („*ingenuity*") im Hinblick auf die Auseinandersetzung mit dieser Thematik vor, *P. Fouchard*, in: E. Gaillard/J. Savage (Hrsg.), Fouchard, Gaillard, Goldman on International Commercial Arbitration, 1999, Rn. 1103.

44 Grafisch veranschaulicht bei *J. Gal*, Die Haftung des Schiedsrichters in der internationalen Handelsschiedsgerichtsbarkeit, 2009, S. 118.

45 Eingehend zur Dogmatik der Bevollmächtigungstheorie vgl. *J. Gal*, Die Haftung des Schiedsrichters in der internationalen Handelsschiedsgerichtsbarkeit, 2009, S. 101 ff. m.w.N

46 Wie *Schlosser* zutreffend betont, ist hinsichtlich der Wirksamkeit des Schiedsrichtervertrages für die nicht-benennende Partei zwischen berechtigenden und verpflichtenden Bestandteilen zu unterscheiden. Rechte gegenüber dem Schiedsrichter erwachsen mit Abschluss des Vertrages durch die benennende Partei unmittelbar auch für die nicht-benennende. Dagegen muss die nicht-benennende Partei den Vertragsinhalt nur soweit *gegen* sich gelten lassen, wie er die *essentialia negotii* betrifft. Demnach unterliegen

Schiedsrichter sind somit schon nach dem Vertragskonzept keine einseitigen Interessenvertreter.[47]

Auch sofern manche Schiedsordnungen eine Bestätigung der Schiedsrichter durch die administrierende Institution vorsehen,[48] ändert dies nichts an den Beteiligungsverhältnissen des Schiedsrichtervertrages.[49] Die formelle Ernennung durch die Schiedsinstitution macht diese nicht zur Vertragspartei des Schiedsrichtervertrages. Genauso wenig lässt der Schiedsorganisationsvertrag die vertragliche Beziehung zwischen den Streitparteien und den Schiedsrichtern entfallen.[50] Vielmehr handelt die Schiedsinstitution lediglich für die Parteien, von denen sie entsprechend durch den Schiedsorganisationsvertrag beauftragt wurde.[51] Mithin wird die Schiedsinstitution rechtlich gesehen bloß aufgrund einer Ermächtigung seitens der Streitparteien tätig, die diese im Rahmen des Schiedsorganisationsvertrages entweder ausdrücklich, jedenfalls aber

---

überschüssige Vereinbarungen, insbesondere betreffend die Vergütung grundsätzlich einem gesonderten Zustimmungserfordernis seitens der nicht-benennenden Partei, falls nicht eine entsprechende Sonderermächtigung besteht. Siehe *P. Schlosser*, in: F. Stein/M. Jonas (Hrsg.), Kommentar zur Zivilprozessordnung, Bd. 10, 23. Aufl. 2014, vor § 1025 ZPO, Rn. 18.

47 *G. Born*, International Commercial Arbitration, 3. Aufl. 2021, S. 2123 f. m.w.N. Siehe zudem *P. Fouchard*, in: E. Gaillard/J. Savage (Hrsg.), Fouchard, Gaillard, Goldman on International Commercial Arbitration, 1999, Rn. 1106.

48 Art. 5.7 LCIA-Rules 2014; Rl. 9.3 SIAC-Rules 2016; Art. 13.1 i.V.m. 13.4 DIS-Rules 2018.

49 In diesem Sinne *G. Born*, International Commercial Arbitration, 3. . 2021, S. 2129; *P. Schlosser*, in: F. Stein/M. Jonas (Hrsg.), Kommentar zur Zivilprozessordnung, Bd. 10, 23. Aufl. 2014, vor § 1025 ZPO, Rn. 18; *J. Gal*, Die Haftung des Schiedsrichters in der internationalen Handelsschiedsgerichtsbarkeit, 2009, S. 113 f.; *J.-P. Lachmann*, Handbuch für die Schiedsgerichtspraxis, 3. Aufl. 2008, Rn. 4122 f.; *J. Lew/L. Mistelis/S. Kröll*, Comparative International Commercial Arbitration, 2003, Ch. 12, Rn. 7; a.A. *W. Voit*, in: H.-J. Musielak/W. Voit (Hrsg.), Zivilprozessordnung, 19. Aufl. 2022, § 1035 ZPO, Rn. 22.

50 *P. Fouchard*, in: E. Gaillard/J. Savage (Hrsg.), Fouchard, Gaillard, Goldman on International Commercial Arbitration, 1999, Rn. 1112. *Born* formuliert dies ausdrücklich für den Schiedskooperationsvertrag (zwischen Schiedsinstitution und Schiedsrichter), *G. Born*, International Commercial Arbitration, 3. Aufl. 2021, S. 2128 f. Das Konzept lässt sich mit den dort angeführten Argumenten im Endeffekt entsprechend auf den Schiedsorganisationsvertrag übertragen.

51 *R. Schütze*, in: R. Schütze (Hrsg.), Institutionelle Schiedsgerichtsbarkeit, 3. Aufl. 2018, Kap. I, Rn. 46.

konkludent durch die Bezugnahme auf eine Schiedsordnung mit entsprechenden Maßgaben für das Bestellungsprozedere erteilt haben.[52]

Vor diesem Hintergrund ergibt sich für institutionelle Schiedsverfahren angesichts der Beteiligung einer Schiedsinstitution zwar ein Dreiecksverhältnis.[53] Allerdings besteht dieses nicht innerhalb ein und derselben Vertragsvereinbarung, sondern nur als Summe mehrerer, jeweils zweiseitiger Rechtsbeziehungen.[54]

Inhaltlich sieht der Schiedsrichtervertrag prinzipiell ebenfalls einen Austausch gegenseitiger Leistungen vor. Der Schiedsrichter soll den Rechtsstreit einer fundierten Lösung zuführen und dafür im Gegenzug eine vermögenswerte Vergütung erhalten.[55] Im Falle institutioneller Verfahren richtet sich der Vergütungsanspruch des Schiedsrichters nach manchen Schiedsordnungen nicht etwa unmittelbar gegen die Streitparteien, sondern gegen die Schiedsinstitution. Letztere hat dann aufgrund des Schiedsorganisationsvertrages einen eigenen Anspruch gegen die Streitparteien, der sich der Höhe nach auf die Kosten der Institutionsdienstleistungen inklusive der Schiedsrichtervergütung beläuft.[56]

---

52 Siehe etwa *R. Schütze*, in: R. Schütze (Hrsg.), Institutionelle Schiedsgerichtsbarkeit, 3. Aufl. 2018, Kap. I, Rn. 46; *M. Altenkirch*, Die Beendigung des Schiedsrichtervertrags, in: SchiedsVZ 2014, 113, 114; *J. Gal*, Die Haftung des Schiedsrichters in der internationalen Handelsschiedsgerichtsbarkeit, 2009, S. 114.

53 Ein solches Dreiecksverhältnis erkennt etwa *P. Fouchard*, in: E. Gaillard/J. Savage (Hrsg.), Fouchard, Gaillard, Goldman on International Commercial Arbitration, 1999, Rn. 1109. Aus rein technischer Sicht nicht ganz zu Unrecht weist *Gal* darauf hin, dass der Schiedsrichtervertrag auch in klassischen Ad-hoc-Schiedsverfahren nicht als bilateral *strictu sensu* charakterisiert werden kann, da auf Seite der Streitparteien bereits mindestens zwei Personen stehen, *J. Gal*, Die Haftung des Schiedsrichters in der internationalen Handelsschiedsgerichtsbarkeit, 2009, S. 113. Soweit also von einem Dreiecksverhältnis die Rede sein kann, ist die Referenzgröße für die Grenzziehung zwischen den Lagern nicht etwa an die Rechtspersönlichkeit der Akteure, sondern vielmehr an den Rollentypus des jeweiligen Akteurs im Schiedsverfahren angelehnt (Streitpartei, Schiedsrichter und Schiedsinstitution).

54 (i) *Schiedsvereinbarung* zwischen den Streitparteien; (ii) *Schiedsorganisationsvertrag* zwischen der Schiedsinstitution und den Streitparteien gemeinsam; (iii) *Schiedsrichtervertrag* zwischen jedem einzelnen Schiedsrichter und den Streitparteien gemeinsam.

55 *G. Born*, International Commercial Arbitration, 3. Aufl. 2021, S. 2110 m.w.N. Siehe zudem *J. Lew/L. Mistelis/S. Kröll*, Comparative International Commercial Arbitration, 2003, Ch. 12, Rn. 8.

56 Dazu *J. Gal*, Die Haftung des Schiedsrichters in der internationalen Handelsschiedsgerichtsbarkeit, 2009, S. 115 m.w.N.

Die Hauptpflicht eines Schiedsrichters umfasst mit Blick auf das Ziel einer möglichst zügigen, effektiven Beilegung des Rechtsstreits die darauf gerichtete Mitwirkung nach besten Kräften.[57] Dabei müssen neben rechtsstaatlichen Mindeststandards auch jene Maßgaben beachtet werden, die aus der Schiedsvereinbarung sowie dem anwendbaren zwingenden nationalen und internationalem Recht hervorgehen.[58] In diesem Zusammenhang besteht insbesondere die Verpflichtung zu unparteiischem Betragen und dementsprechend zur Gleichbehandlung der streitbeteiligten Parteien.[59] Mit den Worten des BGH ergibt sich aus einem Schiedsrichtervertrag also die universelle Verpflichtung des Schiedsrichters,

> „alles ihm Zumutbare zu tun, um einerseits die Wirksamkeit und den Bestand des Schiedsspruchs zu sichern, andererseits aber auch die Parteien vor Nachteilen zu bewahren, die ihnen aus einem prozeßordnungswidrig zustandegekommenen Schiedsspruch erwachsen können."[60]

In dieser Formulierung klingt die Notwendigkeit einer strikten Differenzierung zwischen Wirksamkeit und Vollstreckbarkeit eines Schiedsspruches an. Die Pflicht eines Schiedsrichters zur Erstellung eines ordnungsgemäßen Schiedsspruches erstreckt sich in der Regel vorrangig auf die Einhaltung der Wirksamkeitsvoraussetzungen, welche das für das Schiedsverfahren maßgebliche staatliche Recht daran stellt. Davon zu unterscheiden ist die Durchsetzbarkeit der Entscheidung in Drittstaaten. Insoweit können sich trotz der weitgehenden Harmonisierung durch das New Yorker Übereinkommen unterschiedliche rechtliche Anforderungen für die Vollstreckbarkeit ergeben.[61] Zumindest wo ein

57 So bereits RG, Urteil vom 4. November 1910, III 636/09 = RGZ, 74, 321, 322; unter Verweis darauf auch BGH, Urteil vom 5. Mai 1986, III ZR 233/84 = NJW 1986, 3077; *C. Wolf/N. Eslami*, in: V. Vorwerk/C. Wolf (Hrsg.), Beck'scher Online-Kommentar zur Zivilprozessordnung, 44. Ed. (März 2022), § 1035 ZPO, Rn. 30; *W. Voit*, in: H.-J. Musielak/W. Voit (Hrsg.), Zivilprozessordnung, 19. Aufl. 2022, § 1035 ZPO, Rn. 23; *I. Saenger*, in: I. Saenger (Hrsg.), Zivilprozessordnung, 9. Aufl. 2021, Vor § 1025–1066 ZPO, Rn. 12.

58 In diesem Sinne *G. Born*, International Commercial Arbitration, 3. Aufl. 2021, S. 2124. Siehe auch *J. Gal*, Die Haftung des Schiedsrichters in der internationalen Handelsschiedsgerichtsbarkeit, 2009, S. 275 sowie S. 287 ff. m.w.N.

59 In diesem Sinne auch *P. Fouchard*, in: E. Gaillard/J. Savage (Hrsg.), Fouchard, Gaillard, Goldman on International Commercial Arbitration, 1999, Rn. 1129.

60 BGH, Urteil vom 5. Mai 1986, III ZR 233/84 = NJW 1986, 3077, 3078.

61 Siehe auch *J. Lew/L. Mistelis/S. Kröll*, Comparative International Commercial Arbitration, 2003, Ch. 12, Rn. 14 unter Verweis auf BGH, Urteil vom 4. Juni 1992, nach dem die Vollstreckung ausländischen Gerichtsurteils, das Strafschadensersatz, sog. *punitive*

Schiedsrichter nicht weiß, in welchem Staat aufgrund des Schiedsspruches die Vollstreckung angestrebt wird, liegt seinerseits keine Pflichtverletzung vor, soweit der an sich wirksam ergangene Schiedsspruch nicht umgesetzt werden kann.

Dasselbe muss gelten, wenn für das Schiedsverfahren bzw. die Wirksamkeit des Schiedsspruchs das Recht eines anderen Staates gilt als desjenigen, in dessen Jurisdiktion die Vollstreckung erfolgen soll. Sofern nämlich die jeweiligen Regelungen in direktem Widerspruch zueinander stehen, kann für die Pflicht des Schiedsrichters lediglich die Frage der Wirksamkeit des Schiedsspruchs entscheidend sein.[62] In diesem Sinne müssen die Mitglieder eines Schiedsgerichts aber nicht bloß die formellen Anforderungen erfüllen, sondern auch sämtlichen von den Parteien vorgebrachten Aspekten Rechnung tragen. Sie haben selbst in

---

damages zuspricht, gegen den nationalen ordre public verstößt. Auch wenn bis dato höchstrichterlich ungeklärt bleibt, ob auch einem Schiedsspruch mit entsprechendem Inhalt die Vollstreckung in Deutschland verwehrt ist, lässt sich daran die Gemengelage erkennen, die sich aus einer Divergenz zwischen den Wirksamkeitsanforderungen des Schiedsspruches in seinem Heimatstaat einerseits und den Vollstreckbarkeitsvoraussetzungen in einem Drittstaat andererseits ergeben kann.

62 Das Risiko eines einerseits wirksamen, andererseits aber aufgrund einer widersprüchlichen Rechtslage in verschiedenen Staaten ggf. nicht vollstreckbaren Schiedsspruchs tragen die Streitparteien, da zum Zeitpunkt des Abschlusses des Schiedsrichtervertrages nur von ihnen dahingehend eine ernsthafte Prognose erwartet werden kann. Sofern ein entsprechendes Risiko erkannt wird, steht es den Streitparteien frei, den Leistungsumfang des Schiedsrichtervertrages entsprechend zu erweitern, indem über die Erstellung eines wirksamen Schiedsspruches hinaus zusätzlich eine Maßgabe für diesen speziellen Fall aufgenommen wird. Dies ist theoretisch auch noch nachträglich denkbar. Allerdings kann eine entsprechende Einigung tatsächlich unmöglich werden, indem die gegnerische Partei die Zustimmung verweigert. Denn eine der Streitparteien kann mit dem Schiedsrichter keine (zusätzliche) Vergütung vereinbaren, der die übrigen Streitparteien nicht zustimmen, siehe *P. Schöldström*, The Arbitrator's Mandate, 1998, S. 220 sowie ergänzend oben Fn. 46. Außerdem ergibt sich bei einem Schiedsgericht mit mehreren Mitgliedern automatisch die Notwendigkeit ebenso vieler individueller Einigungen. Eine Verlagerung des Risikos auf den Schiedsrichter jedenfalls widerspräche wohl dem gemeinsamen Vertragswillen, der sich ohne ausdrückliche, abweichende Vereinbarung auf die Erstellung eines wirksamen Schiedsspruches beschränkt. Insofern kommt insbesondere der Höhe der vereinbarten Vergütung Indizwirkung zu. Sofern sie nicht erheblich über dem marktüblichen Maß liegt, durften die Streitparteien auch nicht davon auszugehen, dass sich der Schiedsrichter über die Erstellung eines wirksamen Schiedsspruches hinaus verpflichten wollte.

Bezug auf augenscheinlich belanglose Problemstellungen zu einer Entscheidung zu kommen und diese in ihrem Schiedsspruch zu behandeln.[63]

Über den ausdrücklichen Vertragstext hinaus ergibt sich der konkrete Inhalt des Schiedsrichtervertrags zusätzlich aus Bestimmungen der Schiedsvereinbarung der Parteien, aus der sich insbesondere auch die Grenzen des Schiedsrichtermandats ergeben.[64] In diesem Sinne treffend befand das Reichsgericht im Jahre 1904, dass ein Schiedsrichter die Erstellung eines Urteils als Leistung schuldet, wobei die Schiedsvereinbarung „ihm den Weg zu jenem Ziele mehr oder weniger umgrenzt vorschreiben kann."[65]

Außerdem fließen auch die Regelungen des maßgeblichen staatlichen Verfahrensrechts sowie solche der einschlägigen Schiedsordnung in den Schiedsrichtervertrag mit ein.[66] Auf diese Weise lassen sich aus den dort vorgesehenen allgemeinen Pflichten eines Schiedsrichters ergänzend entsprechende vertragliche Bindungen für sein Verhältnis zu den Parteien des Rechtsstreits ableiten.[67] Demnach strahlen etwa die fundamentalen Grundsätze der persönlichen Unparteilichkeit und der Unabhängigkeit unmittelbar in die vertraglichen Pflichten eines Schiedsrichters aus, sofern sie als zwingendes staatliches Recht gelten.[68]

IV. Der Schiedskooperationsvertrag: Der Vertrag zwischen dem Schiedsrichter und der Schiedsinstitution

Bei institutionellen Schiedsverfahren ist davon auszugehen, dass auch zwischen der Schiedsinstitution und den Schiedsrichtern jeweils eigene vertragliche Rechtbeziehungen erwachsen.[69] Zwar wird dieses Rechtsverhältnis nur selten

63 *J. Lew/L. Mistelis/S. Kröll*, Comparative International Commercial Arbitration, 2003, Ch. 12, Rn. 13.

64 In diesem Sinne *G. Born*, International Commercial Arbitration, 3. Aufl. 2021, S. 2118 f.

65 RG, Urteil vom 29. November 1904, VII 192/04 = RGZ 59, 247, 249.

66 *G. Born*, International Commercial Arbitration, 3. Aufl. 2021, S. 2127.

67 In diesem Sinne *R. Schütze*, in: R. Schütze (Hrsg.), Institutionelle Schiedsgerichtsbarkeit, 3. Aufl. 2018, Kap. I, Rn. 4; *J. Lew/L. Mistelis/S. Kröll*, Comparative International Commercial Arbitration, 2003, Ch. 12, Rn. 10 f.

68 Vgl. exemplarisch Art. 12, 18 UNCITRAL-ModG sowie § 1036 ZPO.

69 *J. Gal*, Die Haftung des Schiedsrichters in der internationalen Handelsschiedsgerichtsbarkeit, 2009, S. 114 ff.; *G. Born*, International Commercial Arbitration, 3. Aufl. 2021, S. 2126; *P. Fouchard*, Final Report on the Status of the Arbitrator, in: ICC-ICA Bul. 7 (1996) No. 1, 27, 29.

thematisiert, jedoch sprechen schon die Interessen der beiden Vertragsseiten sowie die Maßgaben einiger Schiedsordnungen für seine Existenz.[70]

Auf Seiten der Schiedsinstitution steht in erster Linie die im Schiedsorganisationsvertrag begründete Pflicht, für den reibungslosen Ablauf des Schiedsverfahrens zu sorgen. Nicht bloß angesichts dieser konkreten Verbindlichkeit, sondern auch ganz allgemein im Hinblick auf ihre Reputation hat eine Schiedsinstitution ein Interesse daran, dass das Schiedsgericht beziehungsweise jeder einzelne Schiedsrichter sein Amt wie vorgesehen ausübt. Denn nur so kann die Schiedsinstitution von sich behaupten, ein effizientes Schiedsverfahren zu gewährleisten. Ist sie dazu nicht in der Lage, verliert sie an Ansehen bei potentiellen Nutzern, die sich in Zukunft dann eher für das Angebot eines anderen Wettbewerbers entscheiden. Es entspricht folglich dem Interesse einer Schiedsinstitution, eine rechtlich verbindliche Handhabe in Form von eigenen vertraglichen Ansprüchen gegenüber den Schiedsrichtern zu erhalten. Andernfalls bliebe ihr nur der genauso umständliche wie unsichere Rückgriff auf vermittelte Rechte der streitenden Parteien aus dem Schiedsrichtervertrag. Dieser Interessenlage tragen einzelne Maßgaben institutioneller Schiedsgerichtsordnungen Rechnung, aus denen sich eigene Rechte der Schiedsinstitutionen gegenüber dem Schiedsgericht und damit letztlich im Verhältnis zu jedem einzelnen Schiedsrichter ergeben.[71]

Umgekehrt nimmt der Schiedsrichter seine Tätigkeit in Aussicht auf die damit verbundene finanzielle Vergütung auf. Sofern die Schiedsinstitution von den Parteien des Rechtsstreits die Erbringung eines Vorschusses verlangt, der mitunter die Entlohnungsansprüche der Schiedsrichter beinhaltet,[72] erscheint es nicht nur naheliegend, sondern vor allem folgerichtig, dass der Vergütungsanspruch von Anfang an in diesem Verhältnis verankert ist. Indes vervollständigt der Schiedskooperationsvertrag[73] als zusätzliche vertragliche Säule das charaktertypische dreiteilige Organisationsgerüst eines institutionellen Schiedsverfahrens.[74]

---

70 Dazu *P. Fouchard*, Final Report on the Status of the Arbitrator, in: ICC-ICA Bul. 7 (1996) No. 1, 27, 29.

71 In diesem Sinne *J. Gal*, Die Haftung des Schiedsrichters in der internationalen Handelsschiedsgerichtsbarkeit, 2009, S. 115.

72 Siehe bspw. Art. 34.3 DIS-Rules 2018; Art. 1 (2), (4) Annex III ICC-Rules 2017; Rl. 35.2 i.V.m. 34.1 SIAC-Rules 2016.

73 Im Ursprung geht der Begriff soweit ersichtlich auf *Gal* zurück, *J. Gal*, Die Haftung des Schiedsrichters in der internationalen Handelsschiedsgerichtsbarkeit, 2009, S. 114.

74 Siehe dazu oben B.III. *Der Schiedsrichtervertrag*, insb. Fn. 53 f. mitsamt dazugehörigen Ausführungen.

Der Begriff des Schiedskooperationsvertrages ist bezeichnend für seinen Inhalt. Letztlich soll ein Höchstmaß an Effizienz für das Zusammenwirken von Schiedsrichtern und Institution bewirkt werden, indem sich die betreffenden Akteure entsprechend gegenseitig verpflichten. Der konkrete Pflichtenkatalog ergibt sich wie bei den vorangehend erörterten Verträgen insbesondere aus den Regelungen der maßgeblichen Schiedsordnung.[75]

C. Die Schiedsordnung als Produkt privater Rechtsetzung

I. Rechtsnatur institutioneller Schiedsordnungen

Die Untersuchung der Genese der institutionellen Schiedsordnungen bildet das Herzstück der vorliegenden Arbeit. Einführend wurde ein Vergleich zur deutschen Zivilprozessordnung angestellt, und somit allgemeiner zu einem staatlichen Gesetz mit entsprechendem Zweck.[76] Der identische Regelungszweck, also die Aufstellung von Vorgaben für das gerichtliche beziehungsweise das schiedsgerichtliche Zivilverfahren, darf allerdings nicht darüber hinwegtäuschen, dass der unterschiedliche Wesenscharakter des jeweiligen Urhebers auf die Prozessordnungen als Endprodukt durchschlägt. Ob eine Rechtsnorm auf einen staatlichen oder privaten Rechtserzeugungsakt zurückzuführen ist, hat weitreichende Auswirkungen auf ihre rechtliche Natur. Denn während private Rechtsgestaltung regelmäßig nur relative Wirkung zwischen den beteiligten Parteien entfaltet, ist es dem Staat als Hoheitsträger vorbehalten, Normen mit absoluter Geltung zu schaffen.

1. *Alleinstehend: Keine selbstständige Rechtswirkung ohne Einbeziehung in die vertraglichen Grundlagen*

Eine rein private Organisationsform zieht grundsätzlich privatrechtliche Handlungsnatur nach sich.[77] Handlungen privater Akteure können also bloß

---

75 *G. Born*, International Commercial Arbitration, 3. Aufl. 2021, S. 2127.

76 Vgl. in der Einleitung unter A.II. *Auswirkungen von Wettbewerb auf die Rechtsgenese?*

77 Die Wahlfreiheit zwischen öffentlich-rechtlicher und privatrechtlicher Organisationsform kommt nur dem Hoheitsträger zu. So ist seit Langem anerkannt, dass der Staat bestimmte Verwaltungstätigkeiten „nicht nur hoheitlich, [d.h.] in der Rechtsform des öffentlichen Rechts, sondern auch privatrechtlich" organisieren und handhaben kann, siehe *C. Waldhoff*, Grundrechte und Kommunalrecht, in: JuS 2017, 286, 287. Eingehend zur Wahl der Handlungsform siehe *H. Schmitz*, in: P. Stelkens/H. Bonk/M. Sachs et al. (Hrsg.), Verwaltungsverfahrensgesetz, 9. Aufl. 2018, § 9 VwVfG, Rn. 162 ff.

privatrechtlicher Natur sein. Nichts anderes gilt für die Verfahrensordnungen als Produkte der privatrechtlich verfassten Schiedsinstitutionen. Damit ist eine abstrakt-generelle Wirkung der Schiedsordnungen ausgeschlossen, da privatrechtliche Pflichten in aller Regel nicht einseitig auferlegt werden können.[78] § 1055 ZPO verdeutlicht indes den Ausnahmecharakter der (annähernden) Gleichstellung von privatem mit staatlichem Handeln.[79] Darin stattet der staatliche Gesetzgeber einen Schiedsspruch grundsätzlich mit derselben Wirkung wie ein rechtskräftiges Gerichtsurteil aus. Nur aufgrund dieser Vorschrift können Schiedsgerichte überhaupt für den deutschen Rechtsraum verbindliche Rechtsprechungstätigkeit ausüben.[80]

Im Umkehrschluss kann das Handeln privater Akteure niemandem rechtliche Pflichten ohne oder gar gegen dessen Willen auferlegen. Vielmehr bedarf es der entsprechenden Zustimmung desjenigen, der durch die Norm verpflichtet werden soll.[81] Da institutionelle Schiedsordnungen für sämtliche verfahrensinvolvierten Akteure jeweils teils weitreichende Pflichtenkataloge vorsehen, ist ihre Anwendung als Ganzes zumindest insofern von dem Einverständnis eben dieser Personen abhängig.[82]

---

78 Vgl. zur Unvereinbarkeit des Vertrags zu Lasten Dritter mit der Privatautonomie statt vielen nur S. *Klumpp*, in: S. Klumpp/V. Rieble/M. Löwisch (Hrsg.), J. von Staudingers Kommentar zum Bürgerlichen Gesetzbuch, 2020, Vorb. zu § 328 BGB, Rn. 54 ff. m.w.N.

79 Anders als das Urteil eines staatlichen Gerichts verfügt ein Schiedsspruch für sich genommen zunächst nicht über Titeleigenschaft und ist daher nicht aus sich selbst heraus vollstreckbar, vgl. Erfordernis der Vollstreckbarerklärung nach § 1060 Abs. 1 ZPO.

80 Dementsprechend sieht *Münch* in § 1055 ZPO „die praktische Tauglichkeit des Schiedsverfahrens als Alternative zur staatlichen Gerichtsbarkeit begründet". *J. Münch*, in: T. Rauscher/W. Krüger (Hrsg.), Münchener Kommentar zur Zivilprozessordnung, Bd. 3, 6. Aufl. 2022, § 1055 ZPO, Rn. 1.

81 Dazu näher jeweils m.w.N. *N. Lendermann*, Procedure Shopping Through Hybrid Arbitration Agreements, 2018, S. 111; *F. Spohnheimer*, Gestaltungsfreiheit bei antezipiertem Legalanerkenntnis des Schiedsspruchs, 2010, S. 104 f.

82 Sofern eine Schiedsordnung einer Person dagegen Rechte zuschreibt, ist eine abstrakt-generelle Geltung prinzipiell denkbar. Mangels Bestimmtheit bzw. Bestimmbarkeit des oder der Berechtigten, bedarf es allerdings notwendigerweise eines Vertragsschlusses, um tatsächlich Rechte aus einer Schiedsordnung ableiten zu können. Dazu kommt, dass sich die Regelungen stets ausschließlich auf den Kontext eines konkreten Schiedsverfahrens beziehen und folgerichtig schon konzeptionell nur zur Geltung kommen können, falls ein solches auch angestrengt wird. Zur aufschiebenden Bedingtheit der Schiedsvereinbarung auf den Streitfall vgl. unter B.I. *Die Schiedsvereinbarung*.

Für sich genommen, sind die Verfahrensregeln einer Schiedsordnung aus der Perspektive des deutschen Zivilrechts treffend als Allgemeine Geschäftsbedingungen im Sinne von § 305 Abs. 1 BGB zu klassifizieren.[83] So wird eine institutionelle Schiedsordnung stets einseitig von der Schiedsinstitution (zur Verfügung) gestellt. Indes kommt ihr über die originäre Regelungsfunktion hinaus eine gewisse Bedeutung bei der Nutzer- und Verfahrensakquise zu, wobei die Schiedsinstitutionen wie Anbieter anderer Produkte und Dienstleistungen in Konkurrenz miteinander stehen.[84] Vor dem Hintergrund des Strebens nach möglichst hohen Fallzahlen wohnt einer Schiedsordnung von Anfang an der Anspruch inne, eine unbestimmte Vielzahl von Schiedsverfahren nach den niedergelegten Regeln zu administrieren.

2. *Im Kontext von Individualvereinbarungen: Relative rechtliche Bindungswirkung mit Abweichungspotential*

Erst die Schiedsvereinbarung sowie etwaige ergänzende Individualvereinbarungen mit entsprechender Bezugnahme auf eine Schiedsordnung verleihen den Regelwerken der Schiedsinstitutionen rechtsverbindlichen Charakter.[85] Lediglich relativ (und nicht absolut) ist die Wirkung der Vorschriften, weil die Verbindlichkeit jeweils entlang der Linien der einzelnen bilateralen Vertragsverhältnisse verläuft. Ohne Bezugnahme im Rahmen der Verträge, kann eine institutionelle Schiedsordnung keine Anwendung finden. Aus sich heraus bleibt ihre Rechtswirkung im Kontext der Veröffentlichung auf die oben beschriebene Initiative zum Vertragsschluss beschränkt.[86] Folgerichtig bedarf es zur konkreten Anwendbarkeit einer Schiedsordnung stets auch einer dahingehenden Individualvereinbarung zwischen den Parteien der Schiedsvereinbarung auf der einen und der Schiedsinstitution auf der anderen Seite.

---

83 *H. Rüßmann*, Zwingendes Recht in den Schiedsregeln einer Schiedsinstitution?, in: A. Bruns/C. Kern/J. Münch, et al. (Hrsg.), Festschrift für Rolf Stürner zum 70. Geburtstag, 481, 486. Für eine ausführliche Darstellung zu der Rechtsnatur von Schiedsordnungen in der Fallbezogenen Rechtspraxis siehe *F. Spohnheimer*, Gestaltungsfreiheit bei antezipiertem Legalanerkenntnis des Schiedsspruchs, 2010, S. 103 ff. m.w.N.

84 Zu Markt und Wettbewerb auf diesem Gebiet der Zweite Teil.

85 Dazu im Einzelnen bereits unter B. *Vertragskonstellation im institutionellen Schiedsverfahren.*

86 Akt der Veröffentlichung entweder als *invitatio ad offerendum* oder als verbindliches Angebot zum Abschluss von Schiedsorganisationsverträgen, siehe dazu oben unter B.II. *Der Schiedsorganisationsvertrag.*

3. *Zwingender Charakter (einzelner) institutioneller Verfahrensregeln*

Zwar lassen die Schiedsinstitutionen ihren Nutzern stellenweise ausdrücklich Spielraum, die standardmäßigen Vorgaben ihrer Schiedsordnung zu modifizieren. Allerdings sehen sie bestimmte Komponenten ihrer hauseigenen Regeln im Rahmen der von ihnen administrierten Schiedsverfahren als zwingend an.[87]

Der zwingende Charakter bestimmter Regelungen der institutionellen Schiedsordnungen ist indes nicht durch deren etwaige höherrangige Rechtsnatur im Vergleich zu der Individualabrede der Nutzerparteien begründet. Schließlich stehen sie als vertragliche Vereinbarung rechtlich auf derselben Rangstufe. Vielmehr resultiert die Unabdingbarkeit bestimmter Kernelemente einer Schiedsordnung aus einer Selbstbindung der Nutzer, die sich durch die Bezugnahme im Zuge ihrer Schiedsabrede binden, indem sie konkludent auf den entsprechenden Gestaltungsspielraum verzichten. Die Wahl einer Schiedsinstitution mitsamt der von ihr zur Verfügung gestellten Verfahrensregeln und der Verzicht auf die prozessuale Gestaltungsfreiheit, sofern diese in der Schiedsordnung nicht ausdrücklich den Nutzern eingeräumt ist, bilden folglich zwei Seiten derselben Medaille.[88]

Treffen die Parteien der Schiedsvereinbarungen zusätzliche Abreden, die mit den Regelungen der gewählten Schiedsordnung kollidieren, können sie im Lichte der vertragsrechtlichen Grundsätze nicht ohne Weiteres von der Zustimmung der betreffenden Schiedsinstitution ausgehen. Deren Einverständnis ist für das Zustandekommen des Schiedsorganisationsvertrages zwischen den Parteien der Schiedsvereinbarung auf der einen und dem von ihnen gewählten Schiedszentrum auf der anderen Seite zwangsläufig erforderlich.

Denn selbst wenn man mit einem Teil der Kommentatoren, die auf den Abschluss des Schiedsorganisationsvertrages gerichtete Willenserklärung der Schiedsinstitution bereits in dem Akt der Veröffentlichung einer eigenen Schiedsordnung erkennt, können ergänzende beziehungsweise davon abweichende Vereinbarungen der Parteien ohne Mitwirkung im Sinne von Zustimmung der Schiedsinstitution keine rechtliche Wirkung entfalten. Dem steht die grundlegende vertragsrechtliche Praxis entgegen, nach der die rechtliche Verbindlichkeit einer Abrede das Einverständnis der durch sie gebundenen

---

87 Exemplarisch im Hinblick auf die ICC siehe *Y. Derains/E. Schwartz*, A Guide to the ICC Rules of Arbitration, 2. Aufl. 2005, S. 7 f.; *G. Kaufmann-Kohler*, Soft Law in International Arbitration 1 (2010) No. 2, 283, 294.

88 In diesem Sinne sowie zum Ganzen ausführlich siehe *H. Rüßmann*, Zwingendes Recht in den Schiedsregeln einer Schiedsinstitution?, in: A. Bruns/C. Kern/J. Münch, et al. (Hrsg.), Festschrift für Rolf Stürner zum 70. Geburtstag, 481 ff.

Parteien voraussetzt. Selbst falls man der Veröffentlichung einer Schiedsordnung verbindlichen Erklärungscharakter beimisst, ist dieser ausschließlich auf den entsprechenden Inhalt beschränkt. Nutzerseitige Modifikationen erfordern daher grundsätzlich die gesonderte Zustimmung durch das Schiedszentrum als Gegenseite des Schiedsorganisationsvertrags.

Da weder aus nationaler noch aus der internationalen Rechtspraxis ein Kontrahierungszwang für Schiedszentren abzuleiten ist, kann ihnen eine mit den eigenen Verfahrensregeln kollidierende Nutzerbestimmung ohne oder gar entgegen ihrem Willen nicht oktroyiert werden.[89] Demnach sind die von einer Schiedsinstitution als solche erachteten Kernbestandteile ihrer Verfahrensregeln unilateralen Abänderungen durch die Nutzer unzugänglich.[90]

II. Die Schiedsinstitution als Quasi-Gesetzgeber und die Grenzen ihrer unilateralen Modifizierungskompetenz

1. *Schiedsordnungen als Soft Law*

Obwohl Schiedsordnungen aufgrund ihrer nicht-staatlichen Natur keinerlei Bindungswirkung aus sich heraus entwickeln, wohnt ihnen nichtsdestoweniger ein gewisser normativer Gehalt inne. So hat sich mittlerweile der Begriff ‚Soft Law' für Rechtnormen etabliert, die von nicht-staatlichen Akteuren geschaffen sind.[91] Wie staatliche Gesetze – sie werden im Sinne des entsprechenden Gegenpols als ‚Hard Law' bezeichnet – ist Soft Law inhaltlich aufgrund seiner abstrakt-generellen Fassung einer allgemeinen, wenn auch themenbezogenen Anwendung zugänglich. Während Soft Law im Gegensatz zu Hard Law aus sich selbst heraus keine verbindliche Geltung entfaltet und in der Folge auch keiner zwangsmäßigen Durchsetzung zugänglich ist, kommt doch beiden

---

89 In diesem Sinne vgl. *Y. Derains/E. Schwartz*, A Guide to the ICC Rules of Arbitration, 2. Aufl. 2005, S. 7 f. m.w.N.

90 Die Unwirksamkeit einer solchen nutzerseitigen Vereinbarung, die mit den Verfahrensregeln der ausgewählten Schiedsinstitution kollidiert, lässt sich dogmatisch ferner unter Rekurs auf den Rechtsgrundsatz zu widersprüchlichem Verhalten im Rechtverkehr (*venire contra factum proprium*) begründen, dazu *K. Berger*, Institutional Arbitration, in: RACI 11 (2018) No. 2, 335, 350 f.

91 Anstatt vieler vgl. speziell in Bezug auf die internationale Schiedsgerichtsbarkeit *H. Wang*, Multidimensional Thinking about the 'Soft Laws' Phenomena in International Commercial Arbitration, in: ASA Bull. 36 (2018) No. 3, 615 f. m.w.N.

Erscheinungsformen gleichermaßen normativer Charakter zu, soweit ihr Inhalt auf die Regelung von rechtlichen Belangen abzielt.[92]

Im Falle der institutionellen Schiedsordnungen erheben diese mit ihrem Gegenstand den Anspruch, das schiedsgerichtliche Verfahren unter der jeweils eigenen Administration zu regeln. Dadurch steht es prinzipiell jedermann frei, sich ihren Regelungsgehalt zu eigen machen, um die eigenen Rechtsverhältnisse danach zu ordnen. Zwar können Nutzer für ihre individuelle Verwendung Änderungen an derartigen Normgefügen vornehmen; allerdings bilden diese als stehende Regelwerke ein aufeinander abgestimmtes und somit in sich gleichermaßen stabiles wie schlüssiges System. Gerade darin ist der zentrale Vorzug von Soft Law zu erkennen: Es ermöglicht dem Nutzer, sich auf ein bereits vorliegendes, mitunter bewährtes und somit verlässliches Regime zu beziehen, anstatt ein vollkommen eigenes aus dem Nichts entwerfen zu müssen.[93]

Dementsprechend ist davon auszugehen, dass Nutzer nur selten und wenn überhaupt, dann aber nur punktuelle Anpassungen am gewählten Normgefüge vornehmen. Infolgedessen kommt den standardmäßigen Regelungen des jeweiligen nicht-staatlichen Urhebers nicht bloß rechtsgestaltende, sondern faktisch rechtsetzende Wirkung zu.[94] In diesem Sinne ist es bezeichnend, dass laut umfragebasierter Studie der britischen Queen Mary University 80 % der befragten Schiedsrechtspraktiker und Unternehmensjuristen gerade Schiedsinstitutionen als die einflussreichsten Akteure bei der künftigen Entwicklung der internationalen Schiedsgerichtsbarkeit identifizieren.[95] Schließlich sind die Schiedszentren aufgrund ihres engen Kontaktes zu den Nutzern in einer besseren Position als staatliche Gesetzgeber, um die nachfrageseitigen Bedürfnisse

---

92 In diese Richtung auch *G. Kaufmann-Kohler*, Soft Law in International Arbitration 1 (2010) No. 2, 283, 284 u. 288.

93 Siehe dazu oben unter A.IV. *Institutionelle Schiedsgerichtsbarkeit und Ad-Hoc-Schiedsverfahren.*

94 Ähnlich auch *A. Stone Sweet/F. Grisel*, The Evolution of International Arbitration, 2017, S. 80 ("It is also a function of the capacity of [international arbitration centres] to *legislate* codes of procedure [...]". Hervorhebung nur hier.).

95 Queen Mary University London, 2018 International Arbitration Survey, S. 36, abrufbar unter: http://www.arbitration.qmul.ac.uk/media/arbitration/docs/2018-International-Arbitration-Survey--The-Evolution-of-International-Arbitration-(2).PDF, ("'arbitral institutions' are best-placed to make an impact on the future evolution of international arbitration").

und Präferenzen zu erforschen und diese in bedarfsgerechte Verfahrensregeln umzusetzen.[96]

2. *Normatives Schöpfungspotential der Schiedsinstitutionen*

Während klassische Ad-Hoc-Schiedsverfahren mittlerweile eine Rarität sind, richtet sich der Löwenanteil aller internationalen Schiedsverfahren nach vorgefertigten Verfahrensregeln, welche die Parteien mit ihrer Schiedsvereinbarung in Bezug nehmen.[97] Laut Statistik der Queen Mary University aus dem Jahr 2008 haben 86 % der in den vorvergangenen zehn Jahren gefällten Schiedssprüche einen institutionellen Verfahrenshintergrund.[98] Handeltreibende ziehen ein Schiedsverfahren nach modernen Verfahrensregeln, wie sie die Regelwerke der Schiedszentren bereitstellen, einem selbstorganisierten Prozess nach selbst zu entwerfenden Regeln vor. Demnach nimmt internationale Handelsschiedsgerichtsbarkeit mittlerweile weit überwiegend die Gestalt institutioneller Verfahren an.[99]

Speziell mit Blick auf diese überragende Bedeutungshoheit der institutionellen Schiedsgerichtsbarkeit, bilden Schiedsordnungen eine der wichtigsten Rechtsquellen des internationalen Schiedsrechts. Zwangsläufig sind Schiedsinstitutionen vor diesem Hintergrund mit besonderem Einfluss in der Ausgestaltung und Entwicklung des internationalen Schiedsrechts ausgestattet, der sie als Quasi-Gesetzgeber erscheinen lässt.[100]

---

96 In diesem Sinne, wenn auch speziell zu der Konsolidierung von Schiedsverfahren und der Beförderung dieses Verfahrensinstrumentes durch die Schiedszentren, siehe *J. Chiu*, Consolidation of Arbitral Proceeding and International Arbitration, in: JIA 7 (1990) No. 2, 53, 74 ff.

97 *G. Bermann*, The self-styled 'autonomy' of international arbitration, in: Arb. Int'l. 36 (2020) No. 2, 221, 224 ("Parties do not, of course, design an arbitration model from scratch. In all likelihood, they will incorporate in their arbitration agreement one or another set of existing rules of arbitral procedure [...]."); *A. Stone Sweet/F. Grisel*, The Evolution of International Arbitration, 2017, S. 56 ("truly ad hoc arbitration is now virtually extinct, the vast bulk of arbitration taking place according to pre-existing procedural templates").

98 Queen Mary University London, 2008 International Arbitration Survey, S. 15, abrufbar unter: http://www.arbitration.qmul.ac.uk/media/arbitration/docs/IAstudy_2008.pdf.

99 *C. Baaij*, Hiding in Plain Sight, in: HILJ 60 (2019) No. 1, 135, 141 ("[International Commercial Arbitration] has become predominantly institutional arbitration.").

100 In diesem Sinne *J. Lim*, Are All Institutional Rules Now Basically The Same?, in: Kluwer Arbitration Blog, 10. April 2015, abrufbar unter: http://arbitrationblog.kluwerarbitration.com/2015/04/10/are-all-institutional-rules-now-basically-the-same/,

Denn so eigenständig wie ein Schiedszentrum seine eigenen Verfahrensregeln aufstellen kann, so frei ist es auch im Hinblick auf jedwede Änderung an den bestehenden Regelungen. Als Urheber ist es *Herr über die eigene Verfahrensordnung*. Diese kann eine Schiedsinstitution jederzeit aus eigenen Stücken und grundsätzlich nach eigenem Belieben modifizieren. Insofern drängt sich erneut der Rekurs auf die Grundsätze des Vertragsrechts auf, denen die Schiedsgerichtsbarkeit letztlich unterliegt.

In deren Begrifflichkeit stellt die Veröffentlichung einer Schiedsordnung nach allen Ansichten zumindest einen Teil der Vertragsanbahnung dar.[101] Ganz gleich, ob man darin einen entsprechenden Rechtsbindungswillen der Schiedsinstitution erkennt oder nicht, steht in jedem Falle steht, dass vor dem individuellen Vertragsschluss der Erklärende sowohl ein verbindliches Angebot und *a maiore ad minus* erst recht eine Einladung zur Abgabe eines solchen einseitig abändern kann.

Die Bindungswirkung der Verfahrensregeln leitet sich indes aber nicht aus hoheitlichen Delegationsakten, sondern aus der Summe der Individualvereinbarungen der Verfahrensbeteiligten ab.[102] Ohne Zustimmung der Nutzer kann eine Schiedsordnung schlicht nicht zur Geltung kommen. Demnach findet die theoretisch absolute Macht einer Schiedsinstitution über den Inhalt ihrer Verfahrensregeln rein faktisch Beschränkung im entgegenstehenden Willen ihrer potentiellen Vertragspartner. Ihnen steht es nicht bloß im Vorfeld eines konkreten Verfahrens, sondern auch währenddessen zu, Änderungen einzelner Bestimmungen der institutionellen Vorgaben anzustoßen.

Da es sich aus dogmatischer Sicht schlicht um eine fakultative Ausgestaltung des Schiedsorganisationsvertrags handelt, bedarf jede abweichende Regelung der Zustimmung aller Beteiligten. Folglich ergibt sich ein zweistufiges Konsenserfordernis: Auf einer ersten Stufe müssen die Parteien der Schiedsvereinbarung hinsichtlich der angestrebten Anpassung einen Konsens erzielen. Denn auf der zweiten Stufe müssen die Parteien gemeinsam mit der Schiedsinstitution eine entsprechende Einigung erzielen. Da die Parteien der Schiedsvereinbarung im

---

(„quasi-regulators"). Vgl. außerdem unter Erwähnung des regulatorischen Wettbewerbs der Schiedsinstitutionen *A. Stone Sweet*/*F. Grisel*, The Evolution of International Arbitration, 2017, S. 81 und 83 f.

101 Siehe oben unter B.II. *Der Schiedsorganisationsvertrag*.

102 Anstatt vieler nur *P. Fouchard*, in: E. Gaillard/J. Savage (Hrsg.), Fouchard, Gaillard, Goldman on International Commercial Arbitration, 1999, Rn. 321; *N. Lendermann*, Procedure Shopping Through Hybrid Arbitration Agreements, 2018, S. 111.

Rahmen des Schiedsorganisationsvertrages praktisch in Personaleinheit als Vertragspartner der Schiedsinstitution auftreten, ist auf der zweiten Stufe eine Einigung nur möglich, soweit ihr Inhalt zwischen den Nutzern bereits im Sinne einer gemeinsamen Position geklärt ist.

Umgekehrt zieht Uneinigkeit zwischen den Nutzern zwangsläufig die Anwendung der standardmäßigen Regelungen der Schiedsordnung nach sich, und zwar in der Form, in der sie einseitig von der Schiedsinstitution festgelegt worden sind.[103] Jedenfalls unter diesen Bedingungen kommt der institutionseigenen Schiedsordnung der Charakter einer Quasi-Kodifikation zu, wobei die Schiedsinstitution angesichts ihrer Urhebereigenschaft in die Rolle eines Quasi-Gesetzgebers schlüpft.[104] Michaels spricht insofern auch von *formulating agencies* und meint damit

> „Institutionen, deren Regeln so weit verbreitet sind, dass sie effektiv wie Recht wirken, obwohl die Institutionen selbst formal nicht mit Rechtsetzungskompetenz ausgestattet sind."[105]

Denn die von einer Schiedsinstitution aufgestellten Maßgaben werden für die Parteien der Schiedsvereinbarung als *fallback option* verbindlich, und zwar selbst wenn die Nutzer abweichen möchten, aber dahingehend keine Einigung erzielen.

In der Praxis besteht dieses Risiko insbesondere bei einer Schiedsvereinbarung, die als Zusatz zu einem Leistungsvertrag im Hinblick auf mögliche künftige Streitigkeiten getroffen wird und in der bereits eine Schiedsinstitution festgelegt ist.[106] Kommt es später tatsächlich zur Einleitung eines

103 In diesem Sinne auch *H. Rüßmann*, Zwingendes Recht in den Schiedsregeln einer Schiedsinstitution?, in: A. Bruns/C. Kern/J. Münch, et al. (Hrsg.), Festschrift für Rolf Stürner zum 70. Geburtstag, 481, 486.

104 Ähnlich auch *Habel*, der die Schiedsordnungen als ‚quasi-Prozessordnungen' bezeichnet, vgl. *A. Habel*, Contract Governance, 2012, S. 103.

105 *R. Michaels*, Rollen und Rollenverständnisse im transnationalen Privatrecht, in: Deutsche Gesellschaft für Völkerrecht (Hrsg.), Paradigmen im internationalen Recht, 175, 208.

106 So etwa, wenn die Parteien für die Gestaltung ihrer Schiedsvereinbarung auf die vorformulierten Standardklauseln zurückgreifen, welche die Schiedsinstitutionen mittlerweile zur vereinfachten Vereinbarung ihrer jeweiliges Schiedsordnung bereitstellen. Vgl. für die ICC unter https://iccwbo.org/dispute-resolution-services/arbitration/arbi tration-clause/, für den LCIA unter https://www.lcia.org/Dispute_Resolution_Servi ces/LCIA_Recommended_Clauses.aspx, für das SIAC unter https://www.siac.org. sg/model-clauses/siac-model-clause, und für das ICDR unter https://www.icdr.org/ clauses.

Schiedsverfahrens, sind die Parteien des Rechtsstreits aufgrund ihrer Schiedsabrede einander auf eine bestimmte Schiedsordnung verpflichtet und können ihre diesbezügliche Zustimmung nicht mehr unter die Bedingung von Regelungsanpassungen stellen. Dass von Seiten einer Partei überhaupt Modifikationsbedarf besteht, kann sich allerdings mitunter erst vor dem Hintergrund der konkreten Umstände ergeben. An einer solchen Konstellation wird deutlich, dass die Geltung der institutionsgemachten Regelungen einer Schiedsordnung im Einzelfall auch ohne oder gar gegen den aktuellen Willen einzelner Nutzer eintreten kann.

D. Typologie der Schiedsinstitutionen

Die institutionelle Schiedsgerichtsbarkeit gilt als einer der Grundpfeiler der internationalen Schiedsgerichtsbarkeit im Allgemeinen.[107] Seit den 1990er-Jahren ist das Fallaufkommen führender Schiedsinstitutionen auf ein Vielfaches angestiegen.[108] Mittlerweile ist der weit überwiegende Teil aller Schiedsverfahren von institutioneller Natur.[109] Folglich spielen die Schiedszentren als institutionalisierte Akteure eine prägende Rolle für die Entwicklung der weltweiten schiedsgerichtlichen Praxis im Allgemeinen.

---

107 *K. Berger*, Institutional Arbitration, in: RACI 11 (2018) No. 2, 335, 337.

108 Siehe dazu mit Aufstellung der Fallstatistiken zahlreicher namhafter Schiedsinstitutionen *G. Born*, International Commercial Arbitration, 3. Aufl. 2021, S. 92 f. m.w.N.

109 Laut der Statistik der Queen Mary University aus dem Jahr 2008 hatten 86 % der in den vorvergangenen zehn Jahren gefällten Schiedssprüche einen institutionellen Verfahrenshintergrund, siehe Queen Mary University London, 2008 International Arbitration Survey, S. 15, abrufbar unter: http://www.arbitration.qmul.ac.uk/media/arbitration/docs/IAstudy_2008.pdf. In diesem Sinne vgl. auch *G. Bermann*, The self-styled 'autonomy' of international arbitration, in: Arb. Int'l. 36 (2020) No. 2, 221, 224 ("Parties do not, of course, design an arbitration model from scratch. In all likelihood, they will incorporate in their arbitration agreement one or another set of existing rules of arbitral procedure […]."); *A. Stone Sweet*/*F. Grisel*, The Evolution of International Arbitration, 2017, S. 56 ("truly ad hoc arbitration is now virtually extinct, the vast bulk of arbitration taking place according to pre-existing procedural templates"); *C. Baaij*, Hiding in Plain Sight, in: HILJ 60 (2019) No. 1, 135, 141 ("[International Commercial Arbitration] has become predominantly institutional arbitration.").

	1993	2018	Wachstum
ICC	352	842	+139 %
LCIA	29	317	+993 %
SIAC	15	402	+2.580 %
AAA	207	993	+380 %

Entwicklung der Anzahl jährlich neu registrierter Verfahren.[110]

Umso mehr verwundert die Tatsache, dass die zuständige Kommission der Vereinten Nationen für internationales Handelsrecht (*United Nations Commission on International Trade Law*, kurz: UNCITRAL) in ihrem Modellgesetz die Schiedsinstitutionen zwar mehrmals erwähnt[111], ohne allerdings weiter auf spezifische Merkmale oder Funktionsweisen einzugehen.

Schon 1958 ist in Art. 1(2) NYÜ ausdrücklich von *„permanent arbitral bodies"* die Rede. Anders als die offizielle Übersetzung mit dem Begriff „ständige Schiedsgerichte"[112] nahelegt, bezieht sich das New Yorker Übereinkommen weniger auf dauerhaft verfasste Schiedsgerichte (wie etwa den Internationalen Sportgerichtshof CAS) als vielmehr auf solche mit Anbindung an eine Schiedsinstitution.[113]

Trotz der Omnipräsenz der Schiedsinstitutionen in internationalen Abkommen gibt es keine allgemeingültige Legaldefinition, die präzisiert, was genau eine Schiedsinstitution zu eben einer solchen macht. In der Literatur dagegen haben Kommentatoren vereinzelt eigene Bestimmungsversuche unternommen,[114] von denen jedoch keiner ein allgemein anerkanntes Ergebnis hervorbrachte. Nichtsdestoweniger lässt sich anhand der etablierten Praxis sowie der langen Tradition

110 *C. Drahozal/R. Naimark*, Towards a Science of International Arbitration, 2005, S. 341; *G. Born*, International Commercial Arbitration, 3. Aufl. 2021, S. 93.

111 Vgl. Art. 2 lit. a), d) sowie Art. 11 (4) lit. c) UNCITRAL-ModG.

112 BGBl. 1961 II, Nr. 11, S. 123.

113 In diesem Sinne auch *P. Fouchard*, in: E. Gaillard/J. Savage (Hrsg.), Fouchard, Gaillard, Goldman on International Commercial Arbitration, 1999, Rn. 810 ff. m.w.N.

114 Für einen Überblick siehe *R. Gerbay*, The Functions of Arbitral Institutions, 2016, S. 11 ff.

der institutionellen Schiedsgerichtsbarkeit eine gewisse Typologie herleiten. Die ermittelten Kriterien dienen im Folgenden als Grundlage für die Auswahl der Schiedsinstitutionen, deren Regelwerke als Untersuchungsobjekte der vorliegenden Arbeit konkret betrachtet werden sollen.

I. Dauerhafte Verfasstheit

Schiedsinstitutionen sind im Gegensatz zu einem typischen Schiedsgericht nicht als vorübergehende, sondern als dauerhafte Einrichtung verfasst. Während sich ein Schiedsgericht üblicherweise bloß in Abhängigkeit zu einem konkreten Streitfall konstituiert und mit Abschluss des Schiedsverfahrens aufhört zu existieren,[115] besteht eine Schiedsinstitution als ständig verfasste Einheit unabhängig von einzelnen Verfahren.[116]

Das Mandat eines Schiedsgerichts erschöpft sich in der Entscheidung der ihm vorgelegten Rechtsstreitigkeit. Nur dazu wird es überhaupt erst bestellt. Diese *Gelegentlichkeit* wohnt daher jedem Schiedsgericht als Wesenselement seiner Rechtsnatur inne; und zwar unabhängig davon, ob eine Anbindung an eine Schiedsinstitution besteht oder nicht.[117] Mitunter erfordern die Verfahrensregeln einiger Schiedsinstitutionen gar deren Mitwirkung als zwingendes

115 Art. 32 (3) ModG („The mandate of the arbitral tribunal terminates with the termination of the arbitral proceedings […]."); siehe auch § 1056 Abs. 3 ZPO zum Ende des Schiedsrichteramtes.

116 *D. Droulers*, Institutional Commercial Arbitration from the Inside, in: K. Hobér/A. Magnusson/M. Öhrström (Hrsg.), Between East and West, 141, 142; *R. Gerbay*, The Functions of Arbitral Institutions, 2016, S. 12 f. m.w.N. Unter Verweis auf die Infrastruktur der Schiedsinstitutionen, die jeweils einen eigenen Stab fest angestellten Fachpersonals unterhalten siehe *R. Schütze*, in: R. Schütze (Hrsg.), Institutionelle Schiedsgerichtsbarkeit, 3. Aufl. 2018, Kap. I, Rn. 2; *G. Born*, International Commercial Arbitration, 3. Aufl. 2021, S. 190.

117 Ähnlich spricht auch *Schütze* in Zusammenhang mit der Ad-hoc Schiedsgerichtsbarkeit auch von einem „Gelegenheitsschiedsgericht", *R. Schütze*, in: B. Wieczorek/R. Schütze/M. Gebauer (Hrsg.), Zivilprozessordnung und Nebengesetze, Bd. 11, 5. Aufl. 2019, § 1025 ZPO, Rn. 67. Allerdings geht diese Zuordnung der Gelegentlichkeit zur Ad-hoc Schiedsgerichtsbarkeit insofern fehl, als sie den Eindruck entsprechender Exklusivität erweckt. Denn dieses Merkmal weist genauso jedes Schiedsgericht auf, das im Zuge eines institutionellen Verfahrens gerade anlässlich eines bestimmten Streitfalles gebildet wird. Als Abgrenzungskriterium eignet sich die Gelegentlichkeit daher bloß zur Differenzierung von anlassgebundenen Schiedsgerichten einerseits und staatlichen, ständig verfassten Spruchkörpern andererseits.

Erfordernis für die Konstitution des Schiedsgerichts.[118] Danach kann ein Schiedsgericht nicht in Bestand erwachsen, ohne dass die Schiedsinstitution den dazu vorgesehen Akt, etwa die Bestellung der nominierten Schiedsrichterkandidaten vollzieht. Das zeitlich vorhergehende Bestehen der Schiedsinstitution ist somit unabdingbare Voraussetzung für die Schaffung beziehungsweise die Existenz eines Schiedsgerichts.

Der Abschluss des Schiedsverfahrens hingegen bedeutet gleichzeitig die Erreichung des ursprünglich verfolgten Zwecks der Streitbeilegung im konkreten Einzelfall. Der für das Schiedsgericht wesensbegründende faktische Umstand einer streitigen Rechtslage entfällt zwangsläufig.[119] Dementsprechend ist Schiedsgerichten typischerweise ein bloß vorübergehender Bestand als Charakteristikum gemein. Die zeitlichen Grenzen ergeben sich insoweit aus dem konkreten Streitgegenstand, über den das Schiedsgericht mandatsgemäß entscheiden soll. Mit Abschluss des Verfahrens enden die Mandate der Schiedsrichter.[120] Gleichzeitig löst sich damit auch der in ihnen konstituierte Spruchkörper in seinem Bestand grundsätzlich auf.[121]

---

118 Die LCIA-Rules-2020 etwa bezeichnen die von den Parteien für das Schiedsrichteramt nominierten Personen als ‚*candidates*'. Sinngemäß kommt ihnen somit zunächst lediglich eine Anwärterstellung zu, die sich erst mit der formellen Bestellung als Schiedsrichter (‘*arbitrator*’) endgültig verfestigt. Die Vornahme dieses Bestellungsaktes und somit die Konstituierung des Schiedsgerichts ist dabei gem. Art. 5.7 LCIA-Rules 2020 exklusiv der Schiedsinstitution vorbehalten. Zwar ohne explizit Parteien und Dritte auszuschließen, jedoch im Ergebnis mit derselben Wirkung, begründet auch Art. 13.1 i.V.m. Art. 13.4 DIS-Rules-2018 eine insoweit ausschließliche Kompetenz der Schiedsinstitution.

119 Nach Erlass des Schiedsspruches kommen weitere Verfahrenshandlungen des Schiedsgerichts nur in Ausnahmefällen und in engen zeitlichen Schranken in Betracht, etwa falls bestimmte, offensichtliche Fehler im Schiedsspruch einer Korrektur bedürfen. Dazu jeweils m.w.N. *G. Born*, International Commercial Arbitration, 3. Aufl. 2021, S. 3381; *N. Blackaby/C. Partasides*, Redfern and Hunter on International Arbitration, 6. Aufl. 2015, Rn. 9.186 ff; *J. Lew/L. Mistelis/S. Kröll*, Comparative International Commercial Arbitration, 2003, Ch. 24, Rn. 90 ff.

120 Für das deutsche Schiedsverfahrensrecht siehe § 1056 Abs. 1 BGB. Allgemein in diesem Sinne *R. Schütze*, in: R. Schütze (Hrsg.), Institutionelle Schiedsgerichtsbarkeit, 3. Aufl. 2018, Kap. I, Rn. 1. Siehe zudem *G. Born*, International Commercial Arbitration, 3. Aufl. 2021, S. 2125; *N. Blackaby/C. Partasides*, Redfern and Hunter on International Arbitration, 6. Aufl. 2015, Rn. 9.186.

121 Dies verdeutlicht bspw. der Umkehrschluss aus dem deutschen Schiedsverfahrensrecht: Sofern das Schiedsverfahren bereits beendet ist, bedarf jede folgende Befassung mit der Sache einer neuerlichen Konstituierung des Schiedsgerichts nach den

Dagegen richten Schiedsinstitutionen ihr Dienstleistungsangebot grundsätzlich an jedermann, und das für eine unbestimmte Vielzahl von Fällen.[122] Sie bestehen sowohl vor Einleitung eines Schiedsverfahrens als auch nachdem der finale Schiedsspruch ergangen ist. Mit Blick auf den Zweck einer Schiedsinstitution, die Durchführung von Schiedsverfahren zu erleichtern, wird deutlich, dass dieser vielmehr auf eine unbestimmte Vielzahl von Schiedsverfahren ausgelegt ist.

Die Konfliktlösung im Einzelfall dagegen wird durch die Einbindung einer Schiedsinstitution höchstens mittelbar beeinflusst beziehungsweise im Idealfall positiv gefördert. Mangels einer direkten Verbindung zwischen einem bestimmten Streitgegenstand und der Tätigkeit eines Schiedszentrums besteht letzteres seinem Wesen nach völlig unabhängig sowohl von der Wirksamkeit einer Schiedsabrede als auch von der Beendigung einzelner Schiedsverfahren.[123] Dem Begriff der Schiedsinstitution wohnt daher die Komponente einer dauerhaft verfassten rechtlichen Einheit inne.

II. Keine Kompetenz zur Entscheidung in der Sache des Rechtsstreits

Ein weiteres zentrales Charakteristikum einer Schiedsinstitution ist außerdem, dass sie über keinerlei Kompetenz zur Entscheidung des Rechtsstreits in der Sache verfügt.[124] Auch wenn die Tätigkeit einer Schiedsinstitution zwar im Endeffekt auf Konfliktlösung ausgerichtet ist, weist ihr Aufgabenfeld dennoch keine unmittelbare Beziehung zur materiellen Rechtsfindung auf.

---

§§ 1034 ff. BGB. Vgl. in diesem Sinne OLG Frankfurt a.M., Beschluss vom 2. November 2007, 26 SchH 3/07 = NJW-RR 2008, 591 sowie zustimmend auch *J. Münch*, in: T. Rauscher/W. Krüger (Hrsg.), Münchener Kommentar zur Zivilprozessordnung, Bd. 3, 6. Aufl. 2022, § 1056 ZPO, Rn. 38 m.w.N. Mithin legt das Gesetz implizit fest, dass mit der Verfahrensbeendigung regelmäßig auch die Auflösung des Schiedsgerichts einhergeht.

122 Dies gilt unabhängig von der vertragsrechtlichen Einordnung des Veröffentlichungsaktes von Verfahrensregeln durch eine Schiedsinstitution. Sowohl *invitatio ad offerendum* als auch *offerte ad incertas personas* können Situationen betreffen, in denen auf der Empfängerseite eine Vielzahl von Personen steht. Zum Streit der beiden Positionen im Hinblick auf den Zeitpunkt des Zustandekommens des Schiedsorganisationsvertrages siehe oben unter B.II. *Der Schiedsorganisationsvertrag*.

123 Zum Ganzen siehe *R. Gerbay*, The Functions of Arbitral Institutions, 2016, S. 12 f.

124 *G. Born*, International Commercial Arbitration, 3. Aufl. 2021, S. 191 u. S. 2127.

Besonders deutlich wird dieser Unterschied zwischen dem Mandat einer Schiedsinstitution einerseits und dem eines Schiedsgerichtes andererseits, wo zwingendes staatliches Recht ausschließlich natürlichen Personen das Schiedsrichteramt zugänglich macht.[125] Schiedsinstitutionen sind dann als juristische Personen von Anfang an vom Schiedsrichteramt ausgeschlossen.

Unabhängig von derlei Maßgaben staatlichen Rechts offenbart sich die Beschränkung der Kompetenz einer Schiedsinstitution auf die Administration des Verfahrens in Anbetracht des maßgeblichen Parteiwillens. Sowohl den einzelnen Schiedsordnungen als auch den darauf verweisenden Musterklauseln, die alle vorliegend untersuchten Schiedsinstitutionen zur Vereinbarung ihres Regelwerkes bereitstellen, lässt sich insgesamt unmissverständlich entnehmen, dass die Dienstleistung der Institution nicht in der selbstständigen Entscheidung des Rechtsstreits, sondern in der geregelten Herbeiführung einer solchen zu erkennen ist.

Exemplarisch sei dies nur für den *ICC International Court of Arbitration* verdeutlicht. Dabei ist davon auszugehen, dass die eigene Musterklausel den Willen der Schiedsinstitution abbildet. Die von Seiten der Institution für den Nutzer vorformulierte Standardschiedsklausel lautet:

---

125 So kann nach Art. 1451 (1) des französischen *Code de Procédure Civil* (CPC) das Schiedsrichteramt allein natürlichen Personen übertragen werden. Sofern die Schiedsvereinbarung unzulässigerweise juristische Personen als Schiedsrichter nominiert, gelten diese gem. Art. 1451 (2) CPC lediglich als befugt, das Schiedsverfahren zu organisieren. Mangels einer solchen (eindeutigen) Regelung des deutschen Gesetzgebers ist die prinzipielle Befähigung von juristischen Personen zum Schiedsrichteramt für deutsche Schiedsverfahren umstritten. Die wohl vorherrschende Ansicht lehnt die Nominierung von juristischen Personen entsprechend der französischen Vorschrift ab. Zur Begründung wird in erster Linie der höchstpersönliche Charakter der Schiedsrichtertätigkeit angeführt, der nicht mit dem Wesen einer juristischen Person kompatibel sei. Im Ergebnis übereinstimmend wird diese Ansicht vertreten bei *M. Anders*, in: M. Anders/B. Gehle (Hrsg.), Zivilprozessordnung, 80. Aufl. 2022, § 1029 ZPO, Rn. 6a; *H. Prütting*, in: H. Prütting/M. Gehrlein (Hrsg.), Zivilprozessordnung, 13. Aufl. 2021, § 1035 ZPO, Rn. 2; *P. Schlosser*, in: F. Stein/M. Jonas (Hrsg.), Kommentar zur Zivilprozessordnung, Bd. 10, 23. Aufl. 2014, § 1036 ZPO, Rn. 5; *H. Prütting*, Die rechtliche Stellung des Schiedsrichters, in: SchiedsVZ 2011, 233, 235. Für die Gegenansicht und somit die Möglichkeit der Benennung von juristischen Personen als Schiedsrichter in deutschen Verfahren streiten *R. Schütze*, in: B. Wieczorek/R. Schütze/M. Gebauer (Hrsg.), Zivilprozessordnung und Nebengesetze, Bd. 11, 5. Aufl. 2019, § 1035 ZPO, Rn. 6; *K. Schwab/G. Walter*, Schiedsgerichtsbarkeit, 7. Aufl. 2005, Kap. 9, Rn. 1.

> „Alle Streitigkeiten, die sich aus oder im Zusammenhang mit dem vorliegenden Vertrag ergeben, werden nach der Schiedsgerichtsordnung der Internationalen Handelskammer (ICC) von einem oder mehreren gemäß dieser Ordnung ernannten Schiedsrichtern endgültig entschieden.“[126]

Indem diese Klausel zwischen der Schiedsinstitution (ICC) einerseits und einem beziehungsweise mehreren noch zu ernennenden Schiedsrichtern andererseits differenziert, geht aus ihr bereits unabhängig von dem Verweis auf die Regelungen der Schiedsordnung hervor, dass es dem grundsätzlichen Willen der ICC widerstrebt, selbst Träger eines Schiedsrichtermandats zu werden. Stattdessen geht es ihr als Schiedsinstitution lediglich darum, im Zuge der Erteilung des Schiedsrichtermandates unterstützend tätig zu werden. Demnach ist das Mandat der Schiedsinstitution mit Blick auf seinen Gegenstand grundsätzlich von dem des Schiedsrichters zu unterscheiden. Zwar kommen einer Schiedsinstitution gemäß der ihr übertragenen Kompetenz unter anderen auch Funktionen zu, die gemeinhin dem Kernbereich richterlicher Tätigkeit zugeordnet werden (etwa Terminfestsetzung, Fristverlängerung), jedoch befassen sich diese gerade nicht mit der Entscheidung in der Sache.[127]

Selbst wenn die Parteien abweichend von der Muster-Schiedsklausel eine individuelle Schiedsvereinbarung treffen, welche die ICC explizit als Schiedsrichter bezeichnet, steht dem schon Art. 1(2) ICC-Rules 2021 entgegen. Dieser legt im Sinne der vorstehenden Analyse ganz grundsätzlich Folgendes fest:

> „Der Gerichtshof entscheidet die Streitfälle nicht selbst. Er verwaltet die Entscheidung von Streitfällen durch Schiedsgerichte im Einklang mit der Schiedsgerichtsordnung der ICC […].“

Somit geht die Schiedsordnung in ihrer Deutlichkeit noch über die implizite Aussage der Standardklausel hinaus und unterstreicht dadurch, dass sich ihre eigenen Dienstleistungen nicht auf die Ausübung eines Schiedsrichtermandates beziehen.

Nichtsdestoweniger steht es einer Schiedsinstitution frei, von den Regeln der eigenen Schiedsgerichtsordnung abzuweichen, solange sie sich ihrer Geltung

---

126 Abrufbar unter: https://iccwbo.org/publication/standard-icc-arbitration-clauses-german-version/.

127 Zutreffend analysiert von *Wolf*, der indes den Schiedsinstitutionen eine Rolle zuschreibt, die zwar über die reine Verwaltung eines Schiedsverfahrens hinausgeht, aber dennoch im Hinblick auf die Kompetenz zur Entscheidung in der Sache strikt vom Mandat eines Schiedsrichters zu unterscheiden ist, siehe *C. Wolf*, Die institutionelle Handelsschiedsgerichtsbarkeit, 1992, S. 62 ff., insb. S. 63.

nicht vertraglich verpflichtet hat. Erst durch den Vertragsschluss erwachsen die Regelungen der Schiedsordnung als zwingendes relatives Recht zwischen den Parteien.[128] Rein theoretisch kann sich eine Schiedsinstitution als juristische Person somit dennoch dazu entscheiden, (ausnahmsweise) ein Schiedsrichtermandat anzunehmen, sofern das maßgebliche staatliche Verfahrensrecht dem nicht entgegensteht. Die Übernahme dieser Funktion entspricht dann jedoch gerade nicht mehr dem typischen Geschäftsbild einer Schiedsinstitution im Allgemeinen.

III. Keine wesensnotwendigen Eigenschaften

1. Institutionseigene Verfahrensordnung

Vereinzelt scheinen internationale Kommentatoren auch das Kriterium einer eigenen Schiedsordnung als wesensstiftendes Merkmal für eine Schiedsinstitution beziehungsweise ein institutionelles Schiedsverfahren anzuführen. So definieren die Autoren eines international führenden Werks institutionelle Schiedsgerichtsbarkeit als ein Schiedsverfahren, das von einer darauf spezialisierten Einrichtung entsprechend *ihrer eigenen Verfahrensregeln* administriert

---

128 *H. Rüßmann*, Zwingendes Recht in den Schiedsregeln einer Schiedsinstitution?, in: A. Bruns/C. Kern et al. (Hrsg.), Festschrift für Rolf Stürner zum 70. Geburtstag, 2013, 481, 487. Erkennt man mit einem Teil der Kommentatoren im Abschluss der Schiedsabrede gleichzeitig auch den des Schiedsorganisationsvertrages (Veröffentlichung der Schiedsordnung als *offerte ad incertas personas*, vgl. bereits unter B.II. *Der Schiedsorganisationsvertrag* samt dazugehörigen Ausfrühungen), so sind die Regelungen der in Bezug genommenen Verfahrensordnung dann auch bereits verbindliches Recht im Verhältnis zwischen den Parteien des Rechtsstreits und der bezeichneten Schiedsinstitution. Einer Annahme seitens der Schiedsinstitution bedürfte es dagegen auch nach dieser Auffassung ausnahmsweise, wenn es sich um eine sog. *wild cat arbitration* Konstellation handelt, also die Parteien in der Schiedsvereinbarung zwar eine bestimmte Institution bezeichnen, die Anwendung der zugehörigen Schiedsordnung jedoch abbedingen. Dann handelt es sich um eine Willenserklärung, deren Inhalt vom ursprünglichen Angebot der Schiedsinstitution abweicht und somit nach § 150 Abs. 2 BGB als neuer Antrag zu werten ist. In diesem Sinne ausdrücklich für das eigenständige Abweichen der Parteien von der Schiedsordnung in ihrer Schiedsabrede *C. Wolf*, Die institutionelle Handelsschiedsgerichtsbarkeit, 1992, S. 90; dagegen ablehnend *H. Rüßmann*, Zwingendes Recht in den Schiedsregeln einer Schiedsinstitution?, in: A. Bruns/C. Kern/J. Münch, et al. (Hrsg.), Festschrift für Rolf Stürner zum 70. Geburtstag, 481, 487. Zu Wild Cat Arbitrations ausführlich vgl. *K. Berger*, Institutional Arbitration, in: RACI 11 (2018) No. 2, 335, 342 ff.

wird. So heißt es etwa in einem prominenten Werk über die institutionelle Schiedsgerichtsbarkeit:

> "An institutional arbitration is one that is administered by a specialist institution *under its own rules of arbitration*."[129]

Eine derartige Erweiterung der Typologie von Schiedsinstitutionen erscheint jedoch aus zwei Gründen unangebracht. Die meisten Schiedsordnungen stehen zwar in direktem Zusammenhang mit einer bestimmten Schiedsinstitution, aber längst nicht alle. Das bekannteste Beispiel für selbstständige im Sinne von schiedsinstitutionsunabhängigen Verfahrensregeln sind die Schiedsregeln der UNCITRAL. Sie setzen lediglich die Beteiligung irgendeiner Institution am Schiedsverfahren voraus. Speziell Schiedsverfahren, in denen sich die Parteien für die UNCITRAL Schiedsregeln entschieden haben, werden von führenden Schiedsinstitutionen genauso zur Bearbeitung angenommen wie solche, in denen die institutionseigene Schiedsordnung gewählt wurde.[130]

Genauso verfügen zwar viele Schiedsinstitutionen über eigens verfasste Verfahrensregeln. Dennoch trifft dies nicht auf alle Schiedszentren zu.[131] Da sie trotzdem genauso in der Lage sind, unter Rückgriff auf die von den Parteien vorgegebenen Verfahrensregeln Administrationsdienstleistungen rund um ein Schiedsverfahren zu erbringen, erscheint es fernliegend, für eben solche

---

129 *N. Blackaby/C. Partasides*, Redfern and Hunter on International Arbitration, 6. Aufl. 2015, Rn. 1.146 (Hervorhebungen nur hier). In diese Richtung auch *D. Droulers*, Institutional Commercial Arbitration from the Inside, in: K. Hobér/A. Magnusson/M. Öhrström (Hrsg.), Between East and West, 141, 142.

130 In der FAQ-Sektion der LCIA-Website heißt es etwa: „[I]f the arbitration clause or arbitration agreement refers to a different set of arbitration rules (notably the UNCITRAL Rules), it can still state that the arbitration should be administered by the LCIA. In these cases, the LCIA will provide administration services much the same as if the arbitration was being conducted under the LCIA Arbitration Rules.", https://www.lcia.org/Frequently_Asked_Questions.aspx13. Entsprechendes gilt auch für ICC und SIAC. SCC und DIS stellen jeweils eigene ergänzende Anpassungsregelungen für Verfahren nach den UNCITRAL Schiedsregeln bereit, um auch diese entgegennehmen zu können.

131 Einer Stimme zufolge übersteigt die Zahl der Schiedszentren ohne eigene Verfahrensregeln sogar diejenigen, welche ein Regelwerk zur Verfügung stellen, *G. Pendell*, The Rise and Rise of Institutional Arbitration, in: Kluwer Arbitration Blog, 30. November 2011, abrufbar unter: http://arbitrationblog.kluwerarbitration.com/2011/11/30/the-rise-and-rise-of-the-arbitration-institution/ ("A good number of the institutions have their own rules but a great deal more do not").

Verfahren den institutionellen Charakter abzulehnen, wenn die beiden zuvor erörterten Voraussetzungen vorliegen.[132] Konsequenterweise kann es daher auch keiner eigenen Verfahrensordnung bedürfen, um eine Schiedsinstitution als solche auszumachen.

Nichtsdestoweniger eröffnet die Konzeption einer eigenen Verfahrensordnung den Schiedsinstitutionen potentiell wertvolle Vorteile. Innovative Verfahrensführung etwa kann die Dienstleistung einer Schiedsinstitution gegenüber dem Angebot anderer Wettbewerber deutlich hervorheben und somit neue Nutzer anziehen. Vor diesem Hintergrund ist eine institutionseigene Schiedsordnung weniger als wesensstiftendes Merkmal anstatt vielmehr als Instrument zur Steigerung der Attraktivität der Dienste anzusehen. Sofern sich die Verfahrensregeln in der Praxis bewähren, wirkt sich die eigene Schiedsordnung außerdem langfristig förderlich auf das Renommee einer Schiedsinstitution aus.

Zwar können Schiedsinstitutionen ohne eigenes Regelwerk gleichermaßen wie solche mit eigener Schiedsordnung zu etwaigem Wettbewerbsdruck beitragen, da sie ebenfalls als Anbieter von entsprechenden Administrationsdienstleistungen auftreten. Sofern die vorliegende Studie allerdings gerade die normative Dimension in den Blick nimmt, um festzustellen, ob und inwiefern deren Beschaffenheit von Wettbewerb beeinflusst ist, können ausschließlich solche Schiedsinstitutionen als Untersuchungsobjekte dienen, bei denen die Schaffung von Normtexten einen Bestandteil ihrer geschäftlichen Tätigkeit bildet. Nur bei ihnen könnte sich etwaiger Wettbewerb in der Gestaltung ihrer jeweiligen Schiedsordnung auf normativer Ebene manifestieren und somit die Genese von Recht beeinflussen. Wo mangels eines entsprechenden Schaffensaktes kein Produkt im Sinne einer Rechtsnorm entsteht, fehlt es an einem tauglichen Gegenstand, in dem sich selbst noch so intensiver Wettbewerbsdruck niederschlagen könnte. Die Frage nach den weiteren Auswirkungen auf die Tätigkeit der Schiedsinstitutionen im Übrigen ist nicht Gegenstand der vorliegenden Untersuchung.

2. *Gewinnerzielungsabsicht*

Einige Schiedsinstitutionen sind als profitorientierte Einheiten organisiert. In der ganz überwiegenden Zahl der Fälle operieren Schiedszentren allerdings ohne Gewinnerzielungsabsicht.[133] Dies spiegelt sich nicht zuletzt in den juristischen

132 *R. Gerbay*, The Functions of Arbitral Institutions, 2016, S. 14.
133 Zum Ganzen siehe *R. Gerbay*, The Functions of Arbitral Institutions, 2016, S. 23 f.

Organisationsformen wider, in denen die Schiedsinstitutionen verfasst sind.[134] Wenn sie auch allesamt ihre Administrationsdienstleistungen entgeltlich erbringen und insofern Gebührenordnungen für die Bemessung der genauen Höhe erstellen, so sind sie in ihrer Tätigkeit doch nicht der Erzielung einer Gewinnerwartung verschrieben.

Auch wenn Schiedsinstitutionen mehrheitlich nicht von wirtschaftlichen Gewinnerzielungsabsichten angetrieben sind, ist dadurch nicht ausgeschlossen, dass sie miteinander im Wettbewerb stehen. Hierfür ist lediglich erforderlich, dass mehrere, voneinander „unabhängige Akteure unter besonderer, wie auch immer motivierter Einsatzbereitschaft für die Ziele des jeweiligen Wettbewerbs untereinander vergleichbare Leistungen erbringen."[135] Dass die Erzielung maximaler finanzieller Erlöse mithin bloß eine von vielen Motivlagen darstellt, die Wettbewerb anstoßen und antreiben können, unterstreicht die wettbewerbsrechtliche Praxis der Europäischen Union. Sofern der Wettbewerb unionsrechtlich allgemein reguliert ist, gelten die entsprechenden Normen für alle ‚Unternehmen'. Adressat ist nach dem etablierten funktionalen Begriffsverständnis

> „jede eine *wirtschaftliche* Tätigkeit ausübende Einheit, unabhängig von ihrer Rechtsform und der Art ihrer Finanzierung."[136]

Eine ‚wirtschaftliche' Tätigkeit in diesem Sinne liegt nach ständiger Rechtsprechung vor, wenn sie

> „darin besteht, Güter oder Dienstleistungen auf einem bestimmten Markt anzubieten."[137]

Folglich kommt es für die Anwendung wettbewerbsrechtlicher Normen gerade nicht auf die Gewinnerzielungsabsicht eines Akteurs an.[138] Dass die unionsrechtliche Praxis den Anwendungsbereich des Wettbewerbsrechts rein tätigkeitsbezogen definiert, impliziert die Schutzbedürftigkeit und damit unweigerlich die grundsätzliche Existenz von Wettbewerb zwischen Akteuren, deren Marktverhalten nicht profitorientiert ist.

---

134 So im Falle sämtlicher Schiedszentren, die Gegenstand der vorliegenden Untersuchung sind, vgl. unter E. *Anschauungsobjekte*.

135 *K. Meessen*, Prinzip Wettbewerb, in: JZ 2009, 697, 701.

136 So erstmals EuGH, Urteil vom 23. April 1991, ECLI:EU:C:1991:161, Rn. 21 – *Höfner und Elser* (Hervorhebungen nur hier). Seitdem ständige Rechtsprechung.

137 Siehe nur EuGH, Urteil vom 12. September 2000, ECLI:EU:C:2000:428, Rn. 75 m.w.N. – *Pavlov*.

138 EuGH, Urteil vom 10. Januar 2006, ECLI:EU:C:2006:8, Rn. 123 – *Cassa di Risparmio di Firenze*.

IV. Rechtlicher Status der Schiedsinstitutionen

Um sogleich die rechtliche Natur der institutionellen Schiedsgerichtsordnungen einordnen zu können, ist es hilfreich, den Blick zunächst auf deren Urheber zu richten. Einige wenige Schiedsinstitutionen haben ihre Existenz einem dahingehenden zwischenstaatlichen Abkommen zu verdanken. Dies gilt beispielsweise für das *Internationale Zentrum zur Beilegung von Investitionsstreitigkeiten* (*International Center for Settlement of Investment Disputes*, kurz: ‚ICSID'). Dessen Einrichtung geht auf das Washingtoner *Übereinkommen zur Beilegung von Investitionsstreitigkeiten zwischen Staaten und Angehörigen anderer Staaten* (Washingtoner Übereinkommen, kurz: ‚WÜ') aus dem Jahre 1965 zurück.[139] Art. 18 WÜ legt fest, dass das ICSID „volle internationale Rechtspersönlichkeit" besitzt und somit eine *internationale Organisation* im Sinne des Völkerrechts darstellt.[140] Diese Rechtsform bildet allerdings die Ausnahme.

Demgegenüber existieren auch Schiedsinstitutionen, deren Gründung zwar auf zwischenstaatliche Initiative zurückgeht, die jedoch nicht mit einem völkerrechtlichen oder sonst einem spezifisch staatlichen Status ausgestattet wurden. Zu dieser Kategorie zählt beispielweise das *Cairo Regional Centre for International Commercial Arbitration*, welches 1979 von Seiten der Ägyptischen Regierung gemeinsam mit dem *Asian-African Legal Consultative Committee* (AALCC),[141] einer internationalen Regierungsorganisation afrikanischer sowie asiatischer Staaten ins Leben gerufen wurde.[142] Im Jahr zuvor war bereits ein Pendant für den asiatischen Raum in Kuala Lumpur auf Grundlage einer entsprechenden Vereinbarung zwischen dem AALCC und der Malaysischen Regierung auf den

---

139 Engl.: *Convention on the settlement of investment disputes between States and nationals of other States*, abrufbar unter https://treaties.un.org/Pages/showDetails.aspx?objid=080000028012a925.

140 In diesem Sinne *R. Gerbay*, The Functions of Arbitral Institutions, 2016, S. 19 Neben dem ICSID sind zudem der *Permanent Court of Arbitration* (PCA), der insbesondere auf Streitigkeiten mit staatlicher Beteiligung ausgerichtet ist, sowie die Schiedsstelle der *World Intellectual Property Organization* (WIPO), deren Schiedsregeln speziell auf Streitigkeiten im Bereich des geistigen Eigentums ausgerichtet sind, als abkommensbasierte Schiedseinrichtungen zu erwähnen.

141 Seit einer Namensänderung 2001 nunmehr *Asian-African Legal Consultative Organization* (AALCO).

142 *R. Gerbay*, The Functions of Arbitral Institutions, 2016, S. 19 f.; *G. Born*, International Commercial Arbitration, 3. Aufl. 2021, S. 217 f. Eingehend zur Entstehung siehe *M. Aboul-Enein*, Arbitration under the Auspices of the Cairo Regional Centre for Commercial Arbitration, in: JIA 2 (1985) No. 4, 23, 29 ff.

Weg gebracht worden.[143] Auch einzelne Staaten haben bisweilen im Alleingang Schiedszentren aufgesetzt. So geht die *China International Economic Trade and Arbitration Commission* unmittelbar auf die Chinesische Regierung zurück, welche das Zentrum 1956 gründete und dem *China Council for the Promotion of International Trade* (auch als Chinesische Außenhandelskammer bekannt) unterstellte.[144]

Die meisten Schiedsinstitutionen sind dagegen auf nicht-staatliche beziehungsweise private Initiative zurückzuführen. Infolgedessen firmieren sie unter einer der Rechtsformen, die ihnen das nationale Recht ihres jeweiligen Sitzungsstaates zur Verfügung stellt.[145] Dies gilt nicht nur für die ICC, sondern auch für die übrigen der im Folgenden herangezogenen Schiedsinstitutionen, nämlich den *London Court of International Arbitration* (LCIA), das *Singapore International Arbitration Centre* (SIAC) sowie das *International Centre for Dispute Resolution* (ICDR).[146] Manche dieser Schiedsinstitutionen sind rechtlich selbstständig verfasste Ableger anderer Einrichtungen, insbesondere von Handelskammern.

So ist etwa der *International Court of Arbitration* ein Ableger der Internationalen Handelskammer ICC. Anders als im Falle des Schiedszentrums der Stockholmer Handelskammer (SCC) handelt es sich bei ihm allerdings bloß um einen operativen Zweig, der in rechtlicher Hinsicht vollständig in die Organisation der Internationalen Handelskammer integriert ist.[147] Andere Schiedsinstitutionen wie der LCIA oder die *Deutsche Institution für Schiedsgerichtsbarkeit*

---

143 *P. Lim*, The Kuala Lumpur Regional Arbitration Centre, in: ICSID Rev. 3 (1988) No. 1, 118, 120. Siehe zudem *P. Fourchard*, in: E. Gaillard/J. Savage (Hrsg.), Fouchard, Gaillard, Goldman on International Commercial Arbitration, 1999, Rn. 336 m.w.N. Seit einer Namensänderung im Jahr 2018 firmiert diese Einheit als *Asian International Arbitration Centre* (AIAC).

144 *W. Chang*, CIETAC Amended Arbitration Rules 2000, in: A. van den Berg (Hrsg.), ICCA Yearbook Commercial Arbitration 2001, 366, 369; *R. Gerbay*, The Functions of Arbitral Institutions, 2016, S. 22; *G. Born*, International Commercial Arbitration, 3. Aufl. 2021, S. 215.

145 *R. Gerbay*, The Functions of Arbitral Institutions, 2016, S. 20.

146 Zu diesen Schiedsinstitutionen im Einzelnen und ausführlich sogleich unter *Anschauungsobjekte*.

147 Dagegen ist die SCC als Schiedsinstitution rechtlich selbstständig und somit unabhängig von der Stockholmer Handelskammer verfasst. Auf ihrer offiziellen Homepage heißt es dazu: „The SCC […] is part of, but independent from, the Stockholm Chamber of Commerce.“, https://sccinstitute.com/about-the-scc/.

(DIS) stehen in keinem solchen konzeptionellen Zusammenhang mit anderen Rechtsträgern.

E. Anschauungsobjekte

Zwecks Handhabbarkeit der Untersuchung ist eine exemplarische Betrachtung bestimmter Schiedsinstitutionen geboten. Die Auswahl der vorliegend gegenständlichen Schiedsinstitutionen basiert auf Kriterien, die trotz der notwendigen Beschränkung der Untersuchungsobjekte den repräsentativen Charakter der Resultate sicherstellen. Denn im Endeffekt sollen die Erkenntnisse über die unmittelbar thematisierten Schiedsinstitutionen hinaus auch Schlüsse auf die allgemeine Dynamik von Wettbewerb auf normativer Ebene und dessen Auswirkungen auf die Rechtsgenese zulassen.

Vor diesem Hintergrund spielt insbesondere das Fallaufkommen der Schiedsinstitutionen eine maßgebliche Rolle bei der Auswahl. Je mehr Verfahren eine Schiedsinstitution auf sich vereint, desto höher ist ihr Anteil am Gesamtaufkommen und desto gewichtiger ihre Bedeutung für das Marktverhalten der übrigen Konkurrenten beziehungsweise für den Wettbewerb im Allgemeinen. Je größer wiederum der kombinierte Anteil aller ausgewählten Schiedsinstitutionen am gesamten Fallaufkommen, desto verlässlicher die Erkenntnisse, welche die Untersuchung abbildet und desto solider jedwede aus ihr abgeleitete Schlussfolgerung.

Würden die ausgewählten Institutionen hypothetisch 100 % aller institutionellen Verfahren der Handelsschiedsgerichtsbarkeit auf sich vereinen, stünde fest, dass alle übrigen Schiedsinstitutionen aktuell keine Rolle für den Wettbewerb spielen, da sie als Anbieter nicht zu überzeugen vermögen und somit höchstens äußerst geringfügig zur allgemeinen Wettbewerbsdynamik beitragen. In diesem Sinne ist davon auszugehen, dass eine höhere Abdeckung beim Fallaufkommen zu entsprechend aussagekräftigeren Ergebnissen führt.

Abgesehen davon muss das Angebot der ausgewählten Schiedsinstitutionen grundsätzlich vergleichbar erscheinen. Aufgrund des internationalen Blickwinkels, den die vorliegende Untersuchung einnimmt, bleiben von Anfang an solche Schiedsinstitutionen außen vor, die sich auf die Administrierung regionaler und nationaler Verfahren beschränken.[148] Dasselbe gilt für Institutionen, die zwar

---

148 Vgl. dazu inklusive einer nicht abschließenden Aufzählung *P. Fouchard*, in: E. Gaillard/J. Savage (Hrsg.), Fouchard, Gaillard, Goldman on International Commercial Arbitration, 1999, Rn. 332 f.

ein internationales Publikum ansprechen, allerdings im Hinblick auf die Streitmaterie hochspezialisiert sind und sich insoweit ebenfalls auf ein ganz konkretes, allgemein aber kaum repräsentatives Nachfragepublikum konzentrieren.[149] Als Untersuchungsobjekte im vorliegenden Rahmen ungeeignet erweisen sich außerdem solche Einrichtungen, die Teil eines Industrieverbandes sind und deren Dienste daher ausschließlich von Mitgliedern in Anspruch genommen werden können.[150]

I. International Chamber of Commerce

Der Internationale Schiedsgerichtshof (*International Court of Arbitration*, kurz: ‚ICA') ist ein operativer Arm der Internationalen Handelskammer ICC und als solcher rechtlich in deren Organisation eingebettet. Er stellt in technischer Hinsicht somit lediglich diejenige Untereinheit dar, die innerhalb der ICC mit der Administrierung der Schiedsverfahren betraut ist. Die verschiedenen Bezeichnungen können mitunter Unsicherheiten im Hinblick auf den genauen Bezugspunkt hervorrufen, sofern nur von der Schiedsinstitution die Rede ist. Um solchen vorzubeugen sei hier vorangestellt, dass die Urheberschaft der Schiedsordnung nicht beim ICA liegt, sondern vielmehr der *ICC Commission on Arbitration* gebührt.[151] Die Namensgebung spiegelt dies wider, indem die Normen der Schiedsordnung ausdrücklich als *ICC Arbitration Rules* (ICC-Rules) bezeichnet sind. Aufgrund dieser Normgebungskompetenz, die über die innerorganisatorischen Grenzen des ICA hinausgeht, wird für diese Untersuchung die ICC als Ganzes in Bezug genommen.

Bereits vier Jahre nach Gründung der ICC wurde 1923 der ICA, damals noch unter dem Titel *Court of Arbitration* ins Leben gerufen.[152] Damit ist die ICC eine der Schiedsinstitutionen mit der längsten Tradition.[153] Bereits ein Jahr zuvor

---

149 Ein Beispiel für eine hochspezialisierte Schiedsinstitution ist etwa das *Arbitration and Mediation Centre* der WIPO.

150 Siehe dazu *R. Gerbay*, The Functions of Arbitral Institutions, 2016, S. 25.

151 *A. Stone Sweet/F. Grisel*, The Evolution of International Arbitration, 2017, S. 49. Vgl. dazu auch das Vorwort von *P. Wolrich*, in: *J. Fry/S. Greenberg/F. Mazza*, The Secretariat's Guide to ICC Arbitration, 2012, S. ix f.

152 Der Zusatz ‚International' wurde im Zuge einer Namensänderung im Jahre 1989 ergänzt. Siehe dazu *Y. Derains/E. Schwartz*, A Guide to the ICC Rules of Arbitration, 2. Aufl. 2005, S. 1.

153 *A. Reiner/J. Petkutė/C. Kern*, in: R. Schütze (Hrsg.), Institutionelle Schiedsgerichtsbarkeit, 3. Aufl. 2018, Kap. II, Rn. 1 m.w.N.

war mit den ICC-Rules die erste Version der institutionseigenen Schiedsordnung erschienen.[154] Handeltreibende fanden darin ein überregionales Forum für private Konfliktlösung vor, welches bis heute insbesondere grenzüberschreitenden Vertragskonstellationen Rechnung tragen soll. Allgemein gilt die ICC in der Schiedsszene als die führende Institution für internationale Handelsschiedsverfahren.[155] Die aktuelle Studie der Queen Mary University listet die ICC auf dem ersten Rang der von den Befragten präferierten Schiedsinstitutionen.[156] Ein Blick auf die Fallstatistiken des ICA untermauert diese Aussagen jedenfalls in quantitativer Hinsicht. 2018 wurden 842 neue Schiedsverfahren registriert, an denen 2.282 Parteien aus 135 verschiedenen Ländern beteiligt waren.[157] Fallzahlen in annähernd dieser Größenordnung finden sich außer bei der ICC lediglich beim ICDR.

II. London Court of International Arbitration

Die Wurzeln des LCIA reichen bis in das 19. Jahrhundert zurück. Der Vorläufer der heutigen Einrichtung wurde 1892 gegründet und firmierte seinerzeit unter dem Namen *City of London Chamber of Arbitration*. Diese war das Resultat einer Initiative des *Court of Common Council of the City of London* beziehungsweise der *City of London Corporation*,[158] die bereits 1883 eigens ein Komitee damit

---

154 *J. Fry/S. Greenberg/F. Mazza*, The Secretariat's Guide to ICC Arbitration, 2012, Ch. 1, Rn. 3.

155 Siehe exemplarisch *G. Born*, International Commercial Arbitration, 3. Aufl. 2021, S. 197; *A. Reiner/J. Petkutė/C. Kern*, R. Schütze (Hrsg.), Institutionelle Schiedsgerichtsbarkeit, 3. Aufl. 2018, Kap. II, Einleitung, Rn. 1; *A. Stone Sweet/F. Grisel*, The Evolution of International Arbitration, 2017, S. 2; *P. Fouchard*, in: E. Gaillard/J. Savage (Hrsg.), Fouchard, Gaillard, Goldman on International Commercial Arbitration, 1999, Rn. 349. Aus der Unternehmenssicht vgl. *P. Hobeck/V. Mahnken/M. Koebke*, Schiedsgerichtsbarkeit im internationalen Anlagenbau, in: SchiedsVZ 2007, 225, 235.

156 Auf die Frage nach den bevorzugten Schiedsinstitutionen konnten die Teilnehmer der Studie jeweils bis zu fünf gleichwertige Angaben machen. 77 % der Antworten enthielten die ICC. Auf dem zweiten Rang folgt der LCIA, den demnach 51 % zu ihren favorisierten Adressen zählen. Siehe Queen Mary University London, 2018 International Arbitration Survey, S. 13, abrufbar unter: http://www.arbitration.qmul.ac.uk/media/arbitration/docs/2018-International-Arbitration-Survey--The-Evolution-of-International-Arbitration-(2).PDF.

157 ICC, ICC Dispute Resolution 2018 Statistics, S. 4, 8, abrufbar unter: https://library.iccwbo.org/content/dr/pdfs/2018statistics_iccdisputeresolution_898.pdf.

158 Die *City of London* ist ein von der britischen Krone mit besonderen Privilegien ausgestatteter Teil der britischen Hauptstadt und beherbergt bis heute den Finanzdistrikt.

beauftragt hatte, ein Konzept für einen Schiedsgerichtshof zu entwerfen, der sich mit rein nationalen, aber auch speziell mit grenzüberschreitenden Rechtsstreitigkeiten befassen sollte, die sich in der City of London häuften. 1903 wurde die Institution zunächst in *London Court of Arbitration* umbenannt bevor 1981 durch Betonung der internationalen Ausrichtung der noch heute geführte Name entstand. Kurz darauf, im Jahre 1986, emanzipierte sich der LCIA in rechtlicher Hinsicht von den ihn bis dahin verwaltenden Einrichtungen,[159] indem er als eigenständige Gesellschaft, genauer als „private not-for-profit company, limited by guarantee" eingetragen wurde.[160]

Über den Lauf der letzten zehn Jahre präsentiert sich das Verfahrensaufkommen des LCIA als tendenziell steigend. 2019 wurden beim LCIA laut Fallstatistik 395 Schiedsverfahren eingeleitet, 346 davon nach Maßgabe der institutionseigenen *LCIA Arbitration Rules* (LCIA-Rules). Zehn Jahre zuvor, waren es 2009 noch insgesamt 272 neue Verfahren, von denen 236 die LCIA-Rules vorsahen.[161] Dies entspricht einem Anstieg aller Verfahren um rund 45 % und hinsichtlich der Schiedsverfahren nach Maßgabe der institutionseigenen Schiedsordnung einem Plus von knapp 47 %. In den aktuellen Zahlen zum Jahr 2019 findet auch das Selbstverständnis des LCIA als internationaler Schiedsinstitution faktischen Niederschlag. So stammten im selben Jahr knapp 80 % der verfahrensbeteiligten Parteien nicht aus dem Vereinigten Königreich.[162]

Vorliegend sollen allein die Verfahrensregeln beziehungsweise deren Entwicklung seit Bestehen des LCIA in seiner jetzigen Form betrachtet werden. Dementsprechend beginnt der Untersuchungszeitraum mit der 1981 parallel zu der letzten großen Umstrukturierung veröffentlichten Schiedsordnung. Diese bestand damals aus gerade einmal 14 Artikeln. Mittlerweile ist der Umfang der

---

Er wird von der sog. City of London Corporation verwaltet, vgl. weiterführend https://www.cityoflondon.gov.uk/.

159 Bis dahin oblag die Verwaltung dem sog. *Joint Management Committee*, in dem Vertreter des *Chartered Institute of Arbitrators*, der *City of London Corporation* sowie der *London Chamber of Commerce and Industry* zusammenkamen, um die Geschicke der Institution zu lenken.

160 *M. Scherer/L. Richman/R. Gerbay*, Arbitrating under the 2014 LCIA Rules, 2015, Ch. 1, Rn. 4 f. m.w.N.

161 Zum Ganzen siehe LCIA, 2019 Annual Casework Report, S. 5, abrufbar unter: http://www.lcia.org/media/download.aspx?MediaId=816.

162 Siehe LCIA, 2019 Annual Casework Report, S. 10, abrufbar unter: http://www.lcia.org/media/download.aspx?MediaId=816.

Schiedsordnung in ihrer aktuellen Fassung aus dem Jahr 2014 nach drei Novellen auf 32 Artikel, mithin mehr als das Doppelte angewachsen.

III. Singapore International Arbitration Centre

Das SIAC nahm 1991 seinen Betrieb als Schiedsinstitution auf. Bis heute unverändert ist es in die rechtliche Form einer *Public Company Limited by Gurantee* gegossen. Folglich handelt es sich beim SIAC um eine Kapitalgesellschaft, die zwar keines bestimmten Mindeststammkapitals bedarf, dafür aber mit entsprechenden Garantiesicherheiten einer dritten Person ausgestattet sein muss. Garantiegeber ist aktuell die *Singapore Business Federation*.[163]

Seit Aufnahme des Geschäftsbetriebes hat das SIAC stetigen Zulauf erfahren. Gemäß dem institutionseigenen Jahresbericht wurden 2019 insgesamt 454 neue institutionsadministrierte Schiedsverfahren beim SIAC eingeleitet und damit so viele wie nie zuvor.[164] Dies entspricht im Zehnjahresvergleich – 2009 waren es noch 132 neueröffnete Verfahren – einem Anstieg auf nahezu das Dreieinhalbfache.[165] An 416 beziehungsweise knapp 92 % dieser Schiedsverfahren war mindestens eine ausländische Partei beteiligt.[166] Derweil führt die bereits zitierte Studie der Queen Mary University das SIAC hinter ICC und LCIA auf Platz drei der beliebtesten Schiedsinstitutionen.[167]

Die erste eigene Schiedsordnung veröffentlichte das SIAC im Jahr 1991. Seitdem haben die Regeln insgesamt fünf Überarbeitungen erfahren. Die aktuelle Fassung der SIAC Rules ist deren sechste Auflage und als solche seit dem 1. August 2016 in Kraft.

---

163 Zum Ganzen siehe *R.-A. Hirth*, in: R. Schütze (Hrsg.), Institutionelle Schiedsgerichtsbarkeit, 3. Aufl. 2018, Kap. IX, Rn. 5.

164 SIAC, Annual Report 2019, S. 4, abrufbar unter: https://www.siac.org.sg/images/stories/articles/annual_report/SIAC%20Annual%20Report%202019%20(FINAL).pdf.

165 SIAC, Annual Report 2019, S. 14, abrufbar unter: https://www.siac.org.sg/images/stories/articles/annual_report/SIAC%20Annual%20Report%202019%20(FINAL).pdf.

166 SIAC, Annual Report 2019, S. 15, abrufbar unter: https://www.siac.org.sg/images/stories/articles/annual_report/SIAC%20Annual%20Report%202019%20(FINAL).pdf.

167 Queen Mary University London, 2018 International Arbitration Survey, S. 13, abrufbar unter: http://www.arbitration.qmul.ac.uk/media/arbitration/docs/2018-International-Arbitration-Survey---The-Evolution-of-International-Arbitration-(2).PDF.

IV. American Arbitration Association – International Centre for Dispute Resolution

Beim ICDR handelt es sich um die für internationale Sachverhalte zuständige Division der *American Arbitration Association* (AAA). Letztere wurde 1926 und somit im Jahr des Inkrafttretens des *Federal Arbitration Act*[168] durch den Zusammenschluss der *Arbitration Society of America* und der *Arbitration Foundation* gegründet.[169] Damals war die AAA die erste Schiedsinstitution, die von der gesetzlichen Öffnung für Schiedsverfahren Gebrauch machte; seitdem stellt sie ihre Dienste einem breiten Publikum beziehungsweise ohne jegliche Beschränkung auf bestimmte Sachgebiete oder geografische Regionen zur Verfügung.[170] Nichtsdestoweniger stellt die AAA eine Fülle von spezialisierten Verfahrensregimen zur Verfügung.[171] In Anlehnung daran ist die AAA strukturell in mehrere Unterabteilungen, sogenannte *divisions* untergliedert, die jeweils die Schiedsverfahren eines bestimmten Fachgebietes betreuen. 1996 rief die AAA das ICDR ins Leben, das seitdem dezidiert die Kompetenz für die Administrierung internationaler Schiedsverfahren innehat, ungeachtet deren konkreter Streitmaterie.

Die *International Arbitration Rules* des ICDR (ICDR-Rules) sollen speziell den Eigenheiten internationaler Schiedsverfahren Rechnung tragen. Sie sind daher den UNCITRAL-Rules entlehnt und erschienen erstmals 2001. Seitdem wurden sie fünfmal überarbeitet. Die aktuelle Version der ICDR-Rules ist am 1. Juni 2014 in Kraft getreten.

Seitdem es 2001 die ICC überholt hat, ist das ICDR gemessen an seinen Fallzahlen die weltweit meistgenutzte, international orientierte Schiedsinstitution.[172]

---

168 Federal Arbitration Act, Pub.L. 68–401, 43 Stat. 883, 68th Congress (1925).

169 *M. Schinazi*, The Three Ages of International Commercial Arbitration and the Development of the ICC Arbitration System, in: ICC Dis. Res. Bul. 2020 (Issue 2), 63, 66.

170 *R. Thümmel*, in: R. Schütze (Hrsg.), Institutionelle Schiedsgerichtsbarkeit, 3. Aufl. 2018, Kap. XI, Einleitung, Rn. 1.

171 Die AAA unterhält bspw. jeweils ein eigenes Verfahrensregime für Schiedsverfahren rund um die Themen Wohnungsbau (*Home Construction Arbitration Rules*), Gesundheitsversorgung (*Healthcare Payor Provider Arbitration Rules*) oder auch für arbeitsrechtliche Streitigkeiten (*Labor Arbitration Rules* sowie *Employment Arbitration Rules*).

172 Siehe dazu die statistische Aufstellung zur Entwicklung der Fallzahlen zwischen 1993 und 2018 bei *G. Born*, International Commercial Arbitration, 3. Aufl. 2021, S. 93. Zu der vollständigen Einordnung gehört allerdings, dass das ICDR hinsichtlich seiner Verfahrenszahlen mit hohen Streitwerten sowohl hinter ICC als auch LCIA deutlich

2018 verbuchte es 993 neu eingeleitete Schiedsverfahren.[173] Auffällig ist der vergleichsweise niedrige Anteil der ICDR-Rules-basierten Schiedsverfahren am Gesamtaufkommen. Lediglich in 299, mithin nicht einmal in einem Drittel der Fälle, wählten die Parteien die institutionseigenen Regeln für internationale Verfahren. Im Endeffekt entfiel der etwas größere Anteil auf die ebenfalls von der AAA bereitgestellten *Commercial Arbitration Rules* (AAA-Rules), die im Gegensatz zu den ICDR-Rules keine besondere Rücksicht auf internationale Konstellationen nehmen.

Die AAA-Rules kamen dem Willen der jeweiligen Parteien nach in 328 der neu registrierten Schiedsverfahren zur Anwendung.[174] Über die dafür ausschlaggebenden Gründe lässt sich nur spekulieren. Ein möglicher Erklärungsansatz könnte sein, dass U.S.-amerikanische Unternehmen aus heimischen Geschäftsbeziehungen an Schiedsverfahren nach Maßgabe der AAA-Rules gewöhnt sind und daher versuchen, deren Geltung auch gegenüber internationalen Partnern durchzusetzen. Der hohe Anteil an AAA-Rules-basierten Schiedsverfahren könnte insofern Spiegel der tendenziell überlegenen Verhandlungsmacht U.S.-amerikanischer Nutzer gegenüber ausländischen Parteien sein.

Nichtsdestoweniger nimmt die vorliegende Untersuchung speziell die ICDR-Rules in den Blick und lässt indes aus zwei Gründen die AAA-Rules außen vor. Der erste betrifft das methodische Fundament des hiesigen Forschungsansatzes: so erfüllt das Profil der ICDR-Rules mit ihrer Ausrichtung, die gerade auf internationale Konstellationen abzielt, präziser als das der AAA-Rules die Parameter, die den konzeptionellen Rahmen dieser Arbeit bilden. Auch wenn die AAA-Rules häufig in internationalen Schiedsverfahren zur Anwendung kommen, bleibt ihr regulatorischer Hintergrund von den Gegebenheiten der U.S.-amerikanischen Wirtschaft geprägt. Der schöpferische Geist hinter den AAA-Rules ist somit ein Aliud im Vergleich zu den am internationalen Nutzer orientierten Ansätzen der übrigen hier thematisierten Schiedsinstitutionen.

Dieses Phänomen – man könnte bildlich von (durchaus erwünschtem) ‚Beifang' sprechen – verläuft dabei parallel, allerdings entgegengesetzt zu der beim ICDR beobachteten Verwendung der AAA-Rules in internationalen Verfahren.

---

zurückfällt, siehe dazu *A. Stone Sweet*/*F. Grisel*, The Evolution of International Arbitration, 2017, S. 45.

173 AAA-ICDR, 2018 ICDR Case Data Infographic, S. 1, abrufbar unter: http://go.adr.org/rs/294-SFS-516/images/2018_ICDR_Case_Data.pdf.

174 Siehe zum Ganzen AAA-ICDR, 2018 ICDR Case Data Infographic, S. 2, abrufbar unter: http://go.adr.org/rs/294-SFS-516/images/2018_ICDR_Case_Data.pdf.

Denn die Nutzer vereinbaren jeweils die Geltung eines Regelungsregimes, welches aus der Perspektive der rechtsetzenden Schiedsinstitution zumindest originär nicht unbedingt auf die zugrundeliegende Vertrags- beziehungsweise Verfahrenskonstellation abgestimmt ist. Während die Verwendung im internationalen Ambiente bei den ICDR-Rules die Regel darstellt, bildet sie im Hinblick auf die AAA-Rules lediglich die Ausnahme.

Ein weiterer Grund, den Fokus auf die ICDR-Rules zu richten, ist das institutionseigene Verständnis der AAA von diesem Regelwerk. In der Vergangenheit haben sich die ICDR-Rules als eine Art ‚Innovationslabor' erwiesen.[175] Denn Überarbeitungen der ICDR-Rules hat die AAA in der Vergangenheit gerade auch dazu genutzt, innovative Verfahrensneuerungen einem Praxistest zu unterziehen bevor sie in sämtliche anderen Schiedsordnungen übernommen wurden.[176] Indes haben die Regelungen zum *Emergency Arbitrator*, die 2006 zunächst in die ICDR-Rules eingefügt wurden, mittlerweile Einzug in eine Vielzahl der übrigen institutionellen Regelwerke gehalten.[177]

175 *J. Townsend* im Vorwort zu *M. Gusy/J. Hosking*, A Guide to the ICDR International Arbitration Rules, 2. Aufl. 2019, S. v ("laboratory for innovation"). So waren die ICDR-Rules im Zuge der Reform im Jahr 2006 die ersten institutionellen Schiedsregeln weltweit, nach denen die hauseigenen Verfahrensregeln zum vor-gerichtlichen Eilrechtsschutz standardmäßig zur Anwendung kamen, vgl. dazu genauer im Dritten Teil unter A.II.1. *Entstehung des Emergency Arbitrator-Verfahrens*. Nachdem sich die Regeln in der Praxis des ICDR bewährt hatten, wurden die AAA-Rules im Jahr 2013 dementsprechend angepasst, siehe *M. Gusy/J. Hosking*, A Guide to the ICDR International Arbitration Rules, 2. Aufl. 2019, Rn. 6.02.

176 *M. Scherer/S. Ganz*, The Big Unknown Amongst the Arbitral Institutions?, in: Disp. Res. 3 (2015) No. 1, 3, 4.

177 Vgl. dazu ausführlich im Dritten Teil unter *Vor-schiedsgerichtlicher Eilrechtsschutz*.

Zweiter Teil: Marktabgrenzung und Wettbewerbsanalyse

Analyse des Wettbewerbs auf dem Gebiet der internationalen institutionellen Schiedsgerichtsbarkeit

Die gegenständliche Untersuchung der Rechtsgenese ist im Lichte der Konzepte von Markt und Wettbewerb durchzuführen. Beide können im Kontext einer juristischen Untersuchung zunächst befremdlich aufstoßen, da die zugehörige Deutungshoheit weniger der Rechts- als vielmehr der Wirtschaftswissenschaft zugeschrieben wird, ist der Markt doch „die Herzkammer der dezentralen, freien Wirtschaft"[1] und der Wettbewerb in diesem Bild ihr Pulsschlag. Nichtsdestoweniger wohnt diesen Begriffen beziehungsweise vielmehr den mit ihnen beschriebenen Konzepten gewichtiges analytisches Potential im Hinblick auf die Gestaltung von Recht inne – Potential, das die vorliegende Untersuchung für die normative Dimension zu ergründen sucht.

Um eine sachlich fundierte Prognose für die Effekte von Wettbewerb auf die Entwicklung der Verfahrensregeln aufstellen zu können, bedarf es vorausgehend einer Erfassung der entsprechenden Markt- und Wettbewerbsverhältnisse auf dem Gebiet der institutionellen Schiedsgerichtsbarkeit. Von dem Ergebnis ist auf den Grad des wettbewerblichen Drucks zu schließen, dem sich die Schiedsinstitutionen bei ihrer Tätigkeit als Marktakteure ausgesetzt sehen. Je intensiver dieser Druck ausfällt, desto wahrscheinlicher ist mit dynamischen Entwicklungen im ganzen Markt zu rechnen, die sich mitunter in den Schiedsordnungen niederschlagen dürften. Dagegen würde bloß schwach ausgeprägter Wettbewerb niedrigen Reformdrang und dementsprechend seltene Änderungen in den Verfahrensregeln erwarten lassen.

A. Definition und Abgrenzung des relevanten Marktes

Zu Beginn der wettbewerblichen Analyse ist der konkret relevante Markt zu definieren. Dies geschieht grundsätzlich insbesondere im Wege der Abgrenzung zu anderen Märkten. Innerhalb der festgestellten Trennlinien, die den relevanten Markt umreißen, finden sich als Ergebnis der Marktabgrenzung diejenigen

1 *R. Podszun/B. Franz*, Was ist ein Markt?, in: NZKart 2015, 121, 124.

Akteure, die mit ihrem jeweiligen Angebot bestimmter Wirtschaftsgüter wechselseitigen Wettbewerbsdruck aufeinander ausüben.[2]

Für die Definition des relevanten Marktes greift die vorliegende Untersuchung auf die etablierte Praxis der Europäischen Kommission zurück, welche diese bei der Durchsetzung des europäischen Wettbewerbsrechts zu Grunde legt. In Anlehnung an die *Bekanntmachung der Kommission über die Definition des relevanten Marktes im Sinne des Wettbewerbsrechts der Gemeinschaft*[3] werden für diese Abgrenzung zwei unterschiedliche Dimensionen betrachtet: einerseits der sachlich und andererseits der räumlich relevante Markt. Die Kombination aus beidem ergibt die abschließende Marktdefinition, aufgrund welcher die Wettbewerbskräfte ermittelt werden können, denen sich die Marktteilnehmer ausgesetzt sehen.[4]

Wegen des graduellen Charakters der Phänomene, die auf sachlicher oder räumlicher Produktmarktebene konkrete Würdigung erfahren, beschränkt sich die Aussagekraft einer Marktabgrenzung im Endeffekt stets auf die Ermittlung der wirklich wesentlichen Wettbewerbskräfte. Mit anderen Worten wohnt dem Ergebnis nicht zwangsläufig ein Vollkommenheitsanspruch dahingehend inne, dass mit der Marktabgrenzung jegliche noch so geringfügige Wettbewerbsdynamik restlos erfasst wird.[5]

I. Sachlich relevanter Markt

Für die Bestimmung des sachlich relevanten Marktes ist auf das betreffende wirtschaftliche Gut abzustellen. Die Kommission orientiert ihre Untersuchungen insoweit regelmäßig am sogenannten Bedarfsmarktkonzept.[6] Danach ist die *funktionelle Austauschbarkeit* der in Rede stehenden Wirtschaftsgüter aus

---

2 *C. Ewald*, in: G. Wiedemann (Hrsg.), Handbuch des Kartellrechts, 4. Aufl. 2020, § 7, Rn. 73 f.

3 KOMM., Bekanntmachung der Kommission über die Definition des relevanten Marktes im Sinne des Wettbewerbsrechts der Gemeinschaft, ABl. EG 97/C 372/5 vom 9. Dezember 1997 (im Folgenden nur ‚Marktabgrenzungsbekanntmachung').

4 KOMM., Marktabgrenzungsbekanntmachung, Rn. 2.

5 Siehe in diesem Sinne sowie mit Erläuterungen zur kartellrechtlichen Berücksichtigung von sog. Randwettbewerb auf Wirkungsebene *C. Ewald*, in: G. Wiedemann (Hrsg.), Handbuch des Kartellrechts, 4. Aufl. 2020, § 7, Rn. 74.

6 Auch die Gerichte stützen sich in ihrer Entscheidungspraxis auf die Austauschbarkeit von Produkten aus Sicht der Marktgegenseite, vgl. dazu *H. Bergmann/L. Fiedler*, in: U. Loewenheim/K. Meessen/A. Riesenkampff et al. (Hrsg.), Kartellrecht, 4. Aufl. 2020, Art. 102 AEUV, Rn. 38 m.w.N.

Abnehmersicht maßgeblich.[7] In diesem Sinne umfasst der sachlich relevante Markt „sämtliche Erzeugnisse und/oder Dienstleistungen [umfasst], die von den Verbrauchern hinsichtlich ihrer Eigenschaften, Preise und ihres vorgesehenen Verwendungszwecks als austauschbar angesehen werden."[8]

Obgleich die Bekanntmachung ausdrücklich von ‚Verbrauchern' spricht, ist dieser Begriff vor dem Hintergrund des Bedarfsmarktkonzeptes nicht technisch zu verstehen, etwa im Sinne von § 13 BGB.[9] Vielmehr bezieht sich die Kommission insoweit auf die Marktgegenseite, deren Perspektive für die Bewertung funktionaler Austauschbarkeit und somit letztlich für die Festlegung des Produktmarktes als maßgebend angesehen wird.[10] Allein ein solches Verständnis wird dem Sinn und Zweck der Marktabgrenzung überhaupt gerecht. Schließlich kommt sie als Instrument zur systematischen Würdigung von Wettbewerb nicht nur auf Märkten mit (End-)Verbraucherbeteiligung, sondern genauso auf vorgelagerten Marktstufen und somit im rein unternehmerischen Bereich (B2B) zum Einsatz.

Dies verdeutlicht auch der Umkehrschluss zu Randnummer 41 der Marktabgrenzungsbekanntmachung: Denn danach sind für Fälle, in denen speziell Verbrauchsgüter betroffen sind, einige Besonderheiten hinsichtlich der möglichen Nachweise vorgesehen, die als Beleg für eine Marktdefinition herangezogen werden können. Folgerichtig geht die Kommission also im Zuge der übrigen Ausführungen gerade nicht ausschließlich von Verbrauchsgütern aus, sodass auch die Systematik der Marktabgrenzungsbekanntmachung eine entsprechende Auslegung indiziert.

1. Herbeiführung rechtskräftiger Entscheidungen

Vorliegend ist jedenfalls grob der Bereich der Konfliktlösung betroffen. Wo zwischen zwei oder mehr Personen Uneinigkeit über die zwischen ihnen bestehenden Rechtsverhältnisse herrscht, stehen potentiell jeder einzelnen (beziehungsweise allen gemeinsam) unterschiedliche Verfahrensarten zur Verfügung,

---

7 *T. Steinvorth*, in: G. Wiedemann (Hrsg.), Handbuch des Kartellrechts, 4. Aufl. 2020, § 20, Rn. 20. Dementsprechend zum Bedarfsmarktkonzept im deutschen Kartellrecht vgl. S. *Thomas*, in: T. Körber/H. Schweitzer/D. Zimmer et al. (Hrsg.), Wettbewerbsrecht, Bd. 3, 6. Aufl. 2020, § 36 GWB, Rn. 69.

8 KOMM., Marktabgrenzungsbekanntmachung, Rn. 7.

9 Eingehend zu den damit verbundenen Implikationen vgl. *T. Steinvorth*, in: G. Wiedemann (Hrsg.), Handbuch des Kartellrechts, 4. Aufl. 2020, § 20, Rn. 17 ff.

10 Siehe etwa EuG, Urteil vom 15. Dezember 2010, ECLI:EU:T:2010:517, Rn. 69 – *CEAHR*.

um auf eine Klärung hinzuwirken. Ohne an dieser Stelle im Einzelnen auf die Vielzahl verschiedener Konfliktlösungsmechanismen einzugehen, lassen sich deutlich zwei Kategorien ausmachen. Das dabei entscheidende Differenzierungskriterium ist die rechtliche Wirkung, die das Verfahren aus sich heraus, das heißt unabhängig von übereinstimmendem Parteiwillen entfalten kann.

a) Funktion und Befugnisse des neutralen Dritten

Diejenigen Verfahren und Methoden, die mittlerweile weithin unter dem gemeinsamen Dachbegriff der alternativen Konfliktlösung zusammengefasst werden, forcieren von Anfang an einvernehmliche Lösungen.[11] Regelmäßig wird dazu ein neutraler Dritter eingeschaltet, welcher die Rolle einer vermittelnden Instanz einnimmt, um gemeinsam mit den Parteien auf eine gütliche Einigung hinzuwirken.[12] Bildlich gesprochen stehen sowohl Mediator als auch Schlichter zwischen den Parteien beziehungsweise verbildlicht in deren Mitte.

Im Gegensatz dazu ist ein (Schieds-) Richter angesichts seiner Rechtsprechungsgewalt schematisch oberhalb der Parteien zu verorten. Während am Ende eines erfolgreichen Mediations- oder Schlichtungsverfahrens eine Übereinkunft der Parteien als rechtsverbindliche Lösung stehen kann, erwächst eine richterliche Entscheidung stets unabhängig vom Erfordernis des Parteienkonsenses in Rechtskraft und ist somit auch gegen den Willen einzelner Parteien wirksam. Damit einher geht eine Verlagerung der Verantwortung für das streitige Verfahren – sowohl für den Ablauf als auch für den Ausgang – von den Parteien auf den Richter.[13]

b) Erfolgsgarantie eines Verfahrens

Darüber hinaus ist hinsichtlich des Erfolges, also der Lösung des Streitfalles weiter zwischen ADR-Verfahren und streitigen Gerichtsprozessen zu differenzieren. Während letztere, einmal eingeleitet zwangsläufig zur Klärung der gegenständlichen Streitigkeit führen – ob durch Urteil beziehungsweise Schiedsspruch,

---

11 *G. Wagner/H. Eidenmüller*, in: H. Eidenmüller/G. Wagner (Hrsg.), Mediationsrecht, 2015, Kap. 1, Rn. 32.

12 *P. Schlosser*, in: F. Stein/M. Jonas (Hrsg.), Kommentar zur Zivilprozessordnung, Bd. 10, 23. Aufl. 2014, vor § 1025 ZPO, Rn. 14; *J. Risse*, Wirtschaftsmediation, in: NJW 2000, 1614, 1615.

13 In diesem Sinne *J. von Bargen*, Gerichtsinterne Mediation, 2008, S. 32; *G. Wagner/H. Eidenmüller*, in: H. Eidenmüller/G. Wagner (Hrsg.), Mediationsrecht, 2015, Kap. 1, Rn. 9, 15.

Vergleich oder klageseitig veranlasste Beendigung – ist für den Erfolg jedweder ADR-Verfahren eine Einigung der Parteien zwingend notwendig. Dass ein solches Einvernehmen letztlich erzielt wird, steht mit der Einleitung des Verfahrens nicht fest. Insofern haben die Parteien keinerlei Sicherheit. Vielmehr müssen sie die Möglichkeit des unveränderten Fortbestehens des Konflikts nach Verfahrensabschluss und somit das Risiko des damit verbundenen Zeitverlustes unweigerlich einkalkulieren. Denn einer solchen Einigung kommt keinerlei Rechtskraft, sondern bloß schuldrechtliche Wirkung zu, sodass Nichteinhaltung im Endeffekt dennoch zum Gang vor Gericht zwingt.[14]

Wer sich für den Weg eines ADR-Verfahrens entscheidet, verwirft damit aber nicht unbedingt die Option des Gerichtsverfahrens für den Fall, dass kein Einvernehmen über den Konflikt erzielt wird. Letztlich kann ein ADR-Verfahren mithin zwar grundsätzlich eine gerichtliche Auseinandersetzung obsolet machen – es mit anderen Worten faktisch substituieren – jedoch nur falls sich die Parteien auf eine Lösung einigen. Auf der Ergebnisseite ist in diesem Falle Austauschbarkeit zu vermerken. Die durch das ADR-Verfahren hervorgebrachte Einigung führt ebenso wie ein gerichtlicher Entscheid zu einer Lösung des Konflikts.

Obgleich die Betrachtung *ex post* eine Austauschbarkeit ergibt, kommt es für die Marktabgrenzung nach dem Bedarfsmarktkonzept allein auf die *ex ante* Sicht an.[15] Denn der Nutzer trifft seine Entscheidung zwischen ADR- und gerichtlichem Verfahren gerade aufgrund einer Prognose, in der bloß die Umstände Berücksichtigung finden können, die zu diesem Zeitpunkt bereits bekannt sind. Ob ein ADR-Verfahren im Endeffekt das Einvernehmen der Parteien zu Tage fördern wird, ist zuvor stets ungewiss, da das Verfahren als solches keine Einigungsgarantie bietet.[16] Wer dagegen vor Gericht zieht, erhält eine solche

---

14 In diesem Sinne auch *P. Schlosser*, in: F. Stein/M. Jonas (Hrsg.), Kommentar zur Zivilprozessordnung, Bd. 10, 23. Aufl. 2014, vor § 1025 ZPO, Rn. 14.

15 Die Differenzierung von ex ante- und ex post-Perspektive ist regelmäßig Gegenstand von Erörterungen im Hinblick auf den Abschluss von Schieds- beziehungsweise Gerichtsstandsvereinbarungen, siehe nur *G. Wagner*, The Dispute Resolution Market, in: BLR 62 (2014) No. 5, 1085, 1100 f. Der Bezugspunkt ist dann jedoch nicht wie vorliegend das Ergebnis des Konfliktlösungsprozesses, sondern vielmehr das vorgelagerte Aufkommen der Streitigkeit.

16 So ausdrücklich für die Mediation *J. Risse*, Wirtschaftsmediation, in: NJW 2000, 1614, 1618; *J. von Bargen*, Gerichtsinterne Mediation, 2008, S. 49 m.w.N. Dasselbe gilt für die Schlichtung sowie alle übrigen Arten der außergerichtlichen Konfliktlösung, die allesamt ausschließlich eine einvernehmliche Streitbeilegung herbeiführen können.

Erfolgsgarantie.[17] Denn ein Gerichtsverfahren endet entweder mit einer allseits bindenden Entscheidung oder aber, weil es dem Willen der Parteien entspricht.[18] Demnach kann ein ADR-Verfahren den Gang zu Gericht nicht unbedingt ersetzen.

c) Flexibilität des Verfahrens

Allerdings lassen sich unter den verschiedenen Verfahrensarten freilich auch Ähnlichkeiten ausmachen. So sind etwa Mediations- genauso wie schiedsgerichtliche Verfahren von der prozedural-gestalterischen Autonomie der Parteien geprägt. Beiden Konfliktlösungsmethoden wohnt dadurch ein maximales Maß an prozessualer Flexibilität inne.[19]

Die Bewertung der nachfrageseitigen Austauschbarkeit von wirtschaftlichen Gütern, vorliegend konkret die von Dienstleistungen, ist allerdings anhand einer umfassenden Gesamtbetrachtung sämtlicher Umstände vorzunehmen. Stellenweise Entsprechungen zwischen mehreren Vergleichsgrößen reichen für sich genommen nicht aus, wenn keine funktionelle Austauschbarkeit vorliegt.

Aus diesem Grund ist zu betonen, dass sich trotz prinzipieller Gestaltungsflexibilität sowohl Ausmaß als auch Gestalt der Herrschaft der Parteien über das Verfahren im Vergleich alternativer Konfliktlösung mit der Schiedsgerichtsbarkeit grundlegend unterscheiden. Während die Parteien die Kontrolle über den Verfahrensausgang aus ihren Händen geben, indem sie das Schiedsgericht zur Entscheidung in der Sache ermächtigen, behalten sie die selbige im Rahmen von ADR-Verfahren.[20]

d) Zerrüttungsrisiko

Aus Sicht des Nutzers sind die dargelegten Unterschiede zwischen streitigen (schieds-)gerichtlichen Verfahren gegenüber den Spielarten der ADR keinesfalls unerheblich. Wo angesichts verschiedener tatsächlicher und/oder rechtlicher Auffassungen Klärungsbedarf entsteht, kann die Interessenlage einer Partei ihr

---

17 „Erfolg" ist an dieser Stelle nicht im Sinne des Durchdringens der eigenen Position, sondern allein als das tatbestandliche *Erfolgen* der Streitbeilegung zu verstehen.

18 Letzteres ist etwa der Fall bei Vergleich, Klagerücknahme oder auch Erledigungserklärung.

19 Für die Mediation siehe *J. Risse*, Wirtschaftsmediation, in: NJW 2000, 1614, 1617 („Die Verfahrensflexibilität ist der Mediation wesensimmanent.").

20 Siehe dazu *G. Wagner*, Rechtsstandort Deutschland im Wettbewerb, 2017, S. 46.

durchaus Anlass bieten, eine der beiden alternativen Kategorien klar gegenüber der anderen zu präferieren.

Sofern das streitbetroffene Geschäftsverhältnis auch zukünftig erhalten oder sogar ausgebaut werden soll, können dahingehende Bestrebungen von einem streitigen Gerichtsverfahren ernsthaft beeinträchtigt werden. Denn im Zuge des Zivilprozesses wird aufgrund seines kontradiktorischen Wesens ein Forum geschaffen, in dem die Geschäfts*partner* als Prozess*gegner* aufeinandertreffen. Indem eine Partei die andere einseitig in das Verfahren zerrt, entsteht potentiell eine toxische Atmosphäre,[21] die nicht nur ihre gegenwärtige Zusammenarbeit belasten, sondern auch zukünftige Kooperationsprojekte faktisch unmöglich machen kann.[22]

Ein derartiges Zerrüttungsrisiko besteht dagegen nicht, wo die Konfliktlösung wie bei den ADR-Varianten prinzipiell auf ein ‚Miteinander' im Sinne eines Zusammenwirkens der Parteien zur Erzielung einer einvernehmlichen Streitbeilegung ausgerichtet ist. In Konstellationen, in denen das Erliegen des Geschäftsverhältnisses schwerer wiegende Nachteile bedeutet als die Ursache des konkreten Konflikts, können ökonomische Erwägungen demnach nahelegen, eine gerichtliche Auseinandersetzung wegen etwaiger Nebenwirkungen zu vermeiden.

e) Abhilfe in zeitkritischen Situationen

Umgekehrt können ADR-Verfahren den Gang zu Gericht nicht generell ersetzen. Sofern beispielsweise möglichst zeitnahe Abhilfe erforderlich ist, liegen die Vorteile einer mit Entscheidungsgewalt ausgestatteten Instanz auf der Hand. Die Anordnung vorläufiger Maßnahmen zum einstweiligen Rechtsschutz steht wesensgemäß im Zeichen extremen Zeitdrucks. Eine zeitkritische Ausgangslage ist jedoch kaum mit der Konsensbedürftigkeit der ADR-Verfahren vereinbar. Diese leben gerade von der behutsamen und dadurch mitunter zeitaufwändigen Schaffung eines konstruktiven Gesprächsklimas, in dem Interessen identifiziert, Positionen ausgetauscht und Lösungsansätze entwickelt werden können. Fehlt zumindest einer Seite die dafür nötige Zeit schon aufgrund der tatsächlichen Umstände, bewirkt dies ein Ungleichgewicht der Verhandlungspositionen.

---

21 In diesem Sinne (‚verbrannte Erde') exemplarisch für die Unternehmenssicht, siehe *P. Hobeck/V. Mahnken/M. Koebke*, Schiedsgerichtsbarkeit im internationalen Anlagenbau, in: SchiedsVZ 2007, 225, 227 f.

22 Näher zu dieser „Eskalationstendenz" vgl. *J. Risse*, Wirtschaftsmediation, in: NJW 2000, 1614, 1618.

Folglich bilden die ADR-Verfahren speziell auf dem Gebiet des einstweiligen Rechtsschutzes keine gleichwertige Alternative zum gerichtlichen Entscheid im Sinne einer nachfrageseitigen Austauschbarkeit.

f) Fehlende Verhandlungs- oder Einigungsbereitschaft

Ähnliches gilt, wenn eine oder alle Parteien schlicht nicht gewillt sind, in Verhandlungen über eine außergerichtliche Konfliktlösung einzutreten. Die alternativen Ansätze leben gerade von der grundsätzlichen Bereitschaft der Konfliktbeteiligten, eine gütliche Einigung zu erzielen. Ohne sie ist bereits die Grundvoraussetzung für ein erfolgreiches Verfahren nicht erfüllt. Nachfrageseitig würde es dann erst gar nicht in Betracht gezogen. Wegen der Aussichtlosigkeit würde ein vorgelagertes ADR-Verfahren auch unnützen Mehraufwand in Form von Kosten und zeitlicher Verzögerungen der unausweichlichen gerichtlichen Entscheidung bedeuten.

g) Zwischenergebnis

Diese teils situationsbezogenen Erwägungen zeigen, dass ebenso weitreichende wie tiefgreifende Unterschiede zwischen den ADR-Verfahren und Gerichtsprozessen bestehen. Je nach den Umständen des konkreten Streitfalles variieren die nutzerseitigen Anforderungen an das Streitbeilegungsverfahren stark. Wenn etwa mangels Verhandlungsbereitschaft der anderen Seite eine einvernehmliche Beilegung unmöglich erscheint, kann die alternative Konfliktlösung ihrem Namen nicht gerecht werden. Sie stellt dann jedenfalls keine gleichartige Alternative zu gerichtlichem Rechtsschutz dar.

Umgekehrt ist der Weg zum (Schieds-) Gericht ebenfalls von einigen Risiken und potentiellen Nebenwirkungen gesäumt. Die Auseinandersetzung kann die Beziehungen der Streitparteien belasten und nachhaltig beeinträchtigen. Ein einzelner Konflikt kann viele weitere anstoßen. Der Versuch einvernehmlicher Streitbeilegung kann dies im Erfolgsfall nicht nur vermeiden, indem der akute Konflikt zukunftsorientiert befriedet wird.[23] Die gemeinsame Erarbeitung einer Lösung stärkt darüber hinaus das gegenseitige Vertrauen der beteiligten Parteien, wodurch die Beziehungen in der Folge „weit besser als nach einem Gerichtsverfahren [gedeihen].“[24] Zwar kann ein Gerichtsverfahren gleichermaßen mit einem Vergleich enden, allerdings ist einem solchen keine entsprechend fruchtbare Wirkung im Hinblick auf die Parteienbeziehungen beizumessen. Denn das

---

23 Siehe *J. von Bargen*, Gerichtsinterne Mediation, 2008, S. 49.

24 *J. Risse*, Wirtschaftsmediation, in: NJW 2000, 1614, 1619.

Zerrüttungsrisiko kann sich angesichts des gerichtlichen Druckszenarios bereits materialisiert haben.[25] Die Entscheidung für ein ADR-Verfahren beinhaltet demnach unweigerlich eine vorläufige gegen die gerichtliche Auseinandersetzung.

ADR- und Gerichtsverfahren sind letztlich wesensverschieden. Sie verfolgen zwar beide das Ziel der Konfliktlösung, bedienen indes jedoch verschiedene Interessen. Während alternative Konfliktlösung die Parteien und deren Willen zusammenführen soll, bietet der Gang zum Gericht Rechtsschutz gegen unrechtmäßige Interessen der Gegenseite. Nutzer werden dementsprechend nicht bloß klare Präferenzen für eine der beiden Varianten haben, vielmehr können sie die tatsächlichen Umstände des konkreten Einzelfalles geradezu in die eine oder die andere Richtung drängen, ohne dass die andere überhaupt eine ernsthafte Option darstellen würde. Infolgedessen ist vor dem Hintergrund des Bedarfsmarktkonzeptes jedenfalls von unterschiedlichen Märkten für ADR-Verfahren einerseits und gerichtsförmigen Verfahren andererseits auszugehen.

2. *Dienstleistungen im Kontext schiedsgerichtlicher Verfahren*

Soweit demnach ein eigener Markt für die Herbeiführung von gerichtlichen beziehungsweise schiedsgerichtlichen im Sinne von verbindlichen Entscheidungen existiert, stellt sich die Frage, ob innerhalb dieses Marktes weiter zu differenzieren ist. Unter Hinzuziehung ergänzender Kriterien und Aspekte können sich weitere Untergliederungen ergeben. Solche Segmente sind wiederum ihrerseits gemäß dem Bedarfsmarktkonzept auf die Austauschbarkeit der auf ihnen gehandelten Wirtschaftsgüter hin zu überprüfen. Fehlt es an selbiger, bilden die einzelnen Segmente jeweils für sich eigene Märkte. Aufgrund ihres erhöhten Differenzierungsgrades, geben sie gegebenenfalls ein genaueres Abbild des Umfeldes ab, in dem die jeweiligen Wettbewerbskräfte Wirkung entfalten (*area of effective competition*).[26]

---

25 Ein mit Entscheidungsgewalt ausgestatteter Richter kann prinzipiell zur Konsensförderung auf Elemente der Mediation zurückgreifen. Indes tut sich in seiner Gestalt allerdings ein Rollenkonflikt auf, da er nicht bloß Vermittler, sondern zugleich designierter Entscheider in derselben Sache ist. Dadurch werden potentiell die Vergleichsverhandlungen beeinflusst, wenn die Parteien mit Blick auf ein Scheitern und eine dann erforderliche Entscheidung nicht in aller Offenheit miteinander sprechen, vgl. *J. von Bargen*, Gerichtsinterne Mediation, 2008, S. 50.

26 Begrifflichkeit bei *C. Ewald*, in: G. Wiedemann (Hrsg.), Handbuch des Kartellrechts, 4. Aufl. 2020, § 7, Rn. 73.

Zu dem bereits identifizierten Teil des relevanten Marktes gehören sowohl die staatliche als auch die private Gerichtsbarkeit als Konfliktlösungsmethoden, bei denen ein Dritter oder mehrere solche gemeinschaftlich zur verbindlichen Streitentscheidung ermächtigt sind. Rein konzeptionell unterscheiden sich diese beiden Kategorien im Hinblick auf ihre Rechtsnatur. Während die Entscheidungskompetenz privater Schiedsgerichte an den entsprechenden gemeinsamen Willen der Streitparteien anknüpft, entspringt die Legitimation der staatlichen Justiz unmittelbar ihrer Natur als Einrichtung der judikativen Staatsgewalt, die das Hoheitsrecht der Rechtsprechung ausübt. Im Rahmen der Marktabgrenzung nach dem Bedarfsmarktkonzept können jedoch lediglich diejenigen Faktoren maßgebend sein, die aus Sicht der Nachfrageseite eine Rolle bei der Entscheidung zwischen verschiedenen Anbietern spielen.

a) Personelle Besetzung des Spruchkörpers

Den Parteien eines Schiedsverfahrens gebührt grundsätzlich das Recht, den oder die Schiedsrichter auszuwählen, die sie selbst für die Konfliktlösung als am besten geeignet erachten.[27] Anders als für Richter an staatlichen Gerichten schreibt das deutsche Recht – genau wie viele andere Rechtsordnungen auch – für Schiedsrichter nicht zwingend deren Befähigung zum Richteramt im gesetzlichen Sinne des § 5 DRiG vor.[28] Das Schiedsrichteramt können daher prinzipiell sowohl ausgebildete Juristen als auch Personen bekleiden, die nicht über einen derartigen Hintergrund verfügen beziehungsweise ursprünglich in einer anderen Disziplin beheimatet sind.[29]

Die Parteien können allerdings vertraglich bestimmte Qualifikationen verbindlich fixieren, über die eine Person verfügen muss, um grundsätzlich für das Schiedsrichteramt im konkreten Verhältnis in Betracht zu kommen.[30] Auf diese Weise kann die Kompetenz zur verbindlichen Entscheidung eines Rechtsstreits auf Personen übertragen werden, die aufgrund ihrer besonderen Sachkunde

---

27 Siehe statt vieler nur *N. Blackaby/C. Partasides*, Redfern and Hunter on International Arbitration, 6. Aufl. 2015, Rn. 4.13 m.w.N.

28 Siehe etwa *H. Kronke*, Internationale Schiedsverfahren nach der Reform, in: RIW 1998, 257; *H. Hamann/T. Lennartz*, Schiedsverfahren oder staatliche Gerichtsverfahren, in: JA 2012, 801, 803.

29 Anstatt vieler bloß R. Schütze (Hrsg.), Institutionelle Schiedsgerichtsbarkeit, 3. Aufl. 2018, Kap. I, Rn. 27.

30 *W. Voit*, in: H.-J. Musielak/W. Voit (Hrsg.), Zivilprozessordnung, 19. Aufl. 2022, § 1035 ZPO, Rn. 18; *I. Saenger*, in: I. Saenger (Hrsg.), Zivilprozessordnung, 9. Aufl. 2021, § 1035 ZPO, Rn. 3 sowie Vor § 1025–1066 ZPO, Rn. 2.

hinsichtlich der Materie des konkreten Rechtsstreits zu einer weitgehend autonomen Einschätzung der Tatsachen in der Lage sind.[31]

Ein staatlicher Richter dagegen – wie im Übrigen das Gros aller Juristen – verfügt regelmäßig allein über eine juristische Fachausbildung. Mehr oder weniger zwangsläufig mangelt es staatlichen Spruchkörpern dadurch häufig an der besonderen Fachkunde hinsichtlich anderer Disziplinen, die notwendig ist, um insbesondere technisch komplexe Sachverhalte abschließend erfassen zu können. Wer aber einen Sachverhalt auf tatsächlicher Ebene gar nicht erst zu durchdringen vermag, ist zu dessen verantwortungsvoller rechtlicher Beurteilung schlicht außerstande.[32]

Daher sind Juristen speziell in technisch komplexen Verfahren unweigerlich auf die Einholung von gerichtsfremdem Expertenwissen in Gestalt von Sachverständigen angewiesen. Zwar entscheidet das Gericht grundsätzlich selbst nach pflichtgemäßem Ermessen im Einzelfall, ob mangels eigener Sachkunde ein Sachverständigengutachten eingeholt werden muss.[33] In der Einschätzung der eigenen Fachkompetenz unterliegt es allerdings höchsten Ansprüchen[34] und muss folglich von seiner ausreichenden Sachkunde uneingeschränkt ohne auch

31 *Lachmann* hebt in diesem Zusammenhang kritisch hervor, dass ein mit Fachexperten besetztes Schiedsgericht eher dazu neigen könnte, „seinen eigenen Sachverstand [zu] überschätzen". Doch auch er streitet den Nutzen eines sachkundigen Schiedsgerichts nicht vollständig ab. In jedem Falle sei ein solches nämlich in der Lage, „die richtigen Fragen zu stellen und die Ausführungen des Sachverständigen auf Plausibilität zu prüfen.", *J.-P. Lachmann*, Handbuch für die Schiedsgerichtspraxis, 3. Aufl. 2008, Rn. 137.

32 Wird auf die Einholung einer Expertenmeinung verzichtet, obwohl das Gericht nicht über die konkret notwendige Sachkunde verfügt, ist sein Urteil verfahrensfehlerhaft und somit angreifbar. Siehe speziell für Familiensachen ausdrücklich *E. Schumann*, in: T. Rauscher (Hrsg.), Münchener Kommentar zum FamFG, Bd. 1, 3. Aufl. 2018, § 163 FamFG, Rn. 3; allgemeiner zuletzt BGH, Urteil vom 4. April 2019, III ZR 35/18 = NJW 2019, 1809, 1810.

33 So die ständige Rechtsprechung, siehe bspw. BGH, Urteil vom 22. Dezember 2009, X ZR 56/08 = GRUR 2010, 314, 317; BGH, Urteil vom 28. Oktober 2003, X ZR 76/00 = GRUR 2004, 413, 416; BGH, Urteil vom 21. März 2000, VI ZR 158/99 = NJW 2000, 1946, 1947.

34 Im Rahmen der Aufklärungspflicht eines Strafgerichts aus § 244 StPO sind bereits „geringe Zweifel" bzw. „nicht unbedingte Sicherheit" hinsichtlich ausreichender eigener Sachkunde schädlich, BGH, Urteil vom 21. Mai 1969, IV StR 446/68 = NJW 1969, 2293, 2295; bestätigt durch BGH, Urteil vom 22. Januar 1998, IV StR 100/97 = NStZ 1998, 366. Siehe auch BGH, Beschluss vom 13. Dezember 1996, III StR 543/96 = NStZ-RR 1997, 171.

nur geringste Zweifel überzeugt sein.[35] Mit anderen Worten hat ein Gericht ein Sachverständigengutachten einzuholen, wenn es entweder selbst nicht fachkundig auf dem technischen Gebiet der Streitmaterie ist oder trotz unstreitiger Tatsachenlage die technischen Zusammenhänge nicht zuverlässig durch die Richter bewertet werden können.[36]

Bestellt ein Gericht einen Sachverständigen, so beläuft sich dessen Zuständigkeit stets ausschließlich auf die Einschätzung von Tatsachen. Davon ist die verbindliche rechtliche Bewertung dieser gutachterlichen Feststellungen jedoch strikt zu unterscheiden.[37] Sie ist exklusiv und ausnahmslos dem Gericht vorbehalten.[38] Vor diesem Hintergrund hat die gerichtliche Entscheidung zur Einschaltung eines Sachverständigen zwangsläufig eine personelle Aufspaltung der Verfahrenskompetenzen zu Folge: Während das Gericht weiterhin uneingeschränkt zur Bewertung der Rechtslage berufen ist, wird die Tatsachenfeststellung im Rahmen der Beauftragung von einem Sachverständigen vorgenommen. Zwar steht es dem Gericht weiterhin frei, die Qualität einer Expertenmeinung zu bewerten und ihr vor diesem Hintergrund vollständig oder nur in Teilen zu folgen. Sofern das Gericht ein Sachverständigengutachten nicht wegen

35 Diese Überzeugung bedarf einer objektiv nachvollziehbaren Grundlage, die beispielsweise in einer langjährigen richterlichen Tätigkeit in Zusammenhang mit der gegenständlichen Materie liegen kann, so BGH, Urteil vom 15. Dezember 1982, II StR 83/82 = NStZ 1983, 325. Krehl verweist in diesem Zusammenhang außerdem auf anderweitige Berufserfahrung, Zusatzausbildungen sowie sonstige technische Fähigkeiten eines Richters, die allesamt prinzipiell zum Erwerb von besonderer Sachkunde geeignet sein können, vgl. *C. Krehl*, in: R. Hannich (Hrsg.), Karlsruher Kommentar zur Strafprozessordnung, 8. Aufl. 2019, § 244 StPO, Rn. 45. Zu Recht, weil in der Folge konsequent vermerkt der Kommentator an selber Stelle, dass letztlich für die Annahme ausreichender eigener Sachkunde durch den Richter in solchen Wissenschaftsbereichen kein Raum bleibt, die neben einer besonderen Ausbildung außerdem einer kontinuierlichen wissenschaftlichen Befassung mit der jeweiligen Spezialmaterie bedürfen.

36 Statt vieler siehe nur *U. Voß*, in: U. Fitzner/R. Lutz/T. Bodewig (Hrsg.), Beck'scher Online-Kommentar Patentrecht, 24. Aufl. (Stand: 15. Januar 2022), Vor §§ 139–142b PatG, Rn. 148 m.w.N.

37 Für kompakte Erläuterung zur Unterscheidung der rechtlichen Bewertung von Feststellungen auf Tatsachenebene sowie zur entsprechenden Grenzziehung im Rahmen der Kompetenzverteilung zwischen Gericht und Sachverständigem vgl. *M. Seibel*, Der Sachverständige und die gerichtliche Leitung seiner Tätigkeit nach der ZPO, in: NJW 2014, 1628 ff.

38 Siehe beispielsweise BGH, Urteil vom 16. Dezember 2004 – VII ZR 16/03 = NJW-RR 2005, 669.

gravierender Mängel gänzlich unberücksichtigt lässt, gründet seine rechtliche Wertung zumindest auch auf im Kern fremden Tatsacheneinschätzungen.[39]

Die Diskrepanz zwischen juristischer Expertise und thematisch-inhaltlicher Sachkunde in Person des Richters steigt in Relation zur Komplexität des Streitgegenstandes. Damit geht ein gewisses Risiko für die Qualität der Konfliktlösung im Sinne eines Interessenausgleichs zwischen den beteiligten Parteien einher. Dem beschriebenen Auseinanderfallen von technischer Sachkunde und rechtlich verbindlicher Entscheidungskompetenz können die Parteien eines Schiedsverfahrens durch die Bestellung von einem oder mehreren Schiedsrichtern mit einschlägiger Expertise vorbeugen.

Dennoch bieten sich den Parteien auch im Kontext der staatlichen Gerichtsbarkeit gewisse Gestaltungsmöglichkeiten in Bezug auf die Auswahl des entscheidenden Gerichts. Konkret steht ihnen zu, im Wege einer entsprechenden Abrede das im Streitfalle zuständige Gericht einvernehmlich zu bestimmen. Gegenstand einer solchen Gerichtsstandsvereinbarung, wie sie moderne Zivilprozessordnungen vorsehen, kann sowohl die Konzentration eines Prozesses bei einem von mehreren gesetzlich zuständigen Gerichten sein, als auch die Zuweisung betreffender Angelegenheiten an ein drittes, nach der maßgeblichen Prozessordnung an sich unzuständiges Gericht.[40]

Obgleich also staatliches Zivilverfahrensrecht wie auch die Schiedsgerichtsbarkeit den Parteien jeweils gewisse Spielräume im Hinblick auf die Auswahl des rechtsprechenden Gremiums eröffnen, sind diese angesichts der strukturellen Unterschiede zwischen den beiden Verfahrensarten von vollkommen verschiedener Qualität. Staatliche Zivilgerichte sind als ständige Einheiten verfasst,

---

39 Ein Sachverständigengutachten kann in der Entscheidung des Gerichts auch gänzlich unberücksichtigt bleiben. Dies ist allerdings mit einem erhöhten Begründungserfordernis gegenüber dem Fall verbunden, dass sich das Gericht der Expertenmeinung anschließt. Hält das Gericht eine Sachverständigenmeinung für unbrauchbar, wird meist nur eine Neubegutachtung durch einen anderen Experten in Betracht kommen (§ 412 Abs. 1 ZPO), da die ursprüngliche Bestellungsentscheidung bereits als Feststellung des Mangels an eigener Sachkunde des Gerichts anzusehen sein dürfte. In diesem Sinne auch *H. Redeker*, in: J. Taeger/J. Pohle (Hrsg.), Computerrechts-Handbuch, 36. EL (Februar 2021), Kap. 61, Rn. 187 f.

40 *G. Wagner*, Rechtsstandort Deutschland im Wettbewerb, 2017, S. 44. Gerichtsstandsvereinbarungen können anstatt einer Prorogation auch der Derogation dienen, wenn sie die gesetzlich vorgesehene Gerichtszuständigkeiten ausschließen, vgl. hierzu *G. Toussaint*, in: V. Vorwerk/C. Wolf (Hrsg.), Beck'scher Online-Kommentar zur Zivilprozessordnung, 44. Ed. (März 2022), § 38 ZPO, Rn. 17.

die wiederum aus mehreren ‚Untereinheiten', in Deutschland beispielsweise aus Kammern oder Senaten bestehen. Eine Prorogation ermöglicht lediglich die Zuweisung von Streitigkeiten an das Gericht der Wahl. Welcher Spruchkörper innerhalb dieses Gerichts im Endeffekt mit der Angelegenheit befasst sein wird, entzieht sich jedoch der parteiseitigen Disposition.[41] Insbesondere die personelle Zusammensetzung des erkennenden Spruchkörpers kann von den Parteien im staatlichen Gerichtsverfahren höchstens aufgrund eines veröffentlichten Geschäftsverteilungsplanes abgeschätzt,[42] niemals aber unmittelbar bestimmt oder proaktiv beeinflusst werden.[43] Allein die Schiedsgerichtsbarkeit ermöglicht ihren Nutzern jedoch die Möglichkeit, personengenau selbst zu bestimmen, wem genau sie ihren Streitfall zur Entscheidung anvertrauen.

b) Wahlfreiheit der Parteien hinsichtlich des vom Gericht anzuwendenden Rechts

aa) Wahl des vom Schiedsgericht anzuwendenden Verfahrensrechts

Auch abseits der Auswahl der Schiedsrichter gesteht nicht nur die deutsche Rechtsordnung den Parteien einer Schiedsabrede weitreichende Freiheiten hinsichtlich der Wahl des anwendbaren Rechts zu. Insofern bestimmen sowohl das New Yorker *Übereinkommen vom 10. Juni 1958 über die Anerkennung und Vollstreckung ausländischer Schiedssprüche* (New Yorker Übereinkommen, kurz: ‚NYÜ') als auch das *Europäische Übereinkommen über die internationale Handelsschiedsgerichtsbarkeit vom 21. April 1961*[44] (Europäisches Übereinkommen, kurz: ‚EuÜ'), dass die Parteien einer Schiedsvereinbarung das im Zuge des

41 Vgl. zur Gerichtsorganisation der deutschen Justiz §§ 21a ff. GVG.

42 Zu den verfassungsrechtlichen Anforderungen an einen Geschäftsverteilungsplan vor dem Hintergrund der Garantie des gesetzlichen Richters, Art. 101 Abs. 1 GG vgl. *H. Schulze-Fielitz*, in: H. Dreier (Hrsg.), Grundgesetz, Bd. III, 3. Aufl. 2018, Art. 101 GG, Rn. 50 ff.; *J. Jachmann-Michel*, in: T. Maunz/G. Dürig/R. Herzog et al. (Hrsg.), Grundgesetz, 96. EL (November 2021), Art. 101 GG, Rn. 50 ff.

43 In negativer Hinsicht kann ein Richter von einer Partei abgelehnt werden, sofern sachliche Gründe vorliegen, die das Vertrauen in seine Unparteilichkeit in der konkreten Angelegenheit erschüttern, § 42 Abs. 2 ZPO. Dadurch kommt es unweigerlich zu einer personellen Umgestaltung des Spruchkörpers. Dieser ist zwar parteiseitig angestoßen, allerdings übernimmt mit dem geschäftsplanmäßigen Vertreter wiederum eine Person, die aus der staatlichen und damit einer parteifremden Sphäre mit der Angelegenheit betraut wird.

44 BGBl. 1964 II, Nr. 16, S. 425 ff. (Engl. *European Convention on International Commercial Arbitration*).

Schiedsverfahrens anzuwendende Recht frei wählen können.[45] Als Ausfluss der Privat- beziehungsweise der Parteiautonomie[46] bildet die Rechtswahlfreiheit von Vertragsparteien bezüglich ihrer gegenseitigen Geschäftsbeziehungen einen international allgemein anerkannten Rechtsgrundsatz.[47]

Die Parteien sind in ihrer diesbezüglichen Wahlfreiheit nicht auf nationale Statuten beschränkt.[48] Vielmehr können sie sich auch auf internationale Regelwerke

45 Art. V (1) lit. a) und (1) lit. d) NYÜ und Art. VI (2) lit. a), VII EuÜ.

46 Der Begriff der *Autonomie* bezeichnet das Recht privater Personen, die für sie geltenden Regelungen selbst festzulegen. Weiter differenziert der Diskurs heutzutage zwischen *Privatautonomie* auf der einen und *Parteiautonomie* auf der anderen Seite. Während Privatautonomie die materiell-rechtliche Gestaltungsfreiheit meint, bezieht sich die Parteiautonomie auf kollisionsrechtliche Rechtswahl. Siehe dazu *F. Diedrich*, Rechtswahlfreiheit und Vertragsstatut, in: RIW 2009, 378, 379 m.w.N.

47 Siehe jeweils m.w.N. *G. Born*, International Commercial Arbitration, 3. Aufl. 2021, S. 2878; *S. Symeonides*, The Hague Principles on Coice of Law for International Contracts, in: AJCL 61 (2013) No. 4, 873, 875 f.; vgl. auch Erwägungsgrund 11) zu der Verordnung (EG) Nr. 593/2008 des Europäischen Parlaments und des Rates vom 17. Juni 2008 über das auf vertragliche Schuldverhältnisse anzuwendende Recht (Rom I) („Rom-I-VO"), ABl. EU L 177/6 vom 4. Juli 2008. *Basedow* tritt der Auffassung von international universell gültigem Gewohnheitsrecht entgegen, indem er eindringlich kritisiert, dass „sich die Parteiautonomie auf immer neue Rechtsgebiete aus[dehnt], ohne dass sich noch irgendjemand über ihre innere Rechtfertigung Gedanken machen würde." Er verweist auf Regionen im Nahen Osten sowie in Lateinamerika, in denen der Grundsatz der freien Rechtswahl nicht so uneingeschränkt anerkannt sei wie in den meisten Industrienationen, vgl. *J. Basedow*, Theorie der Rechtswahl oder Parteiautonomie als Grundlage des Internationalen Privatrechts, in: RabelsZ 75 (2011) No. 1, 32, 33 ff. Nichtsdestoweniger richten sich Basedows Zweifel speziell gegen die Vernachlässigung dogmatischer Herleitung der Rechtswahlfreiheit, nicht aber gegen den Befund, dass sie als Konzept den internationalen Rechtsverkehr im Bereich des vertraglichen Schuldrechts dominiert.

48 Dies bildet im Lichte der herrschenden Literatur sowie der Rechtsprechungspraxis einen der drei zentralen Unterschiede zwischen dem Umfang der Rechtswahlfreiheit in (internationalen) Schiedsverfahren im Vergleich zum staatlichen Recht nach der Rom-I-VO. Während zwar jeweils die Rechtswahl der Parteien grundsätzlich anerkannt wird, kann (i) die Geltung nicht-staatlichen Rechts wie der *lex mercatoria* nur für Schiedsverfahren wirksam vereinbart werden, *A. Staudinger*, in: R. Schulze/H. Dörner/I. Ebert et al. (Hrsg.), Bürgerliches Gesetzbuch, 11. Aufl. 2021, Art. 3 Rom I-VO, Rn. 2 m.w.N. Ebenso greifen die in der Rom-I-VO vorgesehenen Schranken in Gestalt der Ausnahmen für (ii) reine Inlandssachverhalte sowie für (iii) zwingende Normen des Arbeitnehmerschutzes ausschließlich in staatlichen Gerichtsverfahren, vgl. *M.-R.*

wie die Verfahrensordnungen von Schiedsinstitutionen beziehen oder sogar selbst eigene Verfahrensnormen entwerfen.[49] Zu beachten sind jeweils bloß die zwingenden Vorschriften desjenigen Staates, in dem der Schiedsort[50] gelegen ist, beziehungsweise in dessen Jurisdiktion auf Grundlage der schiedsgerichtlichen Entscheidungen Maßnahmen zur zwangsmäßigen Vollstreckung durchgeführt werden sollen.[51]

So verbleibt im Endeffekt dennoch ein äußerst weitläufiger Gestaltungsspielraum als Ausfluss der Parteiautonomie. Da die Tätigkeit eines Schiedsgerichts stets auf eine entsprechende vertragliche Einigung der Parteien zurückgeht, markiert deren gemeinsamer Wille den Brennpunkt eines jeden schiedsgerichtlichen Verfahrens.[52] Die Legitimität staatlicher Richter gründet dagegen nicht auf einer einvernehmlichen, sondern vielmehr auf einer hoheitlichen Delegierung von Entscheidungskompetenz. Statt individuell für den Einzelfall sind staatliche Richter vom Hoheitsträger allgemein und für eine Vielzahl von Fällen als Entscheidungsträger berufen. Anders als in der Schiedsgerichtsbarkeit folgt

---

McGuire, Grenzen der Rechtswahlfreiheit im Schiedsverfahrensrecht?, in: SchiedsVZ 2011, 257, 264 ff.

49 Genauer dazu bereits im Ersten Teil unter A.IV. *Institutionelle Schiedsgerichtbarkeit und Ad-hoc-Verfahren*.

50 Der sog. Schiedsort (*seat of arbitration*) ist der formalrechtliche Ankerpunkt des Verfahrens, nach dem sich die Nationalität des Schiedsgerichtes sowie die seiner Entscheidungen richtet. In Abhängigkeit zu letzterem bestimmt sich (i) die Heimat des Schiedsgerichtes, der wiederum die Nationalität des Schiedsspruches folgt, (ii) welche Jurisdiktion bzw. welche staatlichen Gerichte ggf. unterstützend im Rahmen des Schiedsverfahrens tätig werden können, und andererseits (iii) das anwendbare Recht, sofern die Parteien keine dahingehende Wahl getroffen haben, siehe *J. Lew/L. Mistelis/S. Kröll*, Comparative International Commercial Arbitration, 2003, Ch. 8, Rn. 24. Zum Ganzen vgl. etwa *H. Hamann/T. Lennartz*, Schiedsverfahren oder staatliche Gerichtsverfahren, in: JA 2012, 801, 804; a.A. speziell aus Sicht des deutschen Schiedsverfahrensrechts bei *R. Schütze*, in: R. Schütze (Hrsg.), Institutionelle Schiedsgerichtsbarkeit, 3. Aufl. 2018, Kap. I, Rn. 28.

51 *E. Gaillard*, in: E. Gaillard/J. Savage (Hrsg.), Fouchard, Gaillard, Goldman on International Commercial Arbitration, 1999, Rn. 1193 ff.

52 In diesem Sinne zu der entsprechenden herausragenden Pflicht eines Schiedsrichters ICC, Case No. 6474 of 1992, Partial Award on Jurisdiction and Admissibility, abgedruckt in A. van den Berg (Hrsg.), ICCA Yearbook Commercial Arbitration 2000, Bd. XXV (2000), 279, 28, Rn. 14 ("In international commercial arbitration, the first and foremost duty of the arbitrator is undoubtedly to base his decisions, whether relating to jurisdiction or to the merits of the dispute, on the common will of the Parties, regarding for instance the applicable law [...].").

die Legitimität eines staatlichen Gerichts daher nicht aus übereinstimmendem Parteiwillen, sondern aus den universellen Hoheitsrechten des Staates, der den Richter in seine Funktion einsetzt.[53]

Mit dieser Investitur seiner Richter verleiht der Staat seine rechtsprechende Gewalt an eine Person, die im Folgenden in seinem Namen beziehungsweise dem des Volkes als demokratischem Souverän agiert. Die Verleihung staatlicher und damit hoheitlicher Rechtsprechungsgewalt qua Amt beinhaltet auch den Anwendungsanspruch hinsichtlich der staatseigenen Rechtsnormen.[54] Die Anwendung fremder Regelungen und damit ein Abweichen von den standardmäßig geltenden Vorschriften kommt dagegen ausschließlich in Betracht, falls und insoweit dies wiederum vom Gesetzgeber im Wege des eigenen Kollisionsrechts vorgesehen ist.[55]

Dazu kommt der prozedurale Typenzwang staatlicher Zivilgerichtsverfahren. So legt das vom Gesetzgeber vorgegebene Verfahrensrecht abschließend fest, welche Prozessformen vor den Gerichten statthaft sind und nach welchen Regeln diese jeweils ablaufen.[56] Somit verbleibt für die Beteiligten lediglich die

---

53 Siehe nur *G. Wagner*, Rechtsstandort Deutschland im Wettbewerb, 2017, S. 58.

54 Dieser Anwendungsanspruch kommt beispielsweise in Art. 3 Abs. 3 Rom-I-VO zum Ausdruck, indem danach Sachverhalte ohne grenzüberschreitende Dimension eine Ausnahme vom Grundsatz der Rechtswahlfreiheit für vertragliche Schuldverhältnisse bilden. *Böhle* spricht in diesem Zusammenhang von „politischen Souveränitätsansprüchen“, denen die Anwendung unweigerlich ausländischen Rechts entgegenstünde, siehe *J. Böhle*, Die Abwahl zwingenden Rechts vor staatlichen Gerichten in Inlandsfällen, in: ZEuP 2019, 72, 73.

55 *W. Reisman/W. Craig/W. Park/J. Paulsson*, International Commercial Arbitration, 1. Aufl. 1997, S. 706 f. m.w.N. Dazu ähnlich auch *A. Peters*, Wettbewerb der Rechtsordnungen, in: T. Giegerich/A. Hatje/A. Peters (Hrsg.), Gemeinwohl durch Wettbewerb?, 7, 15; *R. Michaels*, Privatautonomie und Privatkodifikation, in: RabelsZ 62 (1998) No. 4, 580, 621.

56 In diesem Sinne *S. Strong*, Limits of Procedural Choice of Law, in: Brookl. J. of Int'l. L. 39 (2014) No. 3, 1027, 1030 m.w.N.; *J. Lew/L. Mistelis/S. Kröll*, Comparative International Commercial Arbitration, 2003, Rn. 1 ff. Vereinzelt haben Autoren in der jüngeren Vergangenheit dagegen den Standpunkt vertreten, die Modifikation staatlichen Prozessrechts zur Gestaltung des eigenen Gerichtsverfahrens sei im Vergleich zur vollständigen Abwahl der staatlichen Gerichtsbarkeit durch eine Schiedsabrede lediglich ein wesensgleiches Minus. Daraus folge, dass schon *de lege lata* das staatliche Prozessrecht quasi analog zu institutionellen Schiedsverfahrensregeln bloß eine Art Standardvariante darstellt, die jedoch der Abänderung der Parteien zugänglich sein müsste, siehe dazu *D. Hoffmann*, Whither Bespoke Procedure?, in: UILR 2014 No. 2, 389, 391 f. m.w.N. Der von *Kropholler* zur inneren Legitimation privater Rechtswahl

Möglichkeit, sich gegenseitig auf schuldrechtlicher Ebene zur Ausübung beziehungsweise zur Unterlassung von gesetzmäßig vorgesehenen Prozesshandlungen zu verpflichten. Dennoch markiert der Typenzwang der staatlichen Prozessordnung die Grenze der Autonomie privater Parteien. Vor diesem Hintergrund sind solche Vereinbarungen unzulässig, deren Gehalt über die *innere* Ausgestaltung des gesetzlich vorgesehenen Verfahrens hinaus quasi einer *äußerlichen* Verformung des gesetzlichen Rahmens gleichkäme.[57] Derartige Überschreitungen des gesetzlichen Rahmens haben aufgrund der ‚Unabdingbarkeit des Prozessrechts'[58] unweigerlich die Unwirksamkeit entsprechender Parteiabreden zur Folge. Sie bleibt vor und von staatlichen Gerichten dann schlicht unberücksichtigt.

Mithin bleibt festzuhalten, dass das Verfahren vor staatlichen Gerichten mehr oder weniger statisch entlang den entsprechenden gesetzlichen Vorgaben verläuft. Deren Inhalt erweist sich schon aufgrund der Natur staatlicher Gesetze als

---

herangezogene Grundsatz ‚*in dubio pro libertas*', nach dem Rechtwahlfreiheit überall besteht, wo sich der Gesetzgeber nicht dazu entschließt, „den Beteiligten ein bestimmtes Statut aufzuzwingen", spräche jedenfalls das Bestehen eines umfassenden wie ausdifferenzierten staatlichen Prozessrechtsregimes gegen ein solches Verständnis, vgl. *J. Kropholler*, Internationales Privatrecht, 6. Aufl. 2006, S. 296. Noch andere Stimmen halten zumindest *de lege ferenda* eine Reform hin zu stärkerer Öffnung staatlicher Verfahrensregeln für die Modifikation durch die Parteien für erstrebenswert, vgl. *M. Moffitt*, Customized Litigation, in: GWLR 75 (2007) No. 4, 461 ff. Dass den Parteien allerdings mit der Schiedsgerichtsbarkeit unstreitig ein Verfahren zur Verfügung steht, welches ihnen maximale Prozessflexibilität zubilligt, dürfte jedenfalls eher gegen die Erforderlichkeit der Öffnung staatlichen Verfahrensrechts sprechen. Insoweit ähnlich *S. Strong*, Limits of Procedural Choice of Law, in: Brookl. J. of Int'l. L. 39 (2014) No. 3, 1027, 1035.

57 Weder die Modifikation bzw. Verfremdung der vom Gesetz vorgesehenen Verfahrensarten noch die gänzlich neue Einführung einer gesetzesfremden Prozedur haben demnach im staatlichen Gerichtsverfahren Bestand. International wie auch in Deutschland ist dies derart anerkannt, dass im Zusammenhang mit Gerichtsstandsvereinbarungen zwar streng zwischen Gerichtswahl (*choice of court*) und Rechtswahl (*choice of law*) zu differenzieren ist. Innerhalb der zweiten Kategorie werden aber ausschließlich Erwägungen zum materiellen Recht (*choice of substantive law*) angestellt. Dagegen adressiert die Literatur zur internationalen Schiedsgerichtsbarkeit an entsprechender Stelle regelmäßig zusätzlich in die Wahl des Verfahrensrechts (*choice of procedural law*). Siehe exemplarisch zu Gerichtsstandsvereinbarungen *R. Hausmann*, in: C. Reithmann/D. Martiny (Hrsg.), Internationales Vertragsrecht, 9. Aufl. 2022, § 7, Rn. 7.5 f.

58 *T. Rauscher*, in: T. Rauscher/W. Krüger (Hrsg.), Münchener Kommentar zur Zivilprozessordnung, Bd. 1, 6. Aufl. 2020, Einleitung, Rn. 466, dort findet sich auch eine nicht abschließende Zusammenstellung zulässiger Gegenstände eines Prozessvertrages.

überaus allgemein und somit an dem Durchschnitt aller Konstellationen orientiert, die vom konzipierenden Gesetzgeber berücksichtigt wurden. Ergeben sich im Einzelfall evidente Ineffizienzen, so kann im Zuge eines staatlichen Gerichtsverfahrens selbst bei erheblichen Nachteilen für die Parteien prinzipiell nicht von den vorgegebenen Regeln abgewichen werden.

Im Gegensatz dazu eröffnen Schiedsverfahren den Parteien die Möglichkeit, eigenständig über die Gestaltung des Verfahrens zu disponieren, und zwar je nach ihren Bedürfnissen im Einzelfall. So können die Parteien einer Schiedsvereinbarung insbesondere gezielt bestimmte Aspekte eines staatlichen Gerichtsprozesses ausklammern, etwa um ausufernden Beweisverfahren wie der U.S.-amerikanischen *discovery* aus dem Weg zu gehen.[59] Umgekehrt lassen sich auch punktuelle Ergänzungen im Vergleich zum staatlichen Verfahrensrecht vornehmen, indem beispielsweise eine Erweiterung gegenüber der im staatlichen Gerichtsprozess zulässigen Beweisarten verabredet wird. Sofern das gewählte Verfahrensrecht keine Regelungen vorgibt und die Parteien derartige Lücken nicht durch eigene Vereinbarungen geschlossen haben, geht der von ihnen nicht beanspruchte Gestaltungsspielraum auf das Schiedsgericht über. Dieses hat das prozessrechtliche Vakuum dann nach pflichtgemäßem Ermessen auszufüllen hat.[60]

bb) Wahl des vom Schiedsgericht in der Sache anzuwendenden materiellen Rechts

Mit Blick auf ihre Autonomie genießen Privatrechtssubjekte prinzipiell auch hinsichtlich des anwendbaren Sachrechts Wahlfreiheit. Dahingehende Beschränkungen sind stellenweise und je nach Materie notwendig, um missbräuchlicher Rechtsausübung im Interesse der Gesellschaft als Rechtsgemeinschaft vorzubeugen (*ordre public*) beziehungsweise unbeteiligte, aber dennoch betroffene Personen vor negativen Einwirkungen auf deren schutzwürdige Interessen zu bewahren.[61]

---

59 Ausführlich zum jeweiligen Potential von staatlichen Gerichten und Schiedsverfahren im Hinblick auf die Wahrung etwaiger Geheimhaltungsinteressen der Parteien sogleich unter A.I.2.c) *Schutz von Geheimhaltungsinteressen der Parteien*.

60 In diesem Sinne *J. Lew/L. Mistelis/S. Kröll*, Comparative International Commercial Arbitration, 2003, Ch. 17, Rn. 1 f.; *E. Gaillard*, in: E. Gaillard/J. Savage (Hrsg.), Fouchard, Gaillard, Goldman on International Commercial Arbitration, 1999, Rn. 1171.

61 Näher zu den Schranken der Parteiautonomie siehe statt vieler *J. Kropholler*, Internationales Privatrecht, 6. Aufl. 2006, S. 297 ff.; speziell im Hinblick auf Rechtswahl in internationalen Schiedsverfahren außerdem *G. Born*, International Commercial Arbitration, 3. Aufl. 2021, S. 2897 ff. m.w.N.

Dem anwendbaren materiellen Recht kommt in vertraglichen Beziehungen schon vor dem Eintritt einer etwaigen Streitigkeit eine zentrale Bedeutung zu. Vielmehr dient es den Vertragspartnern von Anfang an zur Bestimmung ihrer Rechte und Pflichten in Zusammenhang mit dem vereinbarten Geschäft. Gerade weil es nicht erst einem harten Rechtsstreitigkeit bedarf, damit die entsprechenden Regelungen zum Tragen kommen, liegt auf der Hand, dass folglich die Frage der Rechtswahl der Parteien zumindest nicht unmittelbar mit der nach der einschlägigen Konfliktlösungsart gekoppelt ist. Etwaige Unterschiede betreffen lediglich die Anwendbarkeit des vereinbarten Regelungsregimes beziehungsweise seine Durchsetzbarkeit im Streitfalle.

Mithin ist es den Parteien eines Vertrages als Teil ihrer Autonomie allgemein gestattet, das in der Sache maßgebende Recht selbst zu wählen. Üben sie diese Wahlfreiheit einvernehmlich aus, indem sie die Geltung des rechtlichen Regimes eines bestimmten Staates festlegen, hat ihre dahingehende Vereinbarung anerkanntermaßen sowohl vor staatlichen Gerichten[62] und erst recht vor Schiedsgerichten Bestand.[63] Der erkennende Spruchkörper ist insoweit also an die Anwendung des gewählten Rechts gebunden, sofern nicht zwingendes Recht oder der *ordre public* entgegenstehen.

Während die Parteien unabhängig von der Verfahrensart wirksam vereinbaren können, dem Rechtsregime welchen Staates sie ihre Vertragsbeziehung unterwerfen, ist international anerkannt, dass die Wahl eines nicht-staatlichen Regelungswerks ausschließlich vor Schiedsgerichten Bestand hat.[64] Haben die

---

62 Siehe exemplarisch Art. 3 Rom-I-VO, der eine Kollisionsnorm darstellt, „aus der sich für Gerichte die Pflicht ergibt, das von den Parteien […] gewählte Recht anzuwenden.", so *F. Ferrari*, in: F. Ferrari/E.-M. Kieninger/P. Mankowski et al. (Hrsg.), Internationales Vertragsrecht, 3. Aufl. 2018, Art. 3 VO (EG) 593/2008, Rn. 4. Vgl. außerdem *S. Symeonides*, The Hague Principles on Coice of Law for International Contracts, in: AJCL 61 (2013) No. 4, 873, 875 f.; *H. Eidenmüller*, The Transnational Law Market, Regulatory Competition, and Transnational Corporations, in: IJGLS 18 (2011) No. 2, 707, 737.

63 Anstatt vieler siehe nur *E. Gaillard*, in: E. Gaillard/J. Savage (Hrsg.), Fouchard, Gaillard, Goldman on International Commercial Arbitration, 1999, Rn. 1421 ff. m.w.N. ("[T]he principle of party autonomy has an even greater scope in the context of arbitration than it does before national courts, and thus cannot be based exclusively on [im Sinne von „limited exclusively … to"] the recognition of the parties' freedom to select the law applicable to contracts in traditional choice of law rules applicable before the courts.").

64 Siehe für das deutsche Schiedsverfahrensrecht § 1051 Abs. 2 ZPO, vgl. dazu nur *J. Münch*, in: T. Rauscher/W. Krüger (Hrsg.), Münchener Kommentar zur Zivilprozessordnung, Bd. 3, 6. Aufl. 2022, § 1051 ZPO, Rn. 15 m.w.N. Für einen internationalen Blickwinkel vgl. *J. Lew/L. Mistelis/S. Kröll*, Comparative International Commercial

Parteien eines staatlichen Zivilprozesses eine Rechtswahl getroffen, die etwa die Anwendung der *lex mercatoria* vorsieht, muss das erkennende Gericht dennoch auf Grundlage der objektiven Anknüpfungskriterien das anwendbare Recht ermitteln.[65]

cc) Zusammenfassung

Insgesamt ist die Autonomie der Parteien hinsichtlich der Bestimmung der im Prozess anwendbaren Regelungen im Falle eines Schiedsverfahrens deutlich stärker ausgeprägt als im staatlichen Verfahren.

Ihre einvernehmliche Wahl eines bestimmten materiellen Rechtsgefüges bindet grundsätzlich ein staatliches Gericht genauso wie ein Schiedsgericht. Entscheiden sich die Parteien allerdings dazu, nicht-staatliches Recht als einzig maßgebende Entscheidungsgrundlage vorzusehen, führt dies zwar vor einem Schiedsgericht, nicht aber vor einem staatlichen zur Verdrängung der kollisionsrechtlich einschlägigen staatlichen Rechtsnormen.

Ein Blick auf die internationale Schiedsgerichtspraxis zeigt allerdings, dass die Wahl nicht-staatlichen Rechts als materiell-rechtliche Entscheidungsgrundlage eine derart seltene Erscheinung ist,[66] dass sie als Kriterium nur ganz ausnahmsweise die Präferenz einer Partei für die Art der gerichtlichen Streitbeilegung beeinflussen kann. Die beschriebenen Unterschiede zwischen staatlicher und Schiedsgerichtsbarkeit im Hinblick auf die Wahl des anwendbaren Sachrechts sind demnach für die Analyse der wettbewerblichen Dynamik zu vernachlässigen.

Arbitration, 2003, Ch. 17, Rn. 18 f. sowie jeweils m.w.N. *G. Born*, International Commercial Arbitration, 3. Aufl. 2021, S. 2961 ff.; *S. Strong*, Limits of Procedural Choice of Law, in: Brookl. J. of Int'l. L. 39 (2014) No. 3, 1027, 1029.

65 *F. Ferrari*, in: F. Ferrari/E.-M. Kieninger/P. Mankowski et al. (Hrsg.), Internationales Vertragsrecht, 3. Aufl. 2018, Art 3 VO (EG) 593/2008, Rn. 19 ff. m.w.N.; siehe auch *F. Diedrich*, Rechtswahlfreiheit und Vertragsstatut, in: RIW 2009, 378, 384 f., der dieses Ergebnis in der nicht ausreichenden „Normdichte und Normqualität" des gewählten nicht-staatlichen Rechts im Vergleich zum potentiell verdrängten staatlichen Regelungsregime gerechtfertigt sieht. Zu der Kompatibilität bzw. spezifischen Bedenken gegen die Anwendbarkeit verschiedener nicht-staatlicher Normgefüge vgl. *G. Born*, International Commercial Arbitration, 3. Aufl. 2021, S. 2966 ff. m.w.N.

66 Allgemeiner, aber im Ergebnis genauso *G. Born*, International Commercial Arbitration, 3. Aufl. 2021, S. 2959 ("[I]n the overwhelming majority of cases (approximately 98 %), choice-of-law agreements select a *national* substantive law [...], rather than a non-national substantive law").

Viel tiefgreifender aber als bei der Wahl des anzuwendenden materiellen Rechts fallen die Unterschiede auf verfahrensrechtlicher Ebene aus. Vor staatlichen Gerichten gilt stets die entsprechende nationale Prozessordnung. Alle Prozessbeteiligten sind bei der Verfolgung ihres Rechtsschutzinteresses starr auf die staatlich vorgegebenen Verfahrensarten samt den mit ihnen verbundenen Prinzipien und Methoden verwiesen. Diese gesetzlichen Parameter sind weder unter den Parteien noch mit dem Staat beziehungsweise seinen Gerichten verhandelbar.[67]

Derweil gilt für ein Schiedsverfahren das genaue Gegenteil. Die einzige Schranke für die parteiautonome Festlegung der Prozessregeln – neben deren Konsensfähigkeit – bildet der *ordre public*, soweit er im Sinne eines fairen Gerichtsverfahrens zur Einhaltung rudimentärer Mindeststandards zwingt. Abgesehen davon können die Parteien uneingeschränkt über Art und Ablauf des Schiedsverfahrens disponieren. Diese Autonomie schließt neben dem Verweis auf bestehende Prozessordnungen – staatlicher wie nicht-staatlicher Natur – auch deren Kombination und sogar die Konzeption eines vollkommen neuen Regelwerks ein.

Diese prozessuale Flexibilität der Konfliktlösung hebt die Schiedsgerichtsbarkeit bedeutend vom staatlichen Zivilgerichtsverfahren ab. Die Herrschaft der Parteien über das Verfahren, die sich in ihrem Umfang abschließend auf den Gang des Prozesses innerhalb des gesetzlich vorgegebenen Rahmens bezieht, wird im Falle eines schiedsgerichtlichen Prozesses um die *Herrschaft über die Verfahrenskonzeption*,[68] also die Möglichkeit zur autonomen Ausgestaltung eben dieses normativen Rahmens ergänzt.

Sofern die Beteiligten konkrete Vorstellungen hinsichtlich der Ausgestaltung und des Ablaufs ihres Gerichtsverfahrens haben, die in ihrer Gesamtheit von keiner staatlichen Prozessordnung erfüllt werden, bleibt ihnen lediglich der Weg in die Schiedsgerichtsbarkeit, um individuelle Verfahrensregeln festzulegen. Hinreichende Motivation hierfür kann schon das Bedürfnis punktueller Modifikation einer staatlichen Prozessordnung ergeben, die sich bloß angesichts (des

---

67 *Moffitt* bezeichnet staatliche Verfahrensregelungen treffend als „nonnegotiable parameters", *M. Moffitt*, Customized Litigation, in: GWLR 75 (2007) No. 4, 461, 462.

68 *Lew*, *Mistelis* und *Kröll* sprechen in diesem Sinne von der „ultimativen Herrschaft, über Form, System, Struktur sowie die sonstigen Details des Schiedsverfahrens zu bestimmen", siehe *J. Lew/L. Mistelis/S. Kröll*, Comparative International Commercial Arbitration, 2003, Ch. 1, Rn. 11 (Aus dem Englischen übersetzt durch den hiesigen Autor).

Fehlens) vereinzelter Maßgaben als untauglich erweist. Sofern es den Parteien also auf die Festlegung anderer Prozessregelungen als den verfügbaren gesetzlichen ankommt, stellt die staatliche Gerichtsbarkeit mangels entsprechender Einflussmöglichkeiten der Parteien aus deren Sicht keine austauschbare Variante im Vergleich zum Schiedsverfahren dar.

c) *Schutz von Geheimhaltungsinteressen der Parteien*

Insbesondere im Rahmen von Wirtschaftsprozessen stellt ein Unterliegen vor Gericht stets ein Risiko dar, das sich bei öffentlichem Bekanntwerden negativ auf das allgemeine Geschäft der beteiligten Unternehmen auswirken kann.[69] Die Parteien haben daher häufig ein gemeinsames Interesse an einer Konfliktlösung im kleinstmöglichen Forum. Ob und inwiefern Dritten der Zugang zu Verfahrensinformationen offensteht, hängt maßgeblich von der Art des Verfahrens ab. Dabei ist zwischen der (Nicht-)Öffentlichkeit einerseits und der Vertraulichkeit des Prozesses anderseits zu differenzieren.[70]

Zwar betreffen beide Kategorien den Zugang Dritter zu Gegenstand und Inhalt des Verfahrens. Jedoch bezieht sich die Vertraulichkeit auf das Verhältnis der beteiligten Parteien untereinander. Im Gegensatz dazu zielt die Frage der Öffentlichkeit darauf ab, inwiefern Dritte unabhängig vom Willen der beteiligten Parteien Einblicke in das Verfahren erhalten können.

---

69 Um nur auf ein prominentes Beispiel für das geschäftsschädigende Potential eines öffentlichen Gerichtsprozesses aus der jüngeren Vergangenheit hinzuweisen, sei der Kurseinbruch den die Aktie der *Bayer AG* im März 2019 verzeichnete, angeführt. Dieser war zu beobachten, nachdem das Unternehmen in einem Haftungsprozess vor einem U.S.-amerikanischen Gericht unterlag. In der Folge der (öffentlichen) Entscheidungsverkündung büßte Bayers Aktienkurs über 12 % seines Wertes ein, was einem Verlust in Milliardenhöhe entsprach. Siehe dazu exemplarisch für die ausladende Berichterstattung zu diesem Prozessergebnis in den deutschen Medien *B. Koch/R. Lindner*, Bayer trifft die nächste Roundup-Keule, in: FAZ vom 21.03.2019, S. 22; *E. Dostert/T. Fromm*, Da wächst kein Gras mehr, in: SZ vom 21.03.2019, S. 3; *T. Fischermann/I. Malcher/J. Tönnesmann*, Weiter nach Plan, in: Die Zeit vom 28.03.2019, S. 19 f.

70 *G. Born*, International Commercial Arbitration, 3. Aufl. 2021, S. 3004 f. m.w.N. Im deutschen Sprachraum ergibt sich hinsichtlich der Differenzierung die terminologische Schwierigkeit, dass beide Begriffe – sowohl *privacy* als auch *confidentiality* – mit ‚Vertraulichkeit' übersetzt werden können und somit den Eindruck inhaltlicher Identität vermitteln. Um diesem Missverständnis sprachlich vorzubeugen, wird *privacy* (als Gegensatz zu *publicness*) vorliegend mehr zweckdienlich als ästhetisch als ‚Nicht-Öffentlichkeit' definiert.

aa) Verfahrensöffentlichkeit und Ausschluss

Staatliche Gerichtsverfahren unterliegen in rechtsstaatlich verfassten Ländern regelmäßig dem Öffentlichkeitsgrundsatz.[71] In Abkehr zu den Geheimgerichten absolutistischer Willkürstaaten soll die grundsätzliche Öffentlichkeit staatlicher Verfahren ein Mindestmaß an Transparenz gewährleisten, um so wiederum die Justiz einer gewissen Rechenschaftspflicht auszusetzen beziehungsweise Missstände gegebenenfalls identifizieren und korrigieren zu können.[72] Während die konkrete Ausprägung des Publizitätsgebotes und somit der Grad der Zugänglichkeit von Prozessinformationen für Dritte von Staat zu Staat variieren können,[73] sind staatliche Gerichtsverfahren jedenfalls in der Regel öffentlich. Da das Öffentlichkeitsgebot einen Ausfluss des Rechtsstaatsprinzips darstellt, sind Ausnahmen davon nur in engen Grenzen denkbar, sofern im Einzelfall ein anderes Interesse gefährdet würde, dessen Schutzbedürftigkeit bedeutsamer ist.[74] Als tragender Verfahrensgrundsatz gehört die Öffentlichkeit des Verfahrens zum zwingenden staatlichen Recht und ist als solches der Willkür abweichender Parteivereinbarungen entzogen. Mit anderen Worten sind die Parteien nicht eigenständig in der Lage, die Öffentlichkeit auszuschließen.

---

71 Exemplarisch sei in diesem Kontext auf die Öffentlichkeitsgarantie des Art. 47 Abs. 2 GRCh verwiesen. Vor dem Hintergrund des Art. 6 Abs. 1 EUV gehört die Öffentlichkeit staatlicher Gerichtsverfahren somit innerhalb der EU zum Primärrecht.

72 *J. Risse/M. Oehm*, Vertraulichkeit und Nicht-Öffentlichkeit in Schiedsverfahren, in: ZVglRWiss 114 (2015) No. 4, 407, 409.

73 Für die deutsche Rechtsordnung etwa legt § 169 Abs. 1 S. 1 GVG i.V.m. § 2 EGGVG die Öffentlichkeit von Verhandlung sowie Entscheidungsverkündung als Standard für Verfahren der ordentlichen Gerichtsbarkeit fest. Während diese einfachgesetzlichen Regelungen den Öffentlichkeitsgrundsatz konkretisieren, kommt ihnen vor allen Dingen eine begrenzende Funktion zu. Während demnach Verhandlung und Entscheidungsverkündung öffentlich sind, gilt dies im Umkehrschluss für das Verfahren im Übrigen nicht. Ein Akteneinsichtsrecht steht im Zivilprozess vor deutschen Gerichten gemäß § 299 Abs. 1 ZPO regelmäßig allein den Parteien zu. Dritten dagegen kann das Gericht gegen den Willen der Parteien nur bei Glaubhaftmachung eines rechtlichen Interesses Einsicht gestatten, § 299 Abs. 2 ZPO. Ausführlich zur Abgrenzung von rein wirtschaftlichem oder gesellschaftlichem Interesse in diesem Zusammenhang vgl. *R. Zuck*, Das rechtliche Interesse auf Akteneinsicht im Zivilprozess, in: NJW 2010, 2913 ff. Eine rechtsvergleichende Betrachtung zwischen Deutschland und den U.S.A. bezüglich der jeweiligen Ausgestaltung des Publizitätsgebots im gerichtlichen Zivilprozess findet sich bei *J. Risse/M. Oehm*, Vertraulichkeit und Nicht-Öffentlichkeit in Schiedsverfahren, in: ZVglRWiss 114 (2015) No. 4, 407, 410 ff.

74 Insoweit repräsentativ vgl. Art. 6 Abs. 1 S. 2 EMRK.

Was für die staatliche Gerichtsbarkeit den Regelfall darstellt, markiert für Schiedsverfahren die absolute Ausnahme. Wenn auch verschiedene dogmatische Begründungsansätze für die Nicht-Öffentlichkeit von Schiedsverfahren miteinander konkurrieren,[75] ist das Faktum an sich internationaler Konsens.[76] Durch die Schiedsvereinbarung verzichten die Beteiligten auf die Gewährung von staatlichem Rechtsschutz in der Sache. Gleichzeitig ziehen die Parteien die Angelegenheit an sich und treten folgerichtig in die Stellung der Herrschaft über das Verfahren ein. In dieser Funktion steht ihnen zu, die prozessualen Regeln der Angelegenheit zu bestimmen. Ihrer Gestaltungsfreiheit sind nur dort Grenzen gesetzt, wo im Einzelnen übergeordnete Interessen dem entgegenstehen.[77] Die Frage der Öffentlichkeit ist letztlich nichts anderes als eine Verfahrensregel und unterliegt mangels schutzwürdigem Interesse Dritter oder der Allgemeinheit dem gemeinsamen Parteiwillen. Aufgrund der privaten Natur schiedsgerichtlicher Streitbeilegung liegt im Zweifel der Ausschluss der Öffentlichkeit nahe.

Ob und inwieweit ein Schiedsverfahren für (bestimmte) fremde Personen geöffnet wird, hängt folglich maßgebend vom Willen der Parteien ab. Im Gegensatz zum staatlichen Zivilgerichtsprozess verfügen die Parteien somit über ein gemeinsames Wahlrecht, wobei die Öffentlichkeit des Verfahrens als Opt-in-Option ausgestaltet ist.

Hervorzuheben ist indes die vollkommen andere Interessenlage im Vergleich zum staatlichen Gerichtsprozess. Nur staatliche Gerichte sind Hoheitsträger und üben in ihrer rechtsprechenden Tätigkeit Staatsgewalt aus. Dieser Vorgang bedarf in einem Rechtsstaat *per definitionem* einer Kontrollmöglichkeit, die unter anderem durch die Öffentlichkeit der Verfahren sichergestellt wird. Schiedsgerichte dagegen werden von den Parteien mittels vertraglicher Vereinbarung eingesetzt. Diese bildet die einzige Legitimationsgrundlage für sämtliche Kompetenzen des Schiedsgerichts. Mangels Rekurses auf judikative Staatsgewalt, sind die Schiedsrichter bloß den Parteien, nicht aber dem Staat Rechenschaft schuldig.

---

75 Mögliche Begründungsansätze bezeichnen die Nicht-Öffentlichkeit des Schiedsverfahrens entweder als Gewohnheitsrecht oder aber als ungeschriebenen Grundsatz der Schiedsgerichtsbarkeit, den die Parteien einer Schiedsabrede unausgesprochen zugrunde legen. Siehe *U. Haas/H. Kahlert*, Privacy and Confidentiality, in: K.-H. Böckstiegel/S. Kröll/P. Nacimiento (Hrsg.), Arbitration in Germany, 963, 965 (Rn. 4) m.w.N.

76 In diesem Sinne *J. Risse/M. Oehm*, Vertraulichkeit und Nicht-Öffentlichkeit in Schiedsverfahren, in: ZVglRWiss 114 (2015) No. 4, 407, 416.

77 Zum Ganzen siehe oben unter A.I.2.b).aa) *Wahl des vom Schiedsgericht anzuwendenden Verfahrensrechts.*

Konsequenterweise entfällt damit auch das zwingende Bedürfnis beziehungsweise das öffentliche Pauschalinteresse an der Überprüfbarkeit des Prozesses.

Derweil ist nicht ausgeschlossen, dass auch in Fällen von wirtschaftsrechtlichen Streitigkeiten zumindest eine Seite ein öffentliches Verfahren bevorzugt. So etwa im Falle einer Partei, die eine Vielzahl gleichlautender Verträge mit verschiedenen Partnern unterhält. Kommt in einem dieser Geschäftsverhältnisse eine Streitfrage auf, stellt sich diese möglicherweise (künftig) ebenfalls in den übrigen gleichartigen Rechtsbeziehungen. Die gerichtliche Entscheidung schafft dann einschlägige Rechtsprechungspraxis, die potentiell Auswirkungen über das einzelne Verfahren hinaus entwickeln kann, so sie denn öffentlich wird.[78] Da Schiedssprüche regelmäßig nicht veröffentlicht werden, verfügt ein Schiedsverfahren zumindest standardmäßig nicht über das beschriebene Potential einer Quasi-Präzedenzwirkung.[79]

bb) Vertraulichkeit

Während im Hinblick auf die Verfahrensöffentlichkeit konzeptionelle Unterschiede grundlegender Natur zwischen der staatlichen Gerichtsbarkeit und dem Schiedsverfahren festzustellen sind, bietet sich bezüglich der Vertraulichkeit ein eher einheitliches Bild. Sofern zwischen den Parteien eine umfassende Vertraulichkeitspflicht vereinbart ist, erstreckt sich deren Geltung unter anderem auch auf die Beilegung von Rechtsstreitigkeiten. Ob ein staatliches oder ein Schiedsgericht tätig wird, ist insoweit unerheblich.

Haben die Parteien keinerlei Vereinbarungen zur Vertraulichkeit getroffen, kommt es statt derer auf die gesetzliche Rechtslage an. Mangels international vereinbarter Regelungen zur Vertraulichkeit im Rahmen von Schiedsverfahren existieren hierzu unterschiedliche Ansätze auf nationaler Ebene. Überhaupt

---

78 Die Veröffentlichung von Gerichtsentscheidungen trägt zur (Fort-) Entwicklung von spezifisch fallbezogenem Recht (sog. *case law*) bei, das als solches wiederum bei künftigen Verfahren zur Entscheidungsfindung herangezogen werden kann Darüber hinaus spielt die Rechtsprechungspraxis eine zentrale Rolle für die Rechtsberatung, die sich etwa für die Einschätzung von Prozessrisiken maßgebend an ihr orientiert. Ebenso kann die Verhandlungsposition bei der Aushandlung von Vergleichen oder Vertragsanpassungen infolge auch bloß einer einzigen einschlägigen Entscheidung in einem gleichartig gelagerten Fall gravierend gestärkt bzw. die der Gegenseite geschwächt werden. Ähnlich hierzu, wenn auch bloß andeutungsweise siehe *G. Born*, International Arbitration and Forum Selection Agreements, 5. Aufl. 2016, Ch. 1, Rn. 13.

79 Vgl. dazu *K. Berger*, The International Arbitrators' Application of Precedents, in: JIA 9 (1992) No. 4, 5, 19 ff.

verzichten die meisten nationalen Rechtsordnungen auf allgemeine Vorgaben zur Vertraulichkeit und überlassen diese Thematik gänzlich der Bewertung durch das Schiedsgericht. Das prominenteste Beispiel für derartige Aussparung ist das UNCITRAL-Modellgesetz. Da dessen Regelungen von vielen Staaten in das eigene Verfahrensrecht übernommen wurden, ist das Regime als solches in weiten Teilen repräsentativ für die meisten nationalen Jurisdiktionen, darunter auch Deutschland.[80]

Sofern nationale Gesetzgeber dagegen Regelungen hinsichtlich der Vertraulichkeit von Schiedsverfahren treffen, beziehen sich diese häufig auf spezifische Aspekte, indem sie die Parteien beispielsweise zur Geheimhaltung von mündlichen Verhandlungen verpflichten oder die Veröffentlichung des Schiedsspruchs verbieten.[81] Einige wenige Staaten, darunter Australien, Neuseeland, Hongkong, Peru, Rumänien, Spanien und Schottland schreiben für internationale Schiedsverfahren grundsätzlich eine gesetzliche Vertraulichkeitspflicht vor.[82] Wenn auch nicht kodifiziert, so ergibt sich doch aus der ständigen Rechtsprechungspraxis der englischen Gerichte eine Vertraulichkeitspflicht für Schiedsverfahren.[83]

Geheimhaltungspflichten können sich gleichermaßen aus sonstigen Vorschriften ergeben, die nicht spezifisch an den Tatbestand eines Schiedsverfahrens anknüpfen. Im Kontext von Wirtschaftsprozessen können sich insbesondere aus dem Wettbewerbsrecht sowie aus dem Wirtschaftsstrafrecht Vertraulichkeitspflichten ergeben, die unabhängig von dem Forum eines Schiedsverfahrens anwendbar sind. Derartige gesetzlich normierte Geheimhaltungspflichten

---

80 *G. Born*, International Commercial Arbitration, 3. Aufl. 2021, S. 3008. Speziell für Deutschland siehe *U. Haas*/*H. Kahlert*, Privacy and Confidentiality, in: K.-H. Böckstiegel/S. Kröll/P. Nacimiento (Hrsg.), Arbitration in Germany, 963, 966 (Rn. 6).

81 Siehe für eine exemplarische Auflistung derartiger Normen aus Frankreich, China, Saudi Arabien und Syrien bei *G. Born*, International Commercial Arbitration, 3. Aufl. 2021, S. 3008 f.

82 *G. Born*, International Commercial Arbitration, 3. Aufl. 2021, S. 3009 m.w.N.; ausführlicher noch die Studie zu 93 nationalen Jurisdiktionen bei *H.-L. Yu*, Duty of Confidentiality, in: CJQ 31 (2012) No. 1, 68, 71 ff. *Born* merkt indes zutreffend an, dass nicht immer klar ist, ob einer bestimmten Norm zwingender Charakter beizumessen ist oder sie durch Parteivereinbarung abdingbar ist. Für Letzteres spreche aber der Geist des NYÜ, welches zwar zur Vertraulichkeit schweigt, den parteiautonomen Verfahrensbestimmungen aber bspw. in Art. V(1)(d) NYÜ einen hohen Stellenwert zuschreibt, *G. Born*, International Commercial Arbitration, 3. Aufl. 2021, S. 3011 f.

83 Statt vieler siehe nur *G. Born*, International Commercial Arbitration, 3. Aufl. 2021, S. 3015 ff. m.w.N.

sind genauso im staatlichen Verfahren zu berücksichtigen, sodass diesbezüglich keine Diskrepanzen bestehen.

cc) Zusammenfassung

Zusammenfassend stehen den Parteien eines Zivilprozesses in Form der Vertraulichkeit einerseits und der (Nicht-) Öffentlichkeit andererseits potentiell zwei Stellschrauben zur Verfügung, um ihr Geheimhaltungsinteresse zu verfolgen.

Die Vertraulichkeit ist in der Praxis meist über eine dahingehende vertragliche Pflicht verbürgt, die unabhängig von der Verfahrensart gilt. Fehlt eine solche, wirkt eine Schiedsabrede nur kompensierend, falls die für das Schiedsverfahren maßgebliche staatliche Rechtsordnung standardmäßig eine Vertraulichkeitspflicht für Schiedsverfahren vorsieht. Weiter verbreitet in den nationalen Verfahrensrechten erscheint jedoch ein Regelungsansatz, der von Parteien, die gegenseitige Geheimhaltung möchten – genauso wie im Kontext staatlicher Gerichtsverfahren – eine entsprechende Vereinbarung verlangt.

Während in Bezug auf die Vertraulichkeit keine gravierenden Unterschiede zwischen staatlichem und privatem Zivilprozess bestehen, markiert die Möglichkeit des parteiseitigen Ausschlusses der Öffentlichkeit ein Exklusivmerkmal der Schiedsgerichtsbarkeit. Parteien, die besonderen Wert auf die Geheimhaltung ihrer Angelegenheiten legen, bietet sich darin eine zusätzliche Stellschraube, zu der ihnen der Zugang im Kontext staatlicher Verfahren verwehrt bleibt. Demnach ist hinsichtlich der Regelungen zum Schutz von Geheimhaltungsinteressen der Parteien keine Austauschbarkeit von staatlichen Gerichtsprozessen und Schiedsverfahren gegeben.

d) Vollstreckbarkeit von Entscheidungen

Unabhängig davon, ob die Entscheidung eines Rechtsstreits von einem staatlichen oder einem privaten Spruchkörper gefällt wird: Trotz ihres verbindlichen Charakters kommt es für die Umsetzung – außer im Falle von Feststellungsurteilen – auf ein entsprechendes Verhalten der prozessbeteiligten Parteien an. Erlegt eine gerichtliche Entscheidung beispielsweise der Partei A die Zahlung eines Geldbetrags an Partei B auf, so ist es an A, aus freien Stücken die notwendigen Handlungen vorzunehmen, etwa eine Anweisung zu Gunsten von B an ihr Kreditinstitut zu erteilen. Nicht anders verhält es sich in dieser Hinsicht, soweit das Gericht statt einem aktiven Tun ein Unterlassen auferlegt. Setzt eine unterlegene Partei die gerichtliche Entscheidung nicht aus freien Stücken um, so kann der Entscheidung unter Rückgriff auf die staatliche Zwangsvollstreckung zur Durchsetzung verholfen werden.

Der Umstand, dass allein die staatliche Gerichtsbarkeit direkt mit Hoheitsgewalt ausgestattet ist, stellt für sich genommen zunächst bloß eine Differenzierung dogmatischer Natur dar. Nichtsdestoweniger kommt der darin angelegte Wesensunterschied insbesondere zum Tragen, sofern eine gerichtliche Entscheidung zur zwangsmäßigen Vollstreckung gebracht werden muss, um ein erfolgreich geltend gemachtes Recht letztlich durchzusetzen.

aa) Inländische Entscheidungen

In Rechtskraft erwachsene Urteile staatlicher Gerichte sind in Deutschland gemäß § 704 Abs. 1 Var. 1 ZPO Vollstreckungstitel. Anders als der Wortlaut von § 1055 ZPO suggeriert, besteht insofern nach deutschem Recht kein Gleichlauf mit Schiedssprüchen.

Für sich genommen stellen Schiedssprüche trotz ihrer Rechtskraft keinen tauglichen Vollstreckungstitel dar.[84] Vielmehr bedarf ein inländischer Schiedsspruch zu seiner Vollstreckbarkeit nach § 1060 Abs. 1 ZPO generell einer gesonderten Vollstreckbarerklärung durch ein staatliches Gericht. Dazu muss der Vollstreckungsgläubiger einen entsprechenden Antrag bei dem zuständigen Gericht stellen, welches dann in einem beschleunigten Erkenntnisverfahren insbesondere prüft, ob ein ordnungsgemäßer Schiedsspruch vorliegt und gegebenenfalls, ob Gründe für die Ablehnung des Antrags bestehen. Als solche fungieren die Aufhebungsgründe des abschließenden Katalogs in § 1059 Abs. 2 ZPO. Eine darüberhinausgehende inhaltliche Überprüfung durch das staatliche Gericht im Sinne einer *révision au fond* ist demnach für inländische Schiedssprüche genauso wenig möglich wie für ausländische.

Der Titel, auf dessen Grund die Vollstreckung letztlich betrieben wird, ist gemäß § 794 Abs. 1 Nr. 4a ZPO ausschließlich die Entscheidung des staatlichen Gerichts über die Vollstreckbarkeit des Schiedsspruches.[85] Der Schiedsspruch selbst wird dagegen auch nach der Vollstreckbarerklärung durch die staatliche Gerichtsbarkeit nicht in den Rang eines vollstreckbaren Titels erhoben. Damit entspricht die Rechtslage in Deutschland insgesamt dem internationalen Regelfall. Umgekehrt bilden solche Rechtsordnungen die Ausnahme, in denen ein Schiedsspruch *ipso iure* als vollstreckbarer Titel angesehen wird.[86]

---

84 Statt vieler *J. Münch*, in: T. Rauscher/W. Krüger (Hrsg.), Münchener Kommentar zur Zivilprozessordnung, Bd. 3, 6. Aufl. 2022, § 1060 ZPO, Rn. 2 m.w.N.

85 BT, Drs. 13/5247, S. 61.

86 *J. Gal*, in: T. Langheid/M. Wandt (Hrsg.), Münchener Kommentar zum Versicherungsvertragsgesetz, Bd. 3, 3. Aufl. 2022, Ziffer 130, Rn. 164 (Fn. 646).

Über die Anforderungen des deutschen Rechts hinausgehend sieht Art. 35 Abs. 1 ModG in Anlehnung an Art. V NYÜ außerdem die Anerkennung des Schiedsspruches durch die staatliche Gerichtsbarkeit als Voraussetzung für Vollstreckungsmaßnahmen an, und zwar mangels Differenzierung gleichermaßen für inländische wie für ausländische Schiedssprüche. Sofern nationale Gesetzgeber diese Regelung übernommen haben, kommt mit dem Anerkennungserfordernis eine weitere Voraussetzung für die Vollstreckung der schiedsgerichtlichen Entscheidung hinzu. Ob und inwiefern dadurch zusätzlich zur Vollstreckbarerklärung faktisch weiterer Mehraufwand entsteht, kann vorliegend dahinstehen, da es maßgeblich bloß auf den Vergleich mit dem Vollstreckungsprocedere bei inländischen Urteilen ankommt.

Jedenfalls in dieser Hinsicht steht fest, dass der Vollstreckungsgläubiger eines inländischen Urteils einen kürzeren Weg zur zwangsmäßigen Durchsetzung seiner Rechte hat als der Inhaber eines inländischen Schiedsspruches. Denn Letzterer ist mit dem Antrag auf Vollstreckbarerklärung vor dem zuständigen staatlichen Gericht unweigerlich auf einen Zwischenschritt verwiesen, der im Falle eines Urteils nicht erforderlich ist. Der Umweg über das Erkenntnisverfahren vor den ordentlichen Gerichten ist zwangsläufig mit zeitlichem Mehraufwand verbunden und bringt darüber hinaus ein eigenständiges, wenn auch überschaubares Prozessrisiko mit sich.

bb) Ausländische Entscheidungen

Insbesondere Unternehmen sind zunehmend entweder in grenzüberspannende Lieferketten und Geschäftsbeziehungen eingebunden oder üben gar für sich genommen parallele Aktivitäten in mehreren Staaten aus. Vor dem Hintergrund globalisierter Märkte erfordert effektive Rechtsdurchsetzung gerade in Wirtschafts- und Handelssachen mitunter den Zugriff auf verschiedene Rechtsräume. Allerdings ist der Zugriff, der aufgrund des Urteils eines staatlichen Gerichts erfolgen kann, zunächst einmal auf das geographische Gebiet limitiert, auf welches sich die Hoheitsbefugnisse der Vollstreckungsbehörden des jeweiligen Staates erstrecken. Im Ausland kann dagegen in der Regel nicht ohne Weiteres unmittelbar aus dem Gerichtsurteil eines anderen Staates Zwangsvollstreckung betrieben werden.[87] Stellt sich beispielsweise nach der Erlangung

87 In Bezug auf die Vollstreckung ausländischer Gerichtsurteile in Deutschland siehe *C. Meller-Hannich*, in: J. Kindl/C. Meller-Hannich (Hrsg.), Gesamtes Recht der Zwangsvollstreckung, 4. Aufl. 2021, Schwerpunktbeiträge, 10. Anerkennung und Vollstreckung ausländischer Entscheidungen, Rn. 1; *C. Strasser*, Vollstreckung aus Nicht-EU-Urteilen,

eines rechtskräftigen Zahlungstitels heraus, dass nur im Aus-, nicht dagegen im Inland ausreichende Vermögensmasse zur Befriedigung vorhanden ist, bedarf es regelmäßig zunächst der Anerkennung des bereits erlangten Titels seitens des jeweiligen Drittstaates bevor dessen Vollstreckung betrieben werden kann.[88]

Ob, unter welchen Voraussetzungen und inwieweit ausländische Entscheidungen vollstreckt werden, legt grundsätzlich derjenige Staat fest, auf dessen Territorium die entsprechenden Maßnahmen ergriffen werden sollen.[89] Da diese Regelungskompetenz nicht etwa in Abhängigkeit zu der Natur der Entscheidung besteht, sondern vielmehr aufgrund und in Relation zu den letztlich vollstreckungsbefugten Behörden, gilt sie für jedweden ausländischen Titel; für staatliche Gerichtsurteile ebenso wie für Schiedssprüche. Gleichzeitig richten sich die nationalen Gesetze für die Anerkennung und Vollstreckung ausländischer Titel häufig nach völkerrechtlichen Abkommen zwischen zwei oder mehr Staaten.[90] Hinter dem Konzept derartiger Anerkennungs- und Vollstreckungsverträge steht mitunter das Prinzip der Reziprozität.[91] Durch derartige Abkommen lassen sich gemeinsame Mindeststandards für die gegenseitige Anerkennung ausländischer Gerichtsentscheidungen definieren, wodurch eine Nivellierung der entsprechenden rechtlichen Hürden im Sinne eines *level playing field* erreicht werden kann.

---

in: NZFam 2015, 103 Dementsprechend aus der Perspektive der U.S.A. siehe *Y. Zeynalova*, The Law on Recognition and Enforcement of Foreign Judgments, in: Berk. J. of Int'l. L. 31 (2013) No. 1, 150 ff.

88 Statt vieler nur *G. Born*, International Commercial Arbitration, 3. Aufl. 2021, S. 3152 m.w.N.

89 *P. Gottwald*, in: T. Rauscher/W. Krüger (Hrsg.), Münchener Kommentar zur Zivilprozessordnung, Bd. 2, 6. Aufl. 2020, Anh. zu § 723 ZPO, Rn. 1.

90 Vgl. *P. Gottwald*, in: T. Rauscher/W. Krüger (Hrsg.), Münchener Kommentar zur Zivilprozessordnung, Bd. 1, 6. Aufl. 2020, § 328 ZPO, Rn. 17 ff.; *H. Dörner*, in: I. Saenger (Hrsg.), Zivilprozessordnung, 9. Aufl. 2021, § 328 ZPO, Rn. 71 ff.; *A. Stadler*, in: H.-J. Musielak/W. Voit (Hrsg.), Zivilprozessordnung, 19. Aufl. 2022, § 328 ZPO, Rn. 3.

91 Exemplarisch erwähnt sei, dass die Anerkennung eines ausländischen Urteils nach deutschem Recht grundsätzlich gem. § 328 Abs. 1 Nr. 5 ZPO ausgeschlossen ist, „wenn die Gegenseitigkeit nicht verbürgt ist." Ob dieses Prinzip der Reziprozität tatsächlich außenpolitischen Druck auf andere Staaten entfaltet und somit letztlich einen reibungslosen internationalen Rechtsverkehr fördert, wird mitunter angezweifelt. Dazu sowie zur Thematik des Gegenseitigkeitserfordernisses im deutschen Anerkennungsverfahrensrecht insgesamt siehe *P. Gottwald*, in: T. Rauscher/W. Krüger (Hrsg.), Münchener Kommentar zur Zivilprozessordnung, Bd. 1, 6. Aufl. 2020, § 328 ZPO, Rn. 133 ff. m.w.N.

Die Vollstreckung von Schiedssprüchen in anderen Ländern als demjenigen des Schiedsortes erfolgt grundsätzlich nach Anerkennung und Vollstreckbarerklärung durch die Justiz des betreffenden Staates. Das zentrale multilaterale Vertragswerk stellt das bereits erwähnte New Yorker Übereinkommen dar. Mit dem NYÜ wurden die Anforderungen hierfür standardisiert beziehungsweise angesichts der heute weitverbreiteten Mitgliedschaft faktisch weltweit harmonisiert. Aktuell zählt das in die Vereinten Nationen eingebettete Abkommen 170 Vertragsstaaten.[92] Sie alle sind durch ihre Mitgliedschaft auf die gemeinsamen Standards für die Anerkennung und Vollstreckung von ausländischen Schiedssprüchen verpflichtet. Gemäß Art. I(1) NYÜ sind ‚ausländische Schiedssprüche' solche, die nach Maßgabe des Verfahrensrechts eines anderen Staates als demjenigen zustande gekommen sind, in dem nunmehr ihre Vollstreckung begehrt wird.

Ausgangspunkt für die Verhandlungen, an deren Ende das New Yorker Übereinkommen stand, war die Bestrebung der beteiligten Staaten, einen annähernd einheitlichen, möglichst global harmonisierten Rechtsrahmen für die Anerkennung und Vollstreckbarkeit ausländischer Schiedssprüche zu schaffen.[93] Dadurch sollte ein hoher Grad an Rechtssicherheit für die Verwertbarkeit von Schiedssprüchen im internationalen Rechtsverkehr erzielt werden.[94] Bahnbrechend war neben der strikten Beschränkung möglicher Gründe für die Versagung der Anerkennung ausländischer Schiedssprüche[95] und dem damit

92 Stand vom 12. Juli 2022. Ständig aktualisierte Liste verfügbar unter: https://uncitral.un.org/en/texts/arbitration/conventions/foreign_arbitral_awards/status2.

93 Für eine ausführliche Darstellung der vorangegangenen Kodifizierungsinitiativen auf internationaler Ebene vgl. *S. Kröll*, 50 Jahre UN-Übereinkommen über die Anerkennung und Vollstreckung ausländischer Schiedssprüche, in: SchiedsVZ 2009, 40, Fn. 8 m.w.N.

94 United Nations Commission on International Trade Law (UNCITRAL), Convention on the Recognition and Enforcement of Foreign Arbitral Awards, 2015, S. 1, abrufbar unter: https://uncitral.un.org/sites/uncitral.un.org/files/media-documents/uncitral/en/new-york-convention-e.pdf.

95 Im Einzelnen ergeben sich aus Art. V NYÜ folgende sieben Fallgruppen, in denen die Anerkennung eines ausländischen Schiedsspruchs versagt werden kann: (1.a) Unwirksamkeit der Schiedsvereinbarung; (1.b) Verletzung des Verfahrensgrundsatzes vom rechtlichen Gehör; (1.c) Schiedsspruch geht inhaltlich über die Grenzen der an sich wirksamen Schiedsabrede hinaus; (1.d) Nichteinhaltung der maßgeblichen Verfahrensregeln; (1.e) Schiedsspruch wurde in dem Land des Schiedsortes bereits aufgehoben oder ist nach dem maßgeblichen staatlichen Verfahrensrecht in seiner Wirkung (vorerst) gehemmt; (2.a) Streitgegenstand ist nach dem Recht des Anerkennungsstaates einer schiedsgerichtlichen Klärung nicht zugänglich (sog. Schiedsunfähigkeit des

einhergehenden Verbot der sachlichen Inhaltskontrolle durch staatliche Gerichte (*révision au fond*)[96] auch die Zuordnung der Beweislast für das Vorliegen solcher Gründe zum Antragsgegner.[97] Im Endeffekt wurde somit eine grundsätzliche Pflicht der Vertragsstaaten zur Anerkennung und Vollstreckung ausländischer Schiedssprüche eingeführt.[98]

Mit Blick auf die Zielsetzung eines schiedsfreundlichen Rechtsverkehrs auf internationaler Ebene ist das New Yorker Übereinkommen nach wie vor hocheffektiv.[99] Die niederschwelligen Voraussetzungen gewährleisten ein effizientes und überschaubares Anerkennungsverfahren bei den zuständigen staatlichen Stellen. Zusätzlich bedingt durch den global flächendeckenden Rechtsraum, der sich angesichts der großen, noch immer wachsenden Zahl an Vertragsstaaten ergibt, ist die Handelsschiedsgerichtsbarkeit als vollwertiges Instrument im internationalen Rechtsverkehr zu erachten.

Streitgegenstandes); (2.b) Anerkennung des Schiedsspruchs verstößt gegen den ordre public des Zielstaates.

96 Siehe BT, Drs. 13/5274, S. 58 f. Aus der Rechtsprechung deutscher Gerichte vgl. außerdem BGH, Beschluss vom 28. Januar 2014, III ZB 40/13 = NJW 2014, 1597, 1598; BGH, Beschluss vom 24. Juli 2014, III ZB 83/13 = NJW 2014, 3652, 3653; OLG Saarbrücken, Urteil vom 30. Mai 2011, 4 Sch 03/10 = SchiedsVZ 2012, 47, 50 ff. Für eine internationale Perspektive vgl. *G. Born*, International Commercial Arbitration, 3. Aufl. 2021, S. 3645 ff. m.w.N.

97 Art. V NYÜ ist als abschließender Katalog von Umständen zu verstehen, unter denen die Anerkennung bzw. die Vollstreckung eines ausländischen Schiedsspruchs versagt werden kann, obwohl die die dafür erforderlichen, rein formellen Voraussetzungen des Art. IV NYÜ erfüllt sind. Während allein die Versagungsgründe des Art. V(2) NYÜ (Kein schiedsfähiger Streitgegenstand nach dem Recht des Anerkennungsstaates oder Verstoß gegen nationalen bzw. internationalen ordre public) von Amts wegen zu prüfen sind, bedarf eine Versagung in den Konstellationen des ersten Absatzes einer entsprechenden Einrede mitsamt Substantiierung durch den Antragsgegner. Zum Ganzen siehe *J. Adolphsen*, in: T. Rauscher/W. Krüger (Hrsg.), Münchener Kommentar zur Zivilprozessordnung, Bd. 3, 6. Aufl. 2022, Art. V UNÜ, insb. Rn. 1 u. 3.

98 In diesem Sinne *G. Born*, International Commercial Arbitration, 3. Aufl. 2021, S. 3718 ff. („Presumptive Obligation to Recognize International Arbitral Awards").

99 Siehe exemplarisch nur *M. Mustill*, Arbitration, in: JIA 6 (1989) No. 2, 43, 49 („the most effective instance of international legislation in the entire history of commercial law"); *A. van den Berg*, The New York Arbitration Convention of 1958, 1994, S. 1 („cornerstone of current international commercial arbitration"); *T. Cheng*, Celebrating the Fiftieth Anniversary of the New York Convention, in: A. van den Berg (Hrsg.), 50 Years of the New York Convention, 679 („one of the most successful conventions").

Diese Wertigkeit offenbart sich umso mehr anhand eines Vergleichs mit der Rechtslage bei der Vollstreckung von staatlichen Gerichtsurteilen im Ausland. Zwar gab es in der Vergangenheit ernsthafte Bestrebungen – allen voran der U.S.A.[100] – gemeinsame internationale Anerkennungsstandards verbindlich zu normieren. 2015 ist durch den Beitritt der Europäischen Union das von der *Haager Konferenz für Internationales Privatrecht* verabschiedete *Übereinkommen vom 30. Juni 2005 über Gerichtsstandsvereinbarungen* (HGÜ 2005)[101] in Kraft getreten. Abweichend von den ursprünglichen Kodifizierungsplänen, die umfassende Regelungen für sämtliche internationalen Zivil- und Handelsangelegenheiten vorsahen,[102] beläuft sich der materielle Regelungsgehalt des Haager Übereinkommens jedoch allein auf Urteile von staatlichen Gerichten, deren ausschließliche Zuständigkeit zuvor von den Parteien wirksam verabredet wurde.[103]

Doch nicht nur inhaltlich, sondern auch im Hinblick auf den erfassten Rechtsraum steht das Haager Übereinkommen dem New Yorker in beträchtlichem Maße nach. Bis heute kann es bloß in 32 Nationen Geltung beanspruchen.[104] Mithin existierte lange kein internationales Abkommen, das die gegenseitige Anerkennung sowie die Vollstreckung von staatlichen Gerichtsurteilen weltweit in ähnlich umfassendem Maße sicherstellt, wie es das New Yorker Übereinkommen für ausländische Schiedssprüche tut.

Am 2. Juli 2019 verabschiedete die Haager Konferenz ein neues *Übereinkommen über die Anerkennung und Vollstreckung ausländischer Urteile in Zivil- oder Handelssachen* (HGÜ 2019).[105] In der Sache tritt dieses Abkommen an,

---

100 *J. Antomo*, Aufwind für internationale Gerichtsstandsvereinbarungen, in: NJW 2015, 2919 m.w.N.

101 EU Rat, Beschluss vom 26. Februar 2009 über die Unterzeichnung – im Namen der Europäischen Gemeinschaft – des Übereinkommens über Gerichtsstandsvereinbarungen, ABl. EU L 133/1 vom 29. Mai 2009, S. 3–12. Engl.: *Convention of 30 June 2005 on Choice of Court Agreements.*

102 Ausführlich zum Gang der Verhandlungen und der schließlichen Verkürzung des Anwendungsbereichs siehe *G. Rühl*, Das Haager Übereinkommen über die Vereinbarung gerichtlicher Zuständigkeiten, in: IPRax 2005, 410 ff.

103 Art. I(1) HGÜ 2005.

104 Stand vom 24. März 2019. Ständig aktualisierte Liste verfügbar unter: https://www.hcch.net/de/instruments/conventions/status-table/?cid=98. Insbesondere China und die U.S.A. haben das Haager Übereinkommen bis dato trotz Unterzeichnung nicht ratifiziert, weshalb es in beiden Staaten bislang nicht in Kraft getreten ist.

105 Engl.: *Convention on the Recognition and Enforcement of Foreign Judgments in Civil or Commercial Matters.* Vertragstext abrufbar unter https://assets.hcch.net/docs/806e290e-bbd8-413d-b15e-8e3e1bf1496d.pdf.

um den Grad an Rechtssicherheit, den das New Yorker Übereinkommen für die Anerkennung und Vollstreckung von Schiedssprüchen im internationalen Verkehr geschaffen hat, ebenso für Urteile staatlicher Gerichte zu gewährleisten. Dazu schließt Art. 4(2) HGÜ 2019 insbesondere die *révision au fond* aus, also die inhaltliche Überprüfung von ausländischen Gerichtsentscheidungen, die in den Anwendungsbereich des Übereinkommens fallen. Materiell erfasst werden sollen nicht bloß Urteile, sondern über die Namensgebung des Abkommen hinaus auch Beschlüsse und Prozessvergleiche.[106] Schon allein aufgrund der offiziellen Bestrebungen der Europäischen Union, dem Abkommen beizutreten,[107] kann mit einem alsbaldigen Inkrafttreten nach Maßgabe des Art. 28 HGÜ 2019 gerechnet werden. Dennoch hängt der Erfolg des Übereinkommens maßgeblich vom Beitritt möglichst vieler anderer Jurisdiktionen und den daraus resultierenden Netzwerkeffekten ab.[108]

Dies gilt insbesondere aus Sicht der Europäischen Union, für deren Mitgliedstaaten das Haager Übereinkommen von 2019 ansonsten keinerlei Mehrwert hätte. Denn *de lege lata* verfügt der unionsinterne Rechtsverkehr bereits heute über einheitliche Verfahrensvorschriften, welche die gegenseitige Anerkennung und Vollstreckung von mitgliedstaatlichen Gerichtsurteilen sicherstellen.[109] Nach Art. 36 Abs. 1 EuGVVO sind Entscheidungen mitgliedstaatlicher Gerichte prinzipiell auf dem gesamten Territorium der Europäischen Union vollstreckbar, ohne dass dafür ein gesondertes Anerkennungsverfahren vonnöten ist. Vor diesem sekundärrechtlichen Hintergrund erweisen sich mitgliedstaatliche Gerichtsurteile allerdings nur dann als effektives Mittel zur Rechtsdurchsetzung, sofern ihre Vollstreckung auf Unionsgebiet betrieben wird. In Konstellationen,

106 *H. Schack*, Das neue Haager Anerkennungs- und Vollstreckungsübereinkommen, in: IPrax 2020, 1, 3; *F. Fuchs*, Das Haager Übereinkommen vom 2. Juli 2019 über die Anerkennung und Vollstreckung ausländischer Urteile in Zivil- oder Handelssachen, in: GWR 2019, 395, 396.

107 KOMM., Pressemitteilung vom 3. Juli 2019, abrufbar unter: https://ec.europa.eu/germany/news/20190703-anerkennung-zivil-handelsurteilen_de („Die Kommission wird nun mit der Vorbereitung des EU-Beitritts zum Übereinkommen beginnen.").

108 Diesbezüglich skeptisch aufgrund der Erfahrungen mit den Vorgängerabkommen *H. Schack*, Das neue Haager Anerkennungs- und Vollstreckungsübereinkommen, in: IPrax 2020, 1.

109 Art. 36 ff. Verordnung (EU) Nr. 1215/2012 des Europäischen Parlaments und des Rates vom 12. Dezember 2012 über die gerichtliche Zuständigkeit und die Anerkennung und Vollstreckung von Entscheidungen in Zivil- und Handelssachen, ABl. EU L 351/1 vom 20.12.2012 („EuGVVO").

die zur Urteilsdurchsetzung einen Zugriff in Drittstaaten erfordern, ergeben sich je nach dem jeweiligen nationalen Verfahrensrecht dennoch Schwierigkeiten in Gestalt von rechtlichen Hürden für die Anerkennung.

Infolgedessen bleibt es bis auf Weiteres dabei, dass jeder Staat weitgehend eigenmächtig festlegt, an welche Voraussetzungen die Anerkennung von Urteilen ausländischer Gerichte geknüpft sind. Sofern sich Staaten überhaupt in einzelnen bi- oder multilateralen Übereinkommen gemeinsamen Rahmenbedingungen unterwerfen, nützt dies lediglich dem unmittelbar gegenseitigen Rechtsverkehr. Indem ein Staat teilweise im Verhältnis zu verschiedenen Ländern durch eigenständige Abkommen mit abweichendem Inhalt gebunden sein kann,[110] wird die Rechtssicherheit höchstens punktuell, jeweils in dem konkreten bi- oder multilateralen Kontext gestärkt. Damit gleicht die Rechtslage einem Flickenteppich, der in Abhängigkeit der nationalen Perspektive unterschiedliche Muster annimmt, die selbst für professionelle Rechtsanwender nur schwer durchschaubar sind. Sofern Vollstreckungsmaßnahmen nicht bloß in einem, sondern in mehreren Drittstaaten notwendig sind, bedarf es daher in jeder einzelnen Jurisdiktion einer dezidierten Rechtsberatung, um die im Einzelfall maßgebenden Anforderungen einhalten zu können.[111] Zudem erkennen einige Staaten ausländische Gerichtsurteile überhaupt nicht an.[112]

Zwar erfordern auch Schiedssprüche in derartigen Konstellationen jeweils eigene Anerkennungsverfahren in den Vollstreckungsstaaten, jedoch sind dabei aufgrund des New Yorker Übereinkommens meist dieselben, rein formalen Voraussetzungen zu erfüllen.[113] Damit lässt sich konstatieren, dass die

---

110 Beispielsweise unterhält Deutschland abgesehen von den unionsrechtlichen Verpflichtungen aus der EuGVVO eine Vielzahl von Mitgliedschaften bei entsprechenden bisowie multilateralen Vertragswerken. Für einen Überblick siehe *P. Gottwald*, in: T. Rauscher/W. Krüger (Hrsg.), Münchener Kommentar zur Zivilprozessordnung, Bd. 1, 6. Aufl. 2020, § 328 ZPO, Rn. 35 ff.

111 *Strasser* betont in diesem Zusammenhang passend, dass „die alte Weisheit ‚jeder Fall ist anders' umso mehr" für die Anerkennung und Vollstreckung von ausländischen Gerichtsurteilen gelte, *C. Strasser*, Vollstreckung aus Nicht-EU-Urteilen, in: NZFam 2015, 103.

112 *G. Gornig*, Internationale Schiedsgerichtsbarkeit in Konkurrenz zur staatlichen Gerichtsbarkeit, in: V. Bouffier/H.-D. Horn/R. Poseck, et al. (Hrsg.), Grundgesetz und Europa, 501.

113 Gemäß Art. IV(1) NYÜ muss der Antragsteller im Rahmen eines Anerkennungsverfahrens lediglich den Nachweis des Schiedsspruches sowie der zugrundeliegenden Schiedsabrede erbringen. Soweit diese Dokumente nicht in einer der Amtssprachen

Zwangsvollstreckung mittels eines ausländischen Schiedsspruches aufgrund des vereinfachten Verfahrens somit häufig zielführender sein kann als im Falle von ausländischen Gerichtsurteilen.[114] Während die Vertragsstaaten des New Yorker Übereinkommens folglich einen quasi-einheitlichen Rechtsraum für die Vollstreckung von Schiedssprüchen bilden, wirkt sich die Unübersichtlichkeit der internationalen Rechtslage erschwerend auf die Anerkennung und Vollstreckung von staatlichen Gerichtsurteilen aus.[115]

Bis auf Weiteres bleiben die vereinheitlichten Vollstreckungsverfahren ausländischer Entscheidungen damit ein Alleinstellungsmerkmal der Schiedsgerichtsbarkeit. Sofern sich Gläubiger in der Durchsetzung ihrer Ansprüche auf Urteile stützen, die sie vor den Gerichten eines anderen Staates erstritten haben, sind sie bisweilen von der Gunst der einschlägigen nationalen Regelungen im Vollstreckungsstaat abhängig. Angesichts dieser Rechtslage bleibt die Anerkennung und somit auch die Vollstreckung von staatlichen Gerichtsurteilen im internationalen Ausland mit erheblicher Rechtsunsicherheit verbunden, da sie letztlich der Willkür des jeweiligen nationalen Gesetzgebers im Vollstreckungsstaat unterliegt. Insbesondere im Vergleich zu ausländischen Schiedssprüchen offenbart sich dahingehend ein gravierender Kontrast, der sich potentiell in der Präferenz der Nutzer für die staatliche oder aber die Schiedsgerichtsbarkeit niederschlägt.

So werden Nutzer, die in einer bestimmten Geschäftsverbindung grundsätzlich das Risiko einer notwendigen Zwangsvollstreckung im Ausland erkennen, aufgrund der niedrigeren Anerkennungshürden für Schiedssprüche zur Vereinbarung einer Schiedsabrede tendieren. Einer solchen Entscheidung liegen weniger konkrete Anzeichen auf Nichteinhaltung gerichtlicher Entscheidungen durch die andere Seite zugrunde als vielmehr der Umstand, dass relevante Teile des Vermögens der Gegenseite im Ausland gelegen sein könnten. Denn sollte die

---

des Anerkennungsstaates verfasst sind, kann nach Art. IV(2) NYÜ zusätzlich die Beibringung amtlicher Übersetzungen verlangt werden.

114 In diesem Sinne etwa *G. Gornig*, Internationale Schiedsgerichtsbarkeit in Konkurrenz zur staatlichen Gerichtsbarkeit, in: V. Bouffier/H.-D. Horn/R. Poseck, et al. (Hrsg.), Grundgesetz und Europa, 501, 502 f.; *H. Hamann*/*T. Lennartz*, Schiedsverfahren oder staatliche Gerichtsverfahren, in: JA 2012, 801, 808.

115 Angesichts der Rechtsraumzersplitterung, die bei der Anerkennung und Vollstreckung von staatlichen Gerichtsurteilen zu beobachten ist, bleibt gerade die Rechtsklarheit im internationalen Rechtsverkehr deutlich unzureichender für Gerichtsurteile verwirklicht als für Schiedssprüche. Zur essentiellen Bedeutung der Rechtsklarheit als Komponente von Rechtssicherheit (auf nationaler Ebene) siehe *M. Sachs*, in: M. Sachs (Hrsg.), Grundgesetz, 9. Aufl. 2021, Art. 20 GG, Rn. 123 ff.

zwangsmäßige Durchsetzung von gerichtlich festgestellten Ansprüchen tatsächlich erforderlich werden, ist das allgemeine Ausfallrisiko bei Vollstreckung im Ausland vor dem Hintergrund des New Yorker Übereinkommens für Inhaber von Schiedssprüchen bedeutend geringer als bei staatlichen Gerichtsurteilen.

3. *Sachlich relevanter Markt: Administrierung von Schiedsverfahren*

In sachlicher Hinsicht erstreckt sich der relevante Markt auf diejenigen Dienstleistungen, die rund um die Organisation und Durchführung von internationalen Schiedsverfahren anfallen können. Indes handelt es sich um einen Markt, der ausschließlich Schiedsverfahren umfasst, die dem Willen der beteiligten Parteien nach als institutionelle Schiedsverfahren abgehalten werden. Dementsprechend spielen Ad-Hoc-Schiedsverfahren mangels Beteiligung einer administrierenden Schiedsinstitution von vornherein keine Rolle.

Darin unterscheidet sich der vorliegend relevante Markt strikt von dem für Schiedsrichtermandate.[116] Auf letzterem konkurrieren Einzelpersonen um die Übernahme der Schiedsrichterfunktion in bereits eingeleiteten Schiedsverfahren, ohne dass es auf deren Natur im Sinne der Unterscheidung zwischen institutionellen und eigenständigen Ad-Hoc-Schiedsverfahren ankommt. Dieser Markt ist vorliegend irrelevant.

Darüber hinaus geht aus der Marktabgrenzung hervor, dass die Schiedsordnungen nicht selbst das Wirtschaftsgut darstellen, auf dessen Handel sich der relevante Markt bezieht. Von der einen Seite angeboten und von der anderen nachgefragt wird nicht etwa die Schiedsordnung als solche, sondern das darin niedergelegte Verfahren mitsamt der zugehörigen Organisations- und Administrierungsdienstleistungen. Folgerichtig wäre die Bezeichnung einer Schiedsordnung als ‚Produkt' unpräzise.[117]

Dennoch bestimmen die Regelungen einer Schiedsordnung und deren normativer Gehalt umfassend über die spezifische Ausgestaltung der Dienstleistungen,

116 In diesem Sinne auch *A. Stone Sweet/F. Grisel*, The Evolution of International Arbitration, 2017, S. 45. Zum Markt für Schiedsrichtermandate eingehend vgl. *B. Guandalini*, Economic Analysis of the Arbitrator's Function, 2020, S. 25 ff.

117 Diese Bezeichnung in Bezug auf staatliche Vorschriften findet sich so etwa bei *H. Eidenmüller*, Recht als Produkt, in: JZ 2009, 641 ff.; *R. Romano*, Law as a Product: Some Pieces of the Incorporation Puzzle, in: JLEO 1 (1985) No. 2, 225 ff. Doch auch im staatlichen bzw. gesetzlichen Kontext gilt, dass nicht die Vorschriften als solche angeboten oder nachgefragt werden. Gegenstand ist vielmehr die Behandlung nach deren Maßgabe.

die Gegenstand des relevanten Marktes sind. Sofern die Beschaffenheit eines Angebotes modifiziert werden soll, erfordert dies grundsätzlich eine Reform der Schiedsordnung. Während die Dienstleistungen als Marktgegenstand und Schiedsordnung folglich voneinander zu unterscheiden sind, ist doch das eine gerade Spiegelbild des anderen. Daher kann die Entwicklung der angebotenen Dienstleistungen allein in Ansehung der Genese der Schiedsordnungen analysiert werden.

II. Räumlich relevanter Markt

Der räumlich relevante Markt umfasst „das Gebiet, in dem die beteiligten Unternehmen die relevanten Produkte oder Dienstleistungen anbieten, in dem die Wettbewerbsbedingungen hinreichend homogen sind und das sich von benachbarten Gebieten durch spürbar unterschiedliche Wettbewerbsbedingungen unterscheidet.“[118]

Was unter ‚beteiligten Unternehmen‘ im Sinne der Norm zu verstehen ist, hängt angesichts der universellen Anwendung der Marktabgrenzungsmethode von der Art des jeweiligen Verfahrens ab. Wird ein möglicher Verstoß gegen das Kartellverbot des Art. 101 Abs. 1 AEUV untersucht, so sind die Beteiligten des konzertierten Verhaltens die maßgebliche Referenzgröße. Bei Ermittlungen rund um den Missbrauch von Marktmacht nach Art. 102 AEUV ist eindeutig das marktstarke Unternehmen gemeint und im Rahmen der Fusionskontrolle die anmeldenden Parteien.[119]

Die vorliegende Untersuchung betrifft zwar keine dieser Fallgruppen aus dem Alltagsgeschäft einer Wettbewerbsbehörde. Nichtsdestoweniger bietet die angeführte allgemeine Definition des relevanten geografischen Marktes auch für den hiesigen Zweck der Identifikation eines eigenen Marktes, auf dem die betrachteten Schiedsinstitutionen miteinander konkurrieren, einen fruchtbaren Ansatzpunkt. Denn auch wenn in der behördlichen Praxis das hintergründige Verfahrensszenario Anlass für die ultimative Feinjustierung der Marktabgrenzung bieten kann, so operiert der grundlegende Ansatz im Prinzip gerade unabhängig davon. Der Rückgriff auf den bereits definierten, sachlich relevanten Markt ermöglicht an dieser Stelle die Fokussierung auf diejenigen Akteure, welche dementsprechende Dienstleistungen auf dem freien Markt anbieten.

---

118 KOMM., Marktabgrenzungsbekanntmachung, Rn. 8.

119 Vgl. KOMM., Marktabgrenzungsbekanntmachung, Fn. 2, unter Bezugnahme auf die entsprechenden Art. 85, 86 des damals geltenden EG-Vertrags.

Die Schiedsinstitutionen stellen als Anbieter von Dienstleistungen rund um die Organisation und Durchführung von privaten Gerichtsverfahren im Grundsatz sehr ähnliche Dienstleistungen zur Verfügung. Darin spiegeln sich die stets ähnlichen Anforderungen der Nutzer an Organisation und Durchführung eines Schiedsverfahrens wider. Dennoch zielt das Angebot mancher Schiedsinstitutionen klar auf internationale Verfahren ab, während andere sich auf regionale Nutzer konzentrieren und ihr Geschäft spezieller nach deren Bedürfnissen ausrichten. Für die Marktabgrenzung kommt es aber entscheidend auf die objektive Sachlage an. Die subjektiv geprägte Ausrichtung der Geschäftsstrategie einzelner Unternehmen kann insoweit allenfalls als Indiz herangezogen werden.

Gegenstand der vorliegenden Untersuchung ist ausschließlich der Wettbewerb der Schiedsinstitutionen im Kontext internationaler Schiedsverfahren. Demzufolge ist im Zuge der Abgrenzung des geografisch relevanten Marktes zu beleuchten, in welchem räumlichen Radius die Parteien einer entsprechenden Schiedsvereinbarung bei der Auswahl einer Schiedsinstitution derart vergleichbare Angebote vorfinden, dass diese zumindest potentiell ernsthaft miteinander um den Zuschlag konkurrieren.[120] Mit anderen Worten, wie weit reicht der Angebotsradius der Schiedsinstitutionen bei der Akquise ihrer Kunden? Konkurriert eine Schiedsinstitution bloß mit den übrigen in ihrem unmittelbaren regionalen Umfeld oder darüber hinaus mit denen ihres Niederlassungsstaates, des entsprechenden Kontinentes oder gar mit allen anderen weltweit?

1. *Ausgangshypothese: Weltweiter Markt für die Administrierung von Schiedsverfahren*

Der selbstformulierte Anspruch der bekanntesten und aktivsten Schiedsinstitutionen an die eigene Geschäftstätigkeit ist eindeutig global. Die Attraktivität ihres Angebotes soll demnach nicht territorial beschränkt sein, sondern vielmehr Kunden aus aller Welt gleichermaßen adressieren. Mitunter banal, aber dennoch bemerkenswert ist insoweit die Feststellung, dass die führenden Schiedsinstitutionen buchstäblich mit ihrem Namen für diese Zielsetzung stehen.[121]

---

120 Vgl. in diesem Sinne auch KOMM., Marktabgrenzungsbekanntmachung, Rn. 28 („[Es ist] zu ermitteln, ob Unternehmen an unterschiedlichen Standorten für die Verbraucher tatsächlich eine alternative Lieferquelle darstellen.").

121 Augenfällig tragen viele der führenden Schiedsinstitutionen wie der LCIA, das SIAC oder das ICDR die Internationalität als Teil ihrer Firma vor sich her. Über sie hinaus gilt dasselbe für viele weitere renommierte Schiedsinstitutionen wie das *Vienna International Arbitration Centre* (VIAC) oder auch die CIETAC.

Dass jedenfalls nationalstaatliche Grenzen nicht den geschäftlichen Horizont der Schiedsinstitutionen markieren, wird noch deutlicher angesichts des Umstandes, dass sie ihre Schiedsordnungen regelmäßig mindestens in englischer Sprache und somit dem größtmöglichen Publikum zugänglich machen. Darüber hinaus versuchen die Schiedsinstitutionen Übersetzungen in möglichst vielen anderen Sprachen bereitzuhalten. Beispielsweise publiziert die ICC ihre Schiedsregeln derzeit in nicht weniger als 15 verschiedenen Sprachen, darunter Arabisch, Chinesisch, Deutsch, Russisch, Spanisch und Ukrainisch.[122]

Führt man sich die anvisierten Sprachräume auf der Weltkarte vor Augen, so erkennt man schnell, dass das Angebot der Schiedsinstitutionen auch im Übrigen global und allgemeingültig konzipiert ist. Denn durch die Ansprache möglichst zahlreicher Personen in deren jeweiliger Muttersprache soll dem Kunden die Handhabung der Schiedsordnung erleichtert werden, wodurch wiederum die Schiedsinstitution Potentiale bei der Akquise erschließen kann, die sonst wegen entsprechender Sprachbarrieren ungenutzt blieben.

Die somit eindeutig globalen Ambitionen der Schiedsinstitutionen schlagen sich in der heutigen Realität tatsächlich nieder. Am deutlichsten in der hohen Bandbreite von Staaten, aus denen die Parteien der von den führenden Institutionen administrierten Schiedsverfahren stammen. Laut aktueller Statistik der ICC kamen die Prozessparteien der 2018 dort angestrengten Schiedsverfahren aus 135 verschiedenen Ländern.[123] Beim ICDR kamen die Parteien der Schiedsverfahren im selben Jahr aus 99 und bei der SIAC aus 65 verschiedenen Herkunftsländern.[124] Die vom LCIA veröffentlichte Statistik enthält dahingehend zwar keine absoluten Zahlen, sondern nur Prozentangaben hinsichtlich verschiedener Regionen der Welt.[125] Nichtsdestoweniger geht daraus ebenfalls

---

122 Abrufbar unter https://iccwbo.org/publication/arbitration-rules-and-mediation-rules/.

123 ICC, ICC Dispute Resolution 2018 Statistics, S. 8, abrufbar unter: https://library.iccwbo.org/content/dr/pdfs/2018statistics_iccdisputeresolution_898.pdf 2017 waren es sogar Parteien aus 142 unterschiedliche Herkunftsstaaten, siehe ICC, 2017 ICC Dispute Resolution Statistics, in: ICC Dis. Res. Bul. 2018 (Issue 2), 51, 52.

124 AAA-ICDR, 2018 ICDR Case Data Infographic, S. 1, abrufbar unter: http://go.adr.org/rs/294-SFS-516/images/2018_ICDR_Case_Data.pdf; SIAC, Annual Report 2018, S. 17, abrufbar unter: http://siac.org.sg/images/stories/articles/annual_report/SIAC_AR2018-Complete-Web.pdf.

125 LCIA, 2018 Annual Casework Report, S. 8–9, abrufbar unter: http://www.lcia.org/media/download.aspx?MediaId=772.

hervor, dass die Parteien der Schiedsverfahren beim LCIA beziehungsweise dessen Kunden aus den verschiedensten Ländern sämtlicher Kontinente stammen.

Im Übrigen löst die Schiedsgerichtsbarkeit die Streitbeilegung zwangsläufig aus dem System staatlicher Justiz heraus und bewirkt mithin quasi begriffsnotwendig die faktische Internationalisierung des Verfahrens.[126] Denn die Rechtswahlfreiheit, die für die Parteien insbesondere in prozessualer Hinsicht aus einer Schiedsvereinbarung folgt, stellt selbst im Falle ihrer Nicht-Ausübung die umfängliche Anwendung des ansonsten maßgebenden nationalen Rechts in Frage, indem mehrere Regelwerke für dieselbe Materie um die Anwendung im konkreten Einzelfall konkurrieren, ohne dass eine zentrale Instanz zu einer endgültigen Entscheidung berufen ist.

Für ein weltweites Konkurrenzverhältnis zwischen Schiedsinstitutionen spricht außerdem die Sicht der Nachfrageseite, aus der die Schiedsgerichtsbarkeit speziell im internationalen Kontext attraktiv ist, da einige ihrer Vorzüge gegenüber den staatlichen Gerichten – vorneweg die leichtere Vollstreckbarkeit im Ausland – ausschließlich in diesem Szenario zur Geltung kommen, beziehungsweise erst durch den grenzüberschreitenden Sachverhalt spezifische Bedürfnisse entstehen, denen am ehesten ein Schiedsverfahren gerecht wird. Wenn beispielsweise die Geschäftspartner eines internationalen Vertrages dessen Bewertung im Streitfalle nicht den Gerichten des Heimatstaates der Gegenseite überlassen möchten, ist die Vereinbarung einer Schiedsklausel ein pragmatischer Lösungsansatz.

Bei internationalen Verträgen versucht regelmäßig jede Seite, die Zuständigkeit der Gerichte des Heimatstaates der anderen zu vermeiden, da diese sich – unabhängig von der allgemeinen Reputation des konkreten Justizsystem – nicht als neutrales Forum eignen, in dem faktische Waffengleichheit für alle Seiten herrscht.[127] Solche ‚Heimspiele' können zwar auch durch Vereinbarung der Zuständigkeit der Justiz eines Drittstaates ausgeschlossen werden. Erzielen die

---

126 So stellen manche Kommentatoren zutreffend eine faktische Entkopplung der Schiedsgerichtsbarkeit von der staatlichen Dimension des prozessualen sowie des materiellen Rechts des Schiedsortes fest und spricht insofern auch von einer ‚Entnationalisierung' im Sinne einer globalisierungsbedingten Herauslösung der Schiedsgerichtsbarkeit aus dem nationalstaatlichen Ambitus, siehe *B. Hanotiau*, International Arbitration in a Global Economy, in: JIA 28 (2011) No. 2, 89, 90 ("phenomenon of denationalization"); *K. Lynch*, The Forces of Economic Globalization, 2003, S. 272 ("movement towards denationalization"), vgl. zudem S. 173 ff. m.w.N.

127 Zu den Gründen für die berechtigten Bedenken vgl. statt vieler nur *G. Born*, International Arbitration and Forum Selection Agreements, 5. Aufl. 2016, Ch. 1 Rn. 6.

Parteien allerdings keine Einigung hinsichtlich eines geeigneten Drittstaates, kommen die Vertragsverhandlungen insgesamt zum Erliegen.

Der Abschluss einer Schiedsabrede kann dann als Alternative zu einer Gerichtsstandsvereinbarung die Suche nach einem neutralen, (dritt-) staatlichen Gerichtsforum ersparen und damit die Vertragsverhandlungen insgesamt vor dadurch bedingtem Stillstand bewahren. Indem sie die Parteien in die Lage versetzt, ein privates Konfliktlösungsforum nach ihren eigenen, individuellen Vorstellungen zu konzipieren, ist die Schiedsgerichtsbarkeit sogar an sich neutralen Justizsystemen überlegen[128] und folglich dazu geeignet, derartige ‚Heimspieldilemmata' nachhaltig aufzulösen. Dazu kommt es lediglich auf die Wahl des Schiedsverfahrens als Konfliktlösungsmethode an. Weitere Schlüsse auf die insofern nachgelagerte Entscheidung zwischen den Schiedsinstitutionen aufgrund ihrer unterschiedlich gelegenen Niederlassungen können hieraus jedoch nicht gefolgert werden.

Dasselbe gilt entsprechend für alle anderen Charakteristika, die dem Schiedsverfahren als solchem bereits wesensgemäß innewohnen. Diese Erwägungen beeinflussen zwar die Nachfrage nach Schiedsverfahren im Allgemeinen, nicht aber die Entscheidung für eine bestimmte Schiedsinstitution. Insgesamt zeichnet sich aufgrund der voranstehenden Erwägungen ein Gesamtbild ab, das die Annahme eines weltweiten Marktes für die Administrierung von Schiedsverfahren nahelegt.

2. *Gegenprüfung*

Diese Anfangshypothese gilt es im Weiteren unter Einbeziehung der konkreten Nachfrage- sowie gegebenenfalls einschlägiger Angebotsmerkmale einer Gegenprüfung zu unterziehen, an deren Ende entweder eine weitere Eingrenzung des räumlich relevanten Marktes oder sonst die Bestätigung der bisherigen Eingrenzung steht. Korrekturbedarf hinsichtlich der Annahme eines weltweiten Marktes besteht, sofern die Wettbewerbsbedingungen von Ort zu Ort derart variieren, dass sie vollkommen unterschiedliche Dynamiken erzeugen. Ein einheitlicher geografischer Markt zeichnet sich dabei allerdings nicht unbedingt durch die Identität der Wettbewerbsbedingungen aus. Vielmehr genügt deren hinreichende Homogenität.[129]

---

128 *G. Wagner*, Rechtsstandort Deutschland im Wettbewerb, 2017, S. 131 f.

129 Siehe statt vieler nur jeweils m.w.N. *C. Jung*, in: E. Grabitz/M. Hilf/M. Nettesheim (Hrsg.), Das Recht der Europäischen Union, 75. EL (Januar 2022), Art. 102 AEUV, Rn. 49; *H. Schröter/U. Bartl*, in: H. von der Groeben/J. Schwarze/A. Hatje (Hrsg.), Europäisches Unionsrecht, Bd. 2, 7. Aufl. 2015, Art. 102 AEUV, Rn. 150.

a) Untersuchung der Nachfragemerkmale

Die bisherige Annahme eines weltweiten Marktes hat zunächst Bestand, sofern auf Nachfrageseite die Entscheidung zwischen mehreren Schiedsinstitutionen im Wesentlichen von Faktoren geleitet ist, die losgelöst von ortsspezifischen Umständen evaluiert werden.

aa) Allgemeines Renommee der Schiedsinstitutionen

Im Zuge ihrer repräsentativen Umfrage unter Schiedspraktikern wollte die Queen Mary University von den Teilnehmern wissen, welche Beweggründe für sie die entscheidenden bei der Auswahl einer Schiedsinstitution sind. Dazu waren die Teilnehmer aufgefordert, die für sie wichtigsten vier Kriterien nicht nur zu benennen, sondern diese anschließend in eine wertende Reihenfolge zu bringen, indem man ihnen die Ränge eins bis vier zuteilt. Mit Abstand die meisten nannten daraufhin ‚generelle Reputation und Renommee' als den primären Beweggrund der Entscheidung für eine bestimmte Schiedsinstitution. Dieses Kriterium war gleichzeitig dasjenige, welches am häufigsten den ersten Rang und damit die höchste Relevanz zugesprochen bekam.[130]

Der Wettbewerbsfaktor der allgemeinen Reputation einer Schiedsinstitution bietet derweil keinen Anlass dazu, die Hypothese eines weltweiten Marktes für die Administrierung von Schiedsverfahren zu korrigieren. Aus der Statistik der Queen Mary University geht hervor, dass in nicht unerheblichem Maße eine Schnittmenge zwischen den Sitzen der renommiertesten Schiedsinstitutionen und den am häufigsten gewählten Schiedsorten besteht. Dies könnte grundsätzlich auf örtlich bedingte Wettbewerbsvorteile hindeuten. Allerdings kann dieser Umstand die Annahme eines globalen Marktes aus drei Gründen nicht bedeutend erschüttern.

---

130 Zum Ganzen vgl. Queen Mary University London, 2021 International Arbitration Survey, S. 10, abrufbar unter: http://www.arbitration.qmul.ac.uk/media/arbitration/docs/LON0320037-QMUL-International-Arbitration-Survey-2021_19_WEB.pdf; Queen Mary University London, 2018 International Arbitration Survey, S. 14, abrufbar unter: http://www.arbitration.qmul.ac.uk/media/arbitration/docs/2018-International-Arbitration-Survey--The-Evolution-of-International-Arbitration-(2).PDF; Queen Mary University London, 2015 International Arbitration Survey, S. 19, abrufbar unter: http://www.arbitration.qmul.ac.uk/media/arbitration/docs/2015_International_Arbitration_Survey.pdf. In diesem Sinne auch *J. Wetter*, The International Arbitral Process, 1979, S. 242 ("The record of each institution […] also is an element influencing the choice [of users between different arbitral institutions].").

Erstens besteht zwischen dem Schiedsort und dem Sitz der Schiedsinstitution von vornherein keine notwendige Korrelation, denn die Wahl einer Schiedsinstitution ist in keiner Weise eine Vorentscheidung über den Schiedsort.[131] Vielmehr können diese beiden Orte vollkommen unabhängig voneinander gewählt werden.[132] Die Parteien sind insbesondere nicht an den Sitz der Niederlassung der von ihnen beauftragten Schiedsinstitution gebunden. Sie können den Schiedsort und damit die rechtliche Heimat der schiedsgerichtlichen Entscheidungen vollkommen unabhängig von dem tatsächlichen Ort der mündlichen Verhandlungen wählen.[133] Damit kommt ihm gerade im Kontext internationaler Schiedsverfahren häufig bloß der Charakter einer *rechtlichen Fiktion* zu.[134] Mithin stellt die staatliche Rechtsordnung am Ort der Niederlassung eines Schiedszentrums angesichts der Abwählbarkeit durch die Parteien kein Wettbewerbshindernis dar.

Zweitens, unterstellt die nachfrageseitige Beliebtheit von Schiedsort und Sitz einer Schiedsinstitution korrespondieren tatsächlich miteinander, steht dennoch mitnichten fest, dass das Renommee der Schiedsinstitution von dem des Schiedsortes profitiert und nicht umgekehrt der Schiedsort vom Ansehen der zufällig dort ansässigen Institution.[135] Insofern besteht keine einseitige

---

131 Die Wahl des Schiedsortes unterliegt grundsätzlich der autonomen Entscheidung der Parteien, siehe *E. Gaillard*, in: E. Gaillard/J. Savage (Hrsg.), Fouchard, Gaillard, Goldman on International Commercial Arbitration, 1999, Rn. 1240. Ganz überwiegend gestatten nationalstaatliche Regelung sowie institutionelle Schiedsordnungen den Parteien bzw. dem Schiedsgericht, die Verhandlungstermine – und sei es nur aus Bequemlichkeit – an einem anderen als dem Schiedsort durchzuführen. Siehe dazu *G. Born*, International Commercial Arbitration, 3. Aufl. 2021, S. 2207.

132 Die von den Schiedsinstitutionen öffentlich zur Verfügung gestellten Musterschiedsklauseln enthalten in Bezug auf den Schiedsort jeweils eine Passage mit entsprechendem Platzhalter, der dem Nutzer gerade die freie Wahl des Schiedsortes vor Augen führt.

133 Zudem finden Prozesstermine zunehmend fernmündlich in Form von Videokonferenzen statt, wodurch der örtliche Bezug eines Schiedsverfahrens noch weniger in der wahrnehmbaren Verfahrensrealität stattfindet. Siehe zu dem Entwicklungen in der jüngsten Vergangenheit sowie zu den Implikationen und Zukunftsperspektiven sog. ‚virtueller Verhandlungen' *N. Gielen/C. Wahnschaffe*, Die virtuelle Verhandlung im Schiedsverfahren, in: SchiedsVZ 2020, 257 ff.

134 In diesem Sinne und zum Ganzen ausführlich m.w.N. vgl. *G. Kaufmann-Kohler*, Globalization of Arbitral Procedure, in: VJTL 36 (2003), 1313, 1318 ff. ("The Seat of Arbitration is a Legal Fiction").

135 Zutreffend in letzterem Sinne wohl *F. Bonke*, 2018 In Review: Recent Revisions of Institutional Rules in Europe, in: Kluwer Arbitration Blog, 29. Januar 2019, abrufbar

Abhängigkeit – weder im Sinne einer einbahnstraßenartigen Abhängigkeit des Schiedsortes von einem Schiedszentrum noch umgekehrt. Vielmehr können sich beide Sphären höchstens gegenseitig bedingen, sodass sich die Beliebtheit eines Schiedsortes förderlich auf das Geschäft eines Schiedszentrums auswirken kann. Umgekehrt kann eine Schiedsinstitution mittels etwaiger Lobbyarbeit versuchen, auf die Ausgestaltung des Schiedsrechts am Ort der eigenen Niederlassung einzuwirken. Dadurch mag wiederum dessen Attraktivität als Schiedsort potentiell gesteigert werden. Demnach können sich gewisse symbiotische Wechselwirkungen zwischen der Attraktivität eines Schiedsortes und dem Markterfolg eines örtlichen Schiedszentrums ergeben. Ein Abhängigkeitsverhältnis, in dem der eine Faktor eine notwendige Voraussetzung für den anderen wäre, besteht allerdings nicht.

Drittens sprechen zumindest die Statistiken der ICC gegen ein starres Kopplungsverhältnis zwischen dem Sitz einer Schiedsinstitution und dem Schiedsort der bei ihr anhängigen Verfahren. Nur für 135 von 842 der im Jahr 2018 bei der ICC eingeleiteten Schiedsverfahren war mit Paris der Ort des Sitzes der Schiedsinstitution als Schiedsort vorgesehen. Damit belegt es institutionsintern zwar den ersten Platz der beliebtesten Schiedsorte, allerdings entsprechen die Zahlen lediglich einem Anteil von knapp 20 %.[136] Es kann vor diesem Hintergrund nicht davon ausgegangen werden, dass sich die Parteien in der Entscheidung für eine Schiedsinstitution von Erwägungen zum Schiedsort tragen lassen.

Der LCIA als einzige andere der hier untersuchten Schiedsinstitutionen neben der ICC, die entsprechende statistische Angaben veröffentlicht, schlüsselt diese lediglich nach Staaten, nicht aber weiter nach Städten auf. In 238 der 317 und damit in 75 % der 2018 bei ihm eingeleiteten Schiedsverfahren befand sich der Schiedsort in England,[137] sodass für den LCIA zumindest eine engere

---

unter: http://arbitrationblog.kluwerarbitration.com/2019/01/29/2018-in-review-recent-revisions-of-institutional-rules-in-europe-where-do-europes-arbitral-institutions-now-stand-against-global-competition/ ("The adaptability of institutional rules to the users' preferences is also key to the success of the arbitral seat since the conduct of arbitration is more determined by the agreed institutional rules which supersede the, otherwise applicable, national arbitration law."). Zum eigenständigen (Rechts-) Wettbewerb der Schiedsorte, in dem staatliche Akteure miteinander konkurrieren, siehe ausführlich *G. Wagner*, Rechtsstandort Deutschland im Wettbewerb, 2017, S. 138 ff. m.w.N.

136 ICC, ICC Dispute Resolution 2018 Statistics, S. 25, abrufbar unter: https://library.iccwbo.org/content/dr/pdfs/2018statistics_iccdisputeresolution_898.pdf.

137 LCIA, 2018 Annual Casework Report, S. 11, abrufbar unter: http://www.lcia.org/media/download.aspx?MediaId=772.

Korrespondenz von seiner Niederlassung mit dem Schiedsort der Verfahren festzustellen ist. Gleichzeitig war in knapp 66 % der Schiedsverfahren das englische Recht auch das in der Sache anzuwendende Regime. Die Gesamtschau deutet somit darauf hin, dass Englands hohe Quote bei der Wahl des Schiedsortes teilweise durch die Bestrebung der Parteien zustande kommt, den Gleichlauf des anwendbaren materiellen Rechts mit dem maßgeblichen prozessualen Rahmen herzustellen. Darüber hinaus erfreut sich London generell besonderer Beliebtheit als Schiedsort, was nicht nur durch den Ruf der staatlichen Gerichte im Bereich des Wirtschaftsrechts, sondern zudem auch durch die Bedeutung der *City of London* mit der hohen Dichte an Niederlassungen international operierender Unternehmen, darunter insbesondere solche der Finanzbranche, bedingt ist.[138]

bb) Qualität des Verfahrensmanagements

Annähernd ähnlich hoher Stellenwert wird derweil nur der „hochklassigen Administrierung des Schiedsverfahrens" beigemessen, wobei insbesondere die generelle Effizienz der Schiedsverfahren einer Institution sowie vorausschauendes Fallmanagement und dementsprechend geeignetes, hochqualifiziertes Personal für die Erwägungen der Parteien ausschlaggebend sind.[139] Diese Faktoren werden grundsätzlich nicht unmittelbar von den jeweiligen ortsspezifischen Gegebenheiten am Sitz der Schiedsinstitution beeinflusst. Für die Verfahrenseffizienz entscheidend sind vielmehr der Inhalt der Verfahrensregeln sowie deren praktische Handhabung. Mit der wettbewerblichen Herausforderung, sich im Hinblick auf diese Anforderungen der Nachfrageseite mit einem attraktiven Serviceangebot auf dem Markt zu präsentieren, sind demnach grundsätzlich alle Schiedsinstitutionen konfrontiert.

---

138 *H. Eidenmüller*, Collateral Damage: Brexit's Negative Effects on Regulatory Competition and Legal Innovation in Private Law, in: ZEuP 2018, 868, 876 m.w.N. Vgl. auch *G. Wagner*, The Dispute Resolution Market, in: BLR 62 (2014) No. 5, 1085, 1146 f.

139 Queen Mary University London, 2018 International Arbitration Survey, S. 14, abrufbar unter: http://www.arbitration.qmul.ac.uk/media/arbitration/docs/2018-International-Arbitration-Survey--The-Evolution-of-International-Arbitration-(2).PDF. Ähnlich aus der Literatur auch *Y. Banifatemi*, Expedited Proceedings in International Arbitration, in: L. Lévy/M. Polkinghorne (Hrsg.), Expedited Procedures in International Arbitration, 9, 11 ("Efficiency […] is key to the success of any arbitral institution."); *J. Wetter*, The International Arbitral Process, 1979, S. 242 ("Even more important is the quality of the arbitral proceedings as such.").

cc) Regionale Präsenz beziehungsweise ortsbezogene Expertise

Mit dem Renommee der Schiedsinstitution und der Verfahrenseffizienz spielen bei der Entscheidung für eine bestimmte Schiedsinstitution also zwei Kriterien eine herausragende Rolle, die als ortsunspezifisch einzuordnen sind. Dasselbe gilt hinsichtlich der meisten übrigen Kategorien wie ‚frühere Erfahrungswerte mit einer Schiedsinstitution' oder ‚Zugang zu einem breiten Pool an hochqualifizierten Schiedsrichtern'.[140]

Das einzige aus der Statistik der Queen Mary University hervorgehende Merkmal mit unmittelbarem Ortsbezug ist die ‚regionale Präsenz' beziehungsweise vor diesem Hintergrund die zu erwartende Expertise einer Schiedsinstitution. Allerdings schrieben nur rund 5 % der Teilnehmer diesem Kriterium überhaupt eine wichtige Bedeutung zu, was quantitativ dem neunten Platz in der Rangfolge entspricht. Auch in qualitativer Hinsicht ergibt sich aus der Studie, dass der regionalen Präsenz einer Schiedsinstitution bloß eine untergeordnete Bedeutung zukommt. Denn der größte Teil der Befragten, die sie überhaupt als eine der vier wichtigsten Kategorien nannten, ordnete die regionale Präsenz lediglich in die vierte und damit in die Kategorie ein, die ausdrücklich für die geringste Relevanz steht.[141] Die Entscheidung für eine bestimmte Schiedsinstitution ist – wenn überhaupt – also bloß äußerst geringfügig von Erwägungen zu ihrer regionalen Präsenz beeinflusst, da sie im Vergleich zu anderen Kriterien lediglich eine nachrangige Rolle für potentielle Nutzer spielt.

Gleichzeitig finden insbesondere sowohl die ‚Internationalität' (Rang 4) als auch die ‚globale Präsenz' (Rang 7) einer Schiedsinstitution erheblich mehr Beachtung beim Kunden. Vor diesem Hintergrund erhärtet sich die Annahme eines weltweiten Marktes noch weiter, da der Horizont der Nachfrageseite bei der Entscheidung für eine Schiedsinstitution weniger von regionaler als vielmehr von globaler Dimension geprägt wird.

---

140 Queen Mary University London, 2018 International Arbitration Survey, S. 14, abrufbar unter: http://www.arbitration.qmul.ac.uk/media/arbitration/docs/2018-International-Arbitration-Survey--The-Evolution-of-International-Arbitration-(2).PDF.

141 Siehe zum Ganzen Queen Mary University London, 2018 International Arbitration Survey, S. 14, abrufbar unter: http://www.arbitration.qmul.ac.uk/media/arbitration/docs/2018-International-Arbitration-Survey-The-Evolution-of-International-Arbitration-(2).PDF.

dd) *Verfahrensgebühren*

Der Preis beziehungsweise die für die Verfahrensdurchführung von einer Schiedsinstitution mit ihrer Gebührenordnung angesetzten Kosten sind auf dem relevanten Markt im Vergleich zu anderen Wettbewerbsfaktoren nur von untergeordneter Bedeutung für die Entscheidung der Nachfrager. Ihr Anteil an den Gesamtkosten eines Schiedsverfahrens fällt in aller Regel gering aus. Den bei Weitem größten Kostenpunkt für die Nutzer stellen deren sonstige Aufwendungen dar. Dazu sind neben den Anwaltskosten auch Aufwendungen in Zusammenhang mit etwaigen Beweisaufnahmen insbesondere durch Zeugen und Sachverständige zu zählen. Eine Analyse von 221 ICC-Schiedsverfahren zeigte, dass diese sonstigen Kosten durchschnittlich mehr als 80 % der Gesamtkosten ausmachen. Demgegenüber fielen die Schiedsrichtergebühren mit 15 % und die Institutionsgebühren mit gerade einmal 2 % kaum ins Gewicht.[142] Angesichts des geringen Anteils dieser Gebühren, welche im Gegensatz zu den sonstigen Kosten zumindest mittelbar über die entsprechenden Gebührenordnungen von den Schiedsinstitutionen festgelegt werden, bleibt aus Anbietersicht kaum Raum, um allein über die Preisgestaltung im Wettbewerb erfolgreich zu sein. Dies spiegelt sich auch in einer von der Queen Mary University auf Grundlage der umfassenden Umfrageergebnisse zusammengestellten Rangliste der wichtigsten Faktoren für die nutzerseitige Entscheidung zwischen verschiedenen Schiedsinstitutionen wider. Auf dieser rangieren die Kosten lediglich auf Platz 10 von 14.[143]

b) *Untersuchung der Angebotsmerkmale*

Weiter ist zu überprüfen, ob angebotsbezogene Faktoren ersichtlich sind, die sich hinderlich auf die Konkurrenzfähigkeit einer Schiedsinstitution in bestimmten Gebieten des sachlich relevanten Marktes auswirken können.

aa) *Staatliche Regulierung der Angebotsseite*

Unterschiedliche Wettbewerbsverhältnisse können unmittelbar aus einer staatlichen Rechtsordnung folgen. Als hinderlich für den Wettbewerb erweist sich insbesondere ein normativer Rahmen, der die Aktivität auf dem gegenständlichen Angebotsmarkt unter Erlaubnisvorbehalt stellt.

---

142 Zum Ganzen siehe ICC, Decisions on Costs in International Arbitration, in: ICC Dis. Res. Bul. 2015 (Issue 2), 1, 3.

143 Queen Mary University London, 2018 International Arbitration Survey, S. 11, abrufbar unter: http://www.arbitration.qmul.ac.uk/media/arbitration/docs/2018-International-Arbitration-Survey--The-Evolution-of-International-Arbitration-(2).PDF.

So sieht in Russland das nationale Schiedsrecht etwa vor, dass ausschließlich Schiedsinstitutionen dort tätig sein dürfen, die dazu von der russischen Regierung autorisiert sind. Während einzelne russische Schiedsinstitutionen von dem Anwendungsbereich dieses Erlaubnisvorbehalts ausgenommen sind,[144] müssen ausländische bestimmte Anforderungen erfüllen, um die Zulassung erfolgreich beantragen zu können.[145] Diese Ungleichbehandlung führt bereits für sich genommen zu einer starken Verzerrung des Wettbewerbs, da einzelne Marktteilnehmer von Rechts wegen privilegiert sind.

Schiedsverfahren, die von Schiedsinstitutionen ohne entsprechende Lizenz administriert werden, gelten derweil pauschal als „Ad-hoc-Verfahren" im Sinne des Gesetzes. Sie dürfen als solche weder eine geschäftliche Angelegenheit zum Gegenstand haben, noch steht im Rahmen eines Ad-hoc-Verfahrens der Rekurs auf die staatlichen Gerichte zur Unterstützung des Schiedsverfahrens offen.[146] Damit ist einer Schiedsinstitution ohne Lizenz die Ausübung ihrer geschäftlichen Tätigkeit faktisch unmöglich.

Eine gebietsbezogene Regelung wie die Lizenzierungspflicht in Russland führt zu derart abweichenden Wettbewerbsbedingungen im internationalen Vergleich, dass von einem eigenständigen räumlichen Markt im Verhältnis zum Rest der Welt ausgegangen werden muss. Der entsprechende Erlaubnisvorbehalt stellt für Schiedsinstitutionen, die ihren Absatz durch die Administrierung russischer Schiedsverfahren auszubauen suchen, eine erhebliche Marktzugangsschranke dar. Weiter verstärkt wird dieser Effekt noch durch die Ausnahmeregelung zu Gunsten bestimmter russischer Anbieter. Angesichts der protektionistischen Wirkung dieser staatlichen Regulierung, ist der russische Markt für die Administrierung von internationalen wirtschaftsrechtlichen Schiedsverfahren vom Rest der Welt abgeschirmt.[147] Außer der russischen Jurisdiktion ist allerdings

---

144 *S. Wilske/L. Markert/L. Bräuninger*, Entwicklungen in der internationalen Schiedsgerichtsbarkeit im Jahr 2016 und Ausblick auf 2017, in: SchiedsVZ 2017, 49, 57 m.w.N.

145 Zum Ganzen vgl. *E. Burova*, New Rules of the Game for Arbitral Institutions in Russia, in: Kluwer Arbitration Blog, 23. Mai 2017, abrufbar unter: http://arbitrationblog.kluwerarbitration.com/2017/05/23/new-rules-game-arbitral-institutions-russia-two-recent-governmental-authorizations/.

146 *N. Ghibradze/A. Dolgorukow*, The Russian Arbitration Reform, in: Kluwer Arbitration Blog, 25. Oktober 2016, abrufbar unter: http://arbitrationblog.kluwerarbitration.com/2016/10/25/the-russian-arbitration-reform-a-road-to-more-certainty/?_ga=2.191733992.372699031.1580725810-1988527480.1570607207.

147 Vgl. azu KOMM., Marktabgrenzungsbekanntmachung, Rn. 30.

keine weitere ersichtlich, die ähnliche Wettbewerbsschranken für das Geschäftsmodell der Schiedsinstitutionen errichtet hat.

bb) Örtliche Niederlassung nicht erforderlich

Einige Schiedsinstitutionen unterhalten über ihren geschäftlichen Hauptsitz hinaus weitere Zweigniederlassungen in anderen Regionen. Allen voran die ICC ist mit Standorten in Hongkong, New York, São Paulo, Singapur sowie in Abu Dhabi vertreten.[148] Derart verbreitete globale Präsenz kann mitunter zu gewissen Vorteilen für die Nutzer führen. Für sie ist es beispielweise bequemer, wenn das Fallmanagement auf diese Weise nicht aus einer vollkommen anderen Zeitzone betrieben werden muss.[149] Demnach hat eine Schiedsinstitution, die ein Büro in einer bestimmten Region vorweisen kann, dort mitunter einen gewissen Wettbewerbsvorteil im Vergleich zu Konkurrenten, die im betreffenden Einzugsgebiet nicht auf eine eigene Gebietspräsenz verweisen können.

Ein wettbewerbliches Hindernis, in dessen Lichte die Hypothese eines weltweiten Marktes korrekturbedürftig wäre, ist darin aber lediglich zu erkennen, sofern eine Gebietspräsenz für die Bereitstellung eines konkurrenzfähigen Angebotes auch erforderlich ist.[150] Insoweit ist fraglich, unter welchen Umständen von einer derartigen Erforderlichkeit auszugehen ist. Üblicherweise legt man die Erforderlichkeit weithin als Kriterium zur Identifizierung des mildesten unter gleich effektiven Mitteln zur Verfolgung des anvisierten Zweckes aus.[151] Übertragen auf die ökonomische Dimension einer Marktabgrenzung bezweckt die Anbieterseite mit ihrem Handeln stets die Maximierung des eigenen Absatzes. Die Erforderlichkeit betrifft damit die Zweck-Mittel-Relation zwischen

---

148 Liste auf der Website der ICC abrufbar unter: https://iccwbo.org/dispute-resolution-services/arbitration/filing-a-request/.

149 "[I]t makes a 'huge difference' to have people on the ground managing cases in the same time zone: 'It enhances the comfort factor that users have.'", so *D. Sabharwal* zitiert nach *M. Taddia*, Forum Shopping, in: The Law Society Gazette, 3. Februar 2020, abrufbar unter: https://www.lawgazette.co.uk/features/forum-shopping/5102915.article.

150 KOMM., Marktabgrenzungsbekanntmachung, Rn. 30.

151 Vgl. jeweils exemplarisch aus dem Verfassungsrecht *B. Grzeszick*, in: T. Maunz/G. Dürig/R. Herzog et al. (Hrsg.), Grundgesetz, 96. EL (November 2021), Art. 20 GG, VII. Rn. 113 ff.; aus dem Strafrecht *W. Perron*, in: A. Schönke/H. Schröder/A. Eser et al. (Hrsg.), Strafgesetzbuch, 30. Aufl. 2019, § 34 StGB Rn. 20 f.; aus dem Zivilrecht *H. Grothe*, in: F. Säcker/R. Rixecker/H. Oetker et al. (Hrsg.), Münchener Kommentar zum Bürgerlichen Gesetzbuch, Bd. 1, 9. Aufl. 2021, § 228 BGB, Rn. 9.

Absatzmaximierung und Marktverhalten. Ein bestimmtes Marktverhalten ist demnach wettbewerblich erforderlich, sofern es unter gleich effektiven das wirtschaftlichste Mittel darstellt, um den Absatz zu fördern.

Demnach reicht nicht schon jedweder positive Effekt eines Marktverhaltens – beispielsweise das Unterhalten einer Gebietspräsenz – aus, um von dessen Erforderlichkeit für den Absatz auszugehen. Vielmehr ist eine Maßnahme gerade nicht erforderlich, soweit ein auf andere, mindestens gleich wirtschaftliche Weise ebenso attraktives Angebot zu bewerkstelligen ist. In der Evaluation des wettbewerblichen Potentials einer Gebietspräsenz sind folgerichtig qualitative Abstufungen vor dem spezifischen Hintergrund des sachlich relevanten Marktes zu berücksichtigen. Jedenfalls bei bloßer Zuträglichkeit einer regionalen Standortvertretung für das dortige Geschäft ist die Schwelle zur Erforderlichkeit einer Gebietspräsenz nicht erreicht. Hinreichender Anlass für eine Korrektur der räumlichen Marktdefinition ergibt sich nur, falls ein konkurrenzfähiges Angebot – ungeachtet aller übrigen Wettbewerbsfaktoren – ganz ohne Gebietspräsenz faktisch unmöglich ist.

Aufbauend auf diesen Überlegungen sprechen mehrere Gründe gegen die Erforderlichkeit und somit gleichzeitig für die Beibehaltung der Annahme eines weltweiten Marktes. Als erstes ist festzustellen, dass die Administrierung von Schiedsverfahren zumindest *de iure* keine Gebietspräsenz erfordert. Soweit ersichtlich ist die russische die einzige Rechtsordnung, die überhaupt ausdrücklich spezifische rechtliche Voraussetzungen speziell für die Aktivität von Schiedsinstitutionen aufstellt.[152]

Auf rein faktischer Ebene verdeutlicht die bereits mehrfach angeführte aktuelle Studie der Queen Mary University, dass manche Nutzer zwar einen gewissen Wert auf die regionale Präsenz einer Schiedsinstitution legen.[153] Insgesamt allerdings misst die Nachfrageseite im Vergleich einigen anderen Faktoren deutlich stärkeres Gewicht bei, woraus geschlossen werden kann, dass ein in diesen Kategorien attraktiv gestaltetes Angebot durchaus unabhängig von dem Vorhandensein einer Gebietspräsenz konkurrenzfähig ist.[154]

---

152 Siehe dazu oben unter A.II.2.b).aa) *Staatliche Regulierung der Angebotsseite.*

153 Queen Mary University London, 2018 International Arbitration Survey, S. 14, abrufbar unter: http://www.arbitration.qmul.ac.uk/media/arbitration/docs/2018-International-Arbitration-Survey--The-Evolution-of-International-Arbitration-(2).PDF.

154 Dazu schon oben unter A.II.2.a).cc) *Regionale Präsenz und ortsbezogene Expertise* sowie A.II.2.b).aa) *Staatliche Regulierung der Angebotsseite.*

Davon abgesehen können die von der Nachfrageseite angeführten Vorteile einer Gebietspräsenz selbst ohne eine solche bereitgestellt werden. Die zeitliche Verfügbarkeit des zuständigen Fallmanagementteams kann nicht nur durch die Errichtung einer Gebietspräsenz in einer nahegelegenen Zeitzone sichergestellt werden. Vielmehr kann eine Schiedsinstitution dasselbe Komfortniveau für ihre Nutzer sicherstellen, indem sie die notwendigen Maßnahmen trifft, um an ihrem Hauptstandort entsprechende Geschäftszeiten anbieten zu können. Die internen Zuständigkeiten der Fallmanagementteams können dann im Sinne eines Geschäftsverteilungsplanes, der sich an den Heimatzeitzonen der Verfahrensparteien orientiert, definiert werden. Die mit einer entsprechend erhöhten Personaldichte verbundenen Mehrkosten entstehen dabei genauso, wie wenn ein zusätzlicher Standort mit Personal ausgestattet werden muss.

Die Eröffnung von Gebietspräsenzen beziehungsweise der Verzicht darauf stellt sich mithin als optionale Strategieentscheidung einer Schiedsinstitution dar. Soweit Nutzer mit der geografischen Nähe eines Standortes sachliche Vorteile assoziieren, können diese gleichwertig auch unabhängig von einer körperlichen Gebietspräsenz durch alternative Maßnahmen gewährleistet werden.

III. Zusammenfassung

Der gegenständlich relevante Markt umfasst in sachlicher Hinsicht die institutionalisierte Bereitstellung administrativer Dienstleistungen rund um die Organisation und Durchführung von internationalen Schiedsverfahren. Geographisch erstreckt sich dieser Markt prinzipiell auf den gesamten Globus, sodass sämtliche Akteure weltweit im Endeffekt standortunabhängig um Absatz und Anteile konkurrieren. Mit Blick auf den gesetzlichen Rahmen, den das nationale Recht der Russischen Föderation vorsieht, ist deren Territorium aus dem räumlich relevanten Markt auszuklammern. Im Übrigen sind die Schiedsinstitutionen weltweit vergleichbaren Wettbewerbskräften ausgesetzt und dementsprechend als Konkurrenten auf dem vorliegend relevanten Markt anzusehen.

B. Wettbewerbsanalyse des relevanten Marktes: Schiedsinstitutionen als konkurrierende Anbieter

Angesichts der zuvor erzielten Marktdefinition wirken zwischen den Anbietern von Dienstleistungen in Zusammenhang mit der Organisation sowie der Durchführung internationaler Schiedsverfahren dieselben Wettbewerbskräfte. Soweit Schiedsinstitutionen derartige Leistungsangebote bereitstellen, stehen sie miteinander in einem Konkurrenzverhältnis um Aufträge im Sinne von Verfahrensmandaten. In der Folge sind sie allesamt derselben Dynamik ausgesetzt, indem die Wettbewerbsfreiheit der einen aufgrund ökonomischer Wechselwirkungen durch das Marktverhalten der übrigen bedingt, mitunter sogar faktisch beschränkt wird.[155]

Einen zentralen ökonomischen Faktor im Kartellrecht stellt das Konzept der Marktmacht dar. Sie kann mit *Ewald*

> „als die Möglichkeit eines Anbieters oder Nachfragers beschrieben werden, das Ziel der individuellen Gewinnmaximierung zu einem gewissen Grade unabhängig und unkontrolliert von anderen Anbietern [...] zu verfolgen."[156]

Idealtypischerweise konkurrieren in perfektem, das heißt vollkommen freiem Wettbewerb viele kleine Unternehmen mit entsprechend geringer Marktmacht um Kunden, wobei der entsprechende Marktzugang weder normativen noch besonderen faktischen Beschränkungen unterliegt.[157]

Dagegen genießt in einem monopolistischenen Markt der Marktbeherrscher die absolute Marktmacht. Wo weder gegenwärtig noch zukünftig mangels Marktzutrittsmöglichkeit Konkurrenten dem Monopolisten seine Marktposition streitig machen können, ist dieser in der Lage, seine Handlungsfreiheit frei von faktischer Disziplinierung auszuüben.[158] In einem stark konzentrierten Markt mit einigen wenigen marktmächtigen Unternehmen muss jeder dieser Oligopolisten in seiner Strategie vornehmlich das Marktverhalten der übrigen berücksichtigen. Disziplinierender Einfluss geht unter solchen Umständen nahezu ausschließlich von den marktmächtigen Wettbewerbern aus.

Um die strukturellen Verhältnisse auf einem bestimmten Markt zu ermitteln, bedarf es einer umfassenden Gesamtschau aller wettbewerbsrelevanten Umstände. Während manche der sogenannten Marktstrukturkriterien, die als

---

155 Zu den Rahmenbedingungen jedweder Marktaktivität, die bei freiem Wettbewerb stets Unsicherheiten hinsichtlich der Konkurrenten unterliegt und sich daher in weiten Teilen lediglich auf Beobachtungen und Vermutungen stützen kann, siehe *K. Meessen/C. Kersting*, in: U. Loewenheim/K. Meessen/A. Riesenkampff et al. (Hrsg.), Kartellrecht, 4. Aufl. 2020, Einführung, Rn. 7.

156 *C. Ewald*, in: G. Wiedemann (Hrsg.), Handbuch des Kartellrechts, 4. Aufl. 2020, § 7, Rn. 20.

157 In diesem Sinne *G. Wagner*, The Dispute Resolution Market, in: BLR 62 (2014) No. 5, 1085, 1093.

158 Unter Hervorhebung des Kriteriums der ‚Bestreitbarkeit' des Marktes siehe *K. Meessen*, Prinzip Wettbewerb, in: JZ 2009, 697, 699.

Werkzeuge im Rahmen einer solchen Analyse herangezogen werden können, unternehmensbezogen sind, nehmen andere die allgemeinen – auch die äußeren – Wettbewerbsbedingungen in den Blick.[159]

Angesichts der vorliegenden Untersuchungskonstellation, die nicht etwa den Einfluss einer einzelnen Schiedsinstitution, sondern vielmehr das allgemeine Wettbewerbsgeschehen auf dem relevanten Markt betrifft, bezieht sich die folgende Strukturanalyse ausschließlich auf die marktbezogenen Kriterien. Neben der Verteilung der Marktanteile (I.) findet nachstehend insbesondere die Frage Würdigung, ob und falls ja, welche rechtlichen oder tatsächlichen Schranken für den Marktzutritt neuer Wettbewerber bestehen (II.). In die Bewertung ist außerdem einzubeziehen, inwiefern für die Marktgegenseite die Möglichkeit besteht, von einem Anbieter zu einem anderen zu wechseln (III.).[160] Darüber hinaus sind die Implikationen der hochgradigen Markttransparenz auf der Angebotsseite in die Analyse miteinzubeziehen (IV.).

I. Verteilung der Marktanteile und normative Marktmacht

Die jeweiligen Anteile der Anbieter, die auf demselben Markt miteinander konkurrieren, sind ein wichtiger Indikator für die horizontalen Machtverhältnisse.[161] In der wettbewerbsbehördlichen Praxis kommt diesem Kriterium sowohl im Rahmen der Missbrauchsaufsicht als auch in der Fusionskontrolle eine herausragende Bedeutung zu. Aus der Bemessung der Marktanteile kann in der Regel eine erste Einschätzung der Wettbewerbsverhältnisse gewonnen werden, die wiederum als Ausgangspunkt für die genauere Analyse dient.[162]

Zwar nimmt ein solches Verwaltungsverfahren je nach Anlass entweder einen einzelnen Akteur als potentiellen Marktbeherrscher oder im Falle eines Zusammenschlusses die daran Beteiligten in den Blick und betrifft daher stets

159 Vgl. *J. Kühnen*, in: U. Loewenheim/K. Meessen/A. Riesenkampff et al. (Hrsg.), Kartellrecht, 4. Aufl. 2020, § 18 GWB, Rn. 94.

160 Vgl. § 18 Abs. 3 Nr. 1, 6 u. 9 GWB.

161 Statt vieler siehe nur S. *Thomas*, in: T. Körber/H. Schweitzer/D. Zimmer et al. (Hrsg.), Wettbewerbsrecht, Bd. 3, 6. Aufl. 2020, § 36 GWB, Rn. 132 m.w.N.

162 In Zusammenhang mit der Praxis in der kartellrechtlichen Missbrauchsaufsicht siehe anstatt vieler nur *T. Eilmansberger/F. Bien*, in: F. Säcker/F. Bien/P. Meier-Beck et al. (Hrsg.), Münchener Kommentar zum Wettbewerbsrecht, Bd. 1, 3. Aufl. 2020, Art. 102 AEUV, Rn. 230. Sowie für den Bereich der Fusionskontrolle *A. Christiansen/J. Knebel*, in: F.-J. Säcker/P. Meier-Beck (Hrsg.), Münchener Kommentar zum Wettbewerbsrecht, Bd. 2, 4. Aufl. 2022, § 36 GWB, Rn. 139 ff. Vgl. auch BKartA, Leitfaden zur Marktbeherrschung in der Fusionskontrolle vom 29.03.2012, Rn. 25.

die unternehmensbezogene Perspektive. Nichtsdestoweniger beziehen sich die Erkenntnisse letztlich auf den gesamten relevanten Markt, der den Kontext für die entsprechende behördliche Entscheidung bildet. Dem Kriterium der Marktanteile wohnt indes sowohl eine absolute (unternehmensbezogene) als auch eine relative (marktbezogene) Bedeutungskomponente inne.[163] Während der Anteil eines einzelnen Wettbewerbers am Gesamtmarktvolumen für sich genommen bloß dazu geeignet ist, dessen individuellen Markterfolg abzubilden,[164] lässt die Gesamtschau der Verteilung der Marktanteile im Vergleich der Wettbewerber auf die Wettbewerbsstruktur im Allgemeinen schließen.[165]

1. *Absolute Marktanteile: Anteile am Gesamtvolumen des relevanten Marktes*

Der jeweilige absolute Marktanteil der Wettbewerber berechnet sich aus dem Markterfolg eines bestimmen Unternehmens im Verhältnis zu dem Gesamtvolumen des relevanten Marktes.[166] Die Berechnung kann grundsätzlich entweder wertmäßig anhand der Umsatzzahlen oder mengenmäßig, dann unter Rückgriff auf die Absatzzahlen erfolgen.[167] Während in der wettbewerbsbehördlichen Praxis regelmäßig Umsatzzahlen in Anschlag gebracht werden, besteht keinerlei Vorrang der wertmäßigen vor der mengenmäßigen Berechnung.[168] Im

---

163 *T. Steinvorth,* in: G. Wiedemann (Hrsg.), Handbuch des Kartellrechts, 4. Aufl. 2020, § 20, Rn. 108.

164 Siehe jeweils m.w.N. *J. Kühnen,* in: U. Loewenheim/K. Meessen/A. Riesenkampff et al. (Hrsg.), Kartellrecht, 4. Aufl. 2020, § 18 GWB, Rn. 79; *T. Steinvorth,* in: G. Wiedemann (Hrsg.), Handbuch des Kartellrechts, 4. Aufl. 2020, § 20, Rn. 100; S. *Thomas,* in: T. Körber/H. Schweitzer/D. Zimmer et al. (Hrsg.), Wettbewerbsrecht, Bd. 3, 6. Aufl. 2020, § 36 GWB, Rn. 132.

165 BKartA, Leitfaden zur Marktbeherrschung in der Fusionskontrolle vom 29.03.2012, Rn. 25.

166 *J. Kühnen,* in: U. Loewenheim/K. Meessen/A. Riesenkampff et al. (Hrsg.), Kartellrecht, 4. Aufl. 2020, § 18 GWB, Rn. 85; *T. Steinvorth,* in: G. Wiedemann (Hrsg.), Handbuch des Kartellrechts, 4. Aufl. 2020, § 20, Rn. 101.

167 Siehe jeweils m.w.N. *A. Riesenkampff/S. Steinbarth,* in: U. Loewenheim/K. Meessen/A. Riesenkampff et al. (Hrsg.), Kartellrecht, 4. Aufl. 2020, Art. 2 FKVO, Rn. 75; *T. Körber,* in: T. Körber/H. Schweitzer/D. Zimmer et al. (Hrsg.), Wettbewerbsrecht, Bd. 3, 6. Aufl. 2020, Art. 2 FKVO, Rn. 225.

168 In diesem Sinne *T. Körber,* in: T. Körber/H. Schweitzer/D. Zimmer et al. (Hrsg.), Wettbewerbsrecht, Bd. 3, 6. Aufl. 2020, Art. 2 FKVO, Rn. 225; *A. Christiansen/J. Knebel,* in: F.-J. Säcker/P. Meier-Beck (Hrsg.), Münchener Kommentar zum Wettbewerbsrecht, Bd. 2, 4. Aufl. 2022, § 36 GWB, Rn. 142.

Endeffekt ist neben der Aussagekraft auch entscheidend, welche Daten zur Verfügung stehen.[169]

a) Gesamtvolumen des relevanten Marktes

Die Handelsschiedsgerichtsbarkeit im Allgemeinen ist von einer jahrhundertelangen Tradition getragen, die bis weit in die Antike zurückreicht.[170] In der heutigen Welt des globalen Handels sind Schiedsverfahren als Konfliktbeilegungsmethode gefragter denn je. Die Globalisierung von Geschäftsbeziehungen führte gleichzeitig unweigerlich zu einer Internationalisierung der Rechtsstreitigkeiten auf Handelsebene. So gilt die Schiedsgerichtsbarkeit gemeinhin als die am weitesten verbreitete Streitbeilegungsmethode für internationale zivilrechtliche Handelskonflikte. *Lalive* etwa bezeichnete Schiedsverfahren bereits 1987 als „die übliche und normale Konfliktlösungsmethode des internationalen Handelsverkehrs."[171] Während diese Einschätzung mittlerweile mehr als drei Jahrzehnte zurückliegt, trifft ihr Inhalt nach wie vor zu. *Hanotiau* leitete seine Vergleichsstudie zu komplexen Verfahren in der internationalen Schiedsgerichtsbarkeit zuletzt mit einer ähnlichen Aussage ein:

> "[O]ver the course of the last few decades, there has been a growing tendency to submit to arbitration all international commercial disputes of a certain importance, with the consequence that at the beginning of this century, it is the arbitral institution that is perceived by the international society of merchants – with the support of the lawmaker – as its 'natural' judge, rather than the national networks of law courts, which most of them have deserted."[172]

Da Schiedsverfahren jedoch in aller Regel vertraulich sowie unter Ausschluss der Öffentlichkeit durchgeführt werden, fehlt es an umfassenden Statistiken zu der Gesamtzahl jährlicher Schiedsverfahren. Aus Praxiskreisen lediglich wurden in der Vergangenheit vereinzelt Schätzungen angestellt. Manche dieser Stimmen bezifferten den Anteil von Schiedsverfahren bei der Klärung

---

169 *S. Thomas*, in: T. Körber/H. Schweitzer/D. Zimmer et al. (Hrsg.), Wettbewerbsrecht, Bd. 3, 6. Aufl. 2020, § 36 GWB, Rn. 134 m.w.N.

170 Für einen Überblick über die historische Entwicklung der Handelsschiedsgerichtbarkeit vgl. *G. Born*, International Commercial Arbitration, 3. Aufl. 2021, S. 23 ff. m.w.N.

171 *P. Lalive*, Transnational (or Truly International) Public Policy and International Arbitration, in: P. Sanders (Hrsg.), Comparative Arbitration Practice and Public Policy in Arbitration, 257, 293.

172 *B. Hanotiau*, Complex Arbitrations: Multi-Party, Multi-Contract, Multi-Issue, 2. Aufl. 2020, S. 3 f.

wirtschaftsrechtlicher Streitigkeiten auf bis zu 90 %.[173] Solche Äußerungen lassen jedoch empirische Evidenz vermissen und sind daher nicht unumstritten.[174] Sie taugen jedenfalls nicht als fundierte Datengrundlage für genauere Berechnungen.

Einigermaßen belastbare Statistiken im Hinblick auf Zahlen und Daten zu internationalen Schiedsverfahren existieren ausschließlich im Kontext institutioneller Schiedsgerichtsbarkeit und auch dort nur, soweit die Schiedsinstitutionen entsprechende Erhebungen anstellen und diese veröffentlichen. Sämtliche der vorliegend ausgewählten Schiedsinstitutionen haben über die letzten Jahrzehnte ein tendenziell steigendes Fallaufkommen zu verzeichnen.[175] Betrachtet

---

173 So *K. Berger*, The Creeping Codification of the Lex Mercatoria, 1. Aufl. 1999, S. 111; *C. Menkel-Meadow*, Are Cross-Cultural Ethics Standards Possible or Desirable in International Arbitration?, in: P. Gauch/F. Werro/P. Pichonnaz (Hrsg.), Mélanges en l'honneur de Pierre Tercier, 883, 884. Andere Schätzungen bleiben zwar hinter dieser Zahl zurück, verdeutlichen aber dennoch die Relevanz der Handelsschiedsgerichtsbarkeit im Kontext internationalen Handels. Eine empirische Untersuchung der internationalen Joint Venture Verträge, die im Jahr 2008 bei der U.S.-amerikanischen SEC angemeldet wurden, brachte hervor, dass 71 % eine Schiedsabrede enthielten, vgl. *C. Drahozal/S. Ware*, Why Do Businesses Use (or Not Use) Arbitration Clauses?, in: OJDR 25 (2010) No. 2, 433, 466. Obgleich die Aussagen Einheitlichkeit hinsichtlich des genauen Anteils vermissen lassen, drücken sie dennoch im Prinzip unisono die Tatsache aus, dass die Schiedsgerichtsbarkeit im Rahmen von internationalen Handelsbeziehungen standardmäßig das Mittel der Wahl zur Streitbeilegung darstellt, vgl. statt vieler *P. Lalive*, Transnational (or Truly International) Public Policy and International Arbitration, in: P. Sanders (Hrsg.), Comparative Arbitration Practice and Public Policy in Arbitration, 257, 293 ("International arbitration is now known to be 'the' ordinary and normal method of settling disputes of international trade.").

174 *Born* etwa hält derartige Schätzungen für „höchstwahrscheinlich aufgebauscht", da deutlich mehr als bloß 10 % der internationalen geschäftlichen Transaktionsverträge entweder Gerichtsstandsvereinbarungen enthalten oder die Frage der Konfliktlösung erst gar nicht regeln. Lediglich in Konstellationen, in denen die Geschäftsparteien eines internationalen Vertrages diesem Punkt bereits im Zuge der Verhandlungen Beachtung schenken, sei die Aufnahme einer Schiedsvereinbarung das wahrscheinlichste Ergebnis, *G. Born*, International Commercial Arbitration, 3. Aufl. 2021, S. 96.

175 Siehe für den Zeitraum von 1993 bis 2018 die Aufstellung bei *G. Born*, International Commercial Arbitration, 3. Aufl. 2021, S. 93. Für die jeweiligen Fallzahlen des Jahres 2019 siehe ICC, ICC Dispute Resolution 2019 Statistics, S. 4, abrufbar unter: https://library.iccwbo.org/content/dr/pdfs/2019%20Statistics_ICC_Dispute%20Resolution_901.pdf; LCIA, 2019 Annual Casework Report, S. 5, abrufbar unter: http://www.lcia.org/media/download.aspx?MediaId=816; SIAC, Annual Report 2019, S. 14, abrufbar unter: https://www.siac.org.sg/images/stories/articles/annual_report/SIAC%20Ann

man exemplarisch den Zeitraum seit 2012, so sind bei ihnen zuletzt mit Ausnahme des ICDR jeweils deutlich mehr Schiedsverfahren anhängig gewesen als damals.[176]

	2012	2013	2014	2015	2016	2017	2018	2019
ICC	759	767	791	801	966	810	842	869
LCIA	265	290	296	326	303	285	317	395
SIAC	235	259	222	271	343	452	402	479
ICDR	996	1.165	1.052	1.064	1.050	1.026	993	882

Gesamtzahl neu registrierter Schiedsverfahren im jeweiligen Kalenderjahr.[177]

Doch nicht bloß die Anzahl der internationalen Schiedsverfahren, sondern auch die der Schiedsinstitutionen ist mittlerweile ins Zahllose gestiegen.[178] Während

ual%20Report%202019%20(FINAL).pdf. Die Fallzahl des ICDR ist entsprechend einer Auskunft der Schiedsinstitution vom 6. Oktober 2020 gegenüber dem Autor angegeben. Für das Jahr 2020 siehe ICC, Pressemitteilung vom 12. Januar 2021, ICC announces record 2020 caseloads in Arbitration and ADR, abrufbar unter: https://iccwbo.org/media-wall/news-speeches/icc-announces-record-2020-caseloads-in-arbitration-and-adr/; LCIA, Pressemitteilung vom 20. Januar 2021, Record number of LCIA Cases in 2020, abrufbar unter: https://www.lcia.org/News/record-number-of-lcia-cases-in-2020.aspx; SIAC, Annual Report 2020, S. 16, abrufbar unter: https://www.siac.org.sg/images/stories/articles/annual_report/SIAC_Annual_Report_2020.pdf.

176 Vgl. die Zusammenstellung bei *M. Altenkirch/M. Boussihmad*, International Arbitration Statistics 2018, in: Global Arbitration News, 2. Juli 2019, abrufbar unter: https://globalarbitrationnews.com/international-arbitration-statistics-2018-another-busy-year-for-arbitral-institutions/.

177 *G. Born*, International Commercial Arbitration, 3. Aufl. 2021, S. 93; ICC, ICC Dispute Resolution 2019 Statistics, S. 4, abrufbar unter: https://library.iccwbo.org/content/dr/pdfs/2019%20Statistics_ICC_Dispute%20Resolution_901.pdf; LCIA, 2019 Annual Casework Report, S. 5, abrufbar unter: http://www.lcia.org/media/download.aspx?MediaId=816; SIAC, Annual Report 2019, S. 14, abrufbar unter: https://www.siac.org.sg/images/stories/articles/annual_report/SIAC%20Annual%20Report%202019%20(FINAL).pdf.

178 *R. Gerbay*, The Functions of Arbitral Institutions, 2016, S. 33 f. m.w.N.

unklar ist, wieviele Schiedsinstitutionen weltweit als tatsächlich operable Einheiten existieren,[179] zeigt eine umfassende Aufstellung von *Pendell* aus dem Jahr 2011, dass lediglich 10 % der von ihm identifizierten 118 Einheiten bereits vor 1940 bestanden. Außerdem lässt sich für die letzten 40 Jahre ein enorm gesteigertes Wachstum feststellen. So seien 70 % der aufgelisteten Schiedsinstitutionen erst in den letzten 40 Jahren gegründet worden, 50 % in den letzten 30 und 20 % sogar erst in den letzten 20 Jahren.[180]

Obgleich die Zahl der Anbieter zuletzt durch eine Flut von Markteintritten in die Höhe geschnellt ist, kommt dieser Erscheinung lediglich geringe Bedeutung für den Wettbewerb auf dem relevanten Markt zu. Der primäre Zweck vieler der zuletzt neu gegründeten Schiedszentren scheint weniger die Schaffung eines bedarfsorientierten Angebots zu sein, als vielmehr der Versuch, eine bestimmte Stadt oder Region mit diesem Etikett als attraktiven Wirtschaftsstandort auszuweisen.[181] *Paulsson* meint dementsprechend:

> "My observations of the world of arbitration lead me to believe that *many, if not most, arbitral institutions are empty edifices* waiting for someone to bother to dismantle them."[182]

Viele der Einheiten, die nach außen unter der Bezeichnung ‚Schiedsinstitution' auftreten, sind folglich nicht mit dem Selbstverständnis, geschweige denn mit dem Anspruch eines wirtschaftlichen Anbieters ausgestattet. So ist denjenigen Akteuren, die keine vollfunktionalen Geschäftsbetriebe, sondern lediglich repräsentative Einheiten, im Kern jedoch leere Hüllen darstellen, keine Bedeutung für den relevanten Markt beizumessen. In der Folge kann nicht überraschen, dass trotz der steigenden Gesamtzahl von Schiedsinstitutionen nach wie vor nur einige wenige Anbieter breite Anerkennung im Markt finden.[183]

---

179 *A. Stone Sweet/F. Grisel*, The Evolution of International Arbitration, 2017, S. 45 Die Autoren verweisen an selber Stelle auf den *Guide to Regional Arbitration 2015*, der von *Global Arbitration Review* herausgegeben wurde und 207 Schiedsinstitutionen in 102 verschiedenen Ländern auflistet und bezeichnen diese Zusammenstellung als die umfangreichste, die existiert.

180 Zum Ganzen *G. Pendell*, The Rise and Rise of Institutional Arbitration, in: Kluwer Arbitration Blog, 30. November 2011, abrufbar unter: http://arbitrationblog.kluwerarbitration.com/2011/11/30/the-rise-and-rise-of-the-arbitration-institution/.

181 In diesem Sinne *M. Scherer/L. Richman/R. Gerbay*, Arbitrating under the 2014 LCIA Rules, 2015, Ch. 3, Rn. 3 m.w.N.

182 *J. Paulsson*, Moral Hazard in International Dispute Resolution, in: ICSID Rev. 25 (2010) No. 2, 339, 355 (Hervorhebungen nur hier).

183 In diesem Sinne *G. Born*, International Commercial Arbitration, 3. Aufl. 2021, S. 195; *M. Scherer/L. Richman/R. Gerbay*, Arbitrating under the 2014 LCIA Rules, 2015, Ch. 3,

b) Zuverlässige Berechnung des Marktvolumens ist nicht möglich

Die zuvor eingehend beschriebenen Eigenheiten des relevanten Marktes stehen einer verlässlichen Berechnung der Anteile einzelner Anbieter im Wege. So ist bereits nicht hinreichend klar, wieviele Schiedsinstitutionen existieren beziehungsweise speziell auf dem Markt für internationale Schiedsverfahren aktiv sind. Folglich lassen sich weder zu dem mengenmäßigen noch zu dem wertmäßigen Gesamtvolumen des Marktes belastbare Daten ermitteln. Soweit die Schiedsinstitutionen Berichte und Statistiken zu den eigenen Aktivitäten veröffentlichen, beschränken sich diese auf die (mengenmäßigen) Fallzahlen, ohne Aufschluss über die (wertmäßigen) finanziellen Erträge ihrer Tätigkeiten zu bieten. Daher können die absoluten Marktanteile der einzelnen Schiedsinstitutionen nicht beziffert werden.[184] Es mangelt schlicht an der dazu erforderlichen Bezugsgröße, mit der die jeweiligen Zahlen der Schiedsinstitutionen in Relation gesetzt werden könnten.

2. Relative Marktanteile: Abstände zwischen den Wettbewerbern

Die relative Bedeutungskomponente der Marktanteile meint die Abstände zwischen den Marktteilnehmern.[185] Für die Beurteilung kommt es somit auf Anzahl und Stärke der übrigen Wettbewerber an.[186] Selbst in Ermangelung belastbarer Daten zum Gesamtvolumen des relevanten Marktes, lassen sich die Marktanteile der vorliegend ausgewählten Schiedsinstitutionen in ein gegenseitiges Verhältnis zueinander setzen. Aus etwaigen Abständen beziehungsweise deren Ausmaß können Rückschlüsse auf das Gewicht der Anbieter im Markt und deren wettbewerbliche Relevanz gezogen werden. Je größer der Vorsprung eines Wettbewerbers zum nächsten ausfällt, desto weniger disziplinierende Wirkung hat das Marktverhalten des zurückliegenden Marktakteurs auf den insofern überlegenen.[187]

Rn. 3; *J. Paulsson*, Moral Hazard in International Dispute Resolution, in: ICSID Rev. 25 (2010) No. 2, 339, 354.

184 Mit entsprechendem Fazit siehe *J. Wetter*, The Present Status of the International Court of Arbitration of the ICC, in: ARIA 1 (1990) No. 1, 91, 107.

185 *T. Steinvorth*, in: G. Wiedemann (Hrsg.), Handbuch des Kartellrechts, 4. Aufl. 2020, § 20, Rn. 109.

186 Statt vieler nur *T. Körber*, in: T. Körber/H. Schweitzer/D. Zimmer et al. (Hrsg.), Wettbewerbsrecht, Bd. 3, 6. Aufl. 2020, Art. 2 FKVO, Rn. 244 m.w.N.

187 In der kartellrechtlichen Praxis legt der dahingehende Befund folgerichtig eine marktbeherrschende Stellung des mit großem Abstand überlegenen Wettbewerbers nahe, vgl. *A. Riesenkampff/S. Steinbarth*, in: U. Loewenheim/K. Meessen/A. Riesenkampff et

a) Quantitative Betrachtung als Spiegel der normativen Marktmacht

Als Maßeinheit für die Abstände zwischen den Wettbewerbern kommen in Einklang mit den vorausgegangenen Erläuterungen zu der Berechnung der absoluten Marktanteile sowohl die Umsatzzahlen als wertmäßiger Anknüpfungspunkt als auch die Fallzahlen als mengenmäßige Größe in Betracht.[188] In der betreffenden Konstellation erscheinen die Fallzahlen aus zwei Gründen vorzugswürdig:

Erstens sind sämtliche der hier ausgewählten Schiedsinstitutionen selbstständig als nicht-gewinnorientierte Rechtsformen konstituiert.[189] Der finanzielle Ertrag beziehungsweise dessen Maximierung spielt daher lediglich eine untergeordnete Rolle für die Tätigkeit der Schiedsinstitutionen und deren Wettbewerb untereinander. Schon wegen der rechtlichen Verfasstheit der meisten Schiedszentren als nicht-gewinnorientierte Rechtsgebilde spielt die unmittelbare Kommerzialisierung der Konfliktlösungsangebote eine untergeordnete Rolle für das Marktverhalten der Wettbewerber. Deren Fokus liegt stattdessen auf der Maximierung der eigenen Relevanz im Markt und der Erweiterung des damit verbundenen Einflusses der institutionseigenen Stimme in der Entwicklung der internationalen Schiedsgerichtsbarkeit.[190] Das Zentrum der strategischen Zielausrichtung bildet somit die Verbreitung der eigenen Verfahrensregeln, im (eher theoretischen) Idealfall als marktweiten Standard.

Da die Verfahrensregeln der Schiedszentren über ihre direkte Anwendung in den jeweils hausintern administrierten Verfahren entwickelt werden, indem sie aufgrund ihrer Transparenz für alle Wettbewerber problemlos zugänglich sind und diesen somit als Inspirationsquelle dienen können, vermittelt die Herrschaft über die hauseigene Schiedsordnung einen gewissen Einfluss auf die

---

al. (Hrsg.), Kartellrecht, 4. Aufl. 2020, Art. 2 FKVO, Rn. 83 m.w.N. zu Entscheidungen der KOMM.

188 Dazu bereits oben unter B.I.1. *Absolute Marktanteile.*

189 *R. Gerbay*, The Functions of Arbitral Institutions, 2016, S. 20, 23 f.

190 In diesem Sinne *A. Stone Sweet/F. Grisel*, The Evolution of International Arbitration, 2017, S. 45 ("For their part, arbitral centres compete for market share, as well as for influence over the evolution of the domain. The major houses seek to structure the broader field in their own image […]"); *C. Hausmaninger*, The ICC Rules for a Pre-Arbitral Referee Procedure, in: ICSID Rev. 7 (1992) No. 1, 82, 110 (Fn. 139) ("[I] nternational arbitration institutions live in a competitive climate and generally aim to expand their activities and grow in size and importance").

Entwicklung der (institutionellen) Schiedspraxis im Allgemeinen.[191] Wie stark das implizierte normative Potential einer bestimmten Schiedsinstitution ausfällt, hängt unmittelbar mit der Anwendungshäufigkeit ihrer Schiedsregeln in der Marktpraxis zusammen.[192] Im Folgenden wird solcher Einfluss auf die Genese des internationalen Schiedsrechts als *normative Marktmacht* bezeichnet.

Zweitens sind vor diesem Hintergrund die Fallzahlen der Schiedsinstitutionen besser geeignet, den jeweiligen Markterfolg abzubilden. Denn jedes neu registrierte Schiedsverfahren steht repräsentativ für eine Transaktionsentscheidung der Marktgegenseite zu Gunsten der jeweiligen Schiedsinstitution und gleichzeitig im Regelfall auch für die Anwendung der institutionseigenen Verfahrensregeln. Der Umstand, dass sich viele Nutzer für ein Verfahren nach bestimmten institutionellen Regeln entscheiden, zeugt von einem entsprechend hohen Vertrauen der Marktgegenseite in den Regelungsgehalt der entsprechenden Schiedsordnung. Die internationale schiedsgerichtliche Praxis als Summe aller Schiedsverfahren ist außerdem umso stärker von einer bestimmten institutionellen Schiedsordnung geprägt, je häufiger diese jeweils anlässlich eines Schiedsverfahrens Anwendung findet.

Da die dahinterstehende Schiedsinstitution die alleinige Regelungshoheit über ihre eigene Schiedsordnung innehat, ist das damit verbundene Potential hinsichtlich ihres Einflusses auf die Entwicklung der Schiedsgerichtsbarkeit im Allgemeinen umso größer, je mehr Schiedsverfahren sich bereits gegenwärtig nach ihren Regeln richten. Hohe Verfahrenszahlen beziehungsweise der darin zum Ausdruck kommende Markterfolg lassen erwarten, dass die übrigen Wettbewerber im Zuge ihrer Marktbeobachtungen geneigt sein werden, ihre eigenen Verfahrensregeln an diejenigen anzupassen, die von besonders vielen Kunden ausgewählt werden.[193] Die Anzahl der Verfahren, die eine Schiedsinstitution auf

---

191 In diesem Sinne unter konkreter Bezugnahme auf ICC, LCIA und AAA siehe *M. Malloy*, Current Issues in International Arbitration, in: Transnat'l. Lawy. 15 (2002), 43, 45.

192 Mit dementsprechender verhaltensökonomischer Argumentation erklärt *Ogus* allgemein die Entwicklung von individuellen „Rechtskulturen", die aus dem Wettbewerb konkurrierender rechtlicher Ansätze hervorgingen, vgl. *A. Ogus*, The Economic Basis of Legal Culture, in: OJLS 22 (2002) No. 3, 419, 423 ("Clearly, the larger the quantity of transaction 'clothed' in the particular legal conceptual structure and the larger the quantity of disputes subject to the same procedures, the higher will be the expectation that in future transaction or disputes will adopt the same cultural characteristics.").

193 Ähnlich in Bezug auf die damaligen Erfolgsaussichten der ICC Pre-Arbitral Referee Procedure Rules und deren mögliche Übernahme durch andere Schiedsinstitutionen, siehe *C. Hausmaninger*, The ICC Rules for a Pre-Arbitral Referee Procedure, in: ICSID

der Grundlage ihrer eigenen Regeln administriert, ist folglich ein passenderer Indikator für ihre normative Marktmacht als der von ihr auf dem relevanten Markt generierte Umsatz. Während die Reichweite des normativen Einflusses einer Schiedsinstitution mithin unmittelbaren Niederschlag in deren Fallzahlen findet, erweist sich die wertmäßige Betrachtung insoweit als ungeeignet.

b) Ermittlung der Abstände zwischen den Wettbewerbern

Obgleich nicht zuverlässig zu ermitteln ist, wieviele Schiedsinstitutionen auf dem relevanten Markt aktiv sind, weil zu viele kleine und kleinste Einheiten die Schwelle der internationalen Wahrnehmung nicht überwinden, so steht doch fest, dass die hier ausgewählten zu den absolut führenden im Hinblick auf ihre Fallzahlen gehören. Zusammengenommen vereinen sie den Großteil aller internationalen Handelsschiedsverfahren auf sich.[194] Die im Folgenden ermittelten Abstände zwischen ihren Marktanteilen betreffen somit ausschließlich die Verhältnisse an der (erweiterten) Marktspitze. Selbst in Ermangelung genauer Zahlen zu dem Gesamtaufkommen internationaler Schiedsverfahren ist allerdings davon auszugehen, dass die dadurch erzielten Erkenntnisse angesichts des hohen kombinierten Marktanteils der gegenständlichen Schiedsinstitutionen die Wettbewerbsverhältnisse auf dem relevanten Markt insgesamt mit hoher Genauigkeit abbilden.

aa) Betrachtung anhand sämtlicher Schiedsverfahren einer Institution

Die Ermittlung der marktanteilsmäßigen Abstände zwischen den gegenständlichen Schiedsinstitutionen erfolgt unter Zugrundelegung der aktuellen Fallzahlen der jeweiligen Häuser. Konkret werden dabei die im Laufe des Kalenderjahres 2019 bei den jeweiligen Schiedsinstitutionen neu eingeleiteten Schiedsverfahren betrachtet.

Mit 851 konnte die ICC 2019 die meisten Verfahrenseingänge in seiner Geschichte verbuchen.[195] Mehr Verfahren wurden nur beim ICDR

Rev. 7 (1992) No. 1, 82, 110 ("If the Rules turn out to be popular among parties, it can furthermore be expected that other leading arbitration institutions such as the AAA, the London Court of International Arbitration or ICSID will follow suit and draft their own sets of pre-arbitral Referee Rules.").

194 *C. Baaij*, Hiding in Plain Sight, in: HILJ 60 (2019) No. 1, 135, 136.

195 ICC, ICC Dispute Resolution 2019 Statistics, S. 4, abrufbar unter: https://library.iccwbo.org/content/dr/pdfs/2019%20Statistics_ICC_Dispute%20Resolution_901.pdf.

eingeleitet: Dort gab es 882 neue Verfahren im Jahr 2019.[196] Der LCIA verzeichnete im selben Zeitraum insgesamt 359 Verfahrenseingänge, von denen sich das Gros – nämlich 346 Verfahren – nach der institutionseigenen Schiedsordnung richtete.[197] Derweil registrierte das SIAC 454 neu eröffnete Verfahren.[198] In dieser Zahl sind neben Schiedsverfahren unter Geltung der SIAC-Rules außerdem solche nach den UNCITRAL-Schiedsregeln sowie eventuell anderen Schiedsordnungen enthalten. Eine diesbezüglich differenzierende öffentliche Statistik existiert nicht.[199]

Basierend auf diesen Statistiken lässt sich der Eindruck gewinnen, dass das ICDR mit seinem mengenmäßigen Marktanteil zwar die führende Position einnimmt, die ICC jedoch mit lediglich geringem Abstand folgt. Beide scheinen exponierte Rollen im Vergleich zu den übrigen Marktteilnehmern zu spielen.

bb) Ermittlung normativer Marktmacht bedarf angepasster Datengrundlage

Anders als bei der ICC bezieht sich die Fallzahl des ICDR jedoch nicht ausschließlich auf solche Schiedsverfahren, in denen die jeweilige hauseigene Schiedsordnung maßgeblich für das Verfahren ist. Während die ICC-Rules ausnahmslos in sämtlichen der 851 neuen Schiedsverfahren Anwendung fand, waren es lediglich 328 der 882 Verfahren der ICDR, in denen sich die Parteien für die ICDR-Rules entschieden haben; in 284 waren dagegen die AAA-Rules und in 141 die UNCITRAL-Rules maßgebend.[200]

Vor diesem Hintergrund besteht Korrekturbedarf hinsichtlich der anfänglichen Bewertung. Die mengenmäßige Betrachtung der Marktanteile kann nur insoweit Indikator für die normative Marktmacht eines Schiedszentrums sein, als in den Schiedsverfahren hinter den Fallzahlen zusätzlich die Geltung der institutionseigenen Schiedsordnung erkennbar wird. Denn nur in konkreten

---

196 *S. Wilske/L. Markert/B. Ebert*, Entwicklungen in der internationalen Schiedsgerichtsbarkeit im Jahr 2019 und Ausblick auf 2020, in: SchiedsVZ 2020, 97, 102.

197 LCIA, 2019 Annual Casework Report, S. 4, abrufbar unter: http://www.lcia.org/media/download.aspx?MediaId=816.

198 SIAC, Annual Report 2019, S. 14, abrufbar unter: https://www.siac.org.sg/images/stories/articles/annual_report/SIAC%20Annual%20Report%202019%20(FINAL).pdf.

199 Auch auf individuelle Anfrage werden diese Daten – sofern sie hausintern überhaupt erhoben werden – nicht herausgegeben.

200 Laut Auskunft der Schiedsinstitution vom 6. Oktober 2020 gegenüber dem Autor hinsichtlich der zwischen dem 1. Januar und dem 31. Dezember 2019 neu registrierten Schiedsverfahren.

Verfahren unter Anwendung der institutionseigenen Schiedsordnung, erlangt diese praktische, rechtsverbindliche Geltung.

Die Modifikationshoheit, die ein Schiedszentrum als Herr über das eigene Regelwerk innehat, vermittelt ihr nicht per se, sondern bloß in Ansehung ihrer praktischen Geltungsreichweite normative Marktmacht. Umgekehrt lässt die Fallzahl einer Schiedsinstitution gerade keinen Rückschluss auf deren normative Marktmacht zu, soweit sie sich auf Schiedsverfahren bezieht, in denen andere als die institutionseigenen Regeln gelten. Eine hypothetische Schiedsinstitution, die mit größtem Abstand das höchste Fallaufkommen aufweist, ohne dass sich auch nur ein einziges dieser Schiedsverfahren nach ihrer eigenen Schiedsordnung richtet, verfügt trotz ihrer mengenmäßigen Dominanz über keinerlei normative Marktmacht.

cc) Betrachtung anhand der bereinigten Fallstatistiken

Legt man also die entsprechend bereinigten Fallzahlen zu Grunde, stehen für das ICDR statt der 882 Schiedsverfahren lediglich 328 zu Buche. Die ICC ist folglich mit ihren 851 neuen Verfahren im Jahr 2019 die Schiedsinstitution, deren Verfahrensregeln den mengenmäßig größten Niederschlag in der Praxis gefunden haben. Im Vergleich der Fallzahlen der anderen Institutionen mit denen die ICC, die aufgrund ihrer Führungsposition als Referenzgröße dienen soll, beläuft sich das Fallaufkommen des SIAC auf knapp 53 %, das des LCIA auf rund 42 % und das des ICDR gerade noch auf gut 38 %.[201]

Diese Zahlen zeigen, dass die ICC die eindeutige Führungsposition in der Kategorie der meisten Schiedsverfahren nach Maßgabe des eigenen Regelwerks einnimmt. Demnach verfügt sie über die größte normative Marktmacht. Sie kann angesichts ihres Fallaufkommens, das nahezu dem doppelten im Vergleich zu dem des SIAC als dem nächsten nachfolgenden Wettbewerber entspricht, einen Vorsprung mit erheblichem Abstand verzeichnen. Demgegenüber sind die relativen Marktanteilsabstände zwischen den übrigen Schiedsinstitutionen deutlich enger und nicht annähernd so markant. Im Vergleich zu den Fallzahlen der ICC als Referenzgröße registrierte der LCIA auf der dritten Position lediglich

201 Im Falle der SIAC gilt zu bedenken, dass die Referenzzahl der 454 neuen Schiedsverfahren neben solchen, die sich nach den SIAC-Rules richten, auch solche enthält, in denen andere Regeln wie etwa die UNCITRAL-Rules Anwendung finden. Insofern bereinigte bzw. aufgeschlüsselte Fallzahlen werden vom SIAC nicht veröffentlicht. Siehe auch Fn. 376.

gut 11 Prozentpunkte weniger Verfahren als das zweitplatzierte SIAC. Dessen Abstand auf das ICDR betrug rund 15 Prozentpunkte.

Grundsätzlich nimmt die Effektivität der wettbewerblichen Disziplinierung des Marktverhaltens und der daraus folgenden Kontrolle eines führenden Anbieters ab, je ausgeprägter dessen Vorsprung auf seine Konkurrenten ausfällt.[202] Änderungen, die die ICC an ihren Verfahrensregeln vornimmt, werden im Markt folglich besonders aufmerksam von ihren Wettbewerbern rezipiert. Denn der Erfolg, den die ICC am Markt mit ihrer Schiedsordnung erzielt, legt aus Sicht der Konkurrenz nahe, dass die dort geltende Schiedsordnung der eigenen hinsichtlich ihrer Attraktivität für Nachfrager überlegen ist.[203] Indes steigt die Wahrscheinlichkeit, dass die Wettbewerber ihre Verfahrensregeln nach dem Vorbild der erfolgreicheren Schiedsordnung umgestalten und sich dieser somit inhaltlich annähern. Dementsprechend ist davon auszugehen, dass die ICC angesichts ihres signifikanten Vorsprungs auf die übrigen Schiedsinstitutionen über erheblich stärkere normative Marktmacht als ihre Konkurrenten verfügt.

Hinter der ICC gibt der Markt ein zersplittertes Bild ab. Abgesehen von dem großen Abstand zum Marktführer liegen die Fallzahlen der nächstfolgenden Schiedsinstitutionen nah beieinander. Bei einer derartigen Marktbeschaffenheit ist der Verhaltensspielraum des Marktführers regelmäßig als noch weitreichender einzuschätzen.[204] Übertragen auf den hiesigen Kontext der normativen Marktmacht ist von einem entsprechend gesteigerten Verhaltensspielraum der ICC auszugehen. Obgleich der große Vorsprung der ICC auf ihre Wettbewerber schon für sich genommen eine außerordentlich mächtige Stellung auf dem Markt begründet, kommt ihre Überlegenheit angesichts des zersplitterten Anbieterfeldes noch stärker zum Tragen.

---

202 *S. Hirsbrunner/N. Hacker*, in: H. von der Groeben/J. Schwarze/A. Hatje (Hrsg.), Europäisches Unionsrecht, Bd. 2, 7. Aufl. 2015, Art. 2 VO (EG) 139/2004, Rn. 169.

203 Auch dabei kommt die nachrangige Bedeutung des Preisfaktors zum Ausdruck (dazu bereits oben unter *Verfahrenskosten*). Denn die ICC erzielte diese Ergebnisse, obgleich sie als eine vergleichsweise hochpreisige Schiedsinstitution, vgl. *A. Stone Sweet/F. Grisel*, The Evolution of International Arbitration, 2017, S. 51; *G. Born*, International Commercial Arbitration, 3. Aufl. 2021, S. 200 m.w.N.

204 Siehe jeweils m.w.N. *A. Fuchs*, in: T. Körber/H. Schweitzer/D. Zimmer et al. (Hrsg.), Wettbewerbsrecht, Bd. 2, 6. Aufl. 2020, § 18 GWB, Rn. 121; *A. Fuchs*, in: T. Körber/H. Schweitzer/D. Zimmer et al. (Hrsg.), Wettbewerbsrecht, Bd. 1, 6. Aufl. 2019, Art. 102 AEUV, Rn. 88; *H. Kahlenberg*, in: U. Loewenheim/K. Meessen/A. Riesenkampff et al. (Hrsg.), Kartellrecht, 4. Aufl. 2020, § 36 GWB, Rn. 35 m.w.N.

Denn unter Berücksichtigung des nachfrageseitigen Verhaltens bei der Auswahl der Schiedsinstitution kommt speziell deren Renommee eine herausragende Bedeutung zu.[205] In der Folge konkurrieren die Schiedsinstitutionen hinter der ICC unter den derzeitigen Marktverhältnissen weniger mit der Marktführerin als vielmehr miteinander um diejenigen Nutzer, die ihre Auswahl nicht im Wesentlichen auf den Faktor des Renommees stützen und demnach anderen Anbietern gegenüber offen sind. Während die ICC die logische Wahl für die besonders große Zahl von reputationsorientierten Nachfragern darstellt, ist keiner ihrer Wettbewerber als ebenso logische Alternative zu der ICC auf dem Markt etabliert. Mithin verteilt sich das entsprechende Marktvolumen mehr oder weniger gleichmäßig auf die übrigen Schiedsinstitutionen. Diese Aufspaltung des Marktvolumens reduziert zwangsläufig die individuelle Relevanz jeder einzelnen dieser Schiedsinstitutionen für die Gesamtentwicklung des Marktes.

Mit Blick auf die Wettbewerbsverhältnisse verstärkt die Zersplitterung des Marktes hinter der ICC deren eigene Position. Soweit eine der anderen Schiedsinstitutionen durch eine normative Innovation Zugewinne verzeichnen kann, dürften diese vermehrt zu Lasten der übrigen Schiedsinstitutionen gehen, da sie sich in den weniger stark reputationsorientierten Nachfragern dieselbe Zielgruppe teilen. Dagegen werden Nachfrager, die in erster Linie das Renommee einer Schiedsinstitution als ausschlaggebendes Kriterium für die Auswahl des Angebots betrachten, erst bei besonders eklatanten inhaltlichen Vorzügen einer anderen Schiedsordnung die dahinterstehende Schiedsinstitution als Alternative in Betracht ziehen. Da die ICC zudem stets in der Lage ist, ihr eigenes Angebot an eine Regelungsinnovation der Konkurrenz anzupassen, sofern sich diese als erfolgreich herausgestellt hat, kann sie mitunter leicht einen Zustand herstellen, in dem wegen inhaltlicher Ähnlichkeit letztlich doch der Faktor des Renommees den einzigen und damit womöglich ausschlaggebenden Unterschied markiert.

3. *Zwischenfazit*

Die Verteilung der Marktanteile wird klassischerweise als zentraler Indikator für die wettbewerblichen Machtverhältnisse herangezogen. Da die vorliegende Untersuchung auf die Rechtsgenese der Schiedsordnungen in Anbetracht der wirtschaftlichen Konkurrenz der sie schöpfenden Schiedszentren abzielt, ist die

---

205 Zur Bedeutung des Renommees als einem zentralen Faktor für die Entscheidung der Nachfrager zwischen den konkurrierenden Schiedsinstitutionen siehe bereits unter A.II.2.a) *Untersuchung der Nachfragemerkmale*. Näher zudem auch sogleich unter B.II.1. *Vertrauen der Nachfrageseite und allgemeine Reputation*.

Marktmacht der Wettbewerber insofern von Interesse als sie sich potentiell in diesem Entwicklungsprozess niederschlägt. Ausgehend von diesem Untersuchungsgegenstand lässt sich das Konzept der normativen Markmacht entwerfen.

Das mit der hauseigenen Schiedsordnung erzielte mengenmäßige Marktergebnis dient dabei als Indikator für den Einfluss, den eine Schiedsinstitution mit ihrer rechtsetzenden Tätigkeit auf die Regelwerke der Konkurrenz hat und damit letztlich auf die Entwicklung der institutionellen Schiedsgerichtsbarkeit insgesamt. Denn je mehr Schiedsverfahren nach einer bestimmten Schiedsordnung administriert werden, je besser also das Marktergebnis ausfällt, das mit ihr erzielt wird, desto stärker wirkt ihre Anziehungskraft auf die Nachfrageseite. Konkurrierende Schiedsinstitutionen werden aufgrund dementsprechender Marktbeobachtungen eher geneigt sein, ihre eigenen Verfahrensregeln denjenigen anzupassen, mit denen bessere Marktergebnisse in Form von hohen Fallzahlen erzielt werden. Denn andernfalls riskieren sie, dass die eigenen Verfahrensregeln im Vergleich zu den besonders beliebten als altmodisch wahrgenommen werden.[206] Je mehr Schiedsverfahren demnach unter Bezug auf eine bestimmte Schiedsordnung durchgeführt werden, desto drängender wird der Anreiz für Wettbewerber, ihre eigenen Regeln inhaltlich an diese anzupassen.

Folgerichtig ist die normative Marktmacht einer Schiedsinstitution nicht etwa unter Bezugnahme auf die Gesamtanzahl der von ihr administrierten Schiedsverfahren zu ermitteln. Vielmehr sind die Fallstatistiken im Hinblick auf den Einfluss, den ein Schiedszentrum auf das Rechtsinstitut der internationalen Handelsschiedsgerichtsbarkeit insgesamt hat, nur insofern aussagekräftig, als sie die Verbreitung der eigenen Schiedsordnung in der geübten Praxis wiedergeben. Demnach können allein die entsprechend bereinigten Fallzahlen der Schiedsinstitutionen als empirische Datengrundlage für die Ermittlung der relevanten Wettbewerbsverhältnisse herangezogen werden.

Aus den sich so ergebenden Zahlen geht die klare Führungsrolle der ICC unter dem Aspekt der normativen Marktmacht hervor. Ihre Schiedsregeln finden die weiteste Verbreitung im Markt. Schon aufgrund ihrer häufigen Anwendung in

---

206 So werden unterlassene Anpassungen an erfolgreiche Regelungsinnovationen mitunter als Hindernis für die Vermarktung des Angebots einer Schiedsinstitution wahrgenommen. Vgl. etwa *M. Scherer/L. Richman/R. Gerbay*, Arbitrating under the 2014 LCIA Rules, 2015, Ch. 2, Rn. 10 ("However, primarily because of the 'marketing deficit' which the absence of emergency arbitrator in the 1998 LCIA Rules represented, the LCIA ultimately changed its stance and incorporated in the 2014 Rules provisions allowing for the appointment of an emergency arbitrator").

der internationalen Schiedsverfahrenspraxis ist ihrem Regelungsgehalt dahingehend prägender Charakter beizumessen. Das Potential der somit ohnehin herausragenden normativen Marktmacht der ICC ist wegen des erheblichen Abstands, den sie als Marktführerin auf die nächstfolgenden Wettbewerber verzeichnet, als noch größer einzuschätzen.

II. Marktzutrittsschranken

Zutrittsschranken können sowohl aus der normativen Sphäre als auch aus den tatsächlichen Marktgegebenheiten herrühren. Es handelt sich um ein rein marktbezogenes Kriterium, das an die äußeren Wettbewerbsbedingungen des relevanten Marktes anknüpft, denen sowohl die Wettbewerber als auch die jeweilige Marktgegenseite ausgesetzt sind.[207] Die konkrete Ausprägung etwaiger Marktzutrittsschranken kann mittelbar Auswirkungen auf das Abnehmerverhalten haben, soweit Kunden im Falle hoher Preise oder ungleich besserer Qualität der Leistung entsprechende Wechselbereitschaft zu Gunsten gänzlich neuer beziehungsweise kaum etablierter Anbieter an den Tag legen.[208]

1. Vertrauen der Nachfrageseite und allgemeine Reputation

Wie bereits gesehen, legt die Nachfrageseite bei der Auswahl der Schiedsinstitution besonderen Wert auf das Renommee der Anbieter.[209] Dabei handelt es sich um einen Faktor, der von den bereits erbrachten Leistungen einer Schiedsinstitution aus der Vergangenheit beziehungsweise deren Rezeption durch die Marktteilnehmer auf der Nachfrageseite abhängig ist.[210] Je zahlreicher (quantitative

---

207 *J. Kühnen*, in: U. Loewenheim/K. Meessen/A. Riesenkampff et al. (Hrsg.), Kartellrecht, 4. Aufl. 2020, § 18 GWB, Rn. 94.

208 *A. Fuchs*, in: T. Körber/H. Schweitzer/D. Zimmer et al. (Hrsg.), Wettbewerbsrecht, Bd. 2, 6. Aufl. 2020, § 18 GWB, Rn. 131.

209 Queen Mary University London, 2021 International Arbitration Survey, S. 10, abrufbar unter: http://www.arbitration.qmul.ac.uk/media/arbitration/docs/LON0320037-QMUL-International-Arbitration-Survey-2021_19_WEB.pdf; Queen Mary University London, 2018 International Arbitration Survey, S. 14, abrufbar unter: http://www.arbitration.qmul.ac.uk/media/arbitration/docs/2018-International-Arbitration-Survey--The-Evolution-of-International-Arbitration-(2).PDF; Queen Mary University London, 2015 International Arbitration Survey, abrufbar unter: http://www.arbitration.qmul.ac.uk/media/arbitration/docs/2015_International_Arbitration_Survey.pdf. Siehe dazu bereits oben unter *Untersuchung der Nachfragemerkmale*.

210 *S. Hirsbrunner/N. Hacker*, in: H. von der Groeben/J. Schwarze/A. Hatje (Hrsg.), Europäisches Unionsrecht, Bd. 2, 7. Aufl. 2015, Art. 2 VO (EG) 139/2004, Rn. 221.

Komponente) und je positiver (qualitative Komponente) die Erfahrungswerte mit einem Anbieter ausfallen, desto besser gestaltet sich seine Reputation im Markt. Aus dem guten Ruf eines Anbieters entstehen diesem wiederum Wettbewerbsvorteile im Verhältnis zu Mitbewerbern, denen solche Anerkennung im Markt (noch) fehlt.

Konkret bildet daher insbesondere die zuverlässige Administrierung von Schiedsverfahren den zentralen Faktor für die Reputationspflege und damit für den langfristigen Markterfolg einer Schiedsinstitution. Während der Aufbau eines entsprechenden Renommees eine gewisse Kontinuität erfordert,[211] verursacht jedes einzelne Negativereignis, insbesondere die Ablehnung der Anerkennung oder die Aufhebung eines Schiedsspruchs potentiell verheerenden Schaden. Denn dadurch wird über die konkrete Entscheidung hinaus auf gewisse Weise auch die Effektivität des jeweiligen institutionellen Verfahrens und damit die grundlegende Tauglichkeit der zugehörigen Schiedsinstitution samt ihren Verfahrensregeln in Frage gestellt.

Ein Markt, auf dem Kunden dem ‚Rang und Namen' der Anbieter eine zentrale Bedeutung beimessen, begünstigt klar die etablierten Wettbewerber, die über die Zeit eine entsprechende Stellung erlangt haben.[212] Demnach werden Kunden das Angebot anderer Mitbewerber ohne vergleichbare Tradition nur dann bevorzugen, wenn dieses aus ihrer Sicht inhaltlich bedeutend attraktiver ausgestaltet ist als jenes der renommierteren Konkurrenz. In der Folge besteht eine hohe faktische Zugangsschwelle, die den Markteintritt neuer Wettbewerber erheblich erschwert.[213]

Auf dem vorliegend relevanten Markt spiegelt sich die somit zu erwartende starke Marktposition von angestammten Schiedsinstitutionen deutlich wider. Die ICC verzeichnet als traditionsreichste der international ausgerichteten Schiedsinstitutionen unablässig hohe Fallzahlen, die den Marktdurchschnitt deutlich übersteigen. Weniger auffällig, aber dennoch ähnlich gehört auch der LCIA mit seiner im Marktvergleich durchaus langen Tradition regelmäßig zu den Einheiten, die besonders viele Schiedsverfahren verbuchen können.[214]

---

211 Dementsprechend in Bezug auf die Reputation staatlicher Rechtsordnungen und Justizsysteme siehe *G. Wagner*, The Dispute Resolution Market, in: BLR 62 (2014) No. 5, 1085, 1147.

212 Vgl. *G. Wagner*, The Dispute Resolution Market, in: BLR 62 (2014) No. 5, 1085, 1147.

213 Vgl. KOMM., Leitlinien zur Bewertung horizontaler Zusammenschlüsse gemäß der Ratsverordnung über die Kontrolle von Unternehmenszusammenschlüssen, ABl. EU C 31/5 vom 5. Februar 2004, Rn. 71 lit. c).

214 Dazu die Übersicht zu den Fallstatistiken der hier untersuchten Schiedsinstitutionen unter B.I.1.a) *Gesamtvolumen des relevanten Marktes*.

Dementsprechend stellt *Münch* zutreffend fest, dass sich „auf internationalem Terrain […] feste, tradierte Einrichtungen etabliert [haben], die weltweit Ansehen genießen".[215]

Doch ist guter Ruf keine notwendige Voraussetzung kompetenter Verfahrensadministration. Solange sich das institutionelle Verfahren für die Nutzer allseits zufriedenstellend gestaltet, wirkt sich dies allgemein förderlich auf das Renommee der verantwortlichen Schiedsinstitution aus. So konnten sich einige jüngere Schiedsinstitutionen mittlerweile als verlässliche Anbieter präsentieren und werden zunehmend als echte Alternativen zu den traditionsreicheren Wettbewerbern wahrgenommen.

Eine von ihnen ist das SIAC, das sich in den letzten Jahren als eine der innovationsfreudigsten Schiedsinstitutionen hervorgetan hat. 2016 führte das SIAC beispielsweise als erste Schiedsinstitution eine Regelung in ihre Schiedsordnung ein, die es den Parteien ermöglicht, eine frühzeitige Abweisung von Klageanträgen beziehungsweise Einwendungen dagegen zu beantragen.[216] Dadurch können langwierige und kostspielige Verfahren verkürzt und durch summarische Entscheidung des Schiedsgerichts abgeurteilt werden, sofern das Vorbringen einer Partei offensichtlich rechtlich unbegründet oder die Unzuständigkeit des Schiedsgerichts auf der Hand liegt. Vergeblicher Zeitaufwand sowie unnütze Kosten, die mit dem üblichen Verfahrensgang unweigerlich anfallen würden, können durch diese Neuregelung von vornherein vermieden werden. Das gewinnbringende Potential dieser Regelung für die Nutzer liegt auf der Hand.

Im Jahr nach dieser Reform seiner Schiedsordnung konnte das SIAC einen sprunghaften Zuwachs in seinen Fallzahlen verzeichnen. 2017 wurden 421 neue Schiedsverfahren registriert. Dies entspricht einem Anstieg um rund 37 % im Vergleich zu den 307 Verfahren, die 2016 zu verbuchen waren.[217] Über den

---

215 *J. Münch*, in: T. Rauscher/W. Krüger (Hrsg.), Münchener Kommentar zur Zivilprozessordnung, Bd. 3, 6. Aufl. 2022, Vor § 1025 ZPO, Rn. 138. Diese Entwicklung deckt sich mit der Prognose von *Wetter*, nach der diejenigen Schiedsinstitutionen das stärkste Wachstum erfahren würden, die von Anfang an als die größten Akteure in den Wettbewerb starten, siehe *J. Wetter*, The International Arbitral Process, 1979, S. 242.

216 Siehe Rl. 29 SIAC Rules 2016. Vgl. dazu *Y. Banifatemi*, Expedited Proceedings in International Arbitration, in: L. Lévy/M. Polkinghorne (Hrsg.), Expedited Procedures in International Arbitration, 9, 17.

217 Vgl. SIAC, Annual Report 2019, S. 14, abrufbar unter: https://www.siac.org.sg/images/stories/articles/annual_report/SIAC%20Annual%20Report%202019%20(FINAL).pdf.

Zehnjahresverlauf im Zeitraum von 2009 bis 2019 hinweg ist dies nicht nur in absoluten Zahlen der höchste jährliche Zuwachs, sondern auch in relativer Hinsicht die stärkste Wachstumsrate.[218] Vor diesem Hintergrund gilt das SIAC weithin als Musterbeispiel für ein aufstrebendes international orientiertes Schiedszentrum.[219]

2. *Entwicklungs- und Investitionskosten*

Dieser Befund indiziert gleichzeitig, dass auch weniger traditionsreiche Schiedsinstitutionen erfolgreich mit den etablierten Akteuren konkurrieren können. Zu diesem Zweck kann insbesondere die Konzeption des institutionseigenen Schiedsverfahrens dienen. Dessen Ausgestaltung muss das entsprechende Angebot der übrigen Schiedsinstitutionen in puncto Nutzerfreundlichkeit übertreffen, um Kunden und Marktanteile weg von der Konkurrenz und hin zu sich zu lotsen.

Die Ausgestaltung des Angebots einer Schiedsinstitution betrifft im Kern ihre Schiedsordnung. Deren Regelungen skizzieren das jeweilige institutionelle Verfahren. Zu deren (Weiter-)Entwicklung bedarf es neben juristischer Expertise außerdem Nachforschungen zu den Bedürfnissen der Nachfrageseite, um diesen in der Konzeption des Verfahrens Ausdruck verleihen zu können. Denn nur eine Schiedsordnung, die an Bedarf und Verhalten der Nutzer orientiert ist, hat Aussicht von diesen in Betracht gezogen zu werden.

Die abstrakten Kosten, die demnach in Zusammenhang mit der Konzeption einer konkurrenzfähigen Schiedsordnung anfallen, betreffen somit vorwiegend das Vorhalten juristischer Fachkompetenz sowie gründliche und beständige Marktforschung. Letztere Kostenposition fällt praktisch vor jedem Markeintritt völlig unabhängig von dem gegenständlichen Wirtschaftsgut an. Im Einzelnen kann die Zusammenstellung der notwendigen Daten allerdings unterschiedlich aufwändig sein. Sind diese beispielsweise öffentlich verfügbar, entfällt die Notwendigkeit einer individuellen Erhebung, mit der ansonsten in der Regel erheblicher finanzieller Mehraufwand einhergeht. Im Falle des vorliegend

---

218 Wachstumsraten der Anzahl der vom SIAC unter Anwendung der eigenen Verfahrensregeln neu registrierten Schiedsverfahren jeweils im Verhältnis zum Vorjahr zwischen 2009 und 2019: 2010 (+25,00 %); 2011 (-3,03 %); 2012 (+19,38 %); 2013 (+15,18 %); 2014 (-10,45 %); 2015 (+23,86 %); 2016 (+25,82 %); 2017 (+37,13 %); 2018 (-10,93 %); 2019 (+21,07 %).

219 *J. Karton*, The Culture of International Arbitration and the Evolution of Contract Law, 2013, S. 64 ("SIAC is arguably the model up-and-coming institution.").

gegenständlichen Marktes existieren bereits aufbereitete Datensammlungen wie die regelmäßig durchgeführte Studie der Queen Mary University, die umfassend Aufschluss über das Nachfrageverhalten gibt. Etwaige Nachforschungen zur Gewinnung zusätzlicher Informationen erscheinen in diesem Lichte nicht zwingend notwendig.

Für die ermittelten Bedürfnisse der Nachfrageseite sind dann passgenaue Verfahrenslösungen zu entwerfen. Sofern juristische Expertise erforderlich ist, um solche Lösungen zu entwickeln und diese in die verallgemeinerte Form einer Schiedsordnung zu gießen, ist entsprechend juristisch geschultes Fachpersonal erforderlich. Da auch für den laufenden Geschäftsbetrieb einer Schiedsinstitution ein juristischer Mitarbeiterstab vorgehalten werden muss, fallen insoweit allerdings keine außergewöhnlichen Mehrkosten an. Folglich entsprechen die Kosten für den Markteinstieg in etwa der Höhe der Kosten, die der laufende Betrieb einer Schiedsinstitution ohnehin verursacht.

Mit Blick auf die Wettbewerbsstruktur kann reputationsbedingter Vorsprung die disziplinierende Wirkung der Konkurrenz durch neue beziehungsweise jüngere Schiedsinstitutionen nicht vollständig neutralisieren. Vielmehr zwingt er letztere dazu, ihr eigenes Angebot im Vergleich zu den traditionsreicheren bedeutend attraktiver auszugestalten, um potentielle Bereitschaft zu einem Anbieterwechsel zu fördern und im Endeffekt neue Nutzer beziehungsweise Verfahrensmandate zu akquirieren.

3. *Zusammenfassung*

Obgleich der Markt von gewissen faktischen Zugangsschranken umgeben ist, findet dennoch effektiver Wettbewerb auf ihm statt. Soweit für etablierte Schiedsinstitutionen ein Wettbewerbsvorteil aus ihrem bereits erworbenen Renommee folgt, kann dieser durch ein inhaltlich attraktiveres Angebot eines weniger traditionsreichen Akteurs kompensiert werden. Schiedsinstitutionen, die in der Vergangenheit Renommee und somit die eigene Marke aufgebaut haben, genießen zwar einen gewissen Vorsprung zu anderen, die ihrerseits auf keinen entsprechenden Ruf verweisen können. Dennoch zeigt das Beispiel des SIAC in Zusammenschau mit dem größten relativen Wachstum der gegenständlichen Schiedsinstitutionen, dass derartiger Vorsprung auf dem Markt für administrierte internationale Schiedsverfahren nicht uneinholbar ist und die Marktgegenseite auch bereit ist, sich auf neue Anbieter einzulassen.

Derartige Aktivitäten im Markt entfalten wiederum disziplinierende Wirkung – selbst auf die renommierten Schiedsinstitutionen, da diese ihrerseits gezwungen werden, ihr eigenes Angebot unablässig auf Schwachstellen abzuklopfen, um diese zu identifizieren und gegebenenfalls orientiert am Bedarf der Nutzer durch Modifikationen für Abhilfe zu sorgen. Gelingt dies nicht, drohen die Abwanderung der Kunden zu der Konkurrenz sowie mittelfristig Einbußen bei der eigenen Reputation und damit der Verlust des ursprünglichen Wettbewerbsvorteils. Dieser Wettbewerbsdruck fällt umso stärker aus, je weniger sich eine Schiedsinstitution für ihren Markterfolg auf ein allgemein bekanntes Renommee verlassen kann.

III. Ausweichmöglichkeiten der Nutzer

Wie hoch der Wettbewerbsdruck auf die Anbieter ausfällt, hängt nicht nur von den horizontalen Verhältnissen und somit von den unmittelbaren Wettbewerbern ab, sondern auch von der Position der jeweiligen Marktgegenseite.[220] Soweit konkret die Nachfrageseite effektiv in der Lage ist, das in Rede stehende wirtschaftliche Gut über verschiedene Kanäle zu beziehen, resultiert daraus in einem freien Wettbewerb verringerte Marktmacht für jeden einzelnen Anbieter. Je vielfältiger die Ausweichmöglichkeiten der Nutzer von institutionellen Schiedsverfahren ausfallen und je leichter sie sich realisieren lassen, desto stärker ist die Marktposition der Nutzer einzuschätzen und desto bedeutender umgekehrt der disziplinierende Effekt auf die Schiedsinstitutionen im Allgemeinen.[221]

1. Vor dem Beginn eines institutionellen Verfahrens

Auf der Nachfrageseite des Marktes für die Administrierung von internationalen Schiedsverfahren steht grundsätzlich jede Person beziehungsweise jede rechtliche verfasste Einheit, die Geschäftsverbindungen vertraglicher Art eingeht, welche mitunter nicht von rein nationalem Charakter sind. Konkreter Bedarf entsteht auf dem relevanten Markt, indem Schiedsvereinbarungen zwischen zwei oder mehr Personen abgeschlossen werden, die Konfliktlösung in Form

---

220 In diesem Sinne bspw. KOMM., Erläuterungen zu den Prioritäten der Kommission bei der Anwendung von Artikel 82 des EG-Vertrags auf Fälle von Behinderungsmissbrauch durch marktbeherrschende Unternehmen, ABl. EU C 45/7 vom 24. Februar 2009, Rn. 18; siehe auch *J. Kühnen*, in: U. Loewenheim/K. Meessen/A. Riesenkampff et al. (Hrsg.), Kartellrecht, 4. Aufl. 2020, § 18 GWB, Rn. 104.

221 Vgl. jeweils m.w.N. *A. Fuchs*, in: T. Körber/H. Schweitzer/D. Zimmer et al. (Hrsg.), Wettbewerbsrecht, Bd. 2, 6. Aufl. 2020, § 18 GWB, Rn. 138; *J. Kühnen*, in: U. Loewenheim/K. Meessen/A. Riesenkampff et al. (Hrsg.), Kartellrecht, 4. Aufl. 2020, § 18 GWB, Rn. 104; *W. Bosch*/*R. Bechtold*, Gesetz gegen Wettbewerbsbeschränkungen, 10. Aufl. 2021, § 18 GWB, Rn. 54.

von institutionell administrierten Verfahren vorsehen. Indes bedarf es der Festlegung auf eine bestimmte Schiedsinstitution.

Diese Festlegung auf eine Schiedsinstitution erfolgt gemeinschaftlich durch die Parteien der Schiedsabrede. Das ist der marktimmanente Regelfall, von dem keinerlei Ausnahmen ersichtlich sind.[222] Eine prägende Besonderheit des relevanten Marktes liegt daher in dem Konsenserfordernis begründet, welches der Transaktionsentscheidung auf der Nachfrageseite vorgelagert ist. Denn da der Mandatierung der Schiedsorganisation zwangsläufig eine dahingehende Einigung der Streitparteien vorausgehen muss, ist weder die individuelle Präferenz der einen noch die der anderen Streitpartei jeweils für sich genommen entscheidend. Allenfalls wenn sämtliche Parteien der Schiedsabrede (zufällig) dieselbe Schiedsinstitution bevorzugen, deckt sich die individuelle Vorliebe mit der im Endeffekt realisierten Transaktion.

Fallen die Idealvorstellungen der Nutzer dagegen auseinander, so wird letztlich diejenige Schiedsinstitution beauftragt, auf die sich die Parteien einigen konnten. Die Kunden der Schiedsinstitutionen können folglich durch den etwaigen entgegenstehenden Willen ihrer Vertragspartner in der Auswahl des Anbieters faktisch eingeschränkt sein. Mitunter kann somit im Ergebnis die Beauftragung einer Schiedsinstitution stehen, die für keinen der beteiligten Nutzer die erste Wahl darstellt.[223]

Diese notwendig konsensuale Angebotsauswahl bewirkt, dass sich die Attraktivität eines Verfahrenskonzeptes nicht etwa aus dessen Orientierung an spezifischen Partikularinteressen einer bestimmten Kundengruppe ergibt, sondern die Marktgegenseite gerade auf Neutralität Wert legt. Zudem werden Schiedsabreden üblicherweise gemeinsam mit dem Vertrag, auf dessen Konfliktpotential sie sich beziehen, und somit bereits vor Eintritt des Streitfalles abgeschlossen.[224]

---

222 Rein hypothetisch könnten die Parteien einer Schiedsabrede womöglich wirksam vereinbaren, dass eine von ihnen exklusiv das Auswahlrecht im Hinblick auf die Schiedsinstitution innehaben soll. Da die Schiedsinstitution mit keiner Kompetenz zur Entscheidung in der Sache ausgestattet ist, bestünde – anders als bei einer einseitigen Auswahl der Schiedsgerichtsbesetzung – kein Anlass, ganz grundsätzlich die Fairness eines solchen Verfahrens in Zweifel zu ziehen. Angesichts einer derartigen Gestaltung der Schiedsabrede könnte die berechtigte Partei jedoch durch bloße Untätigkeit die Einleitung eines Schiedsverfahrens verhindern, weshalb einer solchen Vertragsgestaltung praktisch keine Bedeutung zukommen dürfte.

223 Vgl. dazu ausführlich *G. Wagner*, Rechtsstandort Deutschland im Wettbewerb, 2017, S. 44 ff.

224 Vgl. im Ersten Teil unter B.I. *Die Schiedsvereinbarung*.

Unter diesen Umständen kann keine von ihnen vorhersehen, wer sich gegebenenfalls später einmal in der Rolle des Klägers beziehungsweise des Beklagten wiederfindet. Die Parteien teilen somit im Zeitpunkt der Auswahl der Schiedsinstitution das Interesse an einem möglichst neutralen Verfahren, in der keine der abstrakten Positionen gegenüber der jeweils widerstreitenden übervorteilt ist.[225]

Für die Schiedsinstitutionen als Anbieter bedeutet dies, dass sie bei der Entwicklung ihrer Verfahrensregeln sowohl Kläger- als auch Beklagteninteressen umfassend berücksichtigen müssen, ohne eine der Streitpositionen zu betonen. Der Anbieterwettbewerb ist folglich weniger durch das Eingehen auf reine Individualinteressen bestimmter Nachfrager geprägt als vielmehr durch das von allen Nutzern geteilte Interesse an einem fairen Schiedsverfahren. Daher bleibt letztlich unerheblich, dass die abschließende Entscheidung für ein bestimmtes Angebot beziehungsweise für den entsprechenden Anbieter nicht auf individuelle, sondern auf gemeinschaftliche Willensbildung zurückgeht: die Auswahlmöglichkeiten sind stets dieselben.

Bemerkenswert ist außerdem das Fehlen einer klassischen Verhandlungssituation im Verhältnis der nachfragenden Streitparteien mit der anbietenden Schiedsinstitution. Da die von letzterer zur Verfügung gestellten Verfahrensregeln genauso wie die ergänzenden Kostenordnungen in den Schiedsorganisationsvertrag einbezogen werden, bleibt weder Raum noch Bedarf für individuelle Vereinbarungen zwischen Anbieter und Kunden. Der Inhalt des Angebotes einer jeden Schiedsinstitution ergibt sich von vornherein aus der Summe der jeweiligen institutionseigenen Regelwerke und ist folglich von allgemeinem Charakter. Sofern eine Schiedsinstitution Modifikationen an den von ihr konzipierten Verfahrensregeln überhaupt zulässt,[226] sind die Streitparteien zu autonomer

225 Sobald ein konkreter Konflikt entstanden ist, verschieben sich die Interessen der daran beteiligten Parteien entsprechend der eigenen Verfahrensposition in gegenläufige Richtungen, wodurch eine Einigung auf die objektiv effizienteste Verfahrensgestaltung unwahrscheinlich bis unmöglich wird. *Wagner* differenziert insoweit zwischen „unilateralem Wettbewerb", in dem sich die Anbieterseite zu Lasten einer effizienten Konfliktlösung möglichst klägerfreundlich präsentieren muss, und „bilateralem Wettbewerb", bei dem der Markterfolg der Anbieter dagegen von deren Neutralität abhängt und folgerichtig die objektive Qualität der Verfahren begünstigt, siehe *G. Wagner*, The Dispute Resolution Market, in: BLR 62 (2014) No. 5, 1085, 1103 ff.

226 Vgl. zum zwingenden Regelungsgehalt der institutionellen Schiedsordnungen *H. Rüßmann*, Zwingendes Recht in den Schiedsregeln einer Schiedsinstitution?, in: A. Bruns/ C. Kern/J. Münch, et al. (Hrsg.), Festschrift für Rolf Stürner zum 70. Geburtstag, 481 ff. sowie zu der Handhabung abweichender Nutzervereinbarungen in der Praxis

Ausfüllung dieses Gestaltungsspielraumes befugt. Dahingehende Verhandlungen betreffen jedoch lediglich das Innenverhältnis der Streitparteien, nicht aber das Außenverhältnis zu der Schiedsinstitution. Nichtsdestoweniger ergibt ein Vergleich der Verhandlungsposition der Schiedsinstitutionen auf der Angebots- mit derjenigen der Nutzer auf der Nachfrageseite angesichts der Notwendigkeit einer vorgelagerten gemeinschaftlichen Willensbildung prinzipiell ein Defizit zu Lasten letzterer. Denn sofern die Parteien der Schiedsabrede nicht zu einer gemeinsamen Verhandlungsposition finden, besteht nutzerseitig keine Möglichkeit, mit einer Schiedsinstitution über die Modifikation der standardmäßigen Verfahrensregeln zu verhandeln.

Jedenfalls vor Einleitung eines Schiedsverfahrens besteht also angesichts der schieren Anzahl von Schiedsinstitutionen eine große Auswahl zu Gunsten der Nachfrageseite, sodass bei unliebsamen Änderungen im Verfahrensregime der einen Institution ein Ausweichen auf eine andere grundsätzlich in Betracht kommt. Sofern die Schiedsinstitution wie üblich bereits in der Schiedsvereinbarung festgelegt und diese wie ebenfalls üblich schon vor dem Eintreten eines Streitfalles abgeschlossen wird, steht es den Parteien prinzipiell frei, ihre Auswahl abzuändern beziehungsweise auf das Angebot einer anderer Schiedsinstitution ‚auszuweichen'. Eine überlegene Marktposition der Schiedsinstitutionen im vertikalen Verhältnis ergibt sich auch nicht aus dem Umstand, dass die Parteien einer Schiedsabrede nach deren Abschluss mit Verweis auf eine bestimmte Schiedsinstitution insofern gebunden sind. Zwar kommt aufgrund dieser gegenseitigen Bindung der Parteien untereinander ein Wechsel bloß noch unter der Voraussetzung eines dahingehenden Konsenses zustande. Doch solange sich zwischen den Parteien (noch) keine Streitigkeit abzeichnet, entspricht die Konstellation im Wesentlichen der Ausgangslage vor Abschluss der Schiedsvereinbarung. Die Wahrscheinlichkeit einer Einigung zwischen den Parteien sinkt erst erheblich, sobald die Interessen der Parteien in Bezug auf die Konfliktlösung wegen der Rollenverteilung bei einem konkreten Streitfall in unmittelbaren Konflikt miteinander kommen.

2. *Nach dem Beginn eines institutionellen Verfahrens*

Spätestens sobald das institutionelle Verfahren bei der zuständigen Schiedsinstitution beantragt und von dieser eingeleitet wurde, kommt zwischen den

---

verschiedener wichtiger Schiedsinstitutionen *N. Lendermann*, Procedure Shopping Through Hybrid Arbitration Agreements, 2018, S. 209 ff.

beteiligten Parteien und der Schiedsinstitution der Schiedsorganisationsvertrag mit den entsprechenden Rechten und Pflichten zustande.[227] Diese ergeben sich unmittelbar aus der institutionseigenen Schiedsordnung beziehungsweise aus den ergänzenden Regelwerken, in denen die Kosten des institutionellen Verfahrens festgeschrieben sind.

Aus dem mehrstufigen vertragsrechtlichen Gebilde, in das ein institutionelles Schiedsverfahren eingebettet ist, können sich die Streitparteien als Kunden der Schiedsinstitution nicht ohne Weiteres einseitig lösen. Da sie gegenüber der Schiedsinstitution eine einheitliche Vertragspartei formen, bedarf jegliche Einflussnahme auf dieses Rechtsverhältnis zu ihrer Wirksamkeit eines entsprechenden gemeinsamen Willens. Dieser ist in der Regel nach Eintritt des Streitfalles unter den Nutzern, die sich nunmehr als Konfliktparteien gegenüberstehen – wenn überhaupt – bloß schwerlich zu erzielen. Regelmäßig wird dann ein Umstand, den die eine Partei für sich als nachteilig ansieht, von der widerstreitenden als vorteilhaft wahrgenommen.[228] Doch selbst falls nachfrageseitig Einvernehmen hinsichtlich des Wechsels zu einer anderen Schiedsinstitution für die Administration des streitigen Verfahrens herrscht, kann ein solcher nur unter Berücksichtigung der existenten Vertragsstrukturen bewerkstelligt werden.

Hierfür gibt die jeweils einschlägige Schiedsordnung die Marschroute vor, indem sie für die Beendigung des Verfahrens das Kostenrisiko bei den Parteien verortet. Art. 28.6 LCIA-Rules 2016 etwa sieht vor, dass jede Streitpartei im Falle vorzeitiger Verfahrensbeendigung – das heißt vor Absetzung des finalen Schiedsspruches – jeweils in voller Höhe für die Verfahrenskosten haftet. Dasselbe ergibt sich aus der Schiedsordnung des SIAC vor dem Hintergrund von Rl. 32.10 in Verbindung mit Rl. 34.5 SIAC (2016). Kaum abweichend davon regelt Art. 38(6) S. 1 ICC-Rules 2017, dass in derartigen Fällen das Schiedsgericht die Kostenentscheidung trifft, sofern die Parteien keine dahingehende Vereinbarung abgeschlossen haben. Falls das Schiedsgericht noch nicht konstituiert war, kann

---

227 Welches Ereignis der maßgebliche Anknüpfungspunkt für den Abschluss des Schiedsorganisationsvertrages ist, wird zwar kontrovers diskutiert, vgl. dazu schon im Ersten Teil unter B.II. *Der Schiedsorganisationsvertrag*. Nach allen Ansichten liegt jedoch zumindest zum Zeitpunkt der Einleitung des Schiedsverfahrens durch die Schiedsinstitution ein entsprechender Vertrag zwischen den Verfahrensparteien und der Schiedsinstitution vor.

228 In diesem Sinne zu den geringen Erfolgsaussichten von ex-post Vereinbarungen mehrerer Parteien hinsichtlich der Bündelung mehrerer Schiedsverfahren, die denselben Sachkomplex betreffen, vgl. *J. Lew/L. Mistelis/S. Kröll*, Comparative International Commercial Arbitration, 2003, Ch. 16, Rn. 37.

jede Partei die Bildung beantragen, damit das Schiedsgericht dann eine Kostenentscheidung treffen kann. Die Verfahrensregeln des ICDR enthalten zwar keine derart ausdrückliche Regelung. Nichtsdestoweniger geht dort die vorzeitige Verfahrensbeendigung im Sinne von Art. 32 ICDR-Rules ebenfalls regelmäßig mit der Auferlegung der entstandenen Kosten und Gebühren einher.[229]

Demnach fallen die Verfahrenskosten selbst bei vorzeitiger Verfahrensbeendigung an, die im Zuge eines Anbieterwechsels zu einer anderen Schiedsinstitution stets zwingender Durchgangsschritt ist. Da das Schiedsverfahren nach einem Wechsel der Schiedsinstitution grundsätzlich aber von vorne beginnen müsste, würden sich diese Kosten als vergebliche Aufwendungen der Streitparteien darstellen, die ihnen keinen Gegenwert im Hinblick auf die Klärung des Rechtsstreits verschafft haben. Genauso ist auch die bis dahin in das Verfahren investierte Zeit verloren, sodass ein Anbieterwechsel die final von den Nutzern bezweckte Streitentscheidung zusätzlich verzögert.

Während das notwendige Einvernehmen der Parteien bezüglich eines Anbieterwechsels nach Einleitung eines Verfahrens und somit bereits im Stadium des Streitfalles eine hohe Hürde darstellt, wirken die unnützen Mehrkosten einer vorzeitigen Verfahrensbeendigung sowie der Zeitverlust auf dem Weg zu einem Streitentscheid zusätzlich abschreckend. Ein Anbieterwechsel nach Einleitung eines institutionellen Schiedsverfahrens ist vor diesem Hintergrund nicht bloß (i) wegen des nötigen Konsenses aller Nutzerparteien einerseits unwahrscheinlich, sondern (ii) angesichts der finanziellen und zeitlichen Wechselkosten andererseits unattraktiv.

Diese Rahmenbedingungen bewirken jedenfalls für das konkrete Schiedsverfahren praktisch einen Lock-in-Effekt, der die Streitparteien als Kunden eng an die ursprünglich beauftragte Schiedsinstitution bindet. Folglich verbleibt hinsichtlich laufender Verfahren kaum Wettbewerbsdruck, der sich disziplinierend auf die beauftragte Schiedsinstitution auswirken könnte, da diese üblicherweise keinen Wechsel der Nutzer zu einem konkurrierenden Anbieter zu befürchten braucht.

IV. Weitreichende Angebotstransparenz

Der Anbieterwettbewerb ist zudem von außergewöhnlich hoher Angebotstransparenz geprägt. Die Schiedsinstitutionen können genau wie auch sonst

229 *M. Gusy/J. Hosking*, A Guide to the ICDR International Arbitration Rules, 2. Aufl. 2019, Rn. 32.01.

jedermann die Verfahrensregeln ihrer Konkurrenten einsehen. Folglich kennen sie die genaue Ausgestaltung der jeweiligen Angebote ihrer Wettbewerber. Dasselbe gilt für die Preisbildung im Verhältnis zu der Marktgegenseite, da die Gebührenregelungen der Institutionen ebenso wie die Schiedsordnungen veröffentlicht sind. Eine derart hochgradige Markttransparenz hat unmittelbare, mitunter ambivalente Auswirkungen auf den Wettbewerb, wobei dieser je nach Struktur des Marktes entweder gestärkt oder aber beschränkt wird.[230]

1. Ungewissheit als typische Wettbewerbsbedingung

Nicht umsonst gehen staatliche Kartellverbote wie der Art. 101 Abs. 1 AEUV im Sinne des Selbstständigkeitspostulats von dem marktwirtschaftlichen Grundgedanken aus, dass die Teilnehmer eines bestimmten Marktes als autonome Akteure agieren.[231] Indem sie alle von dem Streben geleitet sind, jeweils ihren individuellen Erfolg zu maximieren, entsteht Wettbewerb. Das Zusammenspiel aus Selbstständigkeit am Markt und Streben nach maximalem Markterfolg versetzt die Wettbewerber in ein antagonistisches Verhältnis, grenzt sie somit gegeneinander ab und veranlasst sie folgerichtig – jedenfalls idealtypisch – zu gegenseitiger Verschlossenheit.

Üblicherweise sind vor diesem Hintergrund diejenigen Informationen, die den Marktteilnehmern als Entscheidungsgrundlage für ihre unternehmerischen Aktivitäten zur Verfügung stehen, ausschließlich im Hinblick auf ihre eigene Situation präzise und von gesicherter Natur. Sofern dagegen weitere Aspekte außerhalb der eigenen Sphäre – insbesondere die Aktivitäten der Wettbewerber – miteinzubeziehen sind, können mitunter lediglich Vermutungen angestellt, höchstens aber Rückschlüsse aus den eigenen Marktbeobachtungen gezogen werden.[232] Folgerichtig ist jede Markttransaktion mangels gesicherter Kenntnis

---

230 *T. Lübbig*, in: G. Wiedemann (Hrsg.), Handbuch des Kartellrechts, 4. Aufl. 2020, § 9, Rn. 240 f. m.w.N.

231 Eingehend zum Selbständigkeitspostulat jeweils m.w.N. vgl. *F. Säcker/J. Steffens*, in: F. Säcker/F. Bien/P. Meier-Beck et al. (Hrsg.), Münchener Kommentar zum Wettbewerbsrecht, Bd. 1, 3. Aufl. 2020, Art. 101 AEUV, Rn. 49 f.; *C. Grave/J. Nyberg*, in: U. Loewenheim/K. Meessen/A. Riesenkampff et al. (Hrsg.), Kartellrecht, 4. Aufl. 2020, Art. 101 Abs. 1 AEUV, Rn. 120 f.; *G. Wiedemann*, in: G. Wiedemann (Hrsg.), Handbuch des Kartellrechts, 4. Aufl. 2020, § 2, Rn. 3 f.; *D. Zimmer*, in: T. Körber/H. Schweitzer/D. Zimmer et al. (Hrsg.), Wettbewerbsrecht, Bd. 1, 6. Aufl. 2019, Art. 101 Abs. 1 AEUV, Rn. 86 ff.

232 *K. Meessen/C. Kersting*, in: U. Loewenheim/K. Meessen/A. Riesenkampff et al. (Hrsg.), Kartellrecht, 4. Aufl. 2020, Einführung, Rn. 7.

von der Vollständigkeit beziehungsweise der Richtigkeit der ihr zugrundeliegenden Informationen typischerweise mit einem unternehmerischen Grundrisiko behaftet, das sich mangels Gewissheit hinsichtlich aller entscheidungsrelevanten Faktoren bloß minimieren, aber nicht vollständig ausräumen lässt. Im Rahmen einer unternehmerischen Entscheidung ist dieses Transaktionsrisiko mit dem wirtschaftlichen Potential des Erfolgsfalles abzuwägen. Je geringer das Risiko beziehungsweise je größer das wirtschaftliche Potential, desto wahrscheinlicher fällt die Entscheidung zugunsten der Transaktion aus.

Für die vorliegende Untersuchung führt dies zu der Grundannahme, dass Regelungsreformen wahrscheinlicher werden, je mehr Administrierungsmandate sie möglicherweise generieren und je weniger schädliches Potential ihnen innewohnt.

2. *Angebotstransparenz begünstigt inhaltliche Annäherung*

Soweit die institutionellen Schiedsordnungen die jeweiligen Verfahrenselemente in für die Öffentlichkeit zugänglichen Kodifikationen normieren, beschreiben sie darin unweigerlich deren Ablauf.[233] Diese Art von Transparenz entspricht der Natur des vorliegend relevanten Marktes, da jeder Vertragsschluss zwischen Schiedsinstitution und Parteien die faktische Kenntnis dessen Inhalts erfordert. In Bezug auf die inhaltliche Beschaffenheit ihres Angebotes beseitigt diese natürliche Transparenz unweigerlich die Unsicherheit des einzelnen Wettbewerbers im Hinblick auf die konkrete Ausgestaltung der Konkurrenzangebote.

Gleichzeitig existiert kein Mechanismus, der die Schiedsinstitutionen an der (teilweisen) Nachahmung der Verfahrensregeln ihrer Wettbewerber – auch nur in wirtschaftlicher Hinsicht, etwa durch Lizenzierungspflichtigkeit – hindert. Das Verhältnis der Schiedsinstitutionen als Wettbewerber ist insoweit weniger von Unsicherheit als vielmehr von allgemeiner Gewissheit geprägt.

Derart weitreichende Transparenz macht es den Schiedsinstitutionen leicht, die Strategien der Konkurrenz zu analysieren und das eigene Marktverhalten unter dem Eindruck dieser Beobachtungen anzupassen.[234] Die Möglichkeit zur

---

233 *Michaels* erkennt in der Deskriptionsfunktion der Schiedsregeln gar deren zentralen Bedeutungsgehalt. So seien Schiedsinstitutionen als *formulating agencies* einzuordnen, deren Tätigkeit nicht als Rechtsetzung (‚Präskription'), sondern als Beschreibung der bewährten Praxis zu verstehen seien, siehe *R. Michaels*, Rollen und Rollenverständnisse im transnationalen Privatrecht, in: Deutsche Gesellschaft für Völkerrecht (Hrsg.), Paradigmen im internationalen Recht, 175, 209.

234 Dementsprechend vergleichen laut *Ogus* auch nationalstaatliche Gesetzgeber, die miteinander in Konkurrenz stehen, ihr eigenes Angebot mit demjenigen ihrer

Anpassung des eigenen Marktverhaltens unter Beachtung desjenigen der Konkurrenz hat dadurch auch eine zwangsbehaftete Komponente, da die ausführliche Kenntnis des Marktverhaltens der Wettbewerber die Entscheidungsunabhängigkeit des individuellen Marktteilnehmers vor dem Hintergrund informationsgestützter Unternehmensführung unweigerlich verringert.[235]

Nichtsdestoweniger sind Schiedsinstitutionen in Anbetracht dieser Rahmenbedingungen praktisch wie rechtlich problemlos dazu in der Lage, Regelungsansätze von anderen Wettbewerbern zu übernehmen.[236] Dies gilt insbesondere auch für Verfahrenskomponenten, die von anderen Wettbewerbern bereits in den Markt eingeführt wurden und sich in der Praxis dergestalt erfolgreich bewährt haben, dass sie positiv von der Marktgegenseite angenommen wurden.

Eine derartige Ausgangslage minimiert das Transaktionsrisiko einer entsprechenden Reform der eigenen Schiedsordnung enorm. Denn erfährt eine Schiedsinstitution nach Einführung einer innovativen Neuregelung markanten Zulauf, legt diese Marktbeobachtung den Rückschluss nahe, dass ein dahingehendes Kausalverhältnis zwischen Regeländerung und gesteigertem Fallaufkommen besteht. Eine so beschaffene Marktstruktur begünstigt die Anpassung des eigenen Angebots an die erfolgreichsten Konkurrenten und lässt daher im Laufe der Zeit eine zunehmende inhaltliche Annäherung der Schiedsordnungen aneinander erwarten.[237]

Daher ist nicht auszuschließen, dass den skizzierten Anpassungsvorgängen mitunter auch Verfahrensaspekte zum Opfer fallen, die bestimmte Nutzergruppen gerade als besonders wertvoll erachten. Schließlich sind Innovationen *per definitionem*

> „new to all (i.e. new to the world) and useful to some (and thus possibly harmful to some)."[238]

Wettbewerber und werden ggf. dadurch zu Anpassungen motiviert, sofern andere scheinbar besser auf die Anforderungen der Nachfrageseite eingehen, *A. Ogus*, Competition between National Legal Systems, in: ICLQ 48 (1999) No. 2, 405, 409.

235 *T. Lübbig*, in: G. Wiedemann (Hrsg.), Handbuch des Kartellrechts, 4. Aufl. 2020, § 9, Rn. 240 m.w.N.

236 Dazu sogleich unter B.IV.3. *Hohe Investitionsdurchlässigkeit trotz Urheberrecht.*

237 *T. Lübbig*, in: G. Wiedemann (Hrsg.), Handbuch des Kartellrechts, 4. Aufl. 2020, § 9, Rn. 240.

238 *O. Granstrand*, Towards a Theory of Innovation Governance and the Role of IPRs, in: GRUR Int. 2020, 341, 342.

Mitunter können Partikularinteressen der Nachfrager, die durch die bisherige Verfahrensgestaltung einer Schiedsinstitution ideal bedient wurden, im Zuge von Reformen zur Attraktivitätssteigerung des Angebots für die Allgemeinheit der potentiellen Nutzerschaft in Mitleidenschaft gezogen werden.

3. Hohe Innovationsdurchlässigkeit trotz Urheberrecht

Ein besonders transparenter Markt bietet außerdem ideale Bedingungen für eine schnelle Verbreitung von innovativen Lösungsansätzen. Der gesamte wettbewerbliche Entdeckungsprozess findet auf diese Art praktisch in Echtzeit vor den Augen aller Marktteilnehmer statt. Nimmt eine Schiedsinstitution Neuerungen an ihren Verfahrensregeln vor, sind diese ab dem Moment der Veröffentlichung für die Konkurrenz unschwer ersichtlich. Aus Sicht der Wettbewerber liegt es nahe, daraufhin die Auswirkungen der betreffenden Neuregelung im Hinblick auf deren Erfolg oder Misserfolg bei der Nachfrageseite zu verfolgen und daraufhin gegebenenfalls ihre eigenen Verfahrensregeln eingedenk dieser Eindrücke anzupassen.

Da die Schiedsordnungen als Kodifikationen das Produkt geistiger Gedankenprozesse darstellen, drängt sich vor dem Hintergrund geistigen Eigentums die Frage auf, ob nicht geltendes staatliches Recht verhindert, dass sich Schiedsinstitutionen Regelungsansätze ihrer Wettbewerber unvermittelt zu eigen machen können. Insofern kommt das Urheberrecht als Schutzregime der staatlichen Sphäre in Betracht. Unterfielen die institutionellen Schiedsordnungen dem Schutz des Urheberrechts, könnte der jeweils berechtigte Urheber beziehungsweise die ausgebende Schiedsinstitution Dritte, also insbesondere ihre Wettbewerber von jeglicher Verwendung des geschützten Inhalts ausschließen beziehungsweise sicherstellen, dass andere Schiedszentren, mit denen man in direktem Wettbewerb steht, nicht dieselben Ansätze für die eigenen Zwecke nutzen können. Derartige Privatisierung von Regelungskonzepten kann den Innovationsprozess auf dem relevanten Markt behindern.[239]

Gleichzeitig sind Ausschließlichkeitsrechte gerade dazu entwickelt worden, Immaterialgüter von einer grundsätzlich frei zugänglichen Ressource zu einem Wirtschaftsgut zu transformieren und sie somit zum Gegenstand von Marktprozessen zu machen. Ohne diesen Akt der Verrechtlichung bliebe der jeweilige immaterielle Schutzgegenstand häufig ungeschaffen, wenn mangels

---

239 Auch von Seiten der Wirtschaftswissenschaft werden die schädlichen Folgen von weitreichender Informationsprivatisierung zuletzt verstärkt betont. Siehe dazu nur *C. Geiger*, Flexibilising Copyright, in: IIC 39 (2008) No. 2, 178, 185 m.w.N.

Verwertbarkeit in einem Zustand der Schutzlosigkeit keinerlei wirtschaftlicher Anreiz zur Ideenentwicklung bestünde.[240]

Ob aber privat geschaffene Rechtstexte prinzipiell dem Schutz des Urheberrechts unterfallen können, wird im internationalen Vergleich durchaus unterschiedlich bewertet, wobei mancherorts schon auf nationaler Ebene Unsicherheit in Bezug auf die betreffende Rechtspraxis besteht.[241] Im Hinblick auf die Schiedsordnungen als Privatkodifikationen ist diese Frage allerdings – wenn überhaupt – bloß von nachrangiger Bedeutung. Selbst wenn man hypothetisch davon ausgeht, dass einer Schiedsordnung urheberrechtlicher Schutz zuteilwerden kann, ist dennoch die spezifische Schutzrichtung des Urheberrechts zu beachten.

Dessen Zweck in Bezug auf Sprachwerke ist ausschließlich der Schutz der konkreten Form beziehungsweise der konkreten Formulierung als für Dritte wahrnehmbarer Ausdruck von Gedankengehalt. Die darin zum Ausdruck kommenden Konzepte beziehungsweise das intellektuelle Moment, welches durch die Versprachlichung für Dritte rezipierbar wird, sind nicht vom Urheberrecht abgesichert.[242] Während also der urheberrechtliche Werksbegriff zwar unweigerlich auf den Transport von Informationen hinausläuft, ist das Recht an diesen – anders als das Recht am Werk im urheberrechtlichen Sinne – nie Teil der Exklusivzuweisung zu einem Privatvermögen.[243]

Auch dass Informationen in der modernen Wissensgesellschaft (*knowledge economy*) zu einem vermögenswerten und kapitalisierungsfähigen Rohstoff geworden sind, vermag die umrissene Stoßrichtung des Urheberrechts nicht zu verschieben beziehungsweise dessen Schutzbereich über das Werk hinaus auf die transportierte Information auszudehnen. Schließlich setzt jeder Wettbewerb und noch grundlegender das System der Marktwirtschaft prinzipiell den freien Zugang zu Informationen voraus.[244] Ein Urheberrechtsregime, welches im Falle

---

240 In diesem Sinne *E.-J. Mestmäcker*, Gewerbliche Schutzrechte und Urheberrechte in der Eigentums- und Wirtschaftsordnung, in: A. Fuchs/H.-P. Schwintowski/D. Zimmer (Hrsg.), Wirtschafts- und Privatrecht im Spannungsfeld von Privatautonomie, Wettbewerb und Regulierung, 261, 267 f.

241 Zum Ganzen vgl. den umfassenden Überblick zu der deutschen sowie der internationalen Rechtspraxis vgl. *N. Lendermann*, Procedure Shopping Through Hybrid Arbitration Agreements, 2018, S. 273 ff. m.w.N.

242 *G. Schulze*, in: T. Dreier/G. Schulze (Hrsg.), Urheberrechtsgesetz, 7. Aufl. 2022, § 2 UrhG, Rn. 37.

243 *C. Geiger*, Flexibilising Copyright, in: IIC 39 (2008) No. 2, 178.

244 Zum Ganzen exemplarisch vgl. nur *E.-J. Mestmäcker*, Gewerbliche Schutzrechte und Urheberrechte in der Eigentums- und Wirtschaftsordnung, in: A. Fuchs/H.-P.

von Sprachprodukten über den konkreten Ausdruck hinaus auch den verkörperten abstrakten Informationsgehalt allgemein vor dem freien Zugang durch die Gesellschaft abschirmte, würde diese existenznotwendige Regel von der Information als frei zugänglichem Gut in der Realität derart verkehren, dass ein Flickenteppich an Ideenmonopolen entstünde, angesichts dessen der zum Wohl der Gesellschaft angestrebte Wettbewerb lahmgelegt würde.

Diese Grundgedanken des Immaterialgüterschutzes greift auch die Welthandelsorganisation WTO in dem Übereinkommen über handelsbezogene Aspekte der Rechte des geistigen Eigentums auf.[245] In dessen Art. 9 Abs. 2 heißt es nämlich:

> „Copyright protection shall extend to expressions and *not to ideas*, procedures, methods of operation or mathematical concepts as such."[246]

Eine solche Begrenzung des urheberrechtlichen Schutzgutes trägt dem herkömmlichen Wettbewerbsgeschehen Rechnung. Denn der Wettbewerb als Prozess lebt gerade von der Freiheit, die Ideen anderer aufzugreifen und sie weiterzuentwickeln. Erst dadurch kann im Markt ein andauernder Austauschprozess entstehen, der zu Innovationen anregt.[247] Ohne eine derartige Beschränkung des urheberrechtlichen Schutzbereichs drohten demnach wettbewerbsbeschränkende Konsequenzen. In diesem Sinne gibt etwa *Cornish* zu bedenken:

> „If [intellectual property rights] were not limited and conditioned, we would offer too easy a prospect to belligerent operators to claim monopolies which are quite beyond any special contribution which they have made to the process of technological, cultural or economic development."[248]

Nichts anderes gilt für den vorliegend relevanten Markt. Würde man schon die Ideen und Konzepte hinter einer Schiedsordnung als geistiges Eigentum vollumfänglich privatisieren, käme es bald zum vollständigen Erliegen des Wettbewerbs. Bestimmte prozessuale Eigenheiten wären mit Einführung durch

---

Schwintowski/D. Zimmer (Hrsg.), Wirtschafts- und Privatrecht im Spannungsfeld von Privatautonomie, Wettbewerb und Regulierung, 261, 268 f.

245 Engl.: *Agreement on Trade-Related Aspects of Intellectual Property Rights*, daher oft auch abgekürzt nur als ‚TRIPS-Abkommen' bezeichnet. ABl. EG L 336/214 vom 23. Dezember 1994.

246 Hervorhebungen nur hier.

247 *W. Cornish*, The Expansion of Intellectual Property Rights, in: G. Schricker/T. Dreier/A. Kur (Hrsg.), Geistiges Eigentum im Dienst der Innovation, 9.

248 *W. Cornish*, The Expansion of Intellectual Property Rights, in: G. Schricker/T. Dreier/A. Kur (Hrsg.), Geistiges Eigentum im Dienst der Innovation, 9 f.

eine Schiedsinstitution in das eigene Regelwerk deren Nutzern ausschließlich vorbehalten. Damit stünde nicht mehr das urheberrechtliche Werk im Zentrum des Rechtsschutzes, sondern vielmehr das Kapitalisierungsinteresse der Schiedsinstitutionen.[249]

Für den Bereich einer hypothetisch derart geschützten Verfahrensgestaltung wäre der Markt dann monopolisiert und der Wettbewerb zu Lasten der Nachfrager ausgeschaltet. Denn diese würden möglicherweise einen Flickenteppich an für sie günstigen Regelungen jeweils bei unterschiedlichen Schiedsinstitutionen vorfinden, ohne in den Genuss der kombinierten Vorzüge kommen zu können. Ein solcher Zustand widerspricht nicht bloß den Kerngedanken des Wettbewerbsrechts, sondern genauso dem Schutzzweck des Urheberrechts. Keinesfalls dient die über geistiges Eigentum vermittelte Privatisierung von Informationen nämlich dem Schutz der wirtschaftlichen Investitionen, die der Verwertungsberechtigte mit Blick auf die Werkschöpfung getätigt hat.[250]

In Ansehung des spezifischen Schutzgegenstandes des Urheberrechts sowie dessen Schutzzwecks, ist es den Schiedsinstitutionen folgerichtig unbenommen, fremde Regelungskonzepte aus einer konkurrierenden Schiedsordnung in die eigene zu übernehmen. Sofern dazu eine vom Original abweichende Formulierung gewählt wird, verbleibt keinerlei Raum für urheberrechtliche Bedenken. Sonstige Schutzrechte, die dem Import ursprünglich fremder Verfahrenskonzepte in die eigene Schiedsordnung entgegenstünden, sind nicht ersichtlich. Im Endeffekt bildet die hohe Markttransparenz somit das ideale Umfeld für eine schnelle Verbreitung von effizienten Verfahrensregeln, die sich als attraktiv für die Nachfrager beziehungsweise als erfolgreich im Markt erwiesen haben.[251]

4. *Innovationshemmende Wirkung der Angebotstransparenz*

Als Anbieter sind die Schiedsinstitutionen gezwungenermaßen von dem Bestreben geleitet, der Nachfrageseite präferenzgerechte Lösungen zu unterbreiten.[252] Dies gilt grundsätzlich unabhängig davon, ob ein Marktakteur mit oder ohne

---

249 Dahingehend ähnlich *N. Lendermann*, Procedure Shopping Through Hybrid Arbitration Agreements, 2018, S. 284.

250 *C. Geiger*, Flexibilising Copyright, in: IIC 39 (2008) No. 2, 178 ff.

251 Ähnlich hierzu mutmaßt *Ginsburg*, dass die Transparenz der Verfahrensregeln der Schiedszentren in Verbindung mit dem Wettbewerb unter ihnen Konvergenz bewirken und somit letztlich in der Entwicklung effizienter Verfahrensregeln münden, siehe *T. Ginsburg*, The Culture of Arbitration, in: VJTL 36 (2003), 1335, 1344.

252 In diesem Sinne allgemein vgl. Monopolkommission, Systemwettbewerb, 1998, S. 18.

Profitorientierung verfasst ist.[253] Jede Reform einer Schiedsordnung dient vor diesem Hintergrund dem Ziel, das institutionelle Verfahren und damit das Angebot an die Nachfrageseite zu optimieren. Nur sofern die eigenen Marktbeobachtungen aber einen Modifikationsbedarf nahelegen, besteht für die Schiedsinstitution der Anreiz, ihre Verfahrensregeln anzupassen, um dadurch die Attraktivität ihres Angebotes zu steigern.

Wie jede unternehmerische Entscheidung kann auch diejenige zur Modifikation der Verfahrensregeln niemals auf eine abschließende Datengrundlage gestützt werden. Diese unvollkommene Kenntnis der Marktteilnehmer ist dabei eine wesensstiftende Eigenschaft von Wettbewerb als einem ergebnisoffenen Entdeckungsverfahren.[254] Vielmehr bleibt den Schiedsinstitutionen lediglich übrig, aus ihren eigenen Nutzerkontakten sowie ihren ergänzenden Marktbeobachtungen Rückschlüsse auf bestimmte Bedürfnisse der Nachfrageseite zu ziehen. Jede Verfahrensreform geht daher mit einem Risiko einher, das sich mitunter durch gründliche Marktforschung minimieren lässt, allerdings nicht restlos ausgeräumt werden kann.

Die Unsicherheitsfaktoren erstrecken sich darüber hinaus auch auf die Prognose für die Schiedsordnung, deren Reform in Rede steht. Schließlich reicht es nicht aus, einen existenten Bedarf treffend zu identifizieren. Vielmehr muss daraufhin ein passendes Regelungskonzept entwickelt und in das bestehende System der Schiedsordnung integriert werden. Insofern ist neben lösungsorientierter Kreativität bei der Entwicklung eines Regelungskonzeptes außerdem fachliche Expertise und sorgfältige handwerkliche Arbeit bei der Gestaltung des abstrahierten Regelungstextes erforderlich. Sobald sich all dies in Form eines Änderungsentwurfes konkretisiert hat, kann wiederum bloß prognostiziert werden, wie die Nachfrageseite auf dessen tatsächliche Einführung reagieren würde. Im Endeffekt wird die Regeländerung vorgenommen, wenn die Wahrscheinlichkeit ihres Mehrwertes für die Attraktivität der Schiedsordnung insgesamt höher eingeschätzt wird als die Möglichkeit der Zurückweisung durch die Nachfrageseite.

253 Denn obgleich die bedeutendsten internationalen Schiedsinstitutionen ausdrücklich ohne eine solche verfasst sind, stellt die Befriedigung des nutzerseitigen Bedarfs einen sinnstiftenden Grund ihrer Existenz dar.

254 Dazu ausführlich die insoweit begründende Schrift *F. von Hayek*, Der Wettbewerb als Entdeckungsverfahren, in: K. Leube (Hrsg.), Die Österreichische Schule der Nationalökonomie, 119. Vgl. statt vieler zudem *K. Meessen*, Prinzip Wettbewerb, in: JZ 2009, 697, 698 m.w.N.

Aus betriebsökonomischer Perspektive können beide Faktoren vernünftigerweise nur unter Zugrundelegung von einschlägigen Marktanalysen gegeneinander abgewogen werden. Damit diese jedoch repräsentativ sein können, bedarf es einer entsprechend aussagekräftigen empirischen Datengrundlage, deren Zusammenstellung in der Regel wiederum individuell-spezifische Marktforschungstätigkeit hinsichtlich der forcierten Regeländerung erfordert. Im Sinne der Kundenorientierung muss eine Schiedsinstitution insbesondere die Präferenzen der Nachfrageseite ergründen. Nur auf diese Weise kann eine belastbare Prognose für die Rezeption der Regeländerung durch die Nachfrageseite gestellt werden. Der damit verbundene wirtschaftliche Aufwand muss bei neuartigen Regelungskonzepten umso intensiver ausfallen, da dann der Blick auf andere Schiedsinstitutionen und deren Praxis keinerlei Aufschluss in Form von Erfahrungswerten mit ähnlichen Gestaltungsansätzen bringt.

Während also im Vorfeld einer Neuregelung zu deren Vorbereitung ohnehin Investitionen in Marktforschung notwendig sind, ist deren Umfang im Falle von innovativen Reformplänen also noch weiter erhöht zu erachten. Diese Erkenntnis schlägt unweigerlich auch auf das unternehmerische Risiko durch. Mithin impliziert jede Schiedsordnungsreform bereits per se ein gewisses unternehmerisches Risiko. Allerdings fällt das ökonomische Schädigungspotential bei der Marktpremiere eines innovativen Verfahrenskonzeptes angesichts des gesteigerten Investitionsaufwandes im Vorfeld erheblich höher aus.

Innovative Verfahrenskonzepte müssen demnach verschiedene Hürden überwinden, um tatsächlich auf dem Markt anzukommen. Sowohl der beträchtliche wirtschaftliche Aufwand, den die Vorbereitung von Schiedsordnungsreformen erfordert, als auch die sonstigen unternehmerischen Risiken, welche speziell mit der erstmaligen Einführung eines neuartigen Verfahrenskonzeptes einhergehen, können die Schiedsinstitutionen daran hindern, Reformvorstöße überhaupt in Betracht zu ziehen.

Diese (eingeschränkte) Anreizstruktur kann durch die außergewöhnlich umfassende Angebotstransparenz des Marktes weiter beeinträchtigt werden. Schließlich sind Schiedsinstitutionen leicht dazu in der Lage, Marktbewegungen zu verfolgen und gegebenenfalls Verfahrenskonzepte ihrer Wettbewerber in das eigene Programm zu übernehmen, sobald diese sich in der Praxis der Konkurrenz als erfolgsträchtig erwiesen haben. Dadurch steigt die Wahrscheinlichkeit von marktweitem Parallelverhalten aller Wettbewerber.[255] Sofern sich ein Marktteilnehmer mit der Beibehaltung seines Marktanteils zufriedengibt, ist

255 *M. Jephcott/T. Lübbig*, Law of Cartels, 2003, Rn. 2.41.

der Verzicht auf eigene Innovationstätigkeit die ökonomisch sinnvollste Marktstrategie, da bei deren Verfolgung die erörterten Geschäftsrisiken von Wettbewerbsvorstößen vermieden werden. Stattdessen kann das unternehmerische Risiko durch gelegentliche Reformen nach dem Rosinenprinzip praktisch auf null reduziert werden.

Vor dem Hintergrund der weitgehenden Transparenz auf dem vorliegend relevanten Markt lassen sich im Sinne eines *First Mover Problems* daher negative Folgen erwarten, welche geeignet sind, die allgemeine Innovationskraft des Wettbewerbs zu hemmen.[256] Forschungs- und Entwicklungstätigkeit und damit Pionierarbeit bei der Fortentwicklung der institutionellen Verfahrenspraxis stellen weniger eine überlebensnotwendige Betriebspraxis einer jeden Schiedsinstitution dar als vielmehr fakultative, überobligatorische Geschäftsaktivität. Natürlich kann diejenige Schiedsinstitution, die als erste eine neuartige Verfahrensgestaltung in den Markt einführt, dadurch im Erfolgsfall potentiell ihren Marktanteil steigern sowie ihr Prestige fördern.

Allerdings wohnt einer solchen Vorgehensweise stets ein Unsicherheitsfaktor inne, da die Prognose, auf der die Änderungsentscheidung gründet, sich im Nachhinein als unzutreffend herausstellen kann. Weisen die Nachfrager die neuen Regelungen nämlich zurück, indem sie auf das Angebot der Wettbewerber ausweichen, verbleiben dem *First Mover* seine im Vorfeld getätigten Investitionen endgültig als vergebliche Aufwendungen und damit als Verlust. Womöglich noch gravierender ist der Schaden, der für die Reputation einer Schiedsinstitution durch eine gescheiterte Reform entstehen kann.[257]

---

256 In diesem Sinne *T. Lübbig*, in: G. Wiedemann (Hrsg.), Handbuch des Kartellrechts, 4. Aufl. 2020, § 9, Rn. 240.

257 In diesem Sinne analysiert *Yeşilirmaks* verschiedene institutionelle Regelungskonzepte zum vor-schiedsgerichtlichen Eilrechtsschutz. Zum Zeitpunkt seiner Untersuchung waren die entsprechenden institutionellen Verfahrensregeln ausschließlich als Opt-in-Regime ausgestaltet. *Yeşilirmak* führt die dahingehende allgemeine Zurückhaltung auf die Befürchtung der Schiedszentren zurück, sie könnten mit der Aufnahme ungetesteter Regeln in ihr Standardrepertoire letztlich scheitern und dadurch das Vertrauen der Nutzer verspielen, vgl. *A. Yeşilirmak*, Provisional Measures in International Commercial Arbitration, 2005, Rn. 4 ff. Mittlerweile hat sich das Bild der Regelungslandschaft der institutionellen Regelwerke in Richtung Opt-Out-Verfahren gewandelt, sodass die Möglichkeit des vor-schiedsgerichtlichen Eilrechtsschutzes unter der Ägide der bezeichneten Schiedsinstitution grundsätzlich automatisch erfasst ist, soweit die Parteien sie nicht ausschließen, vgl. dazu im Dritten Teil unter A.II.1. *Entstehung des Emergency Arbitrator-Verfahrens.*

Im Vergleich dazu ist Passivität im Sinne von Anpassung an die erfolgreichen Markttrends angesichts der insofern begünstigend wirkenden Markttransparenz der bei weitem risikoärmere Weg. Obgleich diese Geschäftsstrategie kaum geeignet ist, sich positiv von der Konkurrenz abzusetzen und aktiv neue Kunden zu akquirieren, gestattet sie einen Unternehmensbetrieb ohne signifikante Risiken. Ihre betriebswirtschaftliche Attraktivität ist daher nicht zu unterschätzen. Zwar wohnt dem Festhalten an längst überkommenen Regelungen geschäftsschädigendes Potential inne. Allerdings gilt der Umkehrschluss, dass der Markterfolg einer jeden Schiedsinstitution von ihrer Innovationsfähigkeit als *condicio sine qua non* abhängt, angesichts der hohen Innovationsdurchlässigkeit gerade nicht, da die konkurrierenden Anbieter ohne Weiteres innovative Ansätze voneinander übernehmen können.[258]

Vielmehr kann eine Schiedsinstitution selbst mit einer Schiedsordnung, die keinerlei eigene Akzente setzt, sondern in der sich ausschließlich der normative Gehalt der aktuell stark nachgefragten Verfahrenskonzepte ihrer Wettbewerber niederschlägt, grundsätzlich erfolgreich am Markt agieren. Im Besonderen gilt dies für die etablierten Vertreter der Angebotsseite, auf die der Wettbewerbsdruck insoweit geringer ausfällt, als sie auf Nachfrageseite über etablierte Reputation verfügen. Dagegen sind es die weniger traditionsreichen Schiedsinstitutionen, die mangels solchen Ansehens in erster Linie über ein attraktiver gestaltetes Verfahrenskonzept auf sich aufmerksam machen und mit der Marktspitze in Konkurrenz um Verfahrensmandate treten können.

Folglich ist in der Marktstruktur angelegt, dass mit den etablierten Schiedsinstitutionen gerade diejenigen Anbieter mit der größten normativen Marktmacht dem geringsten Wettbewerbsdruck ausgesetzt sind. Für sie ist die eigene Innovationstätigkeit angesichts der herausragenden Bedeutung der allgemeinen Reputation einer Schiedsinstitution für die Marktgegenseite jedenfalls weniger ein ökonomisch indizierter Imperativ als vielmehr das Mittel der Wahl, um Akzente in der Entwicklung der internationalen Handelsschiedspraxis zu setzen und diese insgesamt gemäß der eigenen Philosophie zu beeinflussen.[259]

Für die mit weniger beziehungsweise keinerlei Renommee ausgestatteten Wettbewerber führt der Weg hin zur Etablierung auf dem vorliegend relevanten internationalen Markt praktisch zwangsläufig über die risikobehaftete

258 Siehe dazu schon oben unter B.IV.3. *Hohe Innovationsdurchlässigkeit trotz Urheberrecht.*

259 In diesem Sinne *A. Stone Sweet/F. Grisel*, The Evolution of International Arbitration, 2017, S. 43. Ähnlich auch *T. Ginsburg*, The Culture of Arbitration, in: VJTL 36 (2003), 1335, 1342 f.

Einführung innovativer Verfahrensansätze. Da sie im Gegensatz zu ihren etablierten Konkurrenten nur in geringem Umfang von den Marktteilnehmern wahrgenommen werden, besteht mitunter die Gefahr, dass von ihnen in den Markt eingebrachte Regelungsinnovationen verloren gehen, wenn sie von der Nachfrageseite gar nicht erst wahrgenommen werden. Verläuft die Markteinführung dagegen erfolgreich, können etablierte Schiedsinstitutionen leicht reagieren und das Regelungskonzept in ihre eigene Schiedsordnung übernehmen.

V. Zusammenfassung und Auswertung

1. Marktzugang trotz signifikanter Schranken nicht verschlossen

Auf dem relevanten Markt konkurrieren Schiedsinstitutionen als Anbieter um Mandate zur Administrierung internationaler Schiedsverfahren. Da nachfrageseitig außerordentlicher Wert auf die Reputation einer Schiedsinstitution gelegt wird, genießen fest im Markt etablierte Anbieter einen Wettbewerbsvorteil gegenüber weniger traditionsreichen Konkurrenten. Dennoch erscheint der Markt für neue Schiedsinstitutionen nicht verschlossen zu sein. So ist erkennbar, dass insbesondere die Einführung innovativer Verfahrensregelungen ein probates Mittel zur nachhaltigen Steigerung des Fallaufkommens sein kann.

2. Wettbewerbsvorsprung durch tradierte Reputation im Markt

Nichtsdestoweniger steht mit der ICC nach wie vor eine fest tradierte Schiedsinstitution an der Spitze des Marktes. Diese Stellung spiegelt sich nicht zuletzt in der Anzahl der Schiedsverfahren nach ihrer hauseigenen Schiedsordnung wider. Hinter ihr folgen die nächsterfolgreichen Wettbewerber erst mit weitem Abstand. Der Wettbewerbsvorsprung, welcher der ICC als fest etabliertem Schiedszentrum mit entsprechendem Renommee zukommt, vermittelt ihr gleichzeitig gesteigerte Widerstandsfähigkeit gegen jeglichen Wettbewerbsdruck und folglich einen gesteigerten Spielraum bei der Festlegung des eigenen Marktverhaltens. So können sich renommierte Schiedsinstitutionen angesichts ihres Rufs länger Zeit lassen, um die Aktivitäten ihrer Wettbewerber und deren Effekte im Markt zu beobachten.

Während sich kaum profilierte Schiedszentren nur über den Weg besonders innovativer, attraktiver Verfahrenskonzepte einen festen Status auf dem Markt erarbeiten können, genügt den bereits mit solcher Reputation ausgestatteten Marktteilnehmern zur Aufrechterhaltung ihres Status quo die bloße Anpassung an die Regelungstrends, die sich in der Marktpraxis anderer Anbieter als erfolgreich herausgestellt haben. Die Entwicklung innovativer Regelungskonzepte stellt demnach für die meisten Schiedsinstitutionen eine durch den Wettbewerb oktroyierte Notwendigkeit dar, für die etablierte dagegen lediglich die Kür.

Dennoch sind weder die ICC und noch andere etablierte Schiedsinstitutionen gänzlich immun gegen den Wettbewerbsdruck, den auch weniger renommierte Schiedszentren entwickeln können. Jedenfalls wenn zwischen deren Angeboten beziehungsweise der Konzeption der jeweiligen institutionellen Verfahren ein auffälliges Attraktivitätsgefälle entsteht, drohen den insoweit passiven Schiedszentren Marktanteilsverluste.[260]

Ein guter Ruf schirmt mithin nicht langfristig gegen jedweden Wettbewerbsdruck ab. Wer weder selbst innovativ sein Verfahrenskonzept weiterentwickelt noch auf Markttrends eingeht und die eigene Schiedsordnung nicht gemäß den Markttrends an die Bedürfnisse und Vorlieben der Nachfrageseite anpasst, büßt kurzfristig einzelne Verfahrensmandate ein. Mittel- und langfristig wirken sich derartige Marktanteilsverluste schädigend auf die Reputation eines Schiedszentrums aus, sodass etwaiger prestigebedingter Wettbewerbsvorsprung letztlich verlorengeht.

3. *Starke Konzentration normativer Marktmacht*

Ausgehend von der Modifikationshoheit jedes Schiedszentrums über die eigenen Verfahrensregeln, ergibt sich aus der Gesamtschau mit ihrem Fallaufkommen die Reichweite ihrer normativen Schaffenskraft. Als Maßstab hierfür dient das Kriterium der normativen Marktmacht.

Einer Schiedsordnung, deren Vorgaben für überdurchschnittlich viele Schiedsverfahren maßgeblich ist, wird im Zuge der Marktbeobachtungen, die sämtliche Anbieter im Zuge ihres Geschäftsbetriebes anstellen, besondere Aufmerksamkeit im Marktgeschehen zuteil. So können konkurrierende Schiedszentren aufgrund des hohen Fallaufkommens eines besonders erfolgreichen Wettbewerbers beziehungsweise dessen Markterfolges, dazu geneigt sein, ihre eigenen Verfahrensregeln nach dessen Vorbild anzupassen.

Die breite Rezeption ihrer Schiedsordnung vermittelt einer Schiedsinstitution in Anbetracht ihrer Modifikationshoheit besonderen Einfluss auf die Entwicklung der institutionellen Handelsschiedsgerichtbarkeit im Allgemeinen. Je höher

---

260 Vgl. ähnlich *J. Chiu*, Consolidation of Arbitral Proceeding and International Arbitration, in: JIA 7 (1990) No. 2, 53, 75 ("Far from threatening the appeal of an institution, such advance would prepare it to adapt to the needs [of the users]. Thus, it is in the interest of arbitration institutions to take the lead [...] so that arbitration will remain the preferred alternative to litigation.").

mithin das Fallaufkommen einer Schiedsinstitution ausfällt und je öfter somit die von ihr konzipierten Verfahrensregeln zur Anwendung kommen, desto stärker schlägt sich die Rechtsetzungstätigkeit der Institution in der allgemeinen Schiedspraxis nieder.

Aufgrund ihrer herausragenden Stellung auf dem relevanten Markt kommt der ICC erhebliche normative Marktmacht zu. Das damit verbundene Einflusspotential der ICC auf die Entwicklung der internationalen Schiedsgerichtsbarkeit ist angesichts des großen Abstandes zu den nächsten Wettbewerbern umso höher einzuschätzen. Allerdings ist die ICC zuletzt stetig zunehmender Konkurrenz ausgesetzt. Bestimmte sie noch als De-facto-Monopolist über weite Teile des 20. Jahrhunderts die Entwicklung der Schiedsgerichtsbarkeit, belegen die Fallstatistiken der letzten Jahre und Jahrzehnte, dass die Marktanteile konkurrierender Schiedsinstitutionen erheblich angewachsen sind. Nichtsdestoweniger weist der relevante Markt weiterhin eine ausgeprägte Machtkonzentration zu Gunsten der ICC auf.

4. *Außergewöhnlich hochgradige Transparenz*

Da sämtliche Schiedsordnungen das jeweilige institutionelle Verfahren genau beschreiben und zudem öffentlich für jedermann zugänglich sind, herrscht auf dem relevanten Markt vollumfängliche Angebotstransparenz. Daraus ergibt sich in der Marktpraxis die umfassende Kenntnis der Schiedszentren von der genauen Angebotsgestaltung ihrer Wettbewerber. Die absolute Transparenz der institutionellen Regelwerke kann sich vor dem Hintergrund wettbewerblicher Zusammenhänge in verschiedener Weise auf die Entwicklung des Marktes beziehungsweise die Genese der institutionellen Regelwerke auswirken.

Einerseits begünstigt die Transparenz als wesentliche Rahmenbedingung des Anbieterwettbewerbs die Verbreitung innovativer Verfahrensansätze auf dem Markt, da die Schiedsinstitutionen dadurch – *de iure* genauso wie *de facto* – dazu in der Lage sind, solche Regelungen der Konkurrenz, die bei der Nachfrageseite auf große Beliebtheit stoßen, ohne Weiteres in die eigene Schiedsordnung zu übernehmen. Mithin ist von einer beständig fortschreitenden, schleichenden Annäherung der institutionellen Schiedsordnungen aneinander auszugehen, wobei nicht auszuschließen ist, dass dadurch auch Regelungen verloren gehen, die für eine Minderheit der Nutzer gerade günstiger waren als diejenigen, die sich in Ansehung des allgemeinen Markttrends abzeichnen.

Andererseits geht mit der Markttransparenz eine verringerte Entscheidungsunabhängigkeit der Wettbewerber einher. In die eigenen unternehmerischen Entscheidungen soweit möglich Informationen einzubeziehen, welche die

Konkurrenz betreffen, ist aus Sicht eines verständigen Marktakteurs weniger nur Option als vielmehr betriebsökonomischer Imperativ. Die detaillierte Kenntnis von der Angebotsgestaltung der direkten Wettbewerber führt in diesem Sinne zu einer signifikant erweiterten Datengrundlage, die in entsprechend weitgehendem Maße die wettbewerbsfördernde Ungewissheit im Markt beseitigt.

Dritter Teil: Genese der Schiedsordnungen

Nachzeichnung der Entwicklungen im Lichte des Wettbewerbs der Schiedsinstitutionen

Nach der vorstehenden Analyse steht fest, dass Schiedsinstitutionen auf einem weltweiten Markt um Mandate zur Administrierung von internationalen Schiedsverfahren konkurrieren. Eine Untersuchung der ausgewählten Schiedsordnungen soll im Folgenden zeigen, ob und falls ja, inwieweit dieser Wettbewerb zwischen den Schiedsinstitutionen die Entwicklung der Schiedsordnungen beeinflusst und sich dadurch womöglich auf normativer Ebene auswirkt. Zu diesem Zweck beleuchtet die Arbeit im Folgenden die Genese der ausgewählten Schiedsordnungen in Bezug auf bestimmte Regelungsaspekte und setzt diese mit den Daten zur Entwicklung des Anbietermarktes ins Verhältnis. Die sich daraus ergebende Evidenz kann zwar aufgrund ihrer ökonomischen Komponente naturgemäß keine letztverbindlichen Resultate im Sinne eines eindeutigen Beweises für die unmittelbare oder gar singuläre Ursächlichkeit der Regelungsgestaltung einer Schiedsinstitution für die einer anderen hervorbringen. Dennoch ergibt die Gesamtschau der normativen Ebene vor dem Hintergrund der ökonomischen Daten eine hinreichend fundierte empirische Basis für die Identifizierung etwaiger Zusammenhänge zwischen dem Angebotswettbewerb und der Genese der Regelwerke, aus denen sich gegebenenfalls wiederum begründete Rückschlüsse ziehen lassen.

Da Nachfrager stets Interesse an einem möglichst effizienten Konfliktlösungsmechanismus haben, kommt der nutzerorientierten Gestaltung des institutionellen Verfahrens essentielle Bedeutung für die Entscheidung der Nutzer zwischen den Angebotsalternativen zu. Folgerichtig sind die in den Schiedsordnungen niedergelegten Verfahrensregeln die Grundvoraussetzung für jedweden Markterfolg einer Schiedsinstitution und damit ein gewichtiger Wettbewerbsfaktor. Entscheidungen, welche die Modifikation der hauseigenen Schiedsordnung betreffen, sind demnach eindeutig unternehmerischer Natur und fußen dementsprechend auf betriebswirtschaftlichen Erwägungen, die wiederum den Wettbewerbsverhältnissen auf dem Markt Rechnung tragen. Demnach liegt nahe, dass die vom Wettbewerb der Schiedszentren ausgehende Dynamik auch in der Genese der institutionellen Schiedsordnungen Niederschlag findet.

Um diese Hypothese zu überprüfen, werden im Folgenden die zuvor gewonnenen Erkenntnisse hinsichtlich der Wettbewerbsverhältnisse mit den nachverfolgbaren Entwicklungen der institutionellen Regelwerke in Relation gesetzt. Dazu sind die Verfahrensregeln der ausgewählten Zentren auf bestimmte inhaltliche Aspekte hin zu beleuchten, um die konkrete Genese der entsprechenden Regelungen jeder einzelnen Schiedsordnung herauszustellen und diese mit den konkurrierenden Rechtstexten zu vergleichen. Sofern sich diese Vorgänge unter Bezug auf die in der vorausgegangenen Markt- und Wettbewerbsanalyse erzielten Erkenntnisse hinreichend genau erklären lassen, ist damit der Beweis erbracht, dass die wettbewerbliche Dynamik zwischen konkurrierenden Schiedsinstitutionen (als Normgebern) den Inhalt der Schiedsordnungen (als kodifiziertes Rechtsgefüge) maßgeblich mit beeinflusst und dieser Einfluss bestimmten ökonomischen Gesetzmäßigkeiten unterliegt, die auch auf herkömmlichen Produktmärkten zu beobachten sind.

A. Vor-schiedsgerichtlicher Eilrechtsschutz

I. Problemaufriss

Selbst ein äußerst kurzes Hauptsacheverfahren kann keinen ausreichenden Rechtsschutz vermitteln, wenn die Sache eine besonders zeitkritische Komponente aufweist. Gerade im internationalen Kontext erlangt die Anordnung einstweiliger Rechtsschutzmaßnahmen herausragende Bedeutung. Denn sofern die Streitparteien unterschiedlichen Staaten angehören, ergeben sich spezifische Risiken für das Konfliktlösungsverfahren wie etwa eine erhöhte Gefahr, dass wichtige Beweismittel außer Reichweite des zuständigen Schiedsgerichts geschafft oder Vermögensgegenstände an einen Ort verbracht werden, an dem sie dem Zugriff im Wege der Zwangsvollstreckung womöglich entzogen sind.[1] Daher erstreckt sich die Entscheidungskompetenz eines Schiedsgerichts

1 Im Hinblick auf die Gewährleistung der Effektivität schiedsgerichtlichen Rechtsschutzes ist der konkrete Gehalt solcher Maßnahmen im Einzelfall genauso vielfältig wie vor staatlichen Gerichten und kann je nach den Umständen des konkreten Falles ganz unterschiedliche Zwecke verfolgen und dementsprechend verschiedenen Gehalt aufweisen. Regelmäßig geht es dem Antragsteller entweder (i) um den Schutz von Beweismitteln, die für das Verfahren in der Hauptsache von zentraler Bedeutung sind oder (ii) um die Sicherung von bestimmten Vermögensgegenständen der Gegenseite, sofern deren Verbringung aus der Reichweite des Schiedsgerichts die Umsetzung der ausstehenden Hauptsacheentscheidung vereiteln könnte, siehe *A. Ghaffari/E. Walters*, The Emergency Arbitrator, in: Arb. Int'l. 30 (2014) No. 1, 153, 154. Vgl. ausführlich zu möglichen Inhalten von Maßnahmen des einstweiligen Rechtsschutzes *A. Yeşilirmak*, Provisional Measures in International Commercial Arbitration, 2005, S. 10 ff. m.w.N.

grundsätzlich auf die Anordnung von Maßnahmen des einstweiligen Rechtsschutzes.[2] Nur so kann es, die Fairness des Schiedsverfahrens sowie die Effektivität des Rechtsschutzes zu gewährleisten, wann immer insofern Gefahr durch die äußeren Umstände des Rechtsstreits droht.[3]

1. *Lücke im Rechtsschutzsystem der (institutionellen) Schiedsgerichtsbarkeit*

Schiedsgerichte werden allerdings erst in Ansehung eines konkreten Verfahrens errichtet. Dieser Errichtungsprozess, der in der Regel grundsätzlich die Mitwirkung aller beteiligten Parteien erfordert, nimmt zumindest Tage, in der Regel eher Wochen oder sogar mehrere Monate in Anspruch.[4] Da das Schiedsgericht vor seiner Konstituierung als solches nicht existiert, kommt es in diesem Zeitraum für Entscheidungen bezüglich Maßnahmen des einstweiligen Rechtsschutzes nicht in Betracht.[5] Dadurch tut sich zwischen der Einleitung

---

2 *G. Born*, International Commercial Arbitration, 3. Aufl. 2021, S. 2607. Vgl. Art. 17(1) ModG ("Unless otherwise agreed by the parties, the arbitral tribunal may, at the request of a party, grant interim measures."). Lange war die Kompetenz von Schiedsgerichten zum Erlass von einstweiligen Rechtsschutzmaßnahmen umstritten bzw. durch nationales Recht eingeschränkt, vgl. dazu m.w.N. *C. Hausmaninger*, The ICC Rules for a Pre-Arbitral Referee Procedure, in: ICSID Rev. 7 (1992) No. 1, 82, 88 ff.; *G. Born*, International Commercial Arbitration, 3. Aufl. 2021, S. 2605. Mittlerweile aber existieren kaum noch nationale Rechtsordnungen, die Schiedsgerichte grundsätzlich von der Kompetenz zur Gewährung von einstweiligem Rechtsschutz ausnehmen und die Parteien insoweit ausschließlich auf die staatlichen Gerichte verweisen. Sie bilden in der Praxis die absolute Ausnahme, siehe *N. Blackaby/C. Partasides*, Redfern and Hunter on International Arbitration, 6. Aufl. 2015, Rn. 7.16. Selbst das dort von den Verfassern noch angeführte Beispiel des argentinischen Zivilprozessrechts, ist angesichts einer entsprechenden Gesetzesreform seit dem Jahre 2015 überkommen, vgl. Art. 1655 *Código Civil y Comercial de la Nación*.

3 In diesem Sinne zu Zweck und Funktion des einstweiligen Rechtsschutzes durch staatliche Gerichte vgl. GA Tesauro, Schlussanträge vom 17. Mai 1990, C-213/89, Rn. 18 – *The Queen v. Secretary of State of Transport*.

4 *R. Alnaber*, Emergency Arbitration, in: Arb. Int'l. 35 (2019) No. 4, 441, 442; *G. Hanessian/E. Dosman*, Songs of Innocence and Experience: Ten Years of Emergency Arbitration, in: ARIA 27 (2016) No. 2, 215; *N. Blackaby/C. Partasides*, Redfern and Hunter on International Arbitration, 6. Aufl. 2015, Rn. 7.17; *A. Ghaffari/E. Walters*, The Emergency Arbitrator, in: Arb. Int'l. 30 (2014) No. 1, 153, 155.

5 Statt vieler nur *N. Blackaby/C. Partasides*, Redfern and Hunter on International Arbitration, 6. Aufl. 2015, Rn. 4.01. Vgl. auch *A. Redfern*, Arbitration and the Courts: Interim Measures of Protection, in: TILJ 30 (1995) No. 1, 71, 83.

des Verfahrens und der Errichtung des Schiedsgerichts prinzipiell eine Rechtsschutzlücke im institutionellen Verfahren auf. Die Mitwirkung der Parteien bei der Wahl der Schiedsrichter, die weithin als einer der entscheidenden Vorteile der Schiedsgerichtsbarkeit gilt, hindert die Parteien zu Verfahrensbeginn daran, Eilrechtsschutz vor dem Spruchkörper zu erlangen, der zur Entscheidung in der Hauptsache designiert ist.[6]

Wie für sämtliche Aspekte der Verfahrensorganisation gilt, dass es den Parteien einer Schiedsvereinbarung vor dem Hintergrund der Privatautonomie prinzipiell freisteht, eigens einen individuellen Modus zu verabreden, mittels dessen Eilrechtsschutz auch schon vor der Einsetzung des Schiedsgerichts erlangt werden kann.[7] In aller Regel jedoch enthalten Schiedsabreden dahingehend keinerlei spezifische Maßgaben – häufig, weil den Parteien vor Eintritt des Streitfalles das nötige Problembewusstsein fehlt.[8] Sie sind während der Vertragsanbahnung in erster Linie darauf fokussiert, besonders die Verhandlungen zu kontroversen Punkten zu einem erfolgreichen Abschluss zu bringen, wodurch leicht das Thema der Konfliktlösung in den Hintergrund rückt.[9]

2. *Normatives Regelungspotential*

Lange stand somit ausschließlich der Weg vor die staatlichen Gerichte zum Ausgleich dieser konzeptionellen Schwachstelle der Schiedsgerichtbarkeit zur Verfügung. Diese Option ist aus Sicht der Parteien jedoch nicht immer und vor allen Dingen nicht uneingeschränkt interessengerecht.[10] Eines der zentralen Motive, das Parteien mitunter erst zu der Vereinbarung der Schiedsgerichtsbarkeit bewegt, ist mitunter die Herauslösung des Konfliktlösungsverfahrens aus dem

---

6 *G. Hanessian/E. Dosman*, Songs of Innocence and Experience: Ten Years of Emergency Arbitration, in: ARIA 27 (2016) No. 2, 215. Speziell wenn die Geltung einer institutionellen Schiedsordnung vereinbart wird, liegt aus Nutzersicht der Schluss nahe, dass diese den gesamten Regelungsbedarf restlos abdeckt.

7 Zu der Gestaltungsfreiheit der Parteien hinsichtlich des Verfahrens siehe oben im Zweiten Teil unter A.I.2.b).aa) *Wahl des vom Schiedsgericht anzuwendenden Verfahrensrechts.*

8 *N. Blackaby/C. Partasides*, Redfern and Hunter on International Arbitration, 6 Aufl. 2015, Rn. 7.17.

9 *R. Alnaber*, Emergency Arbitration, in: Arb. Int'l. 35 (2019) No. 4, 441, 445.

10 Der Eilrechtsschutz vor staatlichen Gerichten ist dabei nicht per se nachteilig. Gerade wenn das konkrete Justizsystem, dessen Gerichte insoweit zuständig sind, für seine Effizienz bekannt ist, dürften die Bedenken der Parteien weniger gravierend ausfallen, als wenn sie auf einen besonders langsamen Justizapparat verwiesen sind, vgl. *R. Alnaber*, Emergency Arbitration, in: Arb. Int'l. 35 (2019) No. 4, 441, 443 m.w.N.

staatlichen Forum.[11] Denn hinsichtlich des einstweiligen Rechtsschutzes kommen aus Nutzersicht letztlich dieselben grundlegenden Gesichtspunkte zum Tragen, welche das Verhältnis zwischen der staatlichen Justiz und der Schiedsgerichtsbarkeit ganz grundsätzlich bestimmen.[12]

Wer eine Schiedsabrede trifft, entscheidet sich nicht nur für ein Schiedsverfahren, sondern indes gleichzeitig gegen staatliche Gerichtsprozesse.[13] Der dahingehende gemeinsame Wille der Parteien wird somit grundsätzlich unterlaufen, sofern sie allein auf die staatliche Justiz angewiesen sind. Vor diesem Hintergrund offenbart sich der Bedarf nach Möglichkeiten des einstweiligen Rechtsschutzes, die in das institutionelle Verfahren eingebettet sind. Dies gilt umso mehr für den Fall, dass durch die Vereinbarung der Schiedsgerichtsbarkeit gerade das oder die in Rede stehenden Justizsysteme vermieden werden sollten.[14]

II. Historische Entwicklung der institutionellen Regelungspraxis

1. Entstehung des Emergency Arbitrator-Verfahrens

a) ICC Rules for Pre-Arbitral Referee Procedure (1990)

Bereits 1980 rief die ICC eine Arbeitsgruppe ins Leben, welche den Auftrag erhielt, sich mit der Problematik rund um Maßnahmen des Eilrechtsschutzes im Vorfeld der Konstituierung des Schiedsgerichts zu befassen. Konkret sollte dieses

---

11 *M. Scherer/L. Richman/R. Gerbay*, Arbitrating under the 2014 LCIA Rules, 2015, Ch. 10, Rn. 5; *G. Dunning/I. Quirk/S. Gleghorn/D. Simpson/T. Pinto*, Using Article 37 of the ICDR International Arbitration Rules, in: DRJ 62 (2007) No. 2, 68, 70. Siehe ergänzend *J. Choong/M. Mangan/N. Lingard*, A Guide to the SIAC Arbitration Rules, 2. Aufl. 2018, Rn. 13.17.

12 In diesem Sinne exemplarisch *J. Horn*, Der Emergency Arbitrator und die ZPO, 2019, S. 4; *C. Hausmaninger*, The ICC Rules for a Pre-Arbitral Referee Procedure, in: ICSID Rev. 7 (1992) No. 1, 82, 85.

13 Die Betrauung eines Schiedsgerichts mit der verbindlichen Streitentscheidung und die damit einhergehende Entziehung der entsprechenden Entscheidungsgewalt staatlicher Gerichte sind zwei Seiten derselben Medaille. Beide sind zwangsläufig in dem gemeinsamen Parteiwillen enthalten, der in einer Schiedsvereinbarung zum Ausdruck kommt, siehe dazu im Ersten Teil unter B.I. *Die Schiedsvereinbarung*.

14 *R. Alnaber*, Emergency Arbitration, in: Arb. Int'l. 35 (2019) No. 4, 441, 444; *A. Ghaffari/E. Walters*, The Emergency Arbitrator, in: Arb. Int'l. 30 (2014) No. 1, 153, 155. In diesem Sinne auch *C. Hausmaninger*, The ICC Rules for a Pre-Arbitral Referee Procedure, in: ICSID Rev. 7 (1992) No. 1, 82, 85 ff.

Komitee Konzepte erarbeiten, über die sich der einstweilige Rechtsschutz in das institutionelle Verfahren einbetten ließe.[15] Auf Grundlage der Ergebnisse dieser Arbeitsgruppe[16] präsentierte die ICC mit den *Rules for Pre-Arbitral Referee Procedure* (nachstehend „ICC Referee Rules“ oder nur „Referee Rules“) als weltweit erste Schiedsinstitution ein Verfahrenskonzept, das den Nutzern die Erlangung von Eilrechtsschutz außerhalb von staatlichen Gerichtsverfahren ermöglichen sollte.[17] Sie sind am 1. Januar 1990 in Kraft getreten und stehen den Nutzern auch heute noch unverändert zur Verfügung.[18] Sie wurden im Verhältnis zu den ICC Arbitration Rules als selbstständiges Ergänzungsregelwerk konzipiert.[19] In ihrer Präambel heißt es:

> „Accordingly, the International Chamber of Commerce (ICC) has set out the following Rules for a Pre-Arbitral Referee Procedure in order to enable *parties that have so agreed* […]“[20]

Demnach gelten die ICC Referee Rules als Opt-in-Regime ausschließlich in Fällen, in denen Parteien dies ausdrücklich vereinbart haben.[21] In diesem Regelungsansatz kommt die Entscheidung der ICC für die strikte Abgrenzung

---

15 *C. Hausmaninger*, The ICC Rules for a Pre-Arbitral Referee Procedure, in: ICSID Rev. 7 (1992) No. 1, 82, 83 m.w.N.

16 Für einen zusammenfassenden Bericht vgl. *Y. Derains*, Technical expertise and "référé arbitral", in: P. Sanders (Hrsg.), New Trends in the Development of International Commercial Arbitration and the Role of Arbitral and Other Institutions, 183 ff.

17 *A. Carlevaris/J. Feris*, Running in the ICC Emergency Arbitrator Rules, in: ICC-ICA Bul. 25 (2014) No. 1, 25, 27; *R. Bose/I. Meredith*, Emergency Arbitration Procedures, in: IALR 15 (2012) No. 5, 186, 187; *B. Sheppard/J. Townsend*, Holding the Fort Until the Arbitrators Are Appointed, in: DRJ 61 (2006) No. 2, 74, 78; *C. Hausmaninger*, The ICC Rules for a Pre-Arbitral Referee Procedure, in: ICSID Rev. 7 (1992) No. 1, 82, 96.

18 Die englischsprachige Fassung ist abgedruckt bei A. van den Berg (Hrsg.), ICCA Yearbook Commercial Arbitration 1991, Bd. XVI (1991) S. 240 ff. Eine offizielle deutschsprachige Fassung wurde als Publikation No. 838 (Dezember 2006) von der ICC veröffentlicht, abrufbar unter https://cms.iccwbo.org/content/uploads/sites/3/2016/11/1990-Rules-for-a-Pre-Arbitral-Referee-Procedure-GERMAN.pdf.

19 Dies kommt nicht bloß in der Veröffentlichung des Regelwerks unter individuellem Titel, mit eigener Präambel und in sich abgeschlossen nummerierten Normen zum Ausdruck, sondern auch in der Bereitstellung einer entsprechenden Musterklausel für die Vereinbarung ihrer Geltung. Vgl. ICC Publikation No. 838 (Dezember 2006), S. 2.

20 Introduction ICC Referee Rules (Hervorhebung nur hier).

21 Vgl. dazu *C. Hausmaninger*, The ICC Rules for a Pre-Arbitral Referee Procedure, in: ICSID Rev. 7 (1992) No. 1, 82, 101; *A. Carlevaris/J. Feris*, Running in the ICC Emergency Arbitrator Rules, in: ICC-ICA Bul. 25 (2014) No. 1, 25, 27.

dieser neuen Verfahrensart von dem gängigen Schiedsverfahren in der Hauptsache zum Ausdruck.[22] Dieser Eindruck der Wesensverschiedenheit ließ Zweifel aufkommen, ob die Maßgaben staatlichen Schiedsrechts in dem Kontext eines Pre-Arbitral Referee-Verfahrens (nachstehend „Referee-Verfahren") überhaupt einschlägig sind.[23]

Weiter verstärkt wurde dieser Effekt durch die Terminologie des Regelwerkes. Darin war der Entscheidungsträger als „Referee" anstatt als Schiedsrichter bezeichnet. Nicht weniger grenzte die Qualifizierung der Entscheidungsform als einfacher Beschluss (*order*) anstatt als Schiedsspruch (*award*) das gesamte Verfahren von der herkömmliche Schiedsverfahrenspraxis ab.

Da sich das ICC Referee Verfahren im Hinblick auf seine Rechtsnatur somit in der Abgrenzung zu der Schiedsgerichtsbarkeit definierte, verbot es sich aus Sicht der Rechtsanwender, Rückschlüsse für den neuartigen Verfahrenstyp aus Erfahrungswerten mit regulären Schiedsverfahren zu ziehen. Wegen dieser Positionierung des Referee-Verfahrens als Prozedur *sui generis* stellten Kommentatoren von Anfang an in Frage, ob Anordnungen eines Referees von staatlichen Gerichten nach den üblichen schiedsrechtlichen Maßstäben vollstreckt werden würden.[24]

---

22 In einer viel beachteten Entscheidung lehnte ein französisches Gericht die Vollstreckbarkeit einer Referee-Anordnung aus diesem Grund ab. Laut dem Gericht sei die Gestaltung der Verfahrensregeln von dem Geist der Abgrenzung gegenüber herkömmlichen Schiedsverfahren getragen. Die Wortwahl lasse deutlich erkennen, dass die Einordnung als Schiedsverfahren gerade vermieden werden sollte, vgl. *J.-P. Beraudo*, Recognition and Enforcement of Interim Measures of Protection Ordered by Arbitral Tribunals, in: JIA 22 (2005) No. 3, 245, 252 in Bezug auf Cour d'Appel de Paris (1re Ch. C), Entscheidung vom 29. April 2003 in Sachen *Société nationale des pétroles du Congo et République du Congo v. Société total Fina Elf E&P Congo* = Rev. de l'Arb. 2003, 1296 ff.

23 Dazu ausführlich und letztlich klar ablehnend *K. Berger*, Die Rechtsstellung des Pre-Arbitral Referees, in: SchiedsVZ 2006, 176 ff. Die gegenteilige Auffassung findet sich noch bei *P. Giessen*, Der Pre-Arbitral-Referee und der Emergency Arbitrator in der internationalen Schiedsgerichtsbarkeit, 2012, S. 81 ff.

24 In diesem Sinne jeweils in speziellem Bezug auf die ICC Referee Rules vgl. *C. Hausmaninger*, The ICC Rules for a Pre-Arbitral Referee Procedure, in: ICSID Rev. 7 (1992) No. 1, 82, 103 m.w.N.; *J. Paulsson*, A Better Mousetrap: 1990 ICC Rules for a Pre-Arbitral Referee Procedure, in: IBL 18 (1990), 214, 215. Allgemeiner dazu sowie ausführlich zu den möglichen Konsequenzen für die zwangsmäßige Durchsetzbarkeit von Maßnahmen des einstweiligen Rechtsschutzes sogleich.

Für die Durchführung eines Referee-Verfahren ist nicht erforderlich, dass auch für die Hauptsache ein Schiedsverfahren nach den ICC Arbitration Rules verabredet wird. Vielmehr legt die Präambel der ICC Referee Rules fest:

> "Use of the Pre-Arbitral Referee Procedure does not usurp the jurisdiction of any entity (*whether arbitral tribunal or national court*) that is ultimately responsible for deciding the merits of any underlying dispute."[25]

Das Referee-Verfahren ist somit prinzipiell genauso in Zusammenhang mit Streitigkeiten statthaft, die im Hauptsacheverfahren der Entscheidungszuständigkeit von ICC-fremden Schiedsgerichten oder gar der von staatlichen Gerichten unterliegen. Nicht zuletzt kommt in dieser Verfahrenskonzeption das Bestreben der ICC zum Ausdruck, sich einen möglichst weiten Kreis an potentiellen Nutzern zu erschließen.

Die Befugnisse des Referees als Entscheidungsträger im Eilrechtsschutzverfahren belaufen sich gemäß Art. 2.1 ICC Referee Rules auf die Anordnung von Maßnahmen zwecks Sicherung beziehungsweise Wiederherstellung eines bestimmten Zustandes, von Zahlungen oder Leistungshandlungen sowie von solchen, welche die Sicherung von Beweismitteln im Hinblick auf ein Hauptsacheverfahren zum Gegenstand haben. Darüber hinaus stellt Art. 2.1.1 ICC Referee Rules klar, dass es Nutzern freisteht, einem Referee über diesen standardmäßig abschließenden Katalog hinausgehende Kompetenzen zu übertragen.

Nach den ICC Referee Rules sind Anordnungen eines Referees nicht als Schiedssprüche (*award*) zu qualifizieren.[26] Sie unterliegen daher jedenfalls nicht unmittelbar dem vereinfachten Durchsetzungsregime des NYÜ.[27] Stattdessen verpflichten sich die Parteien über Art. 6.6 ICC Referee Rules im Voraus zu unverzüglicher Ausführung der Anordnungen unter gleichzeitigem Verzicht auf etwaige Rechtsbehelfe und sonstige Verteidigungsmöglichkeiten. Die dahingehend vertragliche Bindung sollte zusätzlichen Druck auf unterlegene

---

25 Hervorhebung nur hier. Vgl. zudem Art. 2.4.1 ICC Referee Rules.

26 *C. Hausmaninger*, The ICC Rules for a Pre-Arbitral Referee Procedure, in: ICSID Rev. 7 (1992) No. 1, 82, 103 m.w.N.

27 Siehe *A. Carlevaris/J. Feris*, Running in the ICC Emergency Arbitrator Rules, in: ICC-ICA Bul. 25 (2014) No. 1, 25, 27 m.w.N. Kritisch im Hinblick auf die Relevanz der Bezeichnung für die Vollstreckbarkeit der Anordnung einstweiliger Maßnahmen bspw. *A. Ghaffari/E. Walters*, The Emergency Arbitrator, in: Arb. Int'l. 30 (2014) No. 1, 153, 162 f. Eine ähnlich gelagerte Debatte rankt sich rund um die Vollstreckbarkeit von Entscheidungen von Notfallschiedsrichtern (*Emergency Arbitrators*), vgl. dazu *J. Horn*, Der Emergency Arbitrator und die ZPO, 2019, S. 172 ff. m.w.N.

Antragsgegner erzeugen, um diese möglichst zu einer freiwilligen Umsetzung von Referee-Entscheidungen zu bewegen.[28] Leisteten sie den Anordnungen keine Folge, setzten sie sich angesichts des darin begründeten Vertragsbruchs dem Risiko einer rechtlich eigenständigen Schadensersatzpflicht aus.[29] Man hoffte, dadurch etwaigen Schwierigkeiten vorbeugen zu können, die vor Einführung der ICC Referee Rules teilweise im Hinblick auf die Durchsetzbarkeit derartiger Anordnungen prognostiziert worden waren.[30]

Darüber hinaus war durch den Rechtsmittelverzicht – parallel zu einem Schiedsverfahren in der Hauptsache – sichergestellt, dass der Entscheidung des Referees jedenfalls insofern endgültiger Charakter zukommt, als keinerlei Rechtmittel im Rahmen des einstweiligen Verfahrens zur Verfügung stehen und somit weder Aufhebung noch Abänderung der schiedsgerichtlichen Entscheidung durch eine nachgeschaltete Instanz in Betracht kommen.

Zeitgenössische Kommentare lobten die Einführung der ICC Referee Rules. Sie versprachen sich von den neuen Maßgaben Klarheit – einerseits für das Verhältnis von staatlichem und privatem Eilrechtsschutz sowie andererseits hinsichtlich der Verteilung der Kompetenz zur Anordnung einstweiliger Maßnahmen mit Blick auf die entsprechenden Kompetenzen des Schiedsgerichts nach Art. 8(5) ICC-Rules-1988.[31] Gleichzeitig wurden Zweifel an der Konzeption der ICC Referee Rules als Opt-in-Verfahren geäußert. Die daher rührende Notwendigkeit einer über die Schiedsabrede mit ICC-Verweis hinausgehenden

---

28 In diesem Sinne *C. Hausmaninger*, The ICC Rules for a Pre-Arbitral Referee Procedure, in: ICSID Rev. 7 (1992) No. 1, 82, 103 ("Establishing a contractual duty to obey provisional measures certainly increases the likelihood of voluntary compliance, because in addition to an enforcement action brought in court, a non-complying party is faced with a contractual liability claim.").

29 *A. Ghaffari/E. Walters*, The Emergency Arbitrator, in: Arb. Int'l. 30 (2014) No. 1, 153, 164.

30 Entsprechende Komplikationen wurden zu der Zeit der Einführung der ICC Referee Rules aufgrund ihrer unklaren Rechtsnatur befürchtet, vgl. *Y. Derains*, Technical expertise and "referé arbitral", in: P. Sanders (Hrsg.), New Trends in the Development of International Commercial Arbitration and the Role of Arbitral and Other Institutions, 183, 189 f.; *J. Paulsson*, A Better Mousetrap: 1990 ICC Rules for a Pre-Arbitral Referee Procedure, in: IBL 18 (1990), 214, 216.

31 Siehe nur *C. Hausmaninger*, The ICC Rules for a Pre-Arbitral Referee Procedure, in: ICSID Rev. 7 (1992) No. 1, 82, 110 m.w.N.

Vereinbarung zwischen Parteien sei nicht förderlich für die Etablierung vor-schiedsgerichtlichen Rechtsschutzes.[32]

Rückblickend fiel ihr Erfolg gemessen an der Zahl der Referee-Verfahren eher bescheiden aus. Bis zum Jahr 2014 registrierte die ICC lediglich 14 Verfahrenseingänge unter Geltung ihrer Referee Rules, wobei dies weniger grundlegend auf den Ansatz eines vor-schiedsgerichtlichen Eilrechtsschutzverfahrens als vielmehr auf den schon bei Einführung in Zweifel gezogene Opt-in-Mechanismus sowie die unsichere Rechtslage im Hinblick auf die Vollstreckbarkeit von Referee-Entscheidungen zurückgeführt wurde.[33]

b) AAA Optional Rules for Emergency Measures of Protection (1999)

Als zweites Schiedszentrum führte die AAA 1999 mit ihren *Optional Rules for Emergency Measures of Protection* (nachstehend nur „Optional Rules") ebenfalls ein Verfahrenskonzept ein, welches den Nutzern ermöglichen sollte, vor-schiedsgerichtlichen Eilrechtsschutz innerhalb des institutionellen Umfeldes und somit unter Ägide einer Schiedsinstitution zu beantragen.[34] Anders als die ICC, die ihre Referee Rules als von ihrer Schiedsordnung unabhängiges Regelwerk konzipiert hatte, bildeten die Optional Rules für den Eilrechtsschutz von ihrer Einführung an einen integrierten Bestandteil der hauseigenen Schiedsordnung.[35] Im Hinblick auf ihre Anwendbarkeit legte Rl. O-1 AAA-Rules-1999 jedoch fest:

---

32 Daher bereits bei Einführung für eine standardmäßige Anordnung bei institutionellen Schiedsverfahren und somit für ein Opt-out-Regime, siehe *C. Hausmaninger*, The ICC Rules for a Pre-Arbitral Referee Procedure, in: ICSID Rev. 7 (1992) No. 1, 82, 108, Fn. 137. Dort prognostiziert der Autor für den Fall der häufigen Nutzung der ICC Referee Rules bereits die Eingliederung der entsprechenden Regeln in die ICC Arbitration Rules als die herkömmliche Schiedsordnung.

33 *A. Carlevaris/J. Feris*, Running in the ICC Emergency Arbitrator Rules, in: ICC-ICA Bul. 25 (2014) No. 1, 25, 27. Zu derselben Einschätzung kommen außerdem *P. Cavalieros/J. Kim*, Emergency Arbitrators Versus the Courts, in: JIA 35 (2018) No. 3, 275, 278; *R. Alnaber*, Emergency Arbitration, in: Arb. Int'l. 35 (2019) No. 4, 441, 445; *E. Gaillard/P. Pinsolle*, The ICC Pre-Arbitral Referee, in: Arb. Int'l. 20 (2004) No. 1, 13, 24; *B. Sheppard/J. Townsend*, Holding the Fort Until the Arbitrators Are Appointed, in: DRJ 61 (2006) No. 2, 74, 78.

34 *B. Sheppard/J. Townsend*, Holding the Fort Until the Arbitrators Are Appointed, in: DRJ 61 (2006) No. 2, 74, 78.

35 Rules O-1 bis O-8 AAA-Rules-1999. Siehe auch *M. Gusy/J. Hosking*, A Guide to the ICDR International Arbitration Rules, 2. Aufl. 2019, Rn. 6.02; *G. Hanessian/E. Dosman*,

> "Where parties *by special agreement or in their arbitration clause* have adopted these rules for emergency measures of protection [...]"[36]

Entsprechend dem Wortlaut der Norm sowie dem Titel der Verfahrensregeln handelte es sich bei dem Eilrechtsschutzkonzept der AAA Optional Rules ebenfalls um ein Opt-in-Verfahren. Zu der Anwendbarkeit bedurfte es folglich einer speziell darauf bezogenen Parteivereinbarung.[37] Vor diesem Hintergrund stellte die AAA eine gesonderte Formulierungsvorlage für die Vereinbarung von vor-schiedsgerichtlichen Eilrechtsschutzverfahren zur Verfügung:

> "The parties *also* agree that the AAA Optional Rules for Emergency Measures of Protection shall apply to the proceedings."[38]

Gemäß dem Wortlaut dieser Modellklausel und entsprechend der Einbettung der AAA-Optional Rules in die hauseigene Schiedsordnung war das vor-schiedsgerichtliche Eilrechtsschutzverfahren als fakultativer Annex zu einem regulären Hauptsacheschiedsverfahren unter Ägide der AAA konzipiert. Somit stand die Nutzung anders als im Falle des Referee-Verfahrens bei der ICC ausschließlich Personen offen, welche auch die endgültige Entscheidung ihrer Streitigkeiten durch ein von der AAA administriertes Schiedsverfahren verabredeten.[39] Die zwingende Verknüpfung der beiden Verfahrensstadien war geeignet, Interessenten für das vor-schiedsgerichtliche Verfahren gleichzeitig zu dem Abschluss einer entsprechenden Schiedsabrede mit Verweis auf die AAA zu bewegen.

Songs of Innocence and Experience: Ten Years of Emergency Arbitration, in: ARIA 27 (2016) No. 2, 215, 217.

36 Hervorhebung nur hier.

37 *M. Gusy/J. Hosking*, A Guide to the ICDR International Arbitration Rules, 2. Aufl. 2019, Rn. 6.02.

38 AAA, AAA Commercial Dispute Resolution Procedures, S. 2, abrufbar unter: https://www.adr.org/sites/default/files/Commercial_Dispute_Resolution_Procedures.pdf (Hervorhebung nur hier).

39 Die ICC Referee Rules verzichten gerade auf eine Verknüpfung des vor-schiedsgerichtlichen Rechtsschutzverfahrens mit der Frage, welcher Spruchkörper für die Entscheidung in der Hauptsache zuständig ist bzw. sein wird. Dadurch steht das Referee-Verfahren zumindest prinzipiell auch Parteien offen, welche das Hauptsacheverfahren bei einer anderen Schiedsinstitution oder sogar vor den staatlichen Gerichten durchführen. Siehe dazu eingehend unmittelbar zuvor unter A.II.1.a) *ICC Rules for Pre-Arbitral Referee Procedure (1990).*

Inhaltlich sah Rl. O-2 AAA-Rules-1999 die Einsetzung eines sogenannten Notfallschiedsrichters (*Emergency Arbitrator*) vor. Diese Begrifflichkeit war im Gegensatz zu dem Referee der ICC an die etablierte Terminologie staatlicher Rechtsordnungen angelehnt. Dadurch versuchte die AAA ihre Optional Rules mit einem höheren Formalisierungsgrad zu versehen. Der Begriff des Notfallschiedsrichters impliziert, dass es sich bei dieser Figur um eine wesensgleiche Variante des gängigen Schiedsrichters handelt.[40]

Die Formulierung legt folgerichtig eine bestimmte juristische Einordnung des institutionellen Eilrechtsschutzverfahrens nahe, die selbiges aus dem formalrechtlichen Niemandsland stärker in Richtung der Kategorie eines ‚echten' Schiedsverfahrens verschiebt. Diese Regelungstaktik sollte der staatlichen Justiz den Weg für die Übertragung der gängigen Schiedsrechtspraxis auf die vor-schiedsgerichtlichen Verfahren ebnen, um so die Kooperation mit der staatlichen Justiz zu erleichtern, wann immer es deren Mithilfe zu der zwangsmäßigen Durchsetzung der einstweiligen Maßnahmen bedurfte.

Dass die AAA das in den Optional Rules niedergelegte Verfahren als eines von originär schiedsrechtlicher Natur verstanden wissen wollte, spiegelt sich weiter in dem Fehlen einer gesonderten Vorschrift zu der Bindungswirkung der Entscheidungen des Notfallschiedsrichters beziehungsweise dem Verzicht auf eine solche wider. Denn eine über das institutionelle Regelwerk vermittelte schuldrechtliche Verpflichtung hat nur dann einen normativen Mehrwert, sofern der Anordnung des Notfallschiedsrichters nicht schon selbst ein unmittelbarer Geltungsanspruch innewohnt. Umgekehrt impliziert eine Norm wie Art. 6.6 ICC Referee Rules, dass dem Verfahrensregime im Übrigen kein schiedsgerichtlicher und mithin kein wesensgemäß verbindlicher Charakter zukommt.

Vor diesem Hintergrund wird die Abgrenzungsabsicht der AAA im Verhältnis zu der ICC und ihrem Referee-Verfahren offenbar. Mit der Einführung der Optional Rules erkannte sie einerseits den Bedarf an vor-schiedsgerichtlichen Eilrechtsschutzmöglichkeiten außerhalb der staatlichen Gerichtsbarkeit an. Dass die AAA-Optional Rules andererseits in zentralen Punkten wesentlich von den ICC Referee Rules abweichen, verdeutlicht gleichzeitig den Willen zur Innovation sowie den zur Abgrenzung des eigenen Angebots gegenüber dem der Konkurrenz in Gestalt der ICC.

---

40 Ausführlich zu der Frage der rechtlichen Einordnung der Figur des Emergency Arbitrators als Schiedsrichter vgl. *R. Alnaber*, Emergency Arbitration, in: Arb. Int'l. 35 (2019) No. 4, 441, 457 ff. m.w.N.

Der Notfallschiedsrichter wurde nach Rl. O-2 AAA-Rules-1999 innerhalb eines Tages von der AAA benannt. Er fungierte demnach als unipersonelle Entscheidungsinstanz im vor-schiedsgerichtlichen Verfahren und konnte Maßnahmen zwecks einstweiligen Rechtsschutzes anordnen, sofern er zu der Überzeugung gelangte,

> „that immediate and irreparable loss or damage will result in the absence of emergency relief […].“

Gemäß Rl. O-4 AAA-Rules-1999 ergingen etwaige Anordnungen ausschließlich in Form von Zwischenschiedssprüchen (*interim award*). Genauso wie im Falle der Bezeichnung des Entscheidungsträgers als Notfallschiedsrichter sollte auch die Betitelung der Anordnungen als Zwischenschiedsspruch die Effektivität des institutionellen Eilrechtsschutzes fördern. Dazu sollten die Weichen für eine effektive Durchsetzung einstweiliger Maßnahmen mit Hilfe staatlicher Gerichte bereits auf Ebene der institutionellen Verfahrensregeln gestellt werden. Indem die AAA die Entscheidungen ihrer Notfallschiedsrichter als Zwischenschiedssprüche klassifizierte, sollten ihre Nutzer bereits im vor-schiedsgerichtlichen Verfahrensstadium von den Erleichterungen bei Anerkennung und Vollstreckbarerklärung profitieren, die das NYÜ für derartige schiedsgerichtliche Entscheidungen vorsah.[41]

Ebenso wie die ICC Referee Rules kamen auch die Optional Rules der AAA letztlich nur ‚sehr selten‘ zur Anwendung.[42] Die Ursachenforschung kam zu demselben Ergebnis: Das Erfordernis einer gesonderten Parteivereinbarung zu der Anwendbarkeit der Regeln wirkte sich in der Praxis als hinderlich für die Etablierung institutioneller vor-schiedsgerichtlicher Rechtsschutzverfahren aus.

In den Opt-in-Konzepten kam die unternehmerische Vorsicht der Schiedszentren zum Ausdruck. Die Einführung völlig unerprobter Verfahrensregeln bedeutete für sie ein erhebliches Geschäftsrisiko mit nicht unerheblichem

---

41 Im Falle einer schiedsgerichtlichen Verfügung (*order*) wie sie die ICC Referee Rules vorsahen, war der Rekurs auf das NYÜ von Anfang an ausgeschlossen, da die Erleichterungen für Anerkennung und Vollstreckung ausschließlich Schiedssprüche (*awards*) erfassen. Vgl. allgemein zum NYÜ im Zweiten Teil unter A.I.2.d) *Vollstreckbarkeit von Entscheidungen*.

42 So *B. Sheppard/J. Townsend*, Holding the Fort Until the Arbitrators Are Appointed, in: DRJ 61 (2006) No. 2, 74, 81, Fn. 8 (“The AAA's Optional Rules have been invoked very rarely.”).

Schädigungspotential für die eigene Reputation.[43] Vor diesem Hintergrund nahm das Opt-in-Modell aus Anbietersicht die Funktion einer Rückversicherung ein. Durch diesen Regelungsansatz war sichergestellt, dass ausschließlich diejenigen Nutzer, die sich zuvor aktiv mit der Möglichkeit eines vor-schiedsgerichtlichen Eilrechtsschutzverfahren bei dem verantwortlichen Schiedszentrum auseinandergesetzt und sich bewusst dafür entschieden hatten, später Partei eines solchen werden konnten.

Umgekehrt blieb so der Zugang zu institutionellem Eilrechtsschutz vor Konstituierung des Schiedsgerichts denjenigen Parteien versperrt, die keinen speziellen Bezug auf das entsprechende Regelwerk genommen hatten. Die institutionellen Opt-in-Klauseln werteten das Schweigen als Entscheidung der Parteien einer Schiedsvereinbarung gegen die ergänzende Möglichkeit von vor-schiedsgerichtlichen Verfahren bei der entsprechenden Schiedsinstitution. Hatten die Parteien den dahingehenden Regelungsbedarf zu dem Zeitpunkt des Abschlusses ihrer Schiedsvereinbarung allerdings schlicht nicht erkannt, war das Fehlen einer gesonderten Vereinbarung allerdings weniger Beleg für entgegenstehenden Parteiwillen als vielmehr das Ergebnis vorvertraglicher Nachlässigkeit.

Laut einiger Stimmen aus der Praxis rückte die Möglichkeit eines vor-schiedsgerichtlichen Eilrechtsschutzverfahrens bei der Schiedsinstitution erst durch die Einführung des Opt-out-Modells mit den ICDR-Rules-2006 in das Bewusstsein der Nutzer. Gesondert zustimmungsbedürftige Alternativen wie die AAA-Optional-Rules entzogen sich zuvor deren ernsthafter Wahrnehmung.[44]

So entsprach das Ergebnis der Unanwendbarkeit der Regelungen zu vor-schiedsgerichtlichem Eilrechtsschutz nicht unbedingt dem Willen der Parteien; ihr Schweigen im Hinblick auf die Anwendbarkeit der Optional Rules im Zeitpunkt des Abschlusses der Schiedsvereinbarung nicht unbedingt der Ablehnung ihrer Anwendbarkeit. Angenommen die Mehrheit der Parteien, die damals eine Schiedsvereinbarung mit Verweis auf die AAA abschlossen, hätte sich bei bewusster Auseinandersetzung mit der Thematik für eine Einbeziehung der

---

43 Allgemein zu der Einführung innovativer Regelungskonzepte und den damit verbundenen unternehmerischen Gesichtspunkten vgl. im Zweiten Teil unter B.IV. *Weitreichende Angebotstransparenz.*

44 In diesem Sinne *G. Dunning/I. Quirk/S. Gleghorn/D. Simpson/T. Pinto*, Using Article 37 of the ICDR International Arbitration Rules, in: DRJ 62 (2007) No. 2, 68, 70 ("[F] rom the practitioner's point of view, emergency relief seemed unavailable prior to the constitution of the arbitral tribunal. This situation changed with the addition of Article 37 [ICDR-Rules-2006].").

Regeln zu vor-schiedsgerichtlichen Eilrechtsschutz entschieden: Dann wäre das Opt-in-Modell in Anbetracht der in der Mehrzahl interessenwidrigen Ergebnisse als Regelungskonzept ineffizient.

c) ICDR-Rules-2006

Sofern ein Schiedszentrum zu dieser Einschätzung kommt, liegt es nahe, die Einbeziehung von Regeln über ein vor-schiedsgerichtliches Eilrechtsschutzverfahren im Sinne eines Opt-out-Regimes standardmäßig vorzusehen, um so vermeintlich aus den Verhandlungen herrührende Defizite institutionsseitig zu kompensieren und somit dem eigentlichen Parteiwillen zur Geltung zu verhelfen.

Sieben Jahre nach Inkrafttreten der AAA Optional Rules führte das ICDR ebenfalls Verfahrensregeln für den vor-schiedsgerichtlichen Eilrechtsschutz ein. Sie wurden über einen neuen Art. 37 ICDR-Rules-2006 unmittelbar in die hauseigene Schiedsordnung eingebettet. Diese Systematik führt zu einer statischen Verknüpfung des Emergency Arbitrator-Regimes mit den institutionellen Regeln für Hauptsacheschiedsverfahren. Im Ergebnis war das vor-schiedsgerichtliche Eilrechtsschutzverfahren des ICDR folglich nur in Fällen statthaft, die gemäß der Schiedsvereinbarung der Parteien ebenfalls von dem ICDR unter Geltung seiner Verfahrensregeln administriert werden sollten.

Zu einer Zeit, in der die Bereitstellung vor-schiedsgerichtlichen Eilrechtsschutzes im Rahmen des institutionellen Verfahrens noch ein Alleinstellungsmerkmal markierte, wohnte dieser Regelungstaktik auch geschäftsförderndes Potential inne. Denn wer Interesse an der Option auf ein entsprechendes Eilrechtsschutzverfahren hatte, für den schafft die Kopplung des insoweit einschlägigen Regimes ein zusätzliches Argument, das ICDR anderen Schiedsinstitutionen vorzuziehen.

Obwohl das Verfahrensregime insgesamt stark an das Konzept der AAA-Optional Rules angelehnt war, bedeutete jedenfalls die Regelung des Art. 37(1) ICDR-Rules-2006 einen regelrechten Paradigmenwechsel. Dort war festgeschrieben:

> „*Unless the parties agree otherwise*, the provisions of this Article 37 shall apply to arbitrations conducted under arbitration clauses or agreements entered on or after May 1, 2006.“[45]

45 Hervorhebung nur hier.

Demnach waren die Regelungen über das vor-schiedsgerichtliche Eilrechtsschutzverfahren als Opt-out-Regime zu verstehen. Zu ihrer Anwendbarkeit bedurfte es mithin keiner gesonderten, über die Schiedsvereinbarung mit Institutionsverweis hinausgehenden Parteivereinbarung. Vielmehr galten sie automatisch, sofern sie nicht ausdrücklich von Seiten der Nutzer abbedungen wurden. Damit war das ICDR das erste internationale Schiedszentrum, das die Vorschriften über den institutionellen vor-schiedsgerichtlichen Eilrechtsschutz in den Status des hauseigenen Verfahrensstandards erhob.[46]

Dieser Entscheidung lag einerseits die Einschätzung zu Grunde, dass die Ursache für die niedrigen Fallzahlen vergleichbarer institutioneller Regelwerke weniger in mangelndem Bedarf der Nutzer als vielmehr in deren nachlässiger Vertragsgestaltung zu finden sei. Denn wer das Problem des vor-schiedsgerichtlichen Eilrechtsschutzes nicht schon bei Abschluss der Schiedsvereinbarung bedacht hatte, dem blieb der Weg über die institutionelle Abhilfe angesichts von Opt-in-Mechanismen versperrt.[47]

Andererseits hatte das ICDR beziehungsweise die AAA beobachtet, dass staatliche Gerichte immer wieder Anträge auf einstweiligen Rechtsschutz pauschal wegen Unzuständigkeit abwiesen, sofern für die Hauptsache eine Schiedsvereinbarung vorlag.[48] Insbesondere einzelne U.S.-amerikanische Gerichte hatten Eilrechtsschutzanträge mit dem Argument der eigenen Unzuständigkeit verworfen, soweit für die Hauptsache eine wirksame Schiedsklausel vorlag. In der Folge bestand das Risiko, dass sich eine Partei vor Bestellung des Schiedsgerichts in

46 *P. Cavalieros/J. Kim*, Emergency Arbitrators Versus the Courts, in: JIA 35 (2018) No. 3, 275, 276; *G. Hanessian/E. Dosman*, Songs of Innocence and Experience: Ten Years of Emergency Arbitration, in: ARIA 27 (2016) No. 2, 215, 217; *B. Sheppard/J. Townsend*, Holding the Fort Until the Arbitrators Are Appointed, in: DRJ 61 (2006) No. 2, 74, 78.

47 In diesem Sinne *R. Alnaber*, Emergency Arbitration, in: Arb. Int'l. 35 (2019) No. 4, 441, 445 m.w.N.

48 Für eine Auflistung dementsprechender Gerichtsentscheidungen vgl. *A. Carlevaris/J. Feris*, Running in the ICC Emergency Arbitrator Rules, in: ICC-ICA Bul. 25 (2014) No. 1, 25, 26 (Fn. 2). Nichtsdestoweniger weist die U.S.-amerikanische Rechtsprechung (mittlerweile) insgesamt eine Tendenz zu Gunsten der Vollstreckbarkeit von schiedsgerichtlich angeordneten einstweiligen Rechtsschutzmaßnahmen auf, vgl. jeweils m.w.N. *P. Cavalieros/J. Kim*, Emergency Arbitrators Versus the Courts, in: JIA 35 (2018) No. 3, 275, 289 f.; *G. Hanessian/E. Dosman*, Songs of Innocence and Experience: Ten Years of Emergency Arbitration, in: ARIA 27 (2016) No. 2, 215, 232 ff.; *A. Ghaffari/E. Walters*, The Emergency Arbitrator, in: Arb. Int'l. 30 (2014) No. 1, 153, 160 f.

rechtlichem *Niemandsland* wiederfand, wenn sie versuchte Eilrechtsschutz vor der Bestellung des Schiedsgerichts zu erlangen.[49]

Außerdem war die Kompetenz von Schiedsgerichten zu der Anordnung von Maßnahmen einstweiligen Rechtsschutzes mittlerweile zunehmend anerkannt. Auch dieser Entwicklung wollte man mit dem Opt-out-Modell Rechnung tragen, um so der grundsätzlichen Entscheidung der Parteien für das Format der Schiedsgerichtsbarkeit Geltung zu verleihen.[50]

Nichtsdestoweniger war die standardmäßige Anwendbarkeit der Vorschriften über ein vor-schiedsgerichtliches Verfahren im Marktgeschehen bisher unerprobt. Mit der Entscheidung für ihre Einführung war folglich ein erhöhtes unternehmerisches Risiko verbunden, dessen sich die Verantwortlichen bewusst waren.[51] Diejenigen Schiedszentren, die bis dahin Lösungen für den institutionellen Rechtsschutz vor Konstituierung des Schiedsgerichts in ihrem Repertoire führten, hatten sich alle gegen eine solche Ausgestaltung entschieden. Somit wohnte dem Schritt des ICDR das Potential inne, einen Marktimpuls zu geben, der im Erfolgsfall die normative Landschaft der Schiedsgerichtsbarkeit prägen würde.

Während sich der grundlegende Ansatz der AAA Optional Rules in Art. 37 ICDR-Rules-2006 wiederfand, gab es mitunter bedeutsame Unterschiede – etwa in puncto Rechtsnatur der Anordnungen. Gelangte der Notfallschiedsrichter zu der Einschätzung, dass der Antrag auf die Anordnung einstweiliger Maßnahmen begründet ist, stand es ihm – anders als nach den AAA-Optional Rules – gemäß Art. 37(5) ICDR-Rules-2006 offen, die entsprechende Entscheidung entweder in Form einer einfachen Verfügung (*order*) oder als Zwischenschiedsspruch (*interim award*) zu erlassen.[52] Stand zu befürchten, dass der Antragsgegner einstweilige Maßnahmen nicht freiwillig umsetzen

---

49 Nach *A. Redfern*, Arbitration and the Courts: Interim Measures of Protection, in: TILJ 30 (1995) No. 1, 71, 84.

50 Zum Ganzen *B. Sheppard/J. Townsend*, Holding the Fort Until the Arbitrators Are Appointed, in: DRJ 61 (2006) No. 2, 74, 78.

51 *B. Sheppard/J. Townsend*, Holding the Fort Until the Arbitrators Are Appointed, in: DRJ 61 (2006) No. 2, 74, 81 ("Whether Article 37 will pass the ultimate test of acceptance by users of the International Arbitration Rules remains to be seen. We […] would be surprised if parties routinely opt out of the new article.").

52 Rule O-4 AAA-Optional Rules beschränkte die Rechtsnatur der Entscheidung eines Notfallschiedsrichters dagegen ausschließlich auf die Form einer Zwischenschiedsspruches, siehe oben unter *AAA Optional Rules for Emergency Measures of Protection (1999)*.

würde, lag die Entscheidungsform des Zwischenschiedsspruchs mit Blick auf mögliche Erleichterungen bei der zwangsmäßigen Durchsetzung am nächsten.

Unter anderen Umständen mochte die Form des einfachen Beschlusses passender erscheinen.[53] Indem das ICDR die Entscheidung für die eine oder die andere Entscheidungsform dem Notfallschiedsrichter übertrug, war dieser insofern flexibel und konnte im Sinne möglichst effizienter Konfliktlösung die im konkreten Fall besser geeignete Variante wählen.

In den ersten zehn Jahren nach Einführung des Eilschiedsrichters gingen bei der ICDR insgesamt 60 Anträge auf vor-schiedsgerichtlichen Eilrechtsschutz ein.[54] Im Vergleich dazu hatte die ICC zwischen 1990 und 2014 lediglich 14 Fälle unter Geltung ihrer Referee Rules verzeichnen können.[55] Im Verhältnis konnte das ICDR also in weniger als der Hälfte der Zeit mehr als das vierfache Fallaufkommen generieren. Unabhängig von dem Ausgang der einzelnen Verfahren belegen diese Statistiken den Bedarf an beziehungsweise die Nachfrage nach entsprechenden Verfahrensregeln. Die meisten dieser Verfahren wurden innerhalb von 14 Tagen nach Eingang des Antrags abgeschlossen.[56]

2. *Einführung entsprechender Verfahren durch andere Schiedszentren*

Der vor-schiedsgerichtliche Eilrechtsschutz ist inzwischen zu einem festen Bestandteil der Verfahrensregeln international führender Schiedsinstitutionen geworden. Die standardmäßige Einbeziehung der jeweiligen institutionellen Regelungen über die Schiedsabrede hat sich von der absoluten Ausnahme zum marktweiten Standard entwickelt.[57]

---

53 *B. Sheppard/J. Townsend*, Holding the Fort Until the Arbitrators Are Appointed, in: DRJ 61 (2006) No. 2, 74, 80.

54 Siehe die institutionseigene Statistik vom Herbst 2016 bei *J. Johns*, ICDR Emergency Arbitrations, in: ICDR-IAR 5 (Fall 2016), 5, 6.

55 *A. Carlevaris/J. Feris*, Running in the ICC Emergency Arbitrator Rules, in: ICC-ICA Bul. 25 (2014) No. 1, 25, 27.

56 *J. Johns*, ICDR Emergency Arbitrations, in: ICDR-IAR 5 (Fall 2016), 5.

57 *R. Alnaber*, Emergency Arbitration, in: Arb. Int'l. 35 (2019) No. 4, 441, 445; *G. Hanessian/E. Dosman*, Songs of Innocence and Experience: Ten Years of Emergency Arbitration, in: ARIA 27 (2016) No. 2, 215, 217. In diesem Sinne bezeichnend finden es manche Autoren „mittlerweile schon fast innovativ, bewusst auf den *Emergency Arbitrator* zu verzichten", so *S. Wilske/L. Markert/L. Bräuninger*, Entwicklungen in der internationalen Schiedsgerichtsbarkeit im Jahr 2014 und Ausblick auf 2015, in: SchiedsVZ 2015, 49, 50.

a) *SIAC-Rules-2010*

Als erste der hier betrachteten Schiedsinstitutionen folgte das SIAC dem Beispiel des ICDR und ergänzte 2010 die eigenen Verfahrensregeln um standardmäßig anwendbare Regeln für den vor-schiedsgerichtlichen Eilrechtsschutz.[58] Neben der Gestaltung als Opt-out-Regime entsprechen auch die sonstigen normativen Eckdaten des Emergency Arbitrator-Verfahrens des SIAC im Wesentlichen denjenigen der ICDR-Rules-2006.

In systematischer Hinsicht fügte das SIAC die näheren Regeln zu dem neuen Verfahren in Form eines Anhangs, dem sogenannten ‚*Schedule 1*' in seine Schiedsordnung ein, der durch einen Verweis in Rl. 26.2 SIAC-Rules-2010 als vollwertiger Bestandteil des Regelwerks anzusehen ist. Bereits die derartige Eingliederung legt nahe, dass der Zugang zu dem Notfallschiedsrichterverfahren des SIAC ausschließlich Nutzern offenstehen sollte, die auch im Übrigen die Geltung der SIAC-Rules vereinbarten. Noch deutlicher kommt dies in Schedule 1 Nr. 1 SIAC-Rules-2010 zum Ausdruck, demgemäß ein Antrag auf Eröffnung eines Notfallschiedsrichterverfahrens nur gleichzeitig oder nach der *Notice of Arbitration*, also der Erhebung der Schiedsklage, eingereicht werden kann.

Wie die Verfahrensregeln des ICDR sahen auch die der SIAC vor, dass der Eilschiedsrichter innerhalb eines Werktages zu benennen ist und dieser im Anschluss nach höchstens zwei weiteren Werktagen einen Zeitplan für das Verfahren aufzustellen hatte.[59] Auf eine Frist für die Entscheidung des Notfallschiedsrichters verzichtete das SIAC allerdings zunächst.[60]

Wie das ICDR verzichtete das SIAC auf eine Vorfestlegung in Bezug auf die Entscheidungsform des Notfallschiedsrichters. So normierte Schedule 1 Nr. 6 SIAC-Rules-2010:

> "The Emergency Arbitrator shall have the *power to order or award* any interim relief that he deems necessary."[61]

Demnach konnte der Notfallschiedsrichter die Form etwaiger Anordnungen in Ansehung der Umstände des konkreten Einzelfalles selbst bestimmen.

---

58 Rl. 1.2, 26.2 i.V.m. Schedule 1 SIAC-Rules-2010.

59 Schedule 1 Nr. 2, 5 SIAC-Rules-2010.

60 Im Zuge der 2016 in Kraft getretenen Regelüberarbeitung führte das SIAC eine 14-tägige Frist für die Entscheidung des Notfallschiedsrichters ab dem Zeitpunkt seiner Einsetzung ein. Unter außergewöhnlichen Umständen kann die Institution diese Frist allerdings verlängern, vgl. Schedule 1 Nr. 9 SIAC-Rules-2016.

61 Hervorhebung nur hier.

Ebenfalls mit Blick auf die Vollstreckbarkeit etwaiger Anordnungen schrieb Schedule 1 Nr. 11 SIAC-Rules-2010 vor, dass diese ungeachtet ihrer Form stets von endgültiger Natur und somit unanfechtbar sind. Zusätzlich wurde über Schedule 1 Nr. 9 SIAC-Rules-2010 eine schuldrechtliche Bindung der Parteien an den Inhalt der Anordnungen eines Notfallschiedsrichters eingeführt. Diese Regelung entspricht inhaltlich dem Ansatz des Art. 6.6 ICC Referee Rules. Das SIAC vereinte in seinen Verfahrensregeln somit die vorausgegangenen Ansätze, mit denen zuvor einerseits die ICC und andererseits die AAA beziehungsweise das ICDR die Effektivität ihrer jeweiligen Verfahrenskonzepte zu steigern suchten.

Einen völlig neuen Weg im Vergleich zu der AAA-ICDR ging das SIAC hinsichtlich der zeitlichen Anwendungsdimension der neuen Regeln. Der Tatbestand Art. 37(1) ICDR-Rules-2006 begrenzte die standardmäßige Anwendbarkeit des Emergency Arbitrator-Regimes durch Festlegung eines Stichtags. Der Opt-out-Mechanismus galt folglich ausschließlich im Kontext von Schiedsabreden, die am oder nach dem 1. März 2006 abgeschlossen wurden. Nutzer, welche ihre Schiedsvereinbarungen vor diesem Datum eingegangen waren, konnten lediglich durch den nachträglichen Abschluss einer gesonderten Abrede ein Emergency Arbitrator-Verfahren einleiten.

Abweichend davon legte Rl. 1.2 SIAC-Rules-2010 stattdessen fest:

> "These Rules shall come into force on 1 July 2010 and unless the parties have agreed otherwise, shall apply to any arbitration which is commenced on or after that date."

Indem die tatbestandliche Anknüpfung insofern an die Einleitung des Schiedsverfahrens anknüpfte und weil die Regeln über den vor-schiedsgerichtlichen Eilrechtsschutz nach Rl. 26(2) SIAC-Rules-2010 in die Schiedsordnung integriert waren, konnten grundsätzlich selbst diejenigen Parteien von dem neuen Emergency Arbitrator-Verfahren Gebrauch machen, deren Schiedsvereinbarung bereits von vor dem Inkrafttreten der SIAC-Rules-2010 am 1. Juli 2010 datierte. Über diese Rückwirkung maximierte das SIAC den Personenkreis potentieller Kunden für die neu eingeführte Verfahrensart.

Seit der Einführung hat das SIAC 94 vor-schiedsgerichtliche Eilrechtsschutzverfahren begleitet.[62]

---

62 Stand vom 31. Dezember 2019, vgl. SIAC, Annual Report 2019, S. 19, abrufbar unter: https://www.siac.org.sg/images/stories/articles/annual_report/SIAC%20Annual%20Report%202019%20(FINAL).pdf.

b) ICC-Rules-2012

Im Zuge der Schiedsordnungsreform von 2012 führte die ICC erstmalig entsprechende Regelungen über den vor-schiedsgerichtlichen Eilrechtsschutz in das hauseigene Standardregelwerk ein.[63] Seit Inkrafttreten dieser Version der Schiedsordnung können Nutzer von ICC-Schiedsverfahren – vorbehaltlich gesonderter Abwahl – vor-schiedsgerichtlichen Eilrechtsschutz beantragen.

Die entsprechende Entscheidungsinstanz wurde nicht länger als Referee, sondern nunmehr als Notfallschiedsrichter bezeichnet. Sowohl diese Terminologie als auch die Eingliederung der neuen Vorschriften in die etablierte Schiedsordnung bewirken eine Stärkung des vor-schiedsgerichtlichen Eilrechtsschutzes im Vergleich zu den ICC Referee Rules. Mit dieser Anpassung folgte die ICC den Vorbildern von ICDR und SIAC, die ihre Regelwerke jeweils als wesensgleiche Erweiterung des herkömmlichen schiedsgerichtlichen Verfahrens konzipierten, um durch diese Anleihe die Vollstreckbarkeit und somit die Effektivität des vor-schiedsgerichtlichen Eilrechtsschutzes zu fördern. Zudem waren jedenfalls die ICC Referee Rules in dieser Hinsicht gescheitert, da Anordnungen nach diesem Regelwerk die Vollstreckung verweigert wurde.[64]

Wie das ICDR entschloss sich die ICC gegen die allgemeine Rückwirkung der entsprechenden Verfahrensregeln. Grundsätzlich gilt nach Art. 6(1) ICC-Rules-2012 als allgemeine Regel für die gesamte Schiedsordnung der ICC, dass stets die aktuelle Version des Regelwerks zum Zeitpunkt der Verfahrenseinleitung maßgeblich ist. Abweichend davon legte Art. 29(6) lit. a) jedoch speziell für das Emergency Arbitrator-Regime fest:

> "The Emergency Arbitrator Provisions shall not apply if […] the arbitration agreement under the Rules was concluded before the date on which the Rules came into force."

---

63 Art. 29 i.V.m. Appendix V ICC-Rules-2012.

64 Insoweit sei exemplarisch auf die vielbeachtete Entscheidung aus der französischen Justiz verwiesen, welche die Vollstreckbarkeit einer Referee-Anordnung ablehnte, da diese nicht mit den Entscheidungen eines Schiedsgerichts gleichzusetzen sei, sondern bloß rein schuldrechtliche Natur aufweise, siehe Cour d'appel de Paris (1re Ch. C), Entscheidung vom 29. April 2003 in Sachen *Société nationale des pétroles du Congo et République du Congo v. Société total Fina Elf E&P Congo* = Rev. de l'Arb. 2003, 1296 ff. (m. Anm. *C. Jarrosson*). Diesem Ergebnis zustimmend siehe *J.-P. Beraudo*, Recognition and Enforcement of Interim Measures of Protection Ordered by Arbitral Tribunals, in: JIA 22 (2005) No. 3, 245, 252 ff.; *E. Gaillard/P. Pinsolle*, The ICC Pre-Arbitral Referee, in: Arb. Int'l. 20 (2004) No. 1, 13, 22 f.

Diese Ausnahme von der Grundregel diente dem Schutz von Parteien, die ihre Schiedsvereinbarung abgeschlossen und indes die Entscheidung für die ICC als Schiedszentrum vor dem Stichtag des Inkrafttretens der Änderungen gefällt hatten. Sie sollten nicht mit einem völlig neuartigen Verfahrenstyp konfrontiert sein, der keinesfalls Gegenstand ihrer vorvertraglichen Willensbildung gewesen sein konnte.[65] Zudem stellte die ICC von da an eine neue Modellklausel für die Vereinbarung von ICC-Schiedsverfahren unter Ausschluss des Notfallschiedsrichter-Verfahrens zur Verfügung.[66] In vorbestehenden Rechtsverhältnissen sollte das Emergency Arbitrator-Regime nur dann Anwendung finden, falls die Parteien ihre vorbestehende Schiedsvereinbarung mit einem dahingehenden Zusatz versahen.[67]

Im Vergleich zu anderen Schiedszentren weichen die Emergency Arbitrator-Regeln der ICC speziell im Hinblick auf die Rechtsform der Entscheidung ab. Während einem Notfallschiedsrichter nach den Verfahrensregeln der übrigen Wettbewerber sowohl der Weg über einen einfachen Beschluss als auch die Möglichkeit eines Zwischenschiedsspruchs zur Verfügung stehen, ist der Emergency Arbitrator nach Art. 29(2) ICC-Rules-2012 in der Anordnung einstweiliger Maßnahmen ausdrücklich auf die Form eines einfachen Beschlusses beschränkt.

Dadurch wich die ICC deutlich von dem Trend ab, den das ICDR geprägt hatte und dem sich nicht nur das SIAC, sondern später auch die meisten anderen Schiedsinstitutionen – nicht zuletzt der LCIA – anschlossen.[68] Die Vorfestlegung des Notfallschiedsrichters auf den einfachen Beschluss als einziger Entscheidungsform, erklärt sich vor dem Hintergrund der Gesamtschau des Verfahrensregimes der ICC. Seit jeher kann ein Schiedsspruch in einem ICC-Verfahren

---

65 *A. Carlevaris/J. Feris*, Running in the ICC Emergency Arbitrator Rules, in: ICC-ICA Bul. 25 (2014) No. 1, 25, 33.

66 *A. Sessler/N. Voser*, Die Revidierte ICC-Schiedsgerichtsordnung, in: SchiedsVZ 2012, 120, 126.

67 *J. Fry/S. Greenberg/F. Mazza*, The Secretariat's Guide to ICC Arbitration, 2012, Ch. 3, Rn. 1055.

68 Exemplarisch seien an dieser Stelle bloß das *Arbitration Institute of the Stockholm Chamber of Commerce* (Appendix II Art. 1(2) i.V.m. Art. 37(3) SCC-Rules-2017) sowie das *Hong Kong International Arbitration Centre* (Schedule 4 Nr. 12 HKIAC-Rules-2018) angeführt. Für eine anschauliche Übersicht zu den möglichen Entscheidungsformen der Notfallschiedsrichter unter den Verfahrensregimen verschiedener bekannter Institutionen siehe *P. Cavalieros/J. Kim*, Emergency Arbitrators Versus the Courts, in: JIA 35 (2018) No. 3, 275, 281 f. Zum LCIA vgl. sogleich unter *LCIA-Rules-2014*.

erst nach vorheriger Überprüfung durch die Schiedsinstitution wirksam erlassen werden.[69]

Im Lichte der institutionseigenen Definition aus Art. 2(v) ICC-Rules-2012 bedürfen nicht bloß End-, sondern genauso Zwischen- und Teilschiedssprüche der institutionsseitigen Kontrolle. Sofern die Entscheidung eines Notfallschiedsrichters als Schiedsspruch erginge, würde sie durch den zeitintensiven Überprüfungsprozess unweigerlich verzögert.[70] Die Eignung des neuen Verfahrens als Mechanismus zur Erlangung von effektivem Eilrechtsschutz wäre dadurch von Anfang an diskreditiert gewesen. Fristvorgaben wie solche für die Einsetzung des Notfallschiedsrichters,[71] die Erstellung des Verfahrenszeitplans[72] oder für die Entscheidung des Notfallschiedsrichters,[73] die allesamt der Eilbedürftigkeit der Sache Rechnung tragen, könnten so angesichts der Dauer einer anschließenden Überprüfung leerlaufen.[74] In der Folge würde das Eilrechtsschutzverfahren erheblich verlängert und daher kaum wettbewerbsfähig sein.

In der Gestaltung ihres Emergency Arbitrator-Verfahrens war die ICC vor diesem Hintergrund mit einem Dilemma konfrontiert. Entweder schloss sie die Entscheidungsform des Schiedsspruches prinzipiell aus, womit jedoch das Risiko der schlechteren Durchsetzbarkeit verbunden war. Wollte man dem Notfallschiedsrichter dagegen zusätzlich die Entscheidungsform des Schiedsspruches

69 Vgl. Art. 21 ICC-Rules-1927; Art. 26 ICC-Rules-1955; Art. 21 ICC-Rules-1975; Art. 21 ICC-Rules-1988; Art. 27 ICC-Rules-1998; Art. 33 ICC-Rules-2012; Art. 34 ICC-Rules-2017. Zu der Funktionsweise der Überprüfung ausführlich siehe *G. Flecke-Giammarco*, The ICC Scrutiny Process and Enhanced Enforceability of Arbitral Awards, in: JAS 24 (2014) No. 3, 47, 56 ff.

70 *G. Flecke-Giammarco*, The ICC Scrutiny Process and Enhanced Enforceability of Arbitral Awards, in: JAS 24 (2014) No. 3, 47, 59 ("[I]t remains beyond contention that the scrutiny process is very labour-intensive and time-consuming, and delays the notification of an award to the parties").

71 Appendix V Art. 2(1) ICC-Rules-2012 (zwei Tage).

72 Appendix V Art. 5(1) ICC-Rules-2012 (zwei Tage).

73 Appendix V Art. 6(4) ICC-Rules-2012 (15 Tage).

74 Wegen ihrer Komplexität beträgt die übliche Dauer der institutionellen Überprüfung der Schiedssprüche durch die ICC zwischen zwei und vier Wochen, *J. Grierson/A. van Hooft*, Arbitrating under the 2012 ICC Rules, 2012, S. 213. Laut einer institutionsinternen Erhebung unter Berücksichtigung von 225 Schiedssprüchen eines einzelnen Case Management Teams betrug die durchschnittliche Dauer des gesamten Überprüfungsprozesses 29,74 Tage – im Einzelfall sogar bis zu 83 Tage, siehe *G. Flecke-Giammarco*, The ICC Scrutiny Process and Enhanced Enforceability of Arbitral Awards, in: JAS 24 (2014) No. 3, 47, 71.

eröffnen, hätte dies zwangsläufig eine Aufweichung beziehungsweise Verschlankung der institutionellen Überprüfung erfordert, da sonst deren Dauer die Eilbedürftigkeit grundlegend konterkariert hätte. Eine solche Anpassungsmaßnahme hätte wiederum Schiedssprüche des Schiedsgerichts ebenfalls betreffen müssen. Denn der Aspekt der möglicherweise vereinfachten Durchsetzbarkeit, der überhaupt erst für die Eröffnung des Schiedsspruchs als Entscheidungsform im Eilrechtsschutzverfahren spricht, verlangt im Sinne systematischer Konsistenz, dass institutionsintern identische Regeln für diesen Entscheidungstypus gelten.

Aus unternehmerischer Sicht stellt die Entscheidung zwischen den beiden Regelungsoptionen eine Kosten-Nutzen-Abwägung dar. Da die allgemeine Überprüfung von Schiedssprüchen durch die ICC das Herzstück der Schiedsordnung bildet und als charakteristisches Alleinstellungsmerkmal mitunter bei der Auswahl seitens der Nutzer entscheidend sein kann, birgt jede Modifikation dieses Verfahrenselementes ein beträchtliches Risiko.[75] Ein solches ist unter ökonomischen Gesichtspunkten ausschließlich einzugehen, sofern verhältnismäßig hoher Nutzen abzusehen ist.

Der mögliche Nutzen einer Regelung, welche einen Notfallschiedsrichter mit der Kompetenz zum Erlass von Schiedssprüchen ausstattet, läge in der erleichterten Vollstreckbarkeit von einstweiligen Anordnungen. Bis dato war allerdings völlig unklar, ob der institutionellen Terminologie in der Rechtsprechungspraxis staatlicher Gerichte überhaupt maßgebliche, geschweige denn ausschlaggebende Bedeutung für die Vollstreckbarkeit einstweiliger Maßnahmen zukommen würde. Angesichts des Stellenwertes, den die institutionsseitige Überprüfung in dem Verfahrensregime der ICC einnimmt, erscheint es konsequent, dass die entsprechenden Regelungen nicht zu Gunsten einer unsicheren Erwartung angetastet wurden.

---

75 Die Überprüfung von Schiedssprüchen durch die ICC gilt als ein essentielles Charakteristikum von ICC-administrierten Schiedsverfahren. In diesem Sinne *H. Verbist/E. Schäfer/C. Imhoos*, ICC Arbitration in Practice, 2. Aufl. 2015, S. 182 („The Court's scrutiny function is as an internationally recognized quality label, which makes ICC awards less prone to annulment."); *G. Flecke-Giammarco*, The ICC Scrutiny Process and Enhanced Enforceability of Arbitral Awards, in: JAS 24 (2014) No. 3, 47 („cornerstone feature of ICC arbitration"); *J. Grierson/A. van Hooft*, Arbitrating under the 2012 ICC Rules, 2012, S. 212 („one of the hallmarks of ICC arbitration"); *Y. Derains/E. Schwartz*, A Guide to the ICC Rules of Arbitration, 2. Aufl. 2005, S. 312 f. („fundamental feature of ICC arbitration and one that distinguishes it from all of the other major international arbitration rules").

Nichtsdestoweniger war der Handlungsspielraum der ICC in Anbetracht des skizzierten normativen Spannungsfeldes im Vergleich zu anderen Schiedszentren ohne entsprechendes Überprüfungsregime zweifellos eingeschränkt. Dementsprechend bemühte sich der offizielle Begleitkommentar zu den ICC-Rules-2012 in Zusammenhang mit der Entscheidungsform des Notfallschiedsrichters herauszustellen:

> "In many jurisdictions, the title given to a decision by an arbitral tribunal (e.g. 'award' or 'order') will not necessarily determine how it is characterized according to legal criteria."[76]

Weil die Grundkonzeption der ICC-Rules die Ausstattung des Notfallschiedsrichters mit der Kompetenz zum Erlass von Schiedssprüchen verhinderte, musste das Vertrauen in die Effektivität des Verfahrens anderweitig geweckt werden. Dies sollte insbesondere durch eine schuldrechtliche Bindung der Parteien an die Anordnungen des Notfallschiedsrichters bewerkstelligt werden. So normierte Art. 29(2) ICC-Rules-2012 neben der Entscheidungsform außerdem:

> "The parties undertake to comply with any order made by the emergency arbitrator."

Mit diesem Regelungsansatz übernahm die ICC das Prinzip des Art. 6.6 ihrer Referee Rules für das Notfallschiedsrichterverfahren, um nach Möglichkeit die Effektivität des Verfahrens als Eilrechtsschutzmethode zu gewährleisten.[77] Denselben Zweck verfolgte die Regelung des Art. 29(4) ICC-Rules-2012, wonach das (noch zu bildende) Schiedsgericht der Hauptsache ermächtigt war, über Ansprüche in Zusammenhang mit dem vorausgegangenen Emergency Arbitrator-Verfahren, insbesondere der Nicht-Befolgung von Anordnungen, zu entscheiden.

Diese Rückkopplung des vor-schiedsgerichtlichen Eilrechtsschutzverfahrens an die Entscheidungsbefugnis des Schiedsgerichts in der Hauptsache stellt klar, dass etwaige Ersatzansprüche Gegenstand des angestoßenen (oder zeitnah einzuleitenden) Hauptsacheverfahrens sein können. Unter dem Aspekt der Prozessökonomie vereinfachte Art. 29(4) ICC-Rules-2012 somit die Durchsetzung solcher Ansprüche. Umgekehrt ist diese Aussicht geeignet, zusätzlichen Druck

---

76 *J. Fry/S. Greenberg/F. Mazza*, The Secretariat's Guide to ICC Arbitration, 2012, Ch. 3, Rn. 1187.

77 Siehe zu der anvisierten verhaltenssteuernden Wirkung einer schuldrechtlichen Verpflichtung auf den Inhalt der Anordnungen eines Notfallschiedsrichters oben unter A.II.1.a) *ICC Rules for Pre-Arbitral Referee Procedure (1990).*

auf den Anordnungsgegner zu erzeugen und ihn so zu freiwilliger Einhaltung zu bewegen.

Neu im Vergleich zu den Regelwerken des ICDR sowie des SIAC und daher bemerkenswert, war die bereits erwähnte Einführung einer Frist für die Entscheidung des Notfallschiedsrichters. Dieser musste grundsätzlich gemäß Appendix V Art. 6(4) ICC-Rules-2012 innerhalb von 15 Tagen nach der Übermittlung der Verfahrensunterlagen an ihn einen Beschluss über die beantragten Maßnahmen erlassen. Obgleich diese Frist institutionsseitig ausnahmsweise verlängert werden konnte, sandte die ICC mit der Aufnahme dieser Regelung ein garantieähnliches Signal in Richtung ihrer Nutzer. Ihnen gibt diese Fristsetzung einen Richtwert für die Maximaldauer eines Eilverfahrens an die Hand, auf deren Grundlage sie den Verlauf eines Konfliktes genauer einschätzen können. Bis Ende 2019 registrierte die ICC insgesamt 120 Anträge auf Eröffnung eines entsprechenden Eilrechtsschutzverfahrens vor einem Notfallschiedsrichter.[78]

c) LCIA-Rules-2014

2014 erweiterte dann auch der LCIA seine Schiedsordnung um Verfahrensvorschriften, die den Nutzern automatisch die Möglichkeit vor-schiedsgerichtlichen Rechtsschutzes durch einen Notfallschiedsrichter verschafften.[79] Bereits die Vorgängerversion der Schiedsordnung aus dem Jahr 1998 stellte mit ihrem Art. 9 eine Prozedur zu einer beschleunigten Einrichtung des Schiedsgerichts in außergewöhnlichen Notfallsituationen zur Verfügung.[80] Mit diesem einzigartigen prozeduralen Werkzeug trug der LCIA bereits früher als die meisten konkurrierenden Schiedszentren dem Rechtsschutzbedarf in zeitkritischen Situationen vor Konstituierung des Schiedsgerichts Rechnung.

Allerdings betrafen diese Regelungen ausschließlich die Bildung des Schiedsgerichts der Hauptsache.[81] Im Anschluss an seine Konstituierung konnte dieses dann nach Art. 25 LCIA-Rules-1998 Maßnahmen des einstweiligen Rechtsschutzes anordnen. Auch wenn somit das zeitliche Ausmaß der Rechtsschutzlücke verkürzt wurde, die sich vor der Bildung des Schiedsgerichts auftut, blieb sie doch als Grundproblem bestehen. Selbst wenn der LCIA einem Antrag auf eine beschleunigte Bildung des Schiedsgerichts nach Art. 9 LCIA-Rules-1998

78 ICC, ICC Dispute Resolution 2019 Statistics, S. 17, abrufbar unter: https://library.iccwbo.org/content/dr/pdfs/2019%20Statistics_ICC_Dispute%20Resolution_901.pdf.

79 Art. 9B, 9.14 LCIA-Rules-2014.

80 Siehe Art. 9 LCIA-Rules-1998.

81 Art. 9.3 LCIA-Rules-1998.

stattgab, war effektiver Rechtsschutz durch unverzügliche Entscheidung über die Abhilfe nicht garantiert. Denn ihre Mitwirkungsrechte im Rahmen der Konstituierung des Schiedsgerichtes ermöglichten der Gegenseite weiterhin die Verzögerung einer Entscheidung.[82] Dem Antragsteller blieb somit in drängenden Situationen, welche eine Entscheidung innerhalb kürzester Zeit erforderten, somit ausschließlich der Gang vor ein staatliches Gericht.[83]

Gerade weil der LCIA um die Jahrtausendwende die einzige Schiedsinstitution war, deren Regeln überhaupt einem Eilrechtsschutzbedürfnis bei Verfahrensbeginn Rechnung trugen, hatte sich die Institution zunächst der Einführung eines separaten vor-schiedsgerichtlichen Verfahrens verwehrt.[84] So hatte es schon im Vorfeld der 1998er-Fassung der LCIA-Rules die Überlegung gegeben, entweder ein Organ der Schiedsinstitution oder eine eigens delegierte Person zu einstweiligen Eilentscheidungen vor Bestellung des Schiedsgerichts zu ermächtigen. Im Ergebnis wurde dieser Ansatz aber zu Gunsten der beschleunigten Bildung des Schiedsgerichtes verworfen, nachdem eine Mehrheit von Nutzern sich im Rahmen einer Konsultation gegen ein solches Verfahrensinstrument ausgesprochen hatte.[85] Erst im Zuge der darauffolgenden Überarbeitung, knapp 15 Jahre später fiel dann doch die Entscheidung, die hauseigene Schiedsordnung um ein Notfallschiedsrichterverfahren zu ergänzen.

Dieser Sinneswandel war indes weniger von der Überzeugung getragen, dass tatsächlich ein entsprechender Regelungsbedarf bestehe. Vielmehr ging es dem LCIA in erster Linie um die Überwindung eines ‚Marketingdefizites'.[86] Ein

---

82 *G. Dunning/I. Quirk/S. Gleghorn/D. Simpson/T. Pinto*, Using Article 37 of the ICDR International Arbitration Rules, in: DRJ 62 (2007) No. 2, 68, 70.

83 Ähnlich siehe *G. Scherpf/S. Majumdar*, The Revised LCIA Arbitration Rules 2014, in: SchiedsVZ 2014, 227, 230 Zu dem komplementären Verhältnis zwischen der beschleunigten Konstituierung des Schiedsgerichts einerseits und dem Emergency Arbitrator-Verfahren andererseits, vgl. *M. Scherer/L. Richman/R. Gerbay*, Arbitrating under the 2014 LCIA Rules, 2015, Ch. 10, Rn. 102 ff.

84 *M. Scherer/L. Richman/R. Gerbay*, Arbitrating under the 2014 LCIA Rules, 2015, Ch. 1, Rn. 10 ("For a long time, the LCIA had managed to resist the adoption of an emergency arbitrator procedure.").

85 *V. Veeder*, London Court of International Arbitration The New 1998 LCIA Rules, in: A. van den Berg (Hrsg.), ICCA Yearbook Commercial Arbitration 1998, 366, 368; S. *Konrad/R. Hunter*, in: R. Schütze (Hrsg.), Institutionelle Schiedsgerichtsbarkeit, 3. Aufl. 2018, Kap. VI, Art. 9A LCIA-Rules, Rn. 2.

86 *M. Scherer/L. Richman/R. Gerbay*, Arbitrating under the 2014 LCIA Rules, 2015, Ch. 2, Rn. 10.

solches hatte man im Vergleich zu den Schiedsordnungen der unmittelbaren Wettbewerber ausgemacht, die entsprechende Verfahren in ihr Angebotsrepertoire aufgenommen hatten. Schließlich liegt es aus Sicht der Nutzer damals wie heute nahe, ihre Hauptsacheschiedsverfahren und etwaige Eilrechtsschutzverfahren denselben institutionellen Regeln zu unterwerfen. Mithin musste eine Schiedsinstitution ohne entsprechendes Regelungsregime befürchten, dass sie unter solchen Umständen auch für die Administrierung von Hauptsacheverfahren gar nicht erst in Betracht gezogen würde.

Da der LCIA die Einführung eines Notfallschiedsrichterregimes demnach vordergründig als notwendiges Mittel zur Beseitigung eines Wettbewerbsnachteils verstand, war nicht zu erwarten, dass die Regeln besonders innovative Ansätze zur Weiterentwicklung dieser Verfahrensart hervorbringen würden. Wahrscheinlicher war die Nachahmung von Regelungen anderer Schiedszentren beziehungsweise die Übernahme deren normativen Inhalts.

Wie zuvor ICDR und ICC vermied der LCIA die Rückwirkung der Verfahrensregeln über das neue Eilrechtsschutzverfahren, indem er deren standardmäßige Anwendbarkeit von dem Abschlusszeitpunkt der Schiedsabrede abhängig machte.[87] Nur solche, die an oder nach dem Stichtag des Inkrafttretens der überarbeiteten LCIA-Rules am 1. Oktober 2014 abgeschlossen wurden, führten gemäß Art. 9.14 LCIA-Rules-2014 grundsätzlich zu der Anwendbarkeit der Regeln über das Emergency Arbitrator-Verfahren. Zwischen Parteien, deren Schiedsabrede vor diesem Stichtag datierte, galten sie im Sinne eines Opt-in-Regimes lediglich, sofern nachträglich eine dahingehende Erweiterung nachträglich vereinbart wurde.

Noch deutlicher als bis dato bestehende Verfahrensregeln anderer Schiedszentren versuchten die LCIA-Rules-2014 das vor-schiedsgerichtliche Eilverfahren als eindeutig schiedsrechtliches Vehikel zu positionieren. Dazu enthält Art. 9.4 LCIA-Rules-2014 eine Legaldefinition des Emergency Arbitrators, nach der es sich bei dieser Figur um einen *übergangsweise eingesetzten Einzelschiedsrichter* handeln soll.[88] Mithin bediente sich der LCIA der originären Terminologie des internationalen Schiedsverfahrensrechts, um durch ihre Übertragung auf die neue Verfahrensart deren dogmatische Einordnung vorwegzunehmen.

---

87 Vgl. zu der zeitlichen Anwendbarkeit jeweils oben in Bezug auf das ICDR unter A.II.1.c) *ICDR-Rules-2006* und für die ICC unter A.II.2.b) *ICC-Rules-2012*. In Gegensatz dazu steht die umfassende Rückwirkung des Emergency Arbitrator-Verfahrens nach der Schiedsordnung des SIAC, siehe dazu oben unter A.II.2.a) *SIAC-Rules-2010*.

88 Der Wortlaut der englischen Originalfassung spricht von „temporary sole arbitrator".

Dieselbe Regelungstaktik verfolgt Art. 9.8 LCIA-Rules-2014, der in Bezug auf die Entscheidungskompetenz des Notfallschiedsrichters normierte:

> "The Emergency Arbitrator may make any order or award which the Arbitral Tribunal could make under the Arbitration Agreement [...]."

Mithin stellt der LCIA für die Ausgestaltung des Eilverfahrens eine unmittelbare Verbindung zu den herkömmlichen Schieds- im Sinne von Hauptsacheverfahren her. Deren normativer Gehalt und damit ihre rechtsdogmatische Qualität wird übernommen und direkt auf die Regeln des Emergency Arbitrator-Verfahren projiziert. Besonders auffällig ist insoweit auch der umfassende Verweis des Art. 9.13 LCIA-Rules-2014, der die Vorschriften über das Hauptsacheschiedsverfahren – wie etwa die Bestimmung des Schiedsortes – in weiten Teilen für anwendbar auf das Emergency Arbitrator-Verfahren erklärt. Insgesamt platzieren die LCIA-Rules-2014 den neuen Verfahrenstyp eindeutig als Spielart der Schiedsgerichtsbarkeit.

In der Gesamtschau der Genese internationaler Schiedsordnungen markiert diese Ausgestaltung den Abschluss einer Trendwende. Während die ICC Referee Rules penibel darauf bedacht waren, ihr Verfahren strikt von herkömmlichen Schiedsverfahren zu trennen, strebten die Bemühungen der Schiedszentren bei der Regelgestaltung nunmehr in die Gegenrichtung. Die Nachfrageseite hatte das innovative, ursprünglich fremde Grundkonzept institutioneller Eilrechtsschutzverfahren angenommen. Die institutionsübergreifenden Fallzahlen belegten, dass die Markteinführung grundsätzlich geglückt war. Soweit die noch junge Verfahrensart bei potentiellen Nutzern auf Vorbehalte traf, war deren Ursprung im Hinblick auf die Effektivität etwaiger Anordnungen eher, dass das Eilverfahren zunächst nicht eindeutig als selbstständiges, originär schiedsrechtliches Verfahrensvehikel platziert wurde.[89]

Nach Art. 9.6 LCIA-Rules-2014 wurde durch den LCIA so zeitnah wie möglich, spätestens jedoch drei Tage nach Antragstellung ein Notfallschiedsrichter bestimmt, der von seiner Einsetzung an innerhalb von höchstens 14 Tagen eine Entscheidung über den einstweiligen Rechtsschutz zu treffen hatte.[90] Wie im Falle der entsprechenden Verfahrensregeln des ICDR und des SIAC konnte diese Entscheidung eines LCIA-Notfallschiedsrichters nach dessen Wahl entweder

---

89 Vgl. oben unter A.II.1.a) *ICC Rules for Pre-Arbitral Referee Procedure (1990).*

90 Art. 9.8 LCIA-Rules-2014. Demnach konnte die Frist institutionsseitig nur im Falle außergewöhnlicher Umstände oder durch eine entsprechende Vereinbarung der Parteien verlängert werden.

die Form eines einfachen Beschlusses oder alternativ die eines Schiedsspruches haben.[91]

Vergleicht man die Fallstatistiken der LCIA im Hinblick auf das Notfallschiedsrichterverfahren mit den entsprechenden Zahlen der übrigen Schiedszentren, fällt dessen Erfolg erheblich geringer aus. In den ersten beiden Jahren registrierte der LCIA keinen einzigen Antrag auf Einsetzung eines Notfallschiedsrichters.[92] Auch in den Folgejahren hatte das Emergency Arbitrator-Verfahren nach Art. 9B LCIA-Rules in der institutionellen Praxis des LCIA auffälligen Seltenheitswert.[93] Die Zahl der Anwendungsfälle des Notfallschiedsrichterverfahrens fiel bislang Jahr für Jahr wesentlich niedriger aus als die der Anträge auf beschleunigte Bildung des Schiedsgerichts nach Art. 9A LCIA-Rules. 2019 etwa wurde lediglich ein einziges Mal Eilrechtsschutz durch einen Notfallschiedsrichter beantragt. Demgegenüber wurde in zehn Fällen die beschleunigte Bildung des Schiedsgerichts begehrt.[94]

3. *Modifikationen nach Einführung*

a) *ICDR*

Im Zuge der letzten Reform seiner Schiedsordnung nahm das ICDR 2014 eine Neuordnung der Systematik vor. In der Folge sind die Regeln über das Emergency Arbitrator-Verfahren mittlerweile in Art. 6 ICDR-Rules-2014 zu finden, um die Stellung der Norm innerhalb der Schiedsordnung mit dem chronologischen Gang des gesamten institutionellen Verfahrens zu synchronisieren.[95]

Abgesehen von dieser Verschiebung sind die Änderungen an den entsprechenden Regeln von geringer normativer Bedeutung und haben hauptsächlich eine klarstellende Funktion. Beispielsweise gibt Art. 6(1) ICDR-Rules-2014 nun ausdrücklich vor, dass ein Antrag auf die Eröffnung eines Emergency

---

91 Art. 9.8, 9.9 LCIA-Rules-2014.

92 Siehe LCIA, Registrar's Report 2014, S. 5, abrufbar unter: https://www.lcia.org//media/download.aspx?MediaId=499 sowie LCIA, Registrar's Report 2015, S. 5, abrufbar unter: https://www.lcia.org//media/download.aspx?MediaId=500.

93 Bis Ende 2019 wurden insgesamt sechs Anträge auf Eröffnung eines Emergency Arbitrator-Verfahrens bei dem LCIA gestellt, vgl. Daten der einzelnen offiziellen Jahresstatistiken, jeweils abrufbar unter: https://www.lcia.org/LCIA/reports.aspx.

94 Siehe für die Statistik der beiden Antragsarten LCIA, 2019 Annual Casework Report, S. 22, abrufbar unter: http://www.lcia.org/media/download.aspx?MediaId=816.

95 *M. Gusy/J. Hosking*, A Guide to the ICDR International Arbitration Rules, 2. Aufl. 2019, Rn. 6.20.

Arbitrator-Verfahrens nicht vor Einreichung der Schiedsklage (Notice of Arbitration), sondern danach oder zusammen mit dieser gestellt werden kann.

Bemerkenswert ist derweil die Streichung der besonderen Anwendbarkeitsklausel des Art. 37(1) ICDR-Rules-2006, der abweichend von der allgemeinen Regel des Art. 1(1) ICDR-Rules-2006 die automatische Rückwirkung ausschloss. Auf diesem Wege wollte das ICDR zu Anfang vermeiden, dass Parteien mit bestehenden Schiedsabreden, welche in Unkenntnis der neuen Verfahrensart abgeschlossen worden waren, gegen ihren Willen in ein Notfallschiedsrichterverfahren hineingezogen werden konnten.[96]

Da sich aus Sicht des ICDR die betreffenden Vorschriften mittlerweile in seiner institutionellen Praxis etabliert hatten und Art. 1(1) ICDR-Rules-2014 die allgemeine Anwendbarkeit der Schiedsordnung hinreichend regelt, hielt man eine gesonderte Vorschrift für das Notfallschiedsrichterverfahren nicht länger für erforderlich.[97]

b) SIAC

Seit der Einführung des Notfallschiedsrichterverfahrens im Zuge der vierten Auflage der SIAC-Rules aus dem Jahr 2010, hat das Zentrum seine Schiedsordnung zwei weitere Male überarbeitet. Zunächst trat am 1. April 2013 eine aktualisierte fünfte Fassung in Kraft, die keinerlei Änderungen für das Notfallschiedsrichterverfahren enthielt. Erst die sechste Auflage der SIAC-Rules mit Geltung ab dem 1. August 2016 enthielt Modifikationen an Schedule 1 und betraf folglich auch den vor-schiedsgerichtlichen Eilrechtsschutz.

Ein Leitmotiv bei der Überarbeitung war die weitere Beschleunigung des Notfallschiedsrichterverfahrens, um den Nutzern noch zügigeren Eilrechtsschutz zu bieten.[98] Diesem Zweck diente etwa die Bestimmung des Schedule 1 Nr. 4 SIAC-Rules-2016, die in Ermangelung einer spezifischen Parteivereinbarung hinsichtlich des Schiedsortes das Recht von Singapur zur *lex arbitri* für das Eilverfahren erklärt. Dadurch wird jede mit der Erörterung dieser Thematik verbundene Verzögerung im vor-schiedsgerichtlichen Stadium vermieden. Indes hat das SIAC die inhaltsgleiche Regelung des Appendix V Art. 4(1) ICC-Rules-2012 übernommen.

---

96 Siehe dazu oben unter A.II.1.c) *ICDR-Rules-2006*.

97 *M. Gusy/J. Hosking*, A Guide to the ICDR International Arbitration Rules, 2. Aufl. 2019, Rn. 6.19.

98 *J. Choong/M. Mangan/N. Lingard*, A Guide to the SIAC Arbitration Rules, 2. Aufl. 2018, Rn. 13.21.

Außerdem wurden bestehende Fristen für bestimmte Verfahrenshandlungen angepasst und für andere neu eingeführt. So wird etwa der Notfallschiedsrichter nach den SIAC-Rules-2016 innerhalb eines Tages nach Eingang des Antrags eingesetzt, und zwar nunmehr unabhängig davon, ob es sich um einen Werk- oder einen grundsätzlich geschäftsfreien Tag handelt.[99] Dahingehende Änderung erfuhr auch die zweitägige Frist des Notfallschiedsrichters für die Aufstellung des Verfahrenszeitplans.[100] Neu eingeführt wurde die Frist für die Entscheidung des Notfallschiedsrichters über den beantragten Eilrechtsschutz. Gemäß Schedule 1 Nr. 9 SIAC-Rules-2016 muss diese grundsätzlich innerhalb von vierzehn Tagen nach der Einsetzung des Notfallschiedsrichters fallen.[101] Eine entsprechende Regelung hatten zuvor bereits die ICC (2012) sowie der LCIA (2014) in ihre jeweiligen Schiedsordnungen aufgenommen.[102]

Ein Blick auf die statistischen Daten zeigt, dass bereits vor der Verkürzung beziehungsweise der Einführung dieser Fristvorgaben eine vorläufige Entscheidung des Notfallschiedsrichters im Durchschnitt schon zweieinhalb Tage nach Antragstellung vorlag.[103] Folglich erscheint die praktische Relevanz der überarbeiteten Fristbestimmungen eher begrenzt. Insbesondere die neu eingeführte Frist für die Entscheidung des Notfallschiedsrichters ist in ihrer garantieähnlichen Eigenschaft geeignet, die Planbarkeit etwaiger Konfliktlösung für den Nutzer zu verbessern und somit die Entscheidung zwischen verschiedenen zur Auswahl stehenden Schiedsinstitutionen maßgeblich zu beeinflussen. Vor diesem Hintergrund ist der positive Effekt auf die Vermarktung der hauseigenen Schiedsordnung die plausiblere Erklärung für die Modifikation der Fristvorgaben.

Ebenfalls neu war Schedule 1 Nr. 14 SIAC-Rules-2016, wonach das SIAC sämtliche Fristvorgaben des Emergency Arbitrator-Verfahrens im Einzelfall verkürzen kann. Während auch diese Regel auf die Optimierung der zeitlichen Effizienz des Verfahrens gerichtet ist, wohnt ihr im Gegensatz zu den starren Fristvorgaben, welche in erster Linie die tatsächliche Durchschnittsdauer

---

99 Statt 'business day' wie in Schedule 1 Nr. 2 SIAC-Rules-2010 heißt es in Schedule 1 Nr. 3 SIAC-Rules-2016 bloß noch ‚day'.

100 Siehe Schedule 1 Nr. 5 SIAC-Rules-2010 im Vergleich zu Schedule 1 Nr. 7 SIAC-Rules-2016.

101 Laut der Vorschrift kann das SIAC unter außergewöhnlichen Umständen diese Frist verlängern.

102 Vgl. Appendix V Art. 6(4) ICC-Rules-2012 bzw. Art. 9.8 LCIA-Rules-2014.

103 *J. Choong/M. Mangan/N. Lingard*, A Guide to the SIAC Arbitration Rules, 2. Aufl. 2018, Rn. 13.21 u. Rn. 13.55.

widerspiegeln, ungleich höheres praktisches Potential inne. Sie gestattet dem SIAC eine fallspezifische Anpassung der maximalen Dauer, wodurch die Effizienz des Eilverfahrens in besonders evidenten Fallkonstellationen befördert werden kann.

Zudem enthielten die Verfahrensregeln nunmehr in Schedule 1 Nr. 12 SIAC-Rules-2016 einen Rechtsmittelverzicht. Angesichts der schuldrechtlichen Qualität kann das Vorgehen gegen eine Entscheidung des Notfallschiedsrichters vor staatlichen Gerichten vertragliche Schadensersatzpflichten auslösen.

c) *ICC*

Die ICC veröffentlichte 2017 sowie 2021 jeweils überarbeitete Versionen ihrer Schiedsordnung. Die Vorschriften des Appendix V über das Verfahren vor dem Notfallschiedsrichter waren jedoch bei keiner der Reformen Gegenstand von substantiellen Modifikationen. Folgerichtig bestehen sie seit ihrer Etablierung im Jahr 2012 in unveränderter Form weiter. Insbesondere hielt die ICC an dem Ausschluss der Rückwirkung der Emergency Arbitrator-Vorschriften für Schiedsvereinbarungen fest, die bereits vor deren erstmaliger Einführung geschlossen worden waren.[104]

d) *LCIA*

Soweit die LCIA-Rules-2020 Änderungen an Vorschriften über das Emergency Arbitrator-Verfahren vorsahen, waren diese lediglich marginal. Bemerkenswert ist hauptsächlich, dass der Notfallschiedsrichter gemäß Art. 9.12 LCIA-Rules-2020 nunmehr ausdrücklich ermächtigt wurde, auf Antrag einer Partei oder auf eigene Initiative seine Entscheidungen abzuändern, sie zu ergänzen oder zurückzunehmen. Unter der Geltung der LCIA-Rules-2014 konnte erst das (noch zu bildende) Schiedsgericht entsprechende Maßnahmen in Bezug auf die Anordnungen eines Notfallschiedsrichters ergreifen.[105]

Die Befugnis zur nachträglichen Modifikation der eigenen Entscheidung besteht allerdings ausschließlich, sofern diese in der Form eines einfachen Beschlusses ergangen ist.[106] Dagegen kann ein Notfallschiedsrichter eine Anordnung, die in Form eines Schiedsspruchs ergangen ist, selbst nicht mehr inhaltlich

---

104 Dagegen hatte das ICDR seine Regelung zu der besonderen zeitlichen Anwendbarkeit der Regeln über das Emergency Arbitrator-Verfahren aus seiner Schiedsordnung getilgt, siehe oben unter A.II.3.a) *ICDR*.

105 Art. 9.11 LCIA-Rules-2014.

106 Art. 9.12 (i) LCIA-Rules-2020.

verändern.[107] So sieht Art. 9.12 (iii) LCIA-Rules-2020 vor, dass für den Notfallschiedsrichter zwar die Möglichkeit besteht, zusätzliche Schiedssprüche zu erlassen, allerdings nur, sofern diese sich auf einen Streitgegenstand beziehen, über den der bereits erlassene Schiedsspruch noch nicht entschieden hatte.

Ähnliche Regelungen, die den jeweiligen Notfallschiedsrichter ermächtigen, bereits erlassene Anordnungen zu modifizieren, fanden sich zuvor schon in den Verfahrensregeln anderer Schiedszentren. So sah Appendix V Art. 6(8) ICC-Rules-2017 vor, dass der Notfallschiedsrichter grundsätzlich seine bereits ergangenen Entscheidungen aufheben oder abändern kann, allerdings nur auf den begründeten Antrag einer der Parteien hin. Eigeninitiatives Aufgreifen war folgerichtig nicht vorgesehen. Die ICDR-Rules-2006 statteten den Notfallschiedsrichter von Anfang an mit der Kompetenz zu der Abänderung oder Aussetzung seiner Entscheidungen aus, und zwar unabhängig davon, ob sie in Form einer einfachen Verfügung oder als Schiedsspruch ergangen waren.[108]

Generell macht die Ausstattung des Notfallschiedsrichters mit der entsprechenden Kompetenz das Eilrechtsschutzverfahren effizienter: wo eine einstweilige Maßnahme durch veränderte Umstände in Frage gestellt wird, könnte dem ansonsten erst das Schiedsgericht durch eine eigene Entscheidung Rechnung tragen. Damit einhergehenden Verzögerungen kann vorgebebeugt werden, indem der Notfallschiedsrichter selbst mit der derartigen Befugnis ausgestattet wird.

Auf der anderen Seite zieht eine solche Konzeption die Finalität und mithin die Vollstreckbarkeit vor-schiedsgerichtlicher Anordnungen zusätzlich in Zweifel. Denn sie verdeutlicht, dass Entscheidungen eines Notfallschiedsrichters nicht einmal bei exklusiver Betrachtung des vor-schiedsgerichtlichen Verfahrensstadiums endgültiger Charakter zukommt.

Der differenzierte Regelungsansatz der LCIA-Rules-2020 schafft vor diesem Hintergrund eine vermittelnde Lösung. Indem sie einerseits den Notfallschiedsrichter zwar grundsätzlich mit der entsprechenden Modifizierungskompetenz ausstatten, diese andererseits jedoch auf die Entscheidungsform der einfachen Verfügung beschränken, können die Effizienzgewinne für den institutionellen Rechtsschutz realisiert werden, ohne den Effektivitätsanspruch des vor-schiedsgerichtlichen Rechtsschutzverfahrens auszuhöhlen.[109] Zudem

107 Art. 9.12 (ii) LCIA-Rules-2020 gestattet dem Notfallschiedsrichter lediglich sprachliche bzw. redaktionelle Korrekturen an bereits erlassenen Schiedssprüchen.

108 Art. 37(5) ICDR-Rules-2006.

109 Vgl. M. Scherer, in: M. Scherer/L. Richman/R. Gerbay (Hrsg.), Arbitrating under the 2020 LCIA Rules, 2021, Ch. 10, Rn. 34 ff.

untermauert der Ausschluss des Aufgreifens eines bereits erlassenen Zwischenschiedsspruchs dessen Wertigkeit im Vergleich zu der jederzeit modifizierbaren Verfügung.

III. Betrachtung unter wettbewerblichen Gesichtspunkten

Lange Zeit schwiegen Schiedsordnungen hinsichtlich vor-schiedsgerichtlichen Eilrechtsschutzes. Eben solcher war im Rahmen eines institutionellen Verfahrens jedenfalls vor der Bildung des Schiedsgerichtes nicht vorgesehen. Mit ihren Referee Rules schuf die ICC ein ausgelagertes Regime. Dessen Anwendung blieb eine Randerscheinung in der internationalen Schiedsgerichtsbarkeit. Dennoch finden sich einige der Grundgedanken dieses Regelwerkes in den Verfahrenskonzeptionen wieder, welche mittlerweile einen festen Bestandteil des institutionellen Verfahrens bilden.

Von dem Zeitpunkt der Einführung des ersten Opt-in-Modells durch das ICDR an dauerte es gerade einmal acht Jahre, bis alle übrigen der vorliegend untersuchten Schiedszentren ihre Regelwerke jeweils um ein entsprechendes Regime erweitert hatten.[110] Auch die ICC entschloss sich im Zuge dieses Regelungstrends dazu, das Verfahren zur Erlangung vor-schiedsgerichtlichen Eilrechtsschutzes als standardmäßigen Bestandteil in ihre Schiedsordnung aufzunehmen. Diesen Schritt hatte man bei der Einführung der Referee Rules aus Sorge vor der möglichen Reaktion der Nachfrageseite noch vermieden.[111]

1. Nachfrageseitiger Bedarf treibt die normative Schaffenskraft der Schiedsinstitutionen

a) Einführung der ICC Referee Rules als Alternativangebot zu staatlichem Eilrechtsschutz

Mit ihren Referee Rules zielte die ICC auf die Schließung der Lücke im schiedsgerichtlichen Rechtsschutzsystem ab, die angesichts des mitunter zeitaufwändigen Konstitutionsprozesses vor Beginn des eigentlichen Schiedsverfahrens bestand. Diese bis dahin im System der Schiedsgerichtsbarkeit immanente Lücke zwang die Parteien vor Konstituierung des Schiedsgerichts faktisch vor die staatlichen Gerichte, sofern Bedarf an Eilrechtsschutz bestand. Wenn man sich prinzipiell

---

110 Von den hier betrachteten Schiedszentren war der LCIA das letzte, welches mit der Neufassung seiner Schiedsordnung aus dem Jahr 2014 ein Emergency Arbitrator einführte, dazu oben unter A.II.2.c) *LCIA-Rules-2014*.

111 Siehe dazu oben unter A.II.1.a) *ICC Rules for Pre-Arbitral Referee Procedure (1990)*.

auf schiedsgerichtliche Konfliktlösung geeinigt hatte, so die Überlegung im Ausgangspunkt, konnte ein herkömmliches Schiedsverfahren, jedenfalls vor Konstituierung des Schiedsgerichts, keinerlei Rechtsschutz mit verbindlicher Geltung herbeiführen.[112]

Indes ging die ICC von einem Bedarf an einer schiedsgerichtsähnlichen Alternative auf Seite der Nachfrage aus. Aufgrund dieser Ausgangslage entwarf die ICC mit den ICC Referee Rules ein neues, von den herkömmlichen Schiedsverfahren nach den ICC Arbitration Rules entkoppeltes Verfahren. Mit diesem Regelwerk sollte der Nachfrageseite ein Alternativangebot zu dem vorschiedsgerichtlichen Eilrechtsschutz vor staatlichen Gerichten präsentiert werden, das dem Interesse der Nutzer an den Vorteilen der Schiedsgerichtsbarkeit auch in diesem Verfahrensstadium Rechnung tragen sollte.

Nicht nur das Opt-in-Konzept der ICC Referee Rules, sondern auch die anhaltenden Zweifel an der Effektivität etwaiger Anordnungen, die aus einem solchen Verfahren hervorgehen konnten, standen rückblickend dem Erfolg dieses Regelwerks entgegen. Die Fallstatistiken belegen, dass die ICC Referee Rules von der Nachfrageseite nicht als bedarfsgerechte Lösung für den vorschiedsgerichtlichen Eilrechtsschutz wahrgenommen wurden. Dass die ICC das Konzept aus ihrer eigentlichen Schiedsordnung auslagerte und als separates Regelwerk ausgestaltete, war insbesondere der Sorge vor Abschreckung und damit zwangsläufig einhergehender Abwanderung der Nutzer geschuldet. Diese sollten bei der Vereinbarung einer auf die ICC verweisenden Schiedsabrede im Streitfalle in keinem Falle von einer zusätzlichen, gänzlich neuartigen Verfahrensdimension überrascht werden, um nicht die Verärgerung einzelner Nutzer zu riskieren, sofern diese sich nicht nur überrumpelt, sondern konkret durch die Regelungen benachteiligt gefühlt hätten.

Wegen der konzeptionellen Auslagerung der ICC Referee Rules aus der Schiedsordnung kann ihre Einführung nur bedingt als Innovation auf dem Gebiet der institutionellen Schiedsgerichtsbarkeit angesehen werden. Schließlich schwebte der ICC selbst als Schöpferin des Regelwerks weniger die Ausdehnung der Rechtsschutzmöglichkeiten eines klassischen Schiedsverfahrens als vielmehr eine Erweiterung des eigenen Dienstleistungsangebotes mit einem

---

112 In diesem Sinne etwa der Abschlussbericht von *Y. Derains*, Technical expertise and "référé arbitral", in: P. Sanders (Hrsg.), New Trends in the Development of International Commercial Arbitration and the Role of Arbitral and Other Institutions, 183, 186 ("From a practical point of view [...] an arbitration procedure, even rapidly conducted, is too long to meet the needs of the parties.").

neuen, vollkommen autonomen Rechtsschutzmechanismus vor, der weder spezifisch noch ausschließlich Nutzer von Schiedsverfahren ansprechen sollte. Nichtsdestoweniger war das Regelwerk Ausdruck des nutzerorientierten Problembewusstseins der ICC. Ihre Einführung war insoweit innovativ, als erstmalig eine namhafte Schiedsinstitution ein Angebot zur Verfügung stellte, welches an der Lücke des schiedsgerichtlichen Rechtsschutzes, die sich in Ansehung des Konstituierungsprozesses vor Beginn des Schiedsverfahrens auftat, ansetzte.

Da die ICC Referee Rules nahezu keine Anwendung fanden, entfalteten sie auch keinen effektiven Wettbewerbsdruck auf die konkurrierenden Schiedszentren. So blieb das Referee-Verfahren der ICC als vor-schiedsgerichtliches Eilrechtsschutzverfahren lange Zeit eine absolute Randerscheinung in der institutionellen Schiedsgerichtsbarkeit. Das grundsätzliche Problem des Rechtsschutzdefizits im Vorfeld des eigentlichen Schiedsverfahrens und folgerichtig der Bedarf an einer dahingehenden Lösung bestand allerdings unverändert fort und somit auch der Anreiz für die Schiedsinstitutionen als Anbieter, passendere Konzepte zu entwerfen. Darin lag das Potential, sich von der Konkurrenz abzuheben und ihr gegenüber einen Wettbewerbsvorsprung entwickeln.

b) Beschleunigte Bildung des Schiedsgerichts als Gegenentwurf

Von den hier untersuchten Schiedszentren griff erst der LCIA dieses Thema in seiner Schiedsordnung aus dem Jahr 1998 wieder auf. So sah Art. 9 LCIA-Rules-1998 vor, dass die Bildung des Schiedsgerichts seitens der Schiedsinstitution auf Antrag einer Partei beschleunigt werden konnte, falls die Sache besonders eilbedürftig war. Obgleich der LCIA mit dieser Regelung auf die Lösung desselben Problems abzielte, welches zuvor die Entwicklung der ICC Referee Rules angestoßen hatte, unterschieden sich die beiden Ansätze von Grund auf.

Während das Konzept der ICC die Rechtsschutzlücke vor der Konstituierung des Schiedsgerichts ausfüllte, diente die Regelung des LCIA der Reduktion des Zeitraumes, in dem diese Lücke bestand. Letzteres entsprach einer Änderung innerhalb des bestehenden Systems. Das Referee-Verfahren der ICC bewirkte dagegen eine Erweiterung des institutionellen Verfahrens und dehnte dieses in das vor-schiedsgerichtliche Stadium aus.

c) Weiterentwicklung des Konzeptes einer eigenständigen Verfahrensart durch das ICDR

Mit der Bereitstellung der Optional Rules entschied sich die AAA 1999 in Anlehnung an das Konzept der ICC Referee Rules ebenfalls für die Einführung eines ergänzenden vor-schiedsgerichtlichen Verfahrens. In dem Aufgreifen des bestehenden Regelungskonzeptes zeigt sich die Innovationsdurchlässigkeit. Obwohl die ICC Referee Rules ohne substantiellen Erfolg geblieben waren, enthielten sie doch innovative Ideen, auf denen die AAA nunmehr aufbaute.

Sowohl die systematische Verankerung in der institutionseigenen Schiedsordnung als auch die Terminologie verliehen der Verfahrensart allerdings einen klassisch schiedsrechtlich geprägten Charakter. Wurde diese dogmatische Verortung von der ICC noch gleichermaßen bewusst wie strikt vermieden, barg sie aus der Perspektive der Nutzer wesentliche Vorteile. Schließlich waren die Rechtsanwender – Parteien wie staatliche Gerichte – mit dem Gebiet der Schiedsgerichtsbarkeit vertraut.

Einerseits konnten die Parteien einer Schiedsvereinbarung entweder auf eigene Erfahrung oder auf den entsprechenden Sachverstand ihrer Rechtsberater gestützt, die Auswirkungen etwaiger Schiedsverfahren einschätzen. Andererseits waren staatliche Gerichte auf der ganzen Welt aufgrund ihrer langjährigen Rechtsprechungspraxis im Lichte des NYÜ mit schiedsrechtlicher Materie vertraut und sich insbesondere der hohen Hürden für die Ablehnung der Anerkennung von schiedsgerichtlichen Entscheidungen bewusst.

In Anbetracht des Potentials, welches einer schiedsrechtlichen Verankerung eines vor-schiedsgerichtlichen Eilverfahrens innwohnte, sind die Optional Rules der AAA als eine Weiterentwicklung der ICC Referee Rules anzusehen. Im Grundsatz folgten beide demselben Ansatz, indem sie ein eigenständiges (Vor-) Verfahren mit einem unipersonalen Entscheidungsträger einführten, mittels dessen die Zeit bis zum Abschluss der Konstituierung des Schiedsgerichts überbrückt werden konnte. Die AAA griff zwar ein bestehendes Konzept auf, passte dieses aber insbesondere durch die Betonung des originär schiedsrechtlichen Charakters in erheblichem Maße an, um im Vergleich zu den ICC Referee Rules konsequenter auf den Bedarf beziehungsweise die Präferenzen der Nachfrageseite einzugehen.

2. *Erhöhtes unternehmerisches Risiko bei Einführung neuartiger Regelungskonzepte wirkt innovationsverschleppend*

Der Schritt, das Emergency Arbitrator-Verfahren 2006 in die reguläre Schiedsordnung des ICDR zu integrieren, bekräftigte den entsprechenden Lösungsansatz der Optional Rules. Soweit darüber hinaus die Anwendbarkeit des vor-schiedsgerichtlichen Eilrechtsschutzverfahrens den neuen Verfahrensstandard des ICDR bildete, war diese Ausgestaltung maßgeblich von der Überzeugung getragen, dass der Zugang zu entsprechendem Eilrechtsschutz dem nachfrageseitigen Interesse der meisten Nutzer institutioneller Schiedsverfahren entsprach.[113] Traf diese Einschätzung zu und wurden die neuen Verfahrensregeln demnach von der Marktgegenseite angenommen, würde die normative Koppelung des neuen Art. 37 ICDR-Rules-2006 an den Rest der Schiedsordnung sicherstellen, dass jeder, dem es auf den Zugang zu einem Notfallschiedsrichter ankam, auch für das Hauptsacheschiedsverfahren die Anwendbarkeit des ICDR zu vereinbaren hätte.[114]

Mithin stellten sowohl die Einführung eines vor-schiedsgerichtlichen Rechtsschutzverfahrens (durch die AAA Optional Rules) als auch die Eröffnung des standardmäßigen Zugangs dazu (durch Art. 37(1) ICDR-Rules-2006) jeweils eine risikobehaftete unternehmerische Entscheidung dar. Sie fußten auf der Einschätzung der damaligen Marktlage und waren seitens der AAA-ICDR durch die Erwartung motiviert, dass die entsprechende Ausgestaltung des Verfahrensangebots aufgrund der stärkeren Abstimmung auf den nachfrageseitigen Bedarf die eigene Stellung im Verhältnis zu konkurrierenden Marktteilnehmern verbessern würde.

Innerhalb der ersten beiden Jahre nach Einführung des Emergency Arbitrator-Regimes konnte das ICDR bereits vier Anträge auf Einsetzung eines Notfallschiedsrichters verzeichnen.[115] In drei dieser Fälle war die Anwendbarkeit der entsprechenden Verfahrensregeln jeweils auf eine Schiedsvereinbarung zurückzuführen, die nach dem Tag des Inkrafttretens, dem 1. Mai 2006, abgeschlossen wurde. In der vierten Konstellation hatten die Parteien ihre Schiedsabrede zwar bereits vor diesem Stichtag getroffen, sie allerdings nachträglich sogar extra erweitert, um die Anwendbarkeit des Art. 37 ICDR-Rules-2006 herbeizuführen.[116]

Mit den ICDR-Rules-2006 war das Emergency Arbitrator-Verfahren als Mittel zur Befriedigung des Rechtsschutzbedarfs vor der Konstituierung des Schiedsgerichts in den Fokus der internationalen Schiedspraxis gerückt. Konkurrierende Schiedsinstitutionen warteten zunächst die Reaktion der Nachfrageseite ab. Als sich in den Statistiken abzeichnete, dass das Konzept des vor-schiedsgerichtlichen Eilrechtsschutzverfahrens nachfrageseitig angenommen wurde und Nutzer

113 *B. Sheppard/J. Townsend*, Holding the Fort Until the Arbitrators Are Appointed, in: DRJ 61 (2006) No. 2, 74, 81.

114 Vgl. dazu schon oben unter A.II.1c) *ICDR-Rules-2006*.

115 *G. Lemenez/P. Quigley*, The ICDR's Emergency Arbitrator Procedure in Action Part I, in: DRJ 63 (2008) No. 3, 60, 62.

116 *G. Lemenez/P. Quigley*, The ICDR's Emergency Arbitrator Procedure in Action Part I, in: DRJ 63 (2008) No. 3, 60, 64.

davon Gebrauch machten, passten erst das SIAC und kurz darauf auch die ICC ihre Schiedsordnungen entsprechend an.[117] Dass in der Zwischenzeit einige Jahre vergingen, passt zu der oben formulierten Prognose für die Entwicklung der Schiedsordnungen in dem kompetitiven Marktumfeld.

3. *Je nach Marktstellung variiert die Intensität des Wettbewerbsdrucks auf Schiedszentren*

Innovative, bedarfsorientierte Verfahrensgestaltung kann für aufstrebende Schiedszentren ein probates Mittel zur Optimierung der eigenen Wettbewerbsposition sein. Führt eine Schiedsinstitution ein neuartiges Verfahrenskonzept in den Markt ein und wird dieses nutzerseitig angenommen, gewinnt sie insoweit einen Wettbewerbsvorsprung. Umgekehrt schlägt sich dieser Vorsprung in Form von Handlungsdruck bei den konkurrierenden Anbietern nieder. Allerdings fällt der Druck in Abhängigkeit von der jeweiligen Marktstellung der Wettbewerber unterschiedlich stark aus.

Auf etablierte Schiedszentren, die ihrerseits marktweite Reputation innehaben, wirkt dieser Druck aufgrund ihres sonstigen Wettbewerbsvorsprungs nur in entsprechend abgeschwächtem Ausmaß. Denn Nutzer entscheiden sich mitunter selbst dann noch für sie, wenn ihr Angebot inhaltlich nicht mehr das bestmögliche Verfahren erwarten lässt, dem Ruf aber in der Transaktionsentscheidung der Parteien das größte Gewicht zukommt.

Dagegen können Schiedsinstitutionen ohne herausragendes Renommee den Vorsprung der etablierten Konkurrenz nur durch hohe Servicequalität und im direkten Vergleich nutzerfreundlichere Verfahrenskonzepte ausgleichen. Je weniger eine Schiedsinstitution demnach auf besonderes Renommee verweisen kann, desto innovationsfreudiger muss sie sein, um dennoch Marktanteile für sich erschließen zu können. Dementsprechend war das SIAC als aufstrebende Schiedsinstitution eine der ersten, welche den Trend des Emergency Arbitrator-Verfahrens aufgriffen, um sich durch dessen Integration in das standardmäßige

117 Für einen Überblick über die Fallzahlen der hier gegenständlichen sowie anderen namhaften Schiedsinstitutionen mit dem Fazit, dass Emergency Arbitrator-Verfahren in der Praxis tatsächlich „genutzt werden und einen [zusätzlichen] Rechtsweg verschaffen", vgl. *G. Hanessian/E. Dosman*, Songs of Innocence and Experience: Ten Years of Emergency Arbitration, in: ARIA 27 (2016) No. 2, 215, 224 ff. m.w.N. ("Emergency Arbitration Is Being Used and Is Providing Recourse").

Programm der Schiedsordnung als besonders innovative Einrichtung am Markt zu platzieren.[118]

Obgleich der Wettbewerbsdruck auf die ICC als Marktführerin deutlich geringer ausfiel, reagierte sie vergleichsweise zeitnah. Da sie mit ihren Referee Rules bereits selbst über ein ähnliches Verfahrensangebot und damit gewisse praktische Erfahrung verfügte, war die Hürde für die Eingliederung einer modifizierten Variante in die Schiedsordnung niedriger als etwa bei dem LCIA, wo man die Einführung eines entsprechenden Verfahrenskonzeptes bereits früher in Betracht gezogen, letztlich jedoch zu Gunsten des Werkzeuges für eine beschleunigte Bildung des Schiedsgerichts verworfen hatte.[119]

Als sich der LCIA im Rahmen der Schiedsordnungsreform 2014 dann doch entschied, ein vor-schiedsgerichtliches Eilrechtsschutzverfahren in sein Angebot aufzunehmen, war dies im Wesentlichen eine Reaktion auf den Wettbewerbsdruck, der sich durch die Marktaktivität der konkurrierenden Schiedszentren aufgebaut hatte. Das grundlegende Verfahrenskonzept hinter dem Emergency Arbitrator hatte sich so weit im Markt verbreitet, dass man als Anbieter befürchten musste, das Fehlen dahingehender Regelungen in der eigenen Schiedsordnung könnte von der Nachfrageseite als rückständig empfunden werden und somit der eigenen Reputation schaden. Die Aufnahme der vor-schiedsgerichtlichen Eilverfahren diente in den Augen des LCIA daher hauptsächlich dem Ausgleich des entsprechenden Defizites, welches man im Vergleich zu konkurrierenden Schiedsinstitutionen mit entsprechendem Angebot ausgemacht hatte.[120]

Mithin handelte es sich bei dieser Regeländerung um eine unmittelbare Reaktion auf den von dem ICDR angestoßenen Markttrend und den dadurch erzeugten Wettbewerbsdruck. Dass der LCIA diesem Druck nicht schon früher nachgab, ist maßgeblich auf reputationsbedingten Wettbewerbsvorsprung zurückzuführen.

---

118 Insbesondere die Vorreiterstellung bei der Einführung vor-schiedsgerichtlicher Eilrechtsschutzverfahren im Vergleich zu anderen in Asien niedergelassenen Schiedsinstitutionen betont das SIAC nach wie vor, siehe z.B. *J. Choong/M. Mangan/N. Lingard*, A Guide to the SIAC Arbitration Rules, 2. Aufl. 2018, Rn. 3.17.

119 Zu der Debatte während der Entwurfsphase für die LCIA-Rules-1998 vgl. oben unter A.II.2.c) *LCIA-Rules-2014*.

120 In diesem Sinne *M. Scherer/L. Richman/R. Gerbay*, Arbitrating under the 2014 LCIA Rules, 2015, Ch. 2, Rn. 10.

4. *Angebotstransparenz bewirkt Angleichungstendenz nach erfolgreicher Markteinführung*

Die betreffenden Verfahrensregeln gleichen denen des ICDR hinsichtlich ihres normativen Gehalts wie auch in ihrer Terminologie.[121] SIAC und ICC übernahmen nicht bloß den Begriff des ‚Emergency Arbitrators', sondern auch dessen Ausgestaltung als institutionsseitig eingesetztem Einzelschiedsrichter.[122] Wie das ICDR stellten SIAC und ICC Fristvorgaben auf, etwa für die Einsetzung des Notfallschiedsrichters sowie für dessen Erarbeitung eines Verfahrenszeitplans.[123]

Darüber hinaus schrieben alle betrachteten Verfahrensregime dem Notfallschiedsrichter grundsätzlich denselben Kompetenzumfang wie einem regulären Schiedsgericht zu. Indes entscheidet er insbesondere über die eigene Entscheidungszuständigkeit im Sinne einer Kompetenz-Kompetenz sowie über den Erfolg des konkreten Antrags und gegebenenfalls über den konkreten Inhalt der Abhilfe.[124] Außerdem stellten SIAC und ICC wie zuvor das ICDR ausdrücklich klar, dass ihre Vorschriften über vor-schiedsgerichtliche Eilrechtsschutzverfahren keine ausschließliche Geltung beanspruchten. Vielmehr sollte die Möglichkeit, einstweiligen Rechtsschutz vor staatlichen Gerichten zu beantragen, prinzipiell auch bei Anwendbarkeit der institutionellen Regeln über das Emergency Arbitrator-Verfahren fortbestehen.[125]

Während wesentliche Unterschiede im Hinblick auf die zeitliche Anwendbarkeit der jeweiligen institutionellen Regeln über das Emergency Arbitrator-Verfahren bestehen, sind die übrigen lediglich von marginaler Bedeutung.[126]

---

121 In diesem Sinne auch *A. Ghaffari/E. Walters*, The Emergency Arbitrator, in: Arb. Int'l. 30 (2014) No. 1, 153, 157.

122 Art. 37(3) ICDR-Rules-2006; Schedule 1 Nr. 2 SIAC-Rules-2010; Appendix V Art. 2(1) ICC-Rules-2012.

123 Siehe bzgl. Einsetzung des Notfallschiedsrichters: Art. 37(3) ICDR-Rules-2006; Schedule 1 Nr. 2 SIAC-Rules-2010; Appendix V Art. 2(1) ICC-Rules-2012. Zu der Erstellung des Verfahrenszeitplans: Art. 37(4) ICDR-Rules-2006; Schedule 1 Nr. 5 SIAC-Rules-2010; Appendix V Art. 5(1) ICC-Rules-2012.

124 Art. 37(4) u. (5) ICDR-Rules-2006; Schedule 1 Nr. 5 u. 6 SIAC-Rules-2010; Appendix V Art. 6(1) u. (2) ICC-Rules-2012.

125 Art. 37(8) ICDR-Rules-2006; Art. 26.3 SIAC-Rules-2010; Appendix V Art. 29(7) ICC-Rules-2012.

126 Etwa Unterschiede in den Fristvorgaben oder die Anforderungen, die ein Antrag zu seiner Zulässigkeit erfüllen muss, vgl. *R. Alnaber*, Emergency Arbitration, in: Arb. Int'l. 35 (2019) No. 4, 441, 446.

Somit stellten sich die Vorschriften der unterschiedlichen Schiedszentren konzeptionell als größtenteils identisch dar.[127]

Mit der Entscheidung, ein vor-schiedsgerichtliches Eilrechtsschutzverfahren in seine Schiedsordnung einzubetten und die standardmäßige Anwendbarkeit dieser Vorschriften zu proklamieren, setzte sich das ICDR im Vergleich zu den anderen Angeboten der damaligen institutionellen Schiedsgerichtsbarkeitslandschaft deutlich ab. Gerade weil das Angebot des ICDR zunächst als Alleinstellungsmerkmal herausstach, fand diese Entwicklung große Beachtung im Markt – nicht nur auf der Angebots-, sondern speziell auch auf der Nachfrageseite. Wegen der Transparenz der institutionellen Schiedsordnungen konnten konkurrierende Schiedszentren wie das SIAC und die ICC das jeweils eigene Angebot an dem Vorbild der ICDR-Rules orientieren und deren Modell für sich übernehmen.

Dass sich die betreffenden Verfahrensregime der unterschiedlichen Schiedsinstitutionen auf konzeptioneller Ebene als im Wesentlichen identisch darstellen, entspricht dabei der zuvor aufgestellten wettbewerblichen Theorie zu der Genese der Schiedsordnungen.[128] Vor dem Hintergrund der restlosen Transparenz der Angebote können Wettbewerber mühelos innovative Regelungskonzepte nachahmen. Da diesbezüglich keinerlei rechtliche Hürden existieren und die Anpassung im Hinblick auf den tatsächlichen Aufwand leicht zu bewerkstelligen ist, können Wettbewerber ihr Angebot außergewöhnlich schnell anpassen und somit etwaigen Wettbewerbsvorsprung aufholen, den sich eine Schiedsinstitution durch eine innovative Regelung verschafft hat.

5. *Marktbeschaffenheit hemmt wettbewerbliche Innovationsdynamik*

Einmal eingeführt blieben die jeweiligen Vorschriften über das Emergency Arbitrator-Verfahren weitgehend unverändert. Im Falle des SIAC ist der entsprechende Abschnitt in den SIAC-Rules-2013 bis auf den Wortlaut identisch mit der Vorgängerversion geblieben, mit der 2010 die neue Verfahrensart eingeführt worden war. Das Gleiche gilt für die ICC. Auch deren Verfahrensregeln für den vor-schiedsgerichtlichen Eilrechtsschutz blieben in der unmittelbar auf die Einführung folgenden Version ihrer Schiedsordnung aus dem Jahr 2017 vollkommen unangetastet erhalten.

---

127 In diese Richtung auch *R. Alnaber*, Emergency Arbitration, in: Arb. Int'l. 35 (2019) No. 4, 441, 446; *G. Hanessian/E. Dosman*, Songs of Innocence and Experience: Ten Years of Emergency Arbitration, in: ARIA 27 (2016) No. 2, 215, 218 ff.

128 Siehe zum Ganzen ausführlich der Zweite Teil.

Die Genese der Schiedsordnungen entspricht somit der Erwartung, dass die Entwicklung neuer Produkte in einem wettbewerblichen Kontext typischerweise nicht kontinuierlich, sondern schubweise erfolgt.[129] So folgt auf wettbewerbliche Vorstöße, die Innovationen in den Markt einführen, in der Regel eine imitatorische Phase, während der sich der Markt anpasst, bevor wiederum die Präferenzen der Nachfrageseite neuerlich Innovation begünstigen.[130]

Angesichts der hohen Transparenz und des umgekehrt geringen Aufwandes, dessen es für die Anpassung an wettbewerbliche Vorstöße der Konkurrenz bedarf, besteht ein starkes Ungleichgewicht im Anreizsystem auf dem relevanten Markt. Während wettbewerbliche Vorstöße mit besonderen unternehmerischen Risiken behaftet sind,[131] ist das Aufholen eines Rückstandes durch die Nachahmung erfolgreicher Innovationen nicht nur mit weniger Kosten verbunden als die eigenständige Entwicklung verbesserter Regelungsprodukte. Die Anpassung des eigenen Angebotes an das innovative Produkt eines Wettbewerbers ist darüber hinaus auch ohne besonderen Aufwand sowie innerhalb kürzester Zeit zu bewerkstelligen.

Imitatorische Phasen fallen auf dem relevanten Markt somit besonders kurz aus. Der Wettbewerbsvorsprung, den sich eine Schiedsinstitution von einem innovativen Vorstoß im besten Falle erhoffen kann, ist mithin von außergewöhnlich kurzer Dauer. Dass zudem jeder wettbewerbliche Vorstoß mit einem hohen Risiko für die ausführende Schiedsinstitution verbunden ist, schwächt die an sich innovationsfördernde Komponente wettbewerblicher Dynamik zusätzlich ab.

B. Komplexe Schiedsverfahren unter Beteiligung von mehr als zwei Parteien

I. Problemaufriss

Neben der Internationalisierung markiert ebenso die Spezialisierung von Unternehmen beziehungsweise ihren Aktivitäten eine folgenreiche Entwicklung der jüngeren Vergangenheit. Genau wie die Globalisierung betrifft dieser Prozess nicht bloß einzelne Branchen, sondern in unterschiedlicher Art und Weise die

---

129 *K. Meessen*, Prinzip Wettbewerb, in: JZ 2009, 697, 698.

130 Siehe *J. Baur*, Das Tatbestandsmerkmal „Wettbewerb“, in: ZHR 134 (1970) No. 7, 97, 103 f.; vgl. ähnlich auch Monopolkommission, Systemwettbewerb, 1998, S. 18.

131 Dazu im Zweiten Teil unter B.IV.4. *Innovationshemmende Wirkung der Angebotstransparenz.*

gesamte Wirtschaft. Globalisierte Handelsströme führen zu grenzüberschreitenden Geschäftsbeziehungen. Diese münden wiederum in Projekten und Transaktionen, die sich nicht nur aufgrund ihres internationalen Charakters, sondern auch strukturell wegen des Zusammenwirkens einer Vielzahl von hochspezialisierten Akteuren als äußerst komplex erweisen.[132]

Die Kooperation vieler auf der tatsächlichen Ebene beruht in rechtlicher Hinsicht auf ebenso zahlreichen Vertragsverhältnissen. Während sie nur als kumulatives Gesamtkonstrukt den einheitlichen Sachverhalt vollständig widerspiegeln, bildet jeder einzelne Vertrag für sich genommen bloß einen bestimmten Teilausschnitt ab. Kommt es in einem solchen Kontext zum Streit, hat dieser mit Blick auf den einheitlichen wirtschaftlichen Vorgang regelmäßig Auswirkungen, die über das spezifische Rechtsverhältnis der konkret widerstreitenden Geschäftspartner hinausgehen.[133] Dies gilt insbesondere in Regresskonstellationen, in denen ein einzelnes Schadensereignis leicht weitreichende Kettenreaktionen in Gestalt von haftungsrechtlichen Ansprüchen in einer Vielzahl von Vertragsverhältnissen anstoßen kann.[134]

1. Alternative Verfahrenskonzeptionen für komplexe Streitfälle

Die Vertragsverhältnisse schlagen unweigerlich auf die schiedsgerichtliche Konfliktlösung durch, sodass einem einzelnen wirtschaftsrechtlichen Streit

---

132 Umfassend zu den Effekten der Globalisierung auf die internationale Schiedsgerichtsbarkeit vgl. *B. Hanotiau*, International Arbitration in a Global Economy, in: JIA 28 (2011) No. 2, 89 f. Für eine empirische Untersuchung mit entsprechendem Resultat siehe *R. Gerbay*, Is the End Nigh Again?, in: ARIA 25 (2014) No. 2, 223 ff. u. 244 ("Overall, the empirical data reviewed seem to support the idea that the types of cross-border disputes that are referred to arbitration today are more complex and higher value than those commonly referred in the past.").

133 Neben gesellschaftsrechtlichen Unternehmenstransaktionen sind beispielhaft insbesondere (Groß-) Bauprojekte wie Kraftwerke zu nennen, in deren Zuge typischerweise die einzelnen Gewerke höchste Spezialisierung erfordern, sodass eine Vielzahl von Unternehmen verschiedenste Leistungen in unterschiedlichen Bauphasen erbringen, die in der Regel auf der Vorleistung anderer aufbauen. Werden nachträglich Mängel festgestellt, kann die Frage von Haftung und Regress dementsprechend eine Vielzahl von Unternehmen sowie deren Rechtsverhältnisse untereinander betreffen, vgl. dazu *F. Nicklisch*, Aktuelle Entwicklungen der internationalen Schiedsgerichtsbarkeit für Bau-, Anlagenbau- und Konsortialverträge, in: BB 2001, 789 ff.

134 In diesem Sinne *M. Scherer*/*L. Richman*/*R. Gerbay*, Arbitrating under the 2014 LCIA Rules, 2015, Ch. 16, Rn. 50.

heutzutage häufig eigenständiges Konfliktpotential innewohnt, welches über das unmittelbar gegenständliche Vertragsverhältnis hinaus weitere Personen beziehungsweise deren Rechtsbeziehungen betrifft. So wurden unter Ägide der ICC bereits in der Vergangenheit einzelne Schiedsverfahren durchgeführt, an denen dutzende Kläger und bis zu 106 Beklagte beteiligt waren.[135] Einer Schätzung von *Voser* aus dem Jahr 2009 zufolge waren schon damals an 40 % aller internationalen Schiedsverfahren mehr als zwei Parteien beteiligt.[136]

Wenn diese Zahl auch nicht exakt zutreffen mag und der Anteil der sogenannten Mehrparteienschiedsverfahren am Gesamtaufkommen tatsächlich etwas höher oder niedriger lag, so ist jedenfalls davon auszugehen, dass er seitdem angesichts der weiter fortgeschrittenen Globalisierung der Wirtschaft gestiegen ist und weiterhin steigt. In derartigen Konstellationen kommen grundsätzlich zwei alternative Verfahrenskonzeptionen für die Aufarbeitung von Rechtsstreitigkeiten in Betracht.[137]

a) Separate Verfahren entlang der individuellen Schiedsabreden

Jede Schiedsvereinbarung ist im Grundsatz eigenständig.[138] Sind alle vom Streitkomplex betroffenen Personen Vertragsparteien einer einzigen gemeinsamen Schiedsabrede, entspricht die Durchführung eines Mehrparteienschiedsverfahrens exakt dem Bild der Vertragsgestaltung. Denn bei Eingehung der Schiedsvereinbarung konnte und musste jede Partei mit der Möglichkeit von Schiedsverfahren unter Beteiligung auch mehrerer Vertragspartner rechnen.[139]

---

135 Siehe *A. Whitesell*, Multiparty Arbitration, in: R. Bishop/B. Macmahon (Hrsg.), Multiple Party Actions in International Arbitration, 203.

136 *N. Voser*, Multi-Party Disputes and Joinder of Third Parties, in: A. van den Berg (Hrsg.), 50 Years of the New York Convention, 343 m.w.N.

137 Eine detailreiche Analyse der verschiedenen Problemkonstellationen unter Beachtung sämtlicher Aspekte, auf die sich die Parteienmehrheit auswirken kann, mitsamt umfassender Erörterung der dazu jeweils vertretenen Meinungen findet sich bei *B. Hanotiau*, Problems Raised by Complex Arbitrations Involving Multiple Contracts-Parties-Issues, in: JIA 18 (2001) No. 3, 253 ff.

138 *K. Massuras*, Dogmatische Strukturen der Mehrparteienschiedsgerichtsbarkeit, 1998, S. 259 ff. m.w.N. Zustimmend siehe auch *R. Geimer*, Dritte als weitere Parteien im Schiedsverfahren, in: H.-E. Rasmussen-Bonne/R. Freer/W. Lüke, et al. (Hrsg.), Balancing of Interests, 163, 170.

139 *J. Lew/L. Mistelis/S. Kröll*, Comparative International Commercial Arbitration, 2003, Ch. 16, Rn. 8 m.w.N.

Falls zwischen den betroffenen Parteien allerdings mehrere gesonderte, insbesondere jeweils nur bilaterale Schiedsvereinbarungen bestehen, sind in strikter Abbildung der vertraglichen Beziehungen mehrere separate Schiedsverfahren durchzuführen, in denen sich jeweils die Parteien der betreffenden Schiedsabrede gegenüberstehen.[140] Obgleich auf diese Weise dem klassischen Konzept der Schiedsgerichtsbarkeit als vertragsbasierter Konfliktlösungsmethode zweifellos Rechnung getragen wird, kann diese Verfahrensweise dem grundsätzlichen Interesse der Parteien an einer möglichst effizienten wie abschließenden Konfliktlösung widersprechen.

Mehrere Schiedsverfahren verursachen in der Summe unweigerlich höhere Kosten sowie allgemeinen Mehraufwand.[141] Außerdem ist angesichts der schiedsrichterlichen Unabhängigkeit jedes Schiedsgericht und folgerichtig jedes Schiedsverfahren vollkommen unabhängig von jedem anderen.[142] Das gilt selbst dann, wenn über denselben Sachverhalt entschieden wird. Dies kann dazu führen, dass die Ausgänge der einzelnen Schiedsverfahren zu inkonsistenten Ergebnissen führen. Wenn beispielsweise das Schiedsgericht des einen Verfahrens auf Ansprüche von A gegen B erkennt, ein zweites Schiedsgericht in einem Verfahren allerdings B den Regress gegenüber C aufgrund einer Wertung verwehrt, die in direktem Widerspruch zu der Entscheidung in dem anderen Verfahren steht.[143]

---

140 Dies gilt auch, wenn zwischen denselben Parteien mehrere Schiedsabreden aus unterschiedlichen vertraglichen Verhältnissen existieren. Daher erfordert jede Verbindung von mehreren Schiedsverfahren, die auf separaten Schiedsvereinbarungen beruhen, die Zustimmung der betreffenden Parteien und zwar unabhängig davon, ob eine Vielzahl oder lediglich zwei involviert sind. Zum Ganzen siehe *R. Geimer*, Dritte als weitere Parteien im Schiedsverfahren, in: H.-E. Rasmussen-Bonne/R. Freer/W. Lüke, et al. (Hrsg.), Balancing of Interests, 163, 170 m.w.N.

141 Anstatt vieler siehe nur *G. Born*, International Commercial Arbitration, 3. Aufl. 2021, S. 2762 m.w.N.

142 Zu der Unabhängigkeit der Schiedsrichter, die neben der Unparteilichkeit zu den fundamentalen Prinzipien der Schiedsgerichtsbarkeit gehört, ausführlich vgl. *N. Blackaby/C. Partasides*, Redfern and Hunter on International Arbitration, 6. Aufl. 2015, Rn. 4.75 ff.; *G. Born*, International Commercial Arbitration, 3. Aufl. 2021, S. 1890 ff.

143 Dazu jeweils mit eigenen Beispielen *J. Lew/L. Mistelis/S. Kröll*, Comparative International Commercial Arbitration, 2003, Ch. 16, Rn. 35 f.; *G. Born*, International Commercial Arbitration, 3. Aufl. 2021, S. 2761.

b) *Verfahrenskonzentration*

Der Mehraufwand kann vermieden und – noch entscheidender – dem Risiko widersprüchlicher Verfahrensergebnisse verbunden mit zufälligen, unzumutbaren Lasten für einzelne Beteiligte von Anfang an vorgebeugt werden, wenn der gesamte Komplex zum Gegenstand eines einzigen Schiedsverfahrens gemacht wird.[144] Da die Sachentscheidung dann der Beurteilung ein und desselben Schiedsgerichts unterliegt, wird eine einheitliche Bewertung des gesamten Komplexes sichergestellt.

Obgleich die Prozessökonomie insgesamt regelmäßig von einem Mehrparteienverfahren profitiert, gilt dies nicht unbedingt auf der individuellen Ebene jeder einzelnen Partei. Vielmehr verteilen sich die Effizienzgewinne, die aus der Behandlung des gesamten Komplexes in einem einheitlichen Schiedsverfahren erzielt werden, in der Regel ungleichmäßig auf die einzelnen Parteien.[145]

Eine Partei, die zu mehreren der anderen Vertragsbeziehungen unterhält und dementsprechend gegebenenfalls mehrere Schiedsverfahren führen müsste, kann durch das Mehrparteienverfahren im Zweifel Kosten einsparen. Eine andere Partei, für die der konkrete Streitfall lediglich ein einziges Rechtsverhältnis betrifft, hat kein Interesse an einem Mehrparteienverfahren, das angesichts seiner gesteigerten Komplexität nicht bloß ein höheres Kostenrisiko, sondern auch eine längere Verfahrensdauer aufgrund der Beteiligung Dritter, aus Sicht dieser Partei irrelevanter Beteiligter verursachen kann.[146]

---

144 *N. Blackaby/C. Partasides*, Redfern and Hunter on International Arbitration, 6. Aufl. 2015, Rn. 2.212. Ausführlich zu dem effizienzsteigernden Potential von Mehrparteienschiedsverfahren vgl. jeweils m.w.N. *P. Leboulanger*, Multi-Contract Arbitration, in: JIA 13 (1996) No. 4, 43, 62 ff.; *J. Chiu*, Consolidation of Arbitral Proceeding and International Arbitration, in: JIA 7 (1990) No. 2, 53, 55; *N. Voser/A. Meier*, Joinder of Parties or the Need to (Sometimes) Be Inefficient, in: C. Klausegger/P. Klein/F. Kremslehner, et al. (Hrsg.), Austrian Arbitration Yearbook 2008, 115, 115 f.; *G. Born*, International Commercial Arbitration, 3. Aufl. 2021, S. 2762 f.

145 *G. Smith*, Comparative Analysis of Joinder and Consolidation Provisions Under Leading Arbitral Rules, in: JIA 35 (2018) No. 2, 173, 174. In diesem Sinne auch *N. Voser/A. Meier*, Joinder of Parties or the Need to (Sometimes) Be Inefficient, in: C. Klausegger/P. Klein/F. Kremslehner, et al. (Hrsg.), Austrian Arbitration Yearbook 2008, 115, 117.

146 Ausführlich zu der unterschiedlichen Verteilung der Effizienzgewinne eines einheitlichen Mehrparteienverfahrens vgl. zudem *G. Born*, International Commercial Arbitration, 3. Aufl. 2021, S. 2764; *M. Platte*, When Should an Arbitrator Join Cases?, in: Arb. Int'l. 18 (2002) No. 1, 67, 71, Fn. 35; *B. Hanotiau*, Complex – Multicontract – Multiparty – Arbitrations, in: Arb. Int'l. 14 (1998) No. 4, 369, 372.

Eine solche Vorgehensweise kann vor dem Hintergrund der vertragsbasierten Legitimität eines jeden Schiedsverfahrens nur auf der Grundlage entsprechenden Parteiwillens erfolgen.[147] Enthalten weder die einschlägigen Schiedsabreden noch die anwendbare Schiedsordnung konkrete Vorgaben zu dem dahingehenden Modus Operandi, finden sich die Parteien bei Eintritt des Streitfalles auf rechtlich unsicherem Territorium wieder.[148]

2. Normatives Regelungspotential

Grundsätzlich steht es den Parteien im Rahmen ihrer Parteiautonomie frei, im Wege entsprechender Vereinbarungen das konkrete Verfahren zu gestalten und auf diese Weise selbst prozedurale Rechtssicherheit herzustellen. Derweil setzt die Erörterung des Problempotentials einer Mehrparteienkonstellation voraus, dass die Parteien diese antizipieren und dementsprechendes Problembewusstsein an den Tag legen. Obgleich im Licht der Entwicklung von Handels- und Geschäftsrealität immer öfter mehr als zwei Parteien von einem einzigen Streitkomplex betroffen sein können, stellen Schiedsvereinbarungen mit spezifischen Regelungen im Hinblick auf Mehrparteienverfahren in der internationalen Praxis eine Ausnahmeerscheinung dar.[149] Insbesondere wenn dieser Gesichtspunkt bei der Vertragsgestaltung gänzlich verkannt wurde, können

---

147 Allgemein anerkannt. Anstatt vieler siehe daher nur *N. Voser*, Multi-Party Disputes and Joinder of Third Parties, in: A. van den Berg (Hrsg.), 50 Years of the New York Convention, 343, 348.

148 In der Praxis stellen Schiedsvereinbarungen, die spezielle Maßgaben für die Vorgehensweise in Mehrparteienkonstellationen enthalten, die absolute Ausnahme dar. *Born* erkennt die Ursache in den anderweitig gelagerten Prioritäten der Parteien zum Zeitpunkt des Abschlusses der Schiedsvereinbarung. Demnach gehe es den Parteien bei der Entscheidung für die Schiedsgerichtsbarkeit bzw. der Gestaltung der Schiedsabrede um Faktoren wie die Schaffung eines neutralen Forums für ihre streitigen Angelegenheiten, deren der Durchsetzbarkeit von Entscheidungen etc. In diesem Lichte träten komplizierte verfahrensrechtliche Aspekte wie der Umgang mit Mehrparteienkonstellationen in den Hintergrund und fänden so üblicherweise keine Beachtung, vgl. *G. Born*, International Commercial Arbitration, 3. Aufl. 2021, S. 2765.

149 *G. Born*, International Commercial Arbitration, 3. Aufl. 2021, S. 2765; *N. Voser*, Multi-Party Disputes and Joinder of Third Parties, in: A. van den Berg (Hrsg.), 50 Years of the New York Convention, 343, 369 f. In diesem Sinne auch S. *Elsing*, in: H.-C. Salger/R. Trittmann (Hrsg.), Internationale Schiedsverfahren, 2019, § 9, Rn. 72; *J. Choong/M. Mangan/N. Lingard*, A Guide to the SIAC Arbitration Rules, 2. Aufl. 2018, Rn. 7.03; *K. Berger*, Internationale Wirtschaftsschiedsgerichtsbarkeit, 1992, S. 221.

entsprechende institutionelle Regelungen Rechtssicherheit im Hinblick auf den Gang eines Schiedsverfahrens stiften.

Neben derartiger Nachlässigkeit bei der Gestaltung der Schiedsabrede stellen die diversen Interessen der beteiligten Vertragsparteien ein weiteres faktisches Hindernis für Regelungen auf Ebene der Schiedsvereinbarung dar.[150] Je mehr Parteien es sind, die untereinander Einvernehmen im Hinblick auf ein Konfliktlösungsinstrument erzielen müssen, desto unwahrscheinlicher wird angesichts ihrer vielfältigen Partikularinteressen eine derartige parteiübergreifende Gesamtvereinbarung.

Dies gilt umso mehr, wenn bereits eine Streitigkeit im Raum steht und die Fronten mithin verhärtet sind.[151] Denn nach Eintritt des Streitfalles wird in der Regel mindestens eine der Parteien für sich persönlich einen Vorteil in der Durchführung mehrerer einzelner Schiedsverfahren erkennen und sich dementsprechend der Zustimmung zu einer Verbindung der Schiedsverfahren verweigern.[152] Bleibt eine Einigung letztlich aus und trifft die einschlägige Schiedsordnung genauso wenig Vorgaben für derartige Konstellationen, so obliegt die Festlegung des Verfahrens grundsätzlich der freien Entscheidung des

---

150 Ähnlich siehe auch *K. Berger*, Internationale Wirtschaftsschiedsgerichtsbarkeit, 1992, S. 207 f.

151 Vgl. *V. Heiskanen*, Key to Efficiency in International Arbitration, in: ICSID Rev. 30 (2015) No. 3, 481, 484; *G. Wagner*, Rechtsstandort Deutschland im Wettbewerb, 2017, S. 45 ff.; *J. Lew/L. Mistelis/S. Kröll*, Comparative International Commercial Arbitration, 2003, Ch. 16, Rn. 37; *M. Bartels*, Multiparty Arbitration Clauses, in: JIA 2 (1985) No. 2, 61, 62. Zu den unterschiedlichen Ausgangslagen je nachdem, ob vor oder nach Eintritt des Streitfalles über die Gestaltung eines etwaigen Konfliktlösungsverfahrens verhandelt wird siehe im Zweiten Teil unter B.III.1. *Vor dem Beginn eines institutionellen Verfahrens*.

152 Um bei dem zuvor angeführten Beispiel zu bleiben: Die Beklagte B, die im Falle ihres Unterliegens Regressansprüche gegen C geltend machen möchte, hat ein Interesse an der einheitlichen Verhandlung des betroffenen Sachverhalts. Nicht dagegen die Klägerin A, für die es allein um ihre Ansprüche gegen B geht, die rechtlich vollkommen unabhängig von dem Rechtsverhältnis zwischen B und C sind. Im Gegenteil bedeutete ein einheitliches Schiedsverfahren mit sämtlichen Beteiligten als Parteien für A einen höheren Aufwand, da das konsolidierte Schiedsverfahren komplexer und damit für sie persönlich theoretisch größeren finanziellen wie zeitlichen Aufwand bedeutet. Siehe dazu auch *G. Born*, International Commercial Arbitration, 3. Aufl. 2021, S. 2764; *M. Platte*, When Should an Arbitrator Join Cases?, in: Arb. Int'l. 18 (2002) No. 1, 67, 71, Fn. 35.

Schiedsgerichts in Absprache mit der administrierenden Schiedsinstitution.[153] Mithin bewirkt das Fehlen von entsprechenden prozeduralen Regelungen einerseits zwar die maximale Flexibilität des Schiedsgerichts, da das Schiedsgericht frei darin ist, den Gang des Schiedsverfahrens an die Interessen der Parteien in Ansehung des spezifischen Falles anzupassen.

Die Kehrseite derartig weitreichender Flexibilität ist jedoch der Verlust der Vorhersehbarkeit auf Seiten jedes einzelnen Nutzers. Denn wo Regelungen für die Durchführung eines Mehrparteienverfahrens einschlägig sind, vermitteln sie ein Mindestmaß an Planbarkeit für etwaige Schiedsverfahren. Gehen entsprechende Regelungen aus der anwendbaren Schiedsordnung hervor, entfalten sie aufgrund ihrer Einbeziehung in das schiedsverfahrensrechtliche Vertragsgefüge und in Ermangelung abweichender Individualabreden verbindliche Geltung für alle Beteiligten, mithin auch für das Schiedsgericht.[154]

Eine Schiedsordnung, die hohe Anforderungen für Mehrparteienverfahren aufstellt und diese somit restriktiv handhabt, spricht dabei eher konservative Nutzer an, die dem Kriterium der Vorhersehbarkeit des Verfahrensablaufs höheren Stellenwert beimessen als dem prozessökonomischen Potential eines Mehrparteienverfahrens. Nutzer eines solchen Verfahrensregimes, welches die Durchführung von Mehrparteienverfahren im Sinne des klassischen Konsensprinzips streng an die ausdrückliche Zustimmung aller beteiligten Personen knüpft, behalten sich im Ergebnis ein Vetorecht vor. In der Folge kann jeder Nutzer den Ablauf etwaiger Schiedsverfahren genauer antizipieren.[155] Denn ohne sein individuelles Einverständnis kann kein Dritter zu ‚seinen' Schiedsverfahren hinzutreten. Jedenfalls in dieser Hinsicht herrscht dann absolute Rechtssicherheit. Die Nutzer müssen somit einen Unsicherheitsfaktor weniger bei der Konzeption ihrer Prozessstrategie beziehungsweise ihrem allgemeinen Risikomanagement berücksichtigen.[156]

Wollen Nutzer dagegen selbst weitere Personen zu einem Schiedsverfahren hinzuziehen, kann sich das Veto der Gegenseite in ein Hindernis für die eigenen Interessen verkehren. Denn je enger die Anforderungen für ein

---

153 Allgemein in diesem Sinne vgl. *G. Bermann*, The self-styled 'autonomy' of international arbitration, in: Arb. Int'l. 36 (2020) No. 2, 221, 224.

154 Zu der Einbeziehung der Schiedsordnung in das Vertragsgefüge siehe im Ersten Teil unter B. *Vertragskonstellation im institutionellen Schiedsverfahren*.

155 Zum Ganzen siehe *C. Conejero Roos*, Multi-Party Arbitration and Rule-Making, in: A. van den Berg (Hrsg.), 50 Years of the New York Convention, 411, 414.

156 Ähnlich *C. Conejero Roos*, Multi-Party Arbitration and Rule-Making, in: A. van den Berg (Hrsg.), 50 Years of the New York Convention, 411, 414.

Mehrparteienverfahren ausgestaltet sind, desto bessere Erfolgsaussichten haben dahingehende Obstruktionsversuche der Gegenseite. Entsprechendes Verhalten kann eine Schiedsinstitution beziehungsweise ein Schiedsgericht lediglich unterbinden, wo und insoweit die einschlägige Schiedsordnung dies ausdrücklich zulässt, indem sie in ihren Regelungen bereits die generelle Zustimmung der Parteien zu verfahrensbündelnden Maßnahmen anlegen.

In Anbetracht des skizzierten Spannungsfeldes haben die Schiedszentren als Anbieter zu entscheiden, ob und falls ja, wie genau sie ihre Schiedsordnung um Regelungen zu Mehrparteienkonstellationen erweitern.[157] Wie sie ihre Schiedsordnung auch gestalten, sie ist im Ergebnis stets Ausdruck einer Gratwanderung zwischen den beiden konkurrierenden Polen von Verfahrenseffizienz auf der einen und maximaler prozessualer Kontrolle auf der anderen Seite.

3. *Konsensuale Natur des Schiedsverfahrens als Beschränkung des normativen Gestaltungsspielraums der Schiedszentren*

Grundsätzlich ist jede Schiedsinstitution in der Gestaltung ihrer Verfahrensregeln frei.[158] Ihr Gestaltungsspielraum unterliegt allerdings den Grenzen, welche unmittelbar aus den fundamentalen Prinzipien der Schiedsgerichtsbarkeit folgen. Vor diesem Hintergrund ist insbesondere die streng konsensuale Natur des Schiedsverfahrens unantastbar. Die parteimäßige Beteiligung einer Person an einem Schiedsverfahren kann wegen des Konsensualerfordernisses der Schiedsgerichtsbarkeit ausschließlich auf Grundlage ihres dahingehenden Willens erfolgen.[159] Mithin hängt die Zulässigkeit eines jeden Schiedsverfahrens unbedingt von dem Einverständnis aller beteiligten Parteien ab. Ob zwei Parteien involviert sind oder mehr, spielt insofern keine Rolle.

Daher kommt eine Verfahrenskonzentration unter Einbeziehung einer Mehrzahl von Personen als Verfahrensparteien nur in Betracht, sofern dies von deren Willen insgesamt gedeckt ist. An diesen konzeptionellen Grundsatz sind die Schiedszentren in der Gestaltung ihrer Schiedsordnungen gebunden. Für die Feststellung, ob der im Wege einer Schiedsvereinbarung geäußerte Wille einer Person mit einer Verfahrenskonzentration beziehungsweise mit einem

---

157 In diesem Sinne auch *N. Voser*, Multi-Party Disputes and Joinder of Third Parties, in: A. van den Berg (Hrsg.), 50 Years of the New York Convention, 343, 406; *C. Conejero Roos*, Multi-party Arbitration and Rule-Making, in: A. van den Berg (Hrsg.), 50 Years of the New York Convention, 411, 419 f.

158 Siehe im Ersten Teil unter C.II. *Die Schiedsinstitution als Quasi-Gesetzgeber.*

159 Vgl. dazu unter A.I. *Schiedsgerichtsbarkeit und staatliche Ziviljustiz.*

Mehrparteienschiedsverfahren kompatibel ist, kommt es allerdings im Zweifel auf die Auslegung der von ihr abgegebenen Erklärung an.

Demzufolge kann auch eine Schiedsvereinbarung, an der formal bloß zwei Parteien beteiligt sind, ausreichen, um ein Mehrparteienverfahren mit Beteiligung Dritter zu rechtfertigen. Dies gilt insbesondere, wenn die Schiedsabrede auf eine institutionelle Schiedsordnung verweist, welche die Einbeziehung Dritter auch ohne die Zustimmung der originär am Schiedsverfahren beteiligten Parteien gestattet. Da die von den Parteien der Schiedsabrede gewählte Schiedsordnung Teil des Vertragsprogramms wird, kann in den jeweiligen Willenserklärungen der Parteien auch das Einverständnis mit der Beteiligung Dritter gemäß den einschlägigen institutionellen Verfahrensregeln enthalten sein.[160]

II. Historische Entwicklung der institutionellen Regelungspraxis

Mit Blick auf die angestrebten Effizienzgewinne für die Prozessökonomie der Konfliktlösung kommt die Beurteilung mehrerer verwandter Rechtsverhältnisse in einem einheitlichen Schiedsverfahren unter verschiedenen Umständen in Betracht. Einerseits kann sich zu Beginn oder im Verlauf eines Schiedsverfahrens ergeben, dass über die ursprünglichen Parteien hinaus weitere Personen – entweder auf eigene Initiative oder auf Antrag der bereits beteiligten – als formale Partei in ein bereits angestoßenes Schiedsverfahren eintreten möchten beziehungsweise sollen. Im deutschen Zivilprozessrecht beschreibt die Rechtsfigur der einfachen oder notwendigen Streitgenossenschaft derartige Konstellationen, je nachdem ob für die gerichtliche Entscheidung des Rechtsstreits die Beteiligung eines bestimmten Dritten zweckdienlich beziehungsweise dringend erforderlich ist.[161] Dagegen ist im Schiedsverfahrensrecht in erster Linie das

160 In diesem Sinne *N. Blackaby/C. Partasides*, Redfern and Hunter on International Arbitration, 6. Aufl. 2015, Rn. 2.59 m.w.N.; *M. Platte*, When Should an Arbitrator Join Cases?, in: Arb. Int'l. 18 (2002) No. 1, 67, 69. Vgl. zudem im Ersten Teil unter C.I. *Rechtsnatur institutioneller Schiedsordnungen*.

161 Ob die Verfahrenskonzentration im schiedsrechtlichen Umfeld entsprechend den Grundsätzen der Streitgenossenschaft erfordert, dass die in Rede stehenden Ansprüche eine innere Verknüpfung aufweisen, wird für das deutsche Schiedsverfahrensrecht kontrovers diskutiert. Für ein solches Erfordernis stritt in der Vergangenheit etwa *W. Habscheid*, Zum Problem der Mehrparteienschiedsgerichtsbarkeit, in: C. Reymond (Hrsg.), Schweizer Beiträge zur internationalen Schiedsgerichtsbarkeit, 173, 181; siehe ähnlich auch *K. Schwab*, Mehrparteienschiedsgerichtsbarkeit und Streitgenossenschaft, in: W. Lindacher/D. Pfaff/G. Roth, et al. (Hrsg.), Festschrift für Walther J. Habscheid zum 65. Geburtstag, 285, 288 f. Weitaus verbreiteter herrscht allerdings die

grundsätzliche Einverständnis der beteiligten Parteien maßgeblich, sodass Personen nicht ohne beziehungsweise gegen ihren Willen zu einem Schiedsverfahren herangezogen werden dürfen.[162]

Andererseits ist denkbar, dass separat voneinander mehrere Schiedsverfahren mit jeweils (teilweise) unterschiedlichen Parteien initiiert werden. Die jeweiligen Streitgegenstände können rechtliche oder tatsächliche Schnittmengen aufweisen, in deren Anbetracht ein einheitliches Schiedsverfahren gegenüber einer separaten Behandlung effizienter erscheinen mag. In diesem Falle sind mehrere laufende Verfahren miteinander zu verbinden und in einem einzigen zu konsolidieren.

Aus der Sicht des Normgebers stellt sich jeweils die Frage, ob die Möglichkeit der Verfahrenskonzentration prinzipiell eröffnet werden soll und daran anknüpfend, unter welchen Voraussetzungen sie gegebenenfalls zulässig sein soll. Sind bereits im Vorfeld der Konstituierung des Schiedsgerichts mehrere Parteien auf einer Seite des Verfahrens involviert, bedarf es zwangsläufig normativer Vorkehrungen, um die Effektivität des Verfahrensablaufs sicherstellen zu können.

1. Hinzutreten weiterer Parteien zu laufenden Schiedsverfahren

a) LCIA-Rules-1985

Von allen Schiedsinstitutionen, die Gegenstand der vorliegenden Untersuchung sind, war der LCIA die erste, deren Schiedsordnung ausdrücklich die Integration von dritten Personen als Parteien in ein laufendes Schiedsverfahren ermöglichte. Art. 13.1(c) LCIA-Rules-1985 lautete:

> „[T]he Tribunal shall have the power, on the application of any party or on its own motion [...] to allow *other parties* to be joined in the arbitration with *their express consent*, and make a single final award determining all disputes between them."[163]

Ansicht, dass jedenfalls das Vorliegen eines mehrseitigen Vertrages mit einheitlicher Schiedsabrede oder alternativ eine zusammenhängende Kette bilateraler Schiedsabreden die Hinzuziehung Dritter in ein Schiedsverfahren rechtfertigt, ohne dass es auf die Beschaffenheit der geltend gemachten Ansprüche ankäme. In diese Richtung vgl. *J. Kleinschmidt*, Die Widerklage gegen einen Dritten im Schiedsverfahren, in: SchiedsVZ 2006, 142, 143 f.; *N. Voser/A. Meier*, Joinder of Parties or the Need to (Sometimes) Be Inefficient, in: C. Klausegger/P. Klein/F. Kremslehner, et al. (Hrsg.), Austrian Arbitration Yearbook 2008, 115, 117; *K. Berger*, Internationale Wirtschaftsschiedsgerichtsbarkeit, 1992, S. 208 f.

162 Siehe im Ersten Teil unter A.I. *Schiedsgerichtsbarkeit und staatliche Ziviljustiz.*

163 Hervorhebungen nur hier.

Das Schiedsgericht war somit ermächtigt, zusätzliche Personen, die kein Vertragsteil der maßgeblichen Schiedsvereinbarung waren, als Parteien in das laufende Schiedsverfahren einzubeziehen.[164] Dem LCIA als administrierender Schiedsinstitution kam insoweit keinerlei Entscheidungskompetenz zu.[165]

In der Folge sollte der einheitliche Schiedsspruch für die beitretende Partei gleichermaßen wie für die ursprüngliche Bindungswirkung entfalten. Ein Antrag von Seiten der bereits verfahrensbeteiligten Parteien war nicht erforderlich. Dem Wortlaut der Vorschrift nach war lediglich das ausdrückliche Einverständnis des betreffenden Dritten erforderlich, sodass grundsätzlich auch ein Beitritt von außen möglich war. Allerdings galt vor dem Hintergrund des Konsensprinzips der proaktive Verfahrensbeitritt eines Dritten auch in Ansehung von Art. 13.1(c) LCIA-Rules-1985 als ausgeschlossen, wenn sämtliche Parteien des Schiedsverfahrens diesen ablehnten.[166]

b) LCIA-Rules-1998

Während die Schiedsordnungen der übrigen Institutionen weiterhin keine Vorschriften über den Verfahrensbeitritt zusätzlicher Parteien enthielten, modifizierte der LCIA seine dahingehenden Maßgaben mit der nachfolgenden Fassung der LCIA-Rules, die am 1. Januar 1998 in Kraft trat. Gemäß dem nunmehr maßgeblichen Art. 22.1(h) LCIA-Rules-1998 konnte das Schiedsgericht dritte Personen nur noch auf entsprechenden Antrag einer bereits am Schiedsverfahren beteiligten Partei zu diesem hinzuziehen. Die personelle Erweiterung des Kreises der verfahrensbeteiligten Parteien konnte dementsprechend nicht mehr im Sinne einer Intervention von außen, sondern ausschließlich auf Antrag einer bereits verfahrensbeteiligten Partei erfolgen.[167]

---

164 *M. Hunter/J. Paulsson*, A Commentary on the 1985 Rules of the London Court of International Arbitration, in: P. Sanders (Hrsg.), ICCA Yearbook Commercial Arbitration 1985, 167, 169.

165 Siehe unter Bezug auf die LCIA-Rules-2014 *D. Choi*, Joinder in international commercial arbitration, in: Arb. Int'l. 35 (2019) No. 1, 29, 44. In Ansehung von Art. 22.1(x) LCIA-Rules-2020 gilt diese Kompetenzzuweisung unverändert.

166 *C. Salans*, The 1985 Rules of the London Court of International Arbitration, in: Arb. Int'l. 2 (1986) No. 1, 40, 43; *M. Hunter/J. Paulsson*, A Commentary on the 1985 Rules of the London Court of International Arbitration, in: P. Sanders (Hrsg.), ICCA Yearbook Commercial Arbitration 1985, 167, 169.

167 In Anwendung des Art. 13.1(c) LCIA-Rules-1985 war zuvor lediglich die Intervention gegen den geschlossenen Widerspruch sämtlicher bestehenden Parteien des Schiedsverfahrens ausgeschlossen. Sofern jedoch zumindest eine bereits verfahrensbeteiligte Partei einverstanden war, konnte das Schiedsgericht im Sinne des Beitritts des Dritten

War die dritte Person mit dem Beitritt einverstanden, konnte das Schiedsgericht dem Antrag stattgeben und den Kreis der Parteien des Schiedsverfahrens entsprechend erweitern. Auf die Zustimmung der übrigen bereits beteiligten Parteien nahm der Wortlaut der Vorschrift keinerlei Bezug. Folgerichtig kam es für die Entscheidung über den Verfahrensbeitritt nicht auf deren konkrete Zustimmung an.[168] Ihr Einverständnis wurde vielmehr aus dem Einverständnis mit den LCIA-Rules mitsamt dem entsprechenden Beitrittsmechanismus hergeleitet, die stets in dem Abschluss der gegenständlichen Schiedsvereinbarung enthalten war.[169]

Im Hinblick auf die rechtlichen Implikationen eines etwaigen Verfahrensbeitritts stellte Art. 22.1(h) LCIA-Rules-1998 klar, dass das Schiedsgericht alternativ zu einem einzelnen einheitlichen Schiedsspruch, wie ihn die Vorgängerregelung vorsah, auch separate Schiedssprüche absetzen konnte. Dadurch war das Schiedsgericht in der Lage, gegebenenfalls unterschiedlichen vertragsrechtlichen Beziehungen zwischen den Parteien durch jeweils gesonderte Schiedssprüche auch formal Rechnung zu tragen.

c) *ICC-Rules-1998*

Mit der Version ihrer Schiedsordnung aus dem Jahr 1998 stellte die ICC erstmals eine spezielle Regelung für den Fall der Parteienmehrheit auf einer oder beiden Seiten des Schiedsverfahrens bereit. Diese Vorschrift enthielt Maßgaben für Konstellationen, in denen ein dreiköpfiges Schiedsgericht vorgesehen ist, auf Kläger- beziehungsweise Beklagtenseite des Verfahrens jedoch mehr als eine Person auftritt. In der Regel bestand auch damals ein ICC-Schiedsgericht aus drei Schiedsrichtern. Sowohl der klagenden als auch der beklagten Seite des

---

verfügen, in diesem Sinne vgl. *M. Hunter/J. Paulsson*, A Commentary on the 1985 Rules of the London Court of International Arbitration, in: P. Sanders (Hrsg.), ICCA Yearbook Commercial Arbitration 1985, 167, 170.

168 *P. Turner/R. Mohtashami*, A Guide to the LCIA Arbitration Rules, 1. Aufl. 2009, Ch. 6, Rn. 44.

169 In diesem Sinne für Art. 22.1(viii) LCIA-Rules-2014, der inhaltlich im Hinblick auf die Zustimmung der übrigen Verfahrensparteien ebenfalls schweigt, siehe *D. Choi*, Joinder in international commercial arbitration, in: Arb. Int'l. 35 (2019) No. 1, 29, 44 f.; *M. Scherer/L. Richman/R. Gerbay*, Arbitrating under the 2014 LCIA Rules, 2015, Ch. 16, Rn. 31. Dementsprechend zum gleichlautenden Art. 22.1(x) LCIA-Rules-2020 siehe *G. Born*, International Commercial Arbitration, 3. Aufl. 2021, S. 2801.

Verfahrens kam jeweils das Wahlrecht für einen der drei Schiedsrichterposten zu.[170]

Das Wahlrecht hinsichtlich der Besetzung eines Schiedsrichterpostens kann von einer Einzelperson frei nach ihrem Willen und ihren individuellen Präferenzen ausgeübt werden. Stehen auf einer oder beiden Seiten des Schiedsverfahrens allerdings mehrere Parteien, ist eine solche unilaterale Schiedsrichterwahl schlichtweg unmöglich. So kann es zu Komplikationen kommen, wenn sich die jeweiligen Vertreter einer Seite nicht auf die Nominierung eines Schiedsrichters einigen.[171] Verweigert eine der zu beteiligenden Personen die Mitwirkung an der gemeinsamen Schiedsrichterwahl oder boykottiert sie den Vorgang, durch die Ablehnung vorgeschlagener Kandidaten, droht das Scheitern des gesamten Schiedsverfahrens. Die Schiedsinstitution kann lediglich Abhilfe leisten, sofern alle beteiligten Parteien sie mit entsprechender Kompetenz ausgestattet haben. In Ermangelung dahingehender Parteivereinbarungen kann sie mangels Ermächtigung nicht tätig werden.

Art. 10(1) ICC-Rules-1998 sah nunmehr vor, dass die Parteien einer Verfahrensseite dieses Wahlrecht ausschließlich gemeinsam ausüben konnten. Das Recht der Schiedsrichterwahl wurde quasi aufgespalten; die Parteien der betreffenden Verfahrensseite in ihrer freien Wahl durch die Zustimmungsbedürftigkeit der übrigen beschränkt.[172] Blieb eine Einigung unter ihnen aus, ermächtigte Art. 10(2) ICC-Rules-1998 ersatzweise die Schiedsinstitution zur Besetzung aller drei Schiedsrichterposten.[173] Sofern nur eine Seite einen Schiedsrichter benannt

170 Siehe Art. 8(4) ICC-Rules-1998 bzw. Art. 12(5) ICC-Rules-2021. Der verbleibende dritte Posten des vorsitzenden Schiedsrichters wird in ICC-administrierten Schiedsverfahren standardmäßig von der Schiedsinstitution bestimmt.

171 Dazu *G. Born*, International Commercial Arbitration, 3. Aufl. 2021, S. 2763 f.

172 Da die konsensuale Ausübung des Wahlrechts gerade auch Raum für eine – wenn auch gemeinsame – aber dennoch eigenständige Nominierung eines Schiedsrichters lässt, handelt es sich nicht wie *Schwab* meint um einen Ausschluss des Schiedsrichterwahlrechts, siehe *K. Schwab*, Mehrparteienschiedsgerichtsbarkeit und Streitgenossenschaft, in: W. Lindacher/D. Pfaff/G. Roth, et al. (Hrsg.), Festschrift für Walther J. Habscheid zum 65. Geburtstag, 285, 289. Ein solcher liegt nur bei entsprechendem Eingreifen der Schiedsinstitution vor. Nur dann erfolgt die Besetzung vollkommen entkoppelt von etwaigen Vorschlägen der Parteien.

173 Die institutionsseitige Benennung des Schiedsrichters kommt der Verwirkung des Schiedsrichterwahlrechts gleich. Von der Untätigkeit einer Partei sind folglich auch alle anderen negativ betroffen, die auf derselben Seite des Schiedsverfahrens stehen. Siehe dazu *J. Fry/S. Greenberg/F. Mazza*, The Secretariat's Guide to ICC Arbitration, 2012, Ch. 3, Rn. 469.

hatte, lag es im Ermessen der ICC zu entscheiden, ob sie diesen Kandidaten bestätigte und den der anderen Seite – wie auch sonst im Falle der Untätigkeit einer Partei[174] – selbst bestimmte oder gleich die Besetzung aller Schiedsrichterposten gemäß Art. 10(2) ICC-Rules-1998 eigenständig vornahm.[175] Diese Kompetenz gewährleistete, dass Schiedsverfahren mit multipersonalen Verfahrensseiten auch ohne Mitwirkung einzelner Parteien fortgeführt werden konnten.

Während die ICC-Rules-1998 mithin Mehrparteienverfahren im Grundsatz ausdrücklich anerkannten, war jedoch der nachträgliche Verfahrensbeitritt weiterer Parteien nicht vorgesehen. Vielmehr war die gesamte Schiedsordnung in ihrer Konzeption von dem Grundgedanken getragen, dass der Kläger die absolute Gestaltungsfreiheit hinsichtlich der Beschaffenheit *seines* Schiedsverfahrens innehat.[176] In diesem Sinne führte ein ICC-Schiedsgericht im Zuge seines Schiedsspruches aus:

> "There is *one way only* in which one can become a party in an arbitral procedure under the I.C.C. rules: that is […] by a request in which one constitutes oneself a claimant or is being identified by such a claimant as a defendant. […] Under the I.C.C. rules, the arbitrators once they have been nominated, have *no discretion to add as parties to the arbitration* claimant(s) or defendant(s) who were not identified as such in the request for arbitration."[177]

Nur wenn der Kläger demnach Ansprüche gegenüber mehreren Parteien im Wege einer einheitlichen Schiedsklage geltend machte, war ein Mehrparteienverfahren in Betracht zu ziehen. Ein entsprechendes Recht zur Benennung der betreffenden Parteien eines Schiedsverfahrens war für die Beklagtenseite damals

---

174 Vgl. Art. 8(4) ICC-Rules-1998.

175 Wo nur eine der beiden Seiten im Gegensatz zu der widerstreitenden einen Schiedsrichter ihres Vertrauens im Spruchkörper platzieren kann, ist potentiell die zum *ordre public* zu zählende und damit unbedingt einzuhaltende verfahrensrechtliche Gleichbehandlung der Parteien gefährdet, vgl. dazu jeweils m.w.N. *D. Choi*, Joinder in international commercial arbitration, in: Arb. Int'l. 35 (2019) No. 1, 29, 30 u. 37 f.; *K. Calvo Goller*, The 2012 ICC Rules of Arbitration, in: JIA 29 (2012) No. 3, 323, 336; *K. Berger*, Internationale Wirtschaftsschiedsgerichtsbarkeit, 1992, S. 222. Zudem ausführlich in speziellem Hinblick auf Art. 10 ICC-Rules-1998 vgl. *Y. Derains/E. Schwartz*, A Guide to the ICC Rules of Arbitration, 2. Aufl. 2005, S. 181 ff.

176 Siehe *A. Whitesell*, Multiparty Arbitration, in: R. Bishop/B. Macmahon (Hrsg.), Multiple Party Actions in International Arbitration, 203, 206; *G. Born*, International Commercial Arbitration, 3. Aufl. 2021, S. 2797.

177 Vgl. Schiedsspruch in ICC Case No. 5625 = *S. Jarvin/Y. Derains/J.-J. Arnaldez*, Collection of ICC Arbitral Awards 1986–1990, 1994, S. 493 (Hervorhebungen nur hier).

nicht vorgesehen.[178] Diese Ungleichbehandlung von Kläger und Beklagten wurde vielfach kritisiert, bevor die ICC im Zuge ihrer Schiedsordnungsreform 2012 für Abhilfe sorgte.[179]

d) SIAC-Rules-2007

2007 führte das SIAC die Möglichkeit der Hinzuziehung Dritter zu einem laufenden institutionellen Schiedsverfahren in die hauseigenen Verfahrensregeln ein. So lautete Rl. 24(b) SIAC-Rules-2007:

> „[T]he Tribunal shall have the power to […] allow other parties to be joined in the arbitration with their express consent, and make a final award determining all disputes among the parties to the arbitration."

Vor dem Hintergrund dieses Worlautes sahen die SIAC-Rules-2007 äußerst niedrige Schwellen für einen Verfahrensbeitritt vor. Neben einem Hinzuziehen auf Initiative einer bereits am Verfahren beteiligten Partei, war auch die Intervention von dritten Personen möglich. Erforderlich war einzig die Zustimmung der hinzutretenden Partei zu der eigenen Verfahrensbeteiligung. Folgerichtig konnten Dritte prinzipiell gegen den Willen sämtlicher beteiligten Parteien einem Schiedsverfahren beitreten, selbst wenn sie kein Vertragsteil der maßgebenden Schiedsabrede waren.[180]

Indes entsprach die Regelung des SIAC in ihrer Weitläufigkeit dem Konzept der LCIA-Rules-1985, die ebenfalls einen Beitritt auf Initiative verfahrensfremder Personen ermöglicht hatten.[181] Nachdem der LCIA die Anforderungen jedoch in Form von Art. 22.1(h) LCIA-Rules-1998 nachgeschärft hatte und ein

---

178 *E. Silva-Romero*, Brief Report on Counterclaims and Cross-Claims, in: S. Bond (Hrsg.), Arbitral Procedure at the Dawn of a New Millenium, 73, 75 f.

179 Exemplarisch für kritische Stimmen siehe *Y. Derains/E. Schwartz*, A Guide to the New ICC Rules of Arbitration, 1998, S. 74; *E. Silva-Romero*, Brief Report on Counterclaims and Cross-Claims, in: S. Bond (Hrsg.), Arbitral Procedure at the Dawn of a New Millenium, 73, 77 f. Vgl. auch *N. Voser*, Multi-party Disputes and Joinder of Third Parties, in: A. van den Berg (Hrsg.), 50 Years of the New York Convention, 343, 392 ff. Zu den ICC-Rules-2012 sogleich ausführlich.

180 Teilweise werden derartige Fallkonstellationen als ‚*forced joinder*' bezeichnet. Ausführlich dazu unter Bezug auf die vielbeachtete Entscheidung des *Singapore Court of Appeal* in der Sache *PT First Media TBK v. Astro Nusantara Int'l BV* aus dem Jahr 2013 vgl. *G. Born*, International Commercial Arbitration, 3. Aufl. 2021, S. 2803 ff. m.w.N.

181 Siehe oben unter B.II.1.a) *LCIA-Rules-1985*.

Beitritt von außen nunmehr ausgeschlossen war, positionierte das SIAC seine eigene Schiedsordnung in diesem Aspekt als Gegenentwurf zu diesem Ansatz.

Auch eine zeitliche Begrenzung in Form einer Ausschlussfrist für das Hinzuziehen zusätzlicher Parteien war in den SIAC-Rules-2007 nicht enthalten. Da Rl. 24 SIAC-Rules-2007 ausschließlich die Befugnisse des Schiedsgerichts betraf, ist davon auszugehen, dass allein dieses Organ über einen Verfahrensbeitritt dritter Personen entscheiden konnte. Rl. 8 SIAC-Rules-2007 sah eine Regelung für die gemeinsame Benennung von Schiedsrichtern durch mehr als zwei Parteien vor und ermöglichte somit implizit, dass entweder mehrere Kläger gemeinsam das Verfahren initiierten oder aber ein einzelner Kläger mehrere Parteien im Zuge desselben Schiedsverfahrens verklagte.

Insbesondere die Beklagtenseite, welche einen Antrag auf Verfahrensbeitritt weiterer Personen einzig auf Rl. 24(b) SIAC-Rules-2007 stützen konnte, musste folgerichtig die Konstituierung beziehungsweise dessen Entscheidung abwarten. Da jedweder Dritte zu diesem Zeitpunkt keinerlei Einfluss mehr auf die Auswahl der Schiedsrichter nehmen konnte, war die Zustimmung zu einem etwaigen Beitritt höchst unwahrscheinlich.

e) SIAC-Rules-2010/2013

Die SIAC-Rules-2010 enthielten im Vergleich zu ihrer Vorgängerversion wichtige Änderungen, welche die Voraussetzungen für die Hinzuziehung Dritter deutlich verschärften. Rl. 24(b) SIAC-Rules-2010 sah nunmehr vor:

> „[T]he Tribunal shall have the power to […] *upon the application of a party*, allow one or more third parties to be joined in the arbitration, provided that such person is a *party to the arbitration agreement*, with the written consent of such third party".[182]

Damit führte das SIAC zuvorderst ein Antragserfordernis ein und stellte somit klar, dass das Schiedsgericht jedenfalls nicht nach eigenem Belieben Dritte zum Verfahren hinzuziehen kann. Einen entsprechenden Antrag konnte nur eine Verfahrenspartei stellen.[183] Im Umkehrschluss war die Intervention durch Dritte und damit auch die eines Verfahrensbeitritts gegen den geschlossenen Widerspruch sämtlicher Parteien des Schiedsverfahrens nicht länger zulässig.

Darüber hinaus kamen grundsätzlich nur noch diejenigen Personen für einen Verfahrensbeitritt in Betracht, die auch Vertragsparteien der konkreten

---

182 Hervorhebungen nur hier.

183 *J. Choong/M. Mangan/N. Lingard*, A Guide to the SIAC Arbitration Rules, 2. Aufl. 2018, Rn. 7.18.; *G. Born*, International Commercial Arbitration, 3. Aufl. 2021, S. 2803.

Schiedsabrede waren, auf der das laufende Verfahren basierte.[184] Damit reagierte das SIAC nicht zuletzt auf entsprechende Einschätzungen staatlicher Gerichte sowie von Kommentatoren, die den unklaren Wortlaut der Vorgängerregelung sowie die damit einhergehende Reichweite der Kompetenzen des Schiedsgerichts bemängelt hatten.[185]

Die nachfolgende Fassung der SIAC-Rules aus dem Jahr 2013 brachte keine Änderungen im Hinblick auf den Verfahrensbeitritt Dritter mit sich. Art. 24(b) SIAC-Rules-2010 wurde mit identischem Wortlaut in die SIAC-Rules-2013 übernommen.

f) ICC-Rules-2012/2017

Bis auf die Vorgehensweise bei der Nominierung eines Schiedsrichters durch eine aus mehreren Parteien bestehende Verfahrensseite[186] enthielten die ICC-Rules erst ab ihrer Reform im Jahr 2012 Vorschriften über Zulässigkeit und Durchführung von Mehrvertrags- und Mehrparteienverfahren. Zwar hatte die ICC schon früher erwogen, solche speziellen Regelungen in die Vorgängerversion aus dem Jahr 1998 aufzunehmen. Damals bildeten Schiedsverfahren, an denen mehr als zwei Parteien beteiligt waren, in der Praxis der ICC noch die Ausnahme.[187] Daher war man damals zu der Einschätzung gelangt, dass kein Bedarf für eine besondere Normierung dieses Phänomens bestand.[188] Man hielt die ICC-Rules vielmehr für hinreichend „flexibel", um nötigenfalls auch mit Mehrparteienverfahren kompatibel zu sein.[189]

---

184 *M. Mangan/L. Reed/J. Choong*, A Guide to the SIAC Arbitration Rules, 1. Aufl. 2014, Rn. 10.11.

185 Jeweils unter Erläuterung einer Entscheidung des *Singapore Court of Appeal* in der Sache *PT First Media TBK v. Astro Nusantara Int'l BV* aus dem Jahr 2013 vgl. *G. Born*, International Commercial Arbitration, 3. Aufl. 2021, S. 2803 ff.; *M. Mangan/L. Reed/J. Choong*, A Guide to the SIAC Arbitration Rules, 1. Aufl. 2014, Rn. 10.09 ff.

186 Vgl. Art. 10 ICC-Rules-1998.

187 1995 etwa betrug der Anteil der Mehrparteienschiedsverfahren am gesamten Fallaufkommen der ICC noch 2 %, siehe *M. Calvo*, The New ICC Rules of Arbitration, in: JIA 14 (1997) No. 4, 41, 48.

188 Zum Ganzen siehe *J. Fry/S. Greenberg/F. Mazza*, The Secretariat's Guide to ICC Arbitration, 2012, Ch. 3, Rn. 287.

189 *J.-L. Delvolvé*, Final Report on Multi-Party Arbitrations, in: ICC-ICA Bul. 6 (1995) No. 1, 26, 31, Rn. 37. Vgl. auch *J. Fry/S. Greenberg/F. Mazza*, The Secretariat's Guide to ICC Arbitration, 2012, Ch. 3, Rn. 291 m.w.N.

In den darauffolgenden Jahren stieg der Anteil von Mehrparteien- beziehungsweise Mehrvertragskonstellationen am Fallaufkommen der ICC,[190] sodass vermehrt über verfahrensrechtliche Problemstellungen zu entscheiden war, für deren Bewältigung die Schiedsordnung – wenn überhaupt – nur Anhaltspunkte bereitstellte. Unter diesen Umständen konnte die ICC zwar mit der Zeit eine durchgängige Praxis für den Umgang mit Mehrparteienverfahren entwickeln. Nichtsdestoweniger waren die Schiedsgerichte sowie insbesondere die Nutzer von etwaigen verfahrensrechtlichen Unsicherheiten betroffen. Letztere konnten die rechtlichen Implikationen eines Mehrparteienverfahrens angesichts des normativen Vakuums in der Schiedsordnung höchstens schemenhaft erahnen. Auf etwaige institutionelle Praxis konnten sie sich mangels verbindlicher Normierung nur insoweit verlassen, wie ihr Schiedsgericht diese aus freien Stücken aufgriff.

Dieses normative Vakuum füllte die ICC, indem sie 2012 schließlich spezifische Vorschriften zu Mehrparteienschiedsverfahren einführte. Gemäß Art. 7(1) S. 1 ICC-Rules-2012 konnte jede Partei eines bereits eingeleiteten Schiedsverfahrens beantragen, weitere Personen als zusätzliche Parteien in dasselbe zu integrieren. Ein solcher Antrag konnte ausschließlich aus einem ICC-Verfahren heraus gestellt werden. Die Intervention dritter Personen mit Blick auf die von der ICC verbürgte Vertraulichkeit der von ihr administrierten Schiedsverfahren war dagegen nicht vorgesehen.[191]

Um die Gleichbehandlung aller Parteien bei der Auswahl der Schiedsrichter sicherzustellen, war ein Antrag nach Art. 7(1) S. 1 ICC-Rules-2012 grundsätzlich nur solange zulässig, wie die Schiedsinstitution noch keine Person für einen solchen Posten nach Art. 13 ICC-Rules-2012 bestätigt beziehungsweise eingesetzt hat.[192] Nach der formalen Einsetzung zumindest eines Schiedsrichters war

190 *J. Fry/S. Greenberg/F. Mazza*, The Secretariat's Guide to ICC Arbitration, 2012, Ch. 3, Rn. 287.

191 *J. Fry/S. Greenberg/F. Mazza*, The Secretariat's Guide to ICC Arbitration, 2012, Ch. 3, Rn. 294; *G. Smith*, Comparative Analysis of Joinder and Consolidation Provisions Under Leading Arbitral Rules, in: JIA 35 (2018) No. 2, 173, 178; *A. Sessler/N. Voser*, Die Revidierte ICC-Schiedsgerichtsordnung, in: SchiedsVZ 2012, 120, 124.

192 Würde eine zusätzliche Partei in ein laufendes Verfahren integriert, nachdem diejenige Seite, deren Lager sie zuzuordnen ist, bereits einen Schiedsrichterkandidaten benannt hat und dieser von der Schiedsinstitution bestätigt wurde, hätte diese Partei keinerlei Gelegenheit gehabt, ihr eigenes Recht auf Beteiligung an dieser Auswahl nach Art. 12(7) ICC-Rules-2012 wahrzunehmen. Das entspricht *mutatis mutandis* dem Grundgedanken des älteren Art. 10 ICC-Rules-1998, der wiederum in Form von Art. 12(6) ICC-Rules-2012 beibehalten wurde.

gemäß Art. 7(1) S. 4 ICC-Rules-2012 die Hinzuziehung weiterer Parteien grundsätzlich nur noch möglich, sofern sich die betreffende Person sowie auch alle anderen bereits beteiligten Parteien damit einverstanden erklärten.

Damit blieb die ICC der Prämisse treu, die sie 1998 in die eigene Schiedsordnung übernommen hatte.[193] Im Zuge der Reform 2012 wurde das erstmals 1998 in die Schiedsordnung aufgenommene Prozedere für die Schiedsrichterwahl bei Personenmehrheit auf das nachträgliche Hinzutreten weiterer Parteien übertragen.[194] Die zeitliche Begrenzung der Zulässigkeit eines Beitrittsantrags bis zum Vollzug von Verfahrenshandlungen in Zusammenhang mit der personellen Besetzung des Spruchkörpers, ist vor diesem Hintergrund zwangsläufig. Auf diese Weise sollte dem ‚fundamentalen Prinzip' der Beteiligung aller Parteien an der Konstitution ihres Schiedsgerichts auch im Kontext von Mehrparteienschiedsverfahren Rechnung getragen werden.[195] Die Nachfolgeversion der 2012er-Regeln, die ICC-Rules-2017, behielten die entsprechenden Regelungen unverändert bei.[196]

g) ICDR-Rules-2014/2021

Die ICDR-Rules enthalten seit 2014 ebenfalls spezielle Vorschriften für die Hinzuziehung dritter Personen zu einem laufenden institutionellen Verfahren. Während die Vorgängerversion der Schiedsordnung aus dem Jahr 2009 hierzu noch schwieg, gestattet Art. 7 ICDR-Rules-2014 den Parteien eines bereits initiierten Schiedsverfahrens, weitere Personen heranzuziehen. Eine Intervention von außen durch dritte Personen sehen die ICDR-Rules dagegen nicht vor.[197]

Gemäß Art. 7(1) S. 2 ICDR-Rules-2014 ist die Hinzuziehung weiterer Personen als Parteien zu einem Schiedsverfahren nur möglich bis einer der Schiedsrichter formal ernannt wurde. Danach ist ein Verfahrensbeitritt nur möglich, falls sowohl die bereits beteiligten Parteien als auch der Dritte dem

---

193 Siehe oben unter B.II.1.c) *ICC-Rules-1998*.

194 Art. 12(7) ICC-Rules-2012; Art. 12(7) ICC-Rules-2017.

195 *J. Fry/S. Greenberg/F. Mazza*, The Secretariat's Guide to ICC Arbitration, 2012, Ch. 3, Rn. 479.

196 *G. Smith*, Comparative Analysis of Joinder and Consolidation Provisions Under Leading Arbitral Rules, in: JIA 35 (2018) No. 2, 173, 177.

197 *D. Choi*, Joinder in international commercial arbitration, in: Arb. Int'l. 35 (2019) No. 1, 29, 41; *M. Gusy/J. Hosking*, A Guide to the ICDR International Arbitration Rules, 2. Aufl. 2019, Rn. 7.07.

ausdrücklich zustimmen. Faktisch gilt somit eine Ausschlussfrist für Anträge nach Art. 7(1) ICDR-Rules-2014.[198]

In technischer Hinsicht ist die Hinzuziehung Dritter im Wege der Einreichung einer Schiedsklage gegen die betreffende Person zu bewerkstelligen.[199] Insoweit gelten die üblichen formalen wie inhaltlichen Anforderungen aus Art. 2 ICDR-Rules-2014. Die Schiedsinstitution prüft den mit der Schiedsklage verbundenen Antrag auf die Einbeziehung einer zusätzlichen Partei vor dem Hintergrund der dahingehenden Ausführungen auf Plausibilität.[200]

Sofern das ICDR *prima facie* keinerlei Mängel feststellt, die den konkreten Verfahrensbeitritt ausschließen, bindet es die betreffende Person – unabhängig sowohl von deren Zustimmung als auch dem Einverständnis der übrigen Parteien – vorläufig als Partei in das institutionelle Verfahren ein.[201] In der Folge kommt ihr angesichts des Verweises in Art. 7(1) S. 4 auf Art. 12 ICDR-Rules-2014 wie allen anderen Parteien das Recht auf Beteiligung an der Auswahl der Schiedsrichter zu. Insofern ist die von Art. 7(1) S. 2 ICDR-Rules-2014 vorgesehene Begrenzung des zeitlichen Rahmens für den Verfahrensbeitritt zusätzlicher Parteien bis zur formalen Ernennung eines Schiedsrichters folgerichtig.

Die finale Entscheidung über die Einbeziehung nachträglich benannter Parteien, trifft das Schiedsgericht.[202] Indes prüft das Schiedsgericht, ob ein einheitliches Schiedsverfahren von dem Willen aller betreffenden Parteien getragen ist. Jedenfalls sofern sie sich in einer gemeinsamen Schiedsvereinbarung einander entsprechend verpflichtet haben, wird auch das Schiedsgericht einem Antrag nach Art. 7(1) ICDR-Rules-2014 stattgeben.[203] Da eben der Parteiwille

---

198 *D. Choi*, Joinder in international commercial arbitration, in: Arb. Int'l. 35 (2019) No. 1, 29, 42.

199 Die Erhebung der Schiedsklage ist im Jargon der ICDR als ‚Notice of Arbitration' bezeichnet, siehe Art. 2 ICDR-Rules-2014.

200 *M. Gusy/J. Hosking*, A Guide to the ICDR International Arbitration Rules, 2. Aufl. 2019, Rn. 2.06.

201 Vgl. Art. 7(1) S. 4 i.V.m. Art. 19(4) ICDR-Rules-2014. Siehe zudem *M. Gusy/J. Hosking*, A Guide to the ICDR International Arbitration Rules, 2. Aufl. 2019, Rn. 7.08 f. In diesem Sinne auch *D. Choi*, Joinder in international commercial arbitration, in: Arb. Int'l. 35 (2019) No. 1, 29, 42.

202 *M. Gusy/J. Hosking*, A Guide to the ICDR International Arbitration Rules, 2. Aufl. 2019, Rn. 7.08.

203 *M. Gusy/J. Hosking*, A Guide to the ICDR International Arbitration Rules, 2. Aufl. 2019, Rn. 7.14; *D. Choi*, Joinder in international commercial arbitration, in: Arb. Int'l. 35 (2019) No. 1, 29, 42.

maßgeblich ist, schließt der Wortlaut der ICDR-Rules nicht aus, dass Mehrparteienverfahren grundsätzlich auch auf mehrere separate, jeweils bilaterale Schiedsvereinbarungen gestützt werden können.[204]

Dagegen fällt die Entscheidung negativ aus, sofern das Schiedsgericht feststellt, dass der Streitgegenstand in Bezug auf die fragliche Person mangels hinreichender Grundlage in dem jeweils bekundeten Parteiwillen aller Beteiligten nicht seiner Rechtsprechungsgewalt unterliegt.[205]

Die reformierte Version der ICDR-Rules, welche am 1. März 2021 in Kraft getreten ist, behielt die Bestimmungen aus der Vorgängerversion als Art. 8 ICDR-Rules-2021 bei.

h) LCIA-Rules-2014/2020

Der entsprechende Art. 22.1(viii) LCIA-Rules-2014 blieb demgegenüber nahezu unverändert. Er lautete nunmehr wie folgt:

> "The Arbitral Tribunal shall have the power, upon application of any party [...] to allow one or more third persons to be joined in the arbitration as a party provided any such third person and the applicant party have consented to such joinder in writing following the Commencement Date *or (if earlier) in the Arbitration Agreement*".[206]

Sofern im Vergleich zu der Vorgängerversion der LCIA-Rules[207] nunmehr ausdrücklich Erwähnung fand, dass das nötige Einverständnis der dritten Partei auch in einer dahingehend auszulegenden Schiedsabrede mit dem Antragsteller liegen kann, ist der Vorschrift lediglich deklaratorischer Charakter beizumessen.[208]

Die Regelung wurde als Art. 22.1(x) mit identischem Wortlaut wie in der vorausgehenden Fassung von 2014 in die LCIA-Rules-2020 übernommen. Da Art. 22.1(x) LCIA-Rules-2020 ausschließlich auf das Einverständnis der

---

204 Bereits „im Wesentlichen identische Schiedsvereinbarungen" aus, damit das Schiedsgericht die Einbeziehung Dritter nach den ICDR-Rules-2014 rechtsfehlerfrei zulassen kann, so *M. Gusy/J. Hosking*, A Guide to the ICDR International Arbitration Rules, 2. Aufl. 2019, Rn. 7.14, 7.16; a.A. unter *D. Choi*, Joinder in international commercial arbitration, in: Arb. Int'l. 35 (2019) No. 1, 29, 43.

205 In diesem Sinne *M. Gusy/J. Hosking*, A Guide to the ICDR International Arbitration Rules, 2. Aufl. 2019, Rn. 7.14.

206 Hervorhebung nur hier.

207 Vgl. Art. 22.1(h) LCIA-Rules-1998. Siehe dazu eingehend bereits oben unter B.II.1.b) *LCIA-Rules-1998*.

208 In diesem Sinne *M. Scherer/L. Richman/R. Gerbay*, Arbitrating under the 2014 LCIA Rules, 2015, Ch. 16, Rn. 31.

antragstellenden sowie der hinzuzuziehenden Partei abstellt, ist die Zustimmung der übrigen Verfahrensparteien gerade nicht erforderlich.[209] Effektiv gestatten die LCIA-Rules-2020 somit den Verfahrensbeitritt zusätzlicher Parteien, selbst wenn bereits beteiligte Parteien in Bezug auf den konkret in Rede stehenden Dritten zu keinem Zeitpunkt ihr Einverständnis erklärt haben. Indem die LCIA-Rules sogar in derartigen Konstellationen einen Verfahrensbeitritt zulassen, ordnen sie sich am äußersten Rande des progressiven Angebotsspektrums ein.

i) SIAC-Rules-2016

Während die Erfordernisse für den Verfahrensbeitritt Dritter im Zuge der SIAC-Rules-2010 noch deutlich erhöht und damit der Spielraum der Parteien sowie des Schiedsgerichts im Vergleich zu den SIAC-Rules-2007 markant beschränkt wurde, bewirkten die Modifikationen im Zuge der SIAC-Rules-2016 wiederum dessen Ausweitung.[210] Eine neu gefasste Rl. 7 enthielt umfassende Regelungen, die sowohl die Voraussetzungen für den Verfahrensbeitritt zusätzlicher Personen als auch das Prozedere der Antragstellung sowie die Entscheidung hierüber detailliert festlegten.

Gemäß Rl. 7.1 SIAC-Rules-2016 kann ein Antrag auf Beitritt zu einem Schiedsverfahren von einer bereits beteiligten Partei, genauso aber auch von einem bislang unbeteiligten Dritten gestellt werden.[211] Ein solcher Antrag hat Erfolg, soweit entweder der betreffende Dritte *prima facie* an die für das Verfahren einschlägige Schiedsabrede gebunden ist oder alternativ sämtliche Verfahrensparteien inklusive des Dritten ihre Zustimmung zu seinem Beitritt erklärt haben.

Rl. 7.2 SIAC-Rules-2016 stellt Vorgaben für den Inhalt eines Antrags auf Verfahrensbeitritt Dritter aus, die im Wesentlichen denjenigen entsprechen, welche auch für die Erhebung einer Schiedsklage in einem SIAC-administrierten

209 *G. Born*, International Commercial Arbitration, 3. Aufl. 2021, S. 2801.

210 *G. Smith*, Comparative Analysis of Joinder and Consolidation Provisions Under Leading Arbitral Rules, in: JIA 35 (2018) No. 2, 173, 182; *J. Choong/M. Mangan/N. Lingard*, A Guide to the SIAC Arbitration Rules, 2. Aufl. 2018, Rn. 7.19.

211 In diesem Sinne war Rl. 7 in einem offiziellen Entwurf der SIAC noch ausdrücklich mit "Joinder and Intervention" überschrieben, vgl. *J. Choong/M. Mangan/N. Lingard*, A Guide to the SIAC Arbitration Rules, 2. Aufl. 2018, Rn. 7.20 m.w.N. Obgleich die Überschrift in der finalen Version um den Interventionsteil gekürzt wurde, ist der Wortlaut der Norm dennoch eindeutig.

Verfahren gelten.[212] Ebenso gelten nach Rl. 7.3 SIAC-Rules-2016 die gleichen Anforderungen für die Zustellung des Antrags wie für die der Schiedsklage.[213]

In zeitlicher Hinsicht ist ein Antrag auf Verfahrensbeitritt dritter Personen sowohl vor als auch nach der Konstituierung des Schiedsgerichts zulässig. Rl. 7.4 SIAC-Rules weist die entsprechende Entscheidungszuständigkeit sowohl der Schiedsinstitution als auch dem Schiedsgericht zu. Indem die Norm allerdings ausdrücklich vorsieht, dass die Entscheidung des Schiedsgerichts durch eine vorangegangene der Schiedsinstitution nicht präkludiert wird, ist bei einer Kollision das Schiedsgericht maßgeblich. Seine Entscheidungskompetenz ist gemäß Rl. 7.4 SIAC-Rules endgültig; die des Schiedszentrums im Umkehrschluss bloß vorläufig. Rl. 7.8 SIAC-Rules-2016 gestattet konsequenterweise die Antragstellung direkt beim Schiedsgericht.

Um die gleichberechtigte Beteiligung aller Parteien an der Auswahl der Schiedsrichter auch zu gewährleisten, wenn der Verfahrensbeitritt einer zusätzlichen Partei erst nach der Konstituierung des Schiedsgerichts erfolgt, ermächtigt Rl. 7.6 SIAC-Rules-2016 die Schiedsinstitution zum Widerruf jedes einzelnen Schiedsrichtermandats.[214] Die Norm ist derart gestaltet, dass der Widerruf nicht automatisch erfolgt, sondern nur wo die Beibehaltung eines Schiedsrichters das Wahl- beziehungsweise Beteiligungsrecht der hinzutretenden Partei verletzt.[215] In diesen Fällen soll die Entbindung eines bereits eingesetzten Schiedsrichters von seinem Mandat und die Neubesetzung des Postens unter Beteiligung der neuen Partei die Integrität des Schiedsverfahrens sicherstellen.[216]

Indes verfolgt das SIAC von allen Schiedszentren der hier gewählten Vergleichsgruppe den weitesten Ansatz im Hinblick auf das Hinzutreten zusätzlicher Parteien zu einem laufenden Schiedsverfahren. Das gilt sowohl für die zeitliche Dimension, die prinzipiell bis zur Beendigung eines Schiedsverfahrens entsprechende Anträge zulässt, als auch mit Blick auf den antragsberechtigten

---

212 Im Jargon des SIAC ist die Erhebung der Schiedsklage als *Notice of Arbitration* bezeichnet, siehe Rl. 3 SIAC-Rules-2016.

213 Vgl. Rl. 3.4 SIAC-Rules-2016.

214 *J. Choong/M. Mangan/N. Lingard*, A Guide to the SIAC Arbitration Rules, 2. Aufl. 2018, Rn. 7.40 ff.

215 Mit einigen Beispielen, in denen ein Widerruf angesichts der Umstände nicht erforderlich ist, siehe *J. Choong/M. Mangan/N. Lingard*, A Guide to the SIAC Arbitration Rules, 2. Aufl. 2018, Rn. 7.43 f.

216 *J. Choong/M. Mangan/N. Lingard*, A Guide to the SIAC Arbitration Rules, 2. Aufl. 2018, Rn. 7.42.

Personenkreis, der nicht wie bei den übrigen Schiedszentren auf die bereits verfahrensbeteiligten Parteien begrenzt ist.

j) ICC-Rules-2021

Erst im Zuge der Reform, die am 1. Januar 2021 in Kraft trat, kam es im Hinblick auf den Beitritt Dritter zu einem laufenden Schiedsverfahren zu punktuellen Modifikationen.

Art. 7(5) ICC-Rules-2021 dehnt die zeitliche Zulässigkeit des Antrags auf ein Hinzutreten weiterer Parteien auf die Zeit nach der Konstitution des Schiedsgerichts aus. Unter der Voraussetzung, dass der betreffende Dritte die Besetzung des Schiedsgerichts akzeptiert und den *Terms of Reference*[217] des Schiedsverfahrens zustimmt, kann das Schiedsgericht gemäß Art. 7(5) ICC-Rules-2021 den Beitritt zum Schiedsverfahren anordnen.[218] Anders als noch unter Anwendung der vorigen Fassungen der ICC-Rules bedarf es hierzu keiner ausdrücklichen Vereinbarung aller Parteien mehr.

Durch diese Regeländerung wird der standardmäßige Spielraum der einzelnen Verfahrensparteien beziehungsweise des Schiedsgerichts erheblich erweitert. Denn infolge der Aufhebung der prinzipiellen Ausschlussfrist, kann das Schiedsverfahren grundsätzlich bis zu seiner Beendigung um zusätzliche Parteien erweitert werden. Insbesondere wenn die Relevanz einer bestimmten dritten Person erst im Laufe des schiedsgerichtlichen Verfahrens deutlich wird, bedarf es zu ihrem Beitritt nicht mehr der ausdrücklichen Zustimmung sämtlicher anderer Verfahrensparteien.[219] Das Potential des Verfahrensbeitritts für die prozedurale Effizienz der Konfliktlösung kann somit auch nach den ICC-Rules weitergehend als zuvor ausgeschöpft werden.

---

217 Die sog. Terms of Reference sind ein Markenzeichen ICC-administrierter Schiedsverfahren. Bei ihnen handelt es sich um eine Vereinbarung, in der die Eckdaten des Streitgegenstandes zusammengefasst und somit der Verfahrensumfang des Schiedsverfahrens festgehalten wird. Die Terms of Reference werden von der ICC aufgesetzt und sind von den Parteien sowie vom Schiedsgericht zu Beginn des Schiedsverfahrens zu unterzeichnen, vgl. Art. 23 ICC-Rules-2021.

218 In der Zustimmung einer Person zu ihrem Verfahrensbeitritt nach abgeschlossener Konstitution des Schiedsgerichts liegt gleichzeitig ihr freiwilliger Verzicht auf das Recht zur Beteiligung an der Benennung eines Schiedsrichterpostens begründet, siehe *D. Choi*, Joinder in international commercial arbitration, in: Arb. Int'l. 35 (2019) No. 1, 29, 34.

219 So sah es noch in der Vorgängerversion Art. 7(1) ICC-Rules-2017 vor.

Zudem ergänzte die ICC ihre Schiedsordnung im selben Zuge um eine Vorschrift, die der Schiedsinstitution erlaubt, in Ausnahmesituationen eine etwaige Vereinbarung der Parteien zum Besetzungsverfahren zu überschreiben, falls diese eine unfaire Behandlung der Beteiligten vorsieht. Wo demnach notwendig, um die Anerkennungs- und Durchsetzungsfähigkeit des Schiedsspruches nicht zu gefährden, kann die ICC daher aufgrund von Art. 12(9) ICC-Rules-2021 sogar alle drei Schiedsrichter selbst auswählen.

2. Verbindung mehrerer Schiedsverfahren

Eine Verfahrensbündelung im Interesse der Prozessökonomie kann auch durch die Konsolidierung mehrerer bereits angestoßener Schiedsverfahren bewerkstelligt werden. Ob und gegebenenfalls unter welchen Voraussetzungen mehrere Verfahren zu einem einheitlichen verbunden werden können, ist im schiedsverfahrensrechtlichen Kontext stets im Lichte des allgemeingültigen Konsensprinzips zu beurteilen.[220] Parteien stimmen durch eine gemeinsame Schiedsvereinbarung lediglich der schiedsgerichtlichen Konfliktlösung im Hinblick auf das von ihnen in Bezug genommene Rechtsverhältnis zu – nicht aber der Schiedsgerichtsbarkeit im Allgemeinen im Sinne einer schiedsgerichtlichen Konfliktlösung mit jedermann.[221] Das Einverständnis aller Parteien bildet daher die zwingende Grundvoraussetzung für jedwede Zusammenführung mehrerer Schiedsverfahren.[222]

Demnach können Parteien bereits in ihrer Schiedsvereinbarung festlegen, dass ihre Schiedsverfahren unter bestimmten Bedingungen miteinander zu verbinden sind. Einer solchen Konstellation kommt in der Praxis allerdings Seltenheitswert zu.[223] Denn mit ihrer Schiedsabrede bezwecken die Parteien zum Zeitpunkt ihres Abschlusses im Wesentlichen die Sicherstellung einer möglichst effizienten Lösung von zukünftigen Rechtsstreitigkeiten. Etwaige verfahrensrechtliche Feinheiten wie die Konsolidierung von Parallelverfahren entziehen

---

220 *S. Elsing*, in: H.-C. Salger/R. Trittmann (Hrsg.), Internationale Schiedsverfahren, 2019, § 9, Rn. 72. In diesem Sinne auch *B. Hanotiau*, Problems Raised by Complex Arbitrations Involving Multiple Contracts-Parties-Issues, in: JIA 18 (2001) No. 3, 253, 302.

221 *G. Born*, International Commercial Arbitration, 3. Aufl. 2021, S. 2764.

222 *G. Smith*, Comparative Analysis of Joinder and Consolidation Provisions Under Leading Arbitral Rules, in: JIA 35 (2018) No. 2, 173.

223 *S. Elsing*, in: H.-C. Salger/R. Trittmann (Hrsg.), Internationale Schiedsverfahren, 2019, § 9, Rn. 72; *G. Born*, International Commercial Arbitration, 3. Aufl. 2021, S. 2765 u. S. 2777.

sich dabei leicht ihrem Problembewusstsein. In Ansehung eines drohenden Rechtsstreits dagegen wird eine Ad-hoc Vereinbarung über die Verbindung von Schiedsverfahren in Anbetracht der erschwerten Verhandlungssituation rund um einen bereits schwelenden Konflikt kaum zu erzielen sein.[224]

Schiedsordnungen können ein etwaiges Defizit in der Vertragsgestaltung ausgleichen. Denn sofern die Schiedszentren darin Regeln für die Konsolidierung aufstellen, finden diese im institutionellen Schiedsverfahren verbindliche Anwendung.[225] Da die Zustimmung zu der Anwendung bestimmter institutioneller Verfahrensregeln in diesem Falle einer bedingten Einverständniserklärung in die Konsolidierung gleichkommt, kann das effizienzsteigernde Potential realisiert werden, auch ohne dass alle betreffenden Parteien dies für den konkreten Fall ausdrücklich miteinander vereinbart hatten.

Je geringer die Anforderungen einer Schiedsordnung für die Konsolidierung ausfallen, desto leichter können prozessökonomische Erwägungen in Form eines konsolidierten Schiedsverfahrens Beachtung finden. Umgekehrt bilden erweiterte Möglichkeiten der Verfahrensverbindung gleichzeitig Unsicherheitsfaktoren für die Nutzer. Während sie einerseits auf die Vorteile einer einheitlichen Aufarbeitung ihrer Streitigkeiten hoffen können, müssen sie unweigerlich damit rechnen, dass auch andere als die an ihrer Schiedsabrede beteiligten Personen an etwaigen Schiedsverfahren beteiligt werden können. Mit diesem Spannungsfeld sind die Schiedszentren in der Konzeption von Konsolidierungsvorschriften unweigerlich konfrontiert.

a) ICC-Rules-1998

Die ICC führte mit der Fassung ihrer Schiedsordnung aus dem Jahr 1998 erstmals die Möglichkeit der Konsolidierung mehrerer Schiedsverfahren ein. Art. 4(6) ICC-Rules-1998 ermächtigte die Schiedsinstitution zur Bündelung von separat anhängig gemachten Ansprüchen. Lief unter Ägide der ICC bereits ein Schiedsverfahren, zwischen denselben Parteien, deren Rechtsverhältnisse nunmehr Gegenstand einer weiteren Schiedsklage waren, konnte die Schiedsinstitution

---

224 *S. Elsing*, in: H.-C. Salger/R. Trittmann (Hrsg.), Internationale Schiedsverfahren, 2019, § 9, Rn. 72.

225 Nehmen die Parteien einer Schiedsabrede in derselben Bezug auf eine bestimmte Schiedsordnung, werden deren Regelungen Teil des Vertragsprogrammes und erlangen somit verbindliche Geltung, vgl. im Ersten Teil unter B. *Vertragskonstellation im institutionellen Schiedsverfahren*.

auf Antrag einer der beteiligten Parteien anordnen, dass über sämtliche Ansprüche im Zuge eines einzigen Schiedsverfahrens entschieden werden soll.

Indem die in Rede stehenden Schiedsverfahren nicht nur dieselben Parteien, sondern auch dieselbe maßgebliche Schiedsabrede betreffen mussten, waren der Konsolidierung enge Grenzen gesetzt.[226] Das effizienzsteigernde Potential eines einheitlichen Mehrparteienverfahrens besteht allerdings gerade auch in Konstellationen, in denen zunächst mehrere Schiedsverfahren zwischen mitunter verschiedenen Parteien initiiert worden sind – etwa wenn sich im Sinne einer Haftungskette der Beklagte eines ersten Schiedsverfahrens als Kläger eines zweiten an einen potentiellen Regressschuldner wendet.[227]

Während die ICC somit einen ersten Versuch wagte, das Potential der Verbindung von Schiedsverfahren zu realisieren, kam in dem eng gefassten Anwendungsbereich des Art. 4(6) ICC-Rules-1998 bedächtige Zurückhaltung zum Ausdruck. Im Lichte des Spannungsfeldes zwischen Parteiautonomie und Prozessökonomie war die ICC daran interessiert, Nutzer nicht durch zu weitläufige Konsolidierungsspielräume und die damit einhergehenden Unsicherheiten vor den Kopf zu stoßen. Dadurch hätte die eigene Reputation Schaden nehmen und die ICC ihren Wettbewerbsvorsprung teilweise einbüßen können.

Folgerichtig verzichtete man auf eine weiterreichende Ausgestaltung der Konsolidierungsmöglichkeit. Die zunächst vorsichtige Umsetzung passt zu dem außergewöhnlich hohen Risiko, welches mit der Markteinführung von innovativen Regelungskonzepten verbunden ist.[228] Erst 2012 ergänzte die ICC ihre Schiedsordnung um dezidierte Regelungen zu Mehrparteienschiedsverfahren. Zuvor hatte insbesondere das SIAC seine Schiedsordnung unter anderem um einen genauso detailliert gefassten wie weitläufigen Mechanismus für den Verfahrensbeitritt zusätzlicher Parteien erweitert und daraufhin außergewöhnlich starkes Wachstum bei seinen Fallzahlen verzeichnet.[229]

b) ICC-Rules-2012/2017

Nach dem Umbau der ICC-Schiedsordnung im Lichte der zunehmenden praktischen Relevanz von Mehrparteienschiedsverfahren, enthielt nunmehr

---

226 Siehe *B. Hanotiau*, Problems Raised by Complex Arbitrations Involving Multiple Contracts-Parties-Issues, in: JIA 18 (2001) No. 3, 253, 331 f.

227 In diesem Sinne *J. Fry/S. Greenberg/F. Mazza*, The Secretariat's Guide to ICC Arbitration, 2012, Ch. 3, Rn. 349.

228 Siehe dazu oben unter B.II.1.e) *SIAC-Rules-2010/2013*.

229 Vgl. oben unter B.II.1.d) *SIAC-Rules-2007* sowie B.II.1.e) *SIAC-Rules-2010/2013*.

Art. 10 ICC-Rules-2012 die maßgeblichen Regelungen für die Zusammenführung ursprünglich separater Schiedsverfahren. Die ICC behielt danach die alleinige Entscheidungskompetenz hinsichtlich der Konsolidierung mehrerer Schiedsverfahren. Die Ausübung dieser Kompetenz setzte unverändert voraus, dass eine der Parteien der zu verbindenden Schiedsverfahren einen entsprechenden Antrag bei der Schiedsinstitution stellte.[230]

Eine Konsolidierung kam grundsätzlich in drei verschiedenen Fallgruppen in Betracht: Erstens, wenn die Parteien dies ausdrücklich vereinbart hatten.[231] Zweitens, soweit die Geltendmachung der Ansprüche unter Bezug auf dieselbe Schiedsabrede erfolgte.[232] Oder drittens, falls sich die Parteien zwar auf mehrere, miteinander kompatible Schiedsvereinbarungen beriefen, die betreffenden Schiedsverfahren jedoch nicht nur dieselben Parteien betraf, sondern die verschiedenen Streitgegenstände zudem aus demselben rechtlichen Verhältnis herrührten.[233]

Im Vergleich zu Art. 4(6) ICC-Rules-1998, erweiterte Art. 10 ICC-Rules-2012, insbesondere dessen Unterabsatz lit. b) den Entscheidungsspielraum der ICC. Denn anders als noch zuvor konnten nun auch Schiedsverfahren verbunden werden, an denen unterschiedliche Parteien beteiligt waren, solange diese allesamt dieselbe Schiedsabrede unterzeichnet hatten.[234]

Die Regelungsreform weitete somit die Möglichkeiten für die Verbindung von Schiedsverfahren aus. Art. 10 ICC-Rules-2012 verschaffte den Parteien weitergehende Möglichkeiten zur Ausschöpfung des effizienzsteigernden Potentials einer Verfahrenskonzentration. Die Verbindung von ICC-Schiedsverfahren mit (teilweise) unterschiedlichen Parteien, die auf (teilweise) verschiedenen Schiedsabreden beruhen, war dagegen nicht möglich.[235] Vielmehr verfolgte die ICC einen eher restriktiven und im Lichte der von anderen Schiedsinstitutionen

---

230 *J. Fry/S. Greenberg/F. Mazza*, The Secretariat's Guide to ICC Arbitration, 2012, Ch. 3, Rn. 351

231 Art. 10(a) ICC-Rules-2012. Die Einwilligung aller Parteien lässt sich in dogmatischer Hinsicht als Abschluss einer selbstständigen Schiedsvereinbarung auslegen, welche die Parteien anlässlich der konkreten Streitigkeiten abschließen. Vor diesem Hintergrund kommt der Regelung lediglich begrenzte eigenständige Bedeutung zu.

232 Art. 10 lit. b) ICC-Rules-2012.

233 Art. 10 lit. c) ICC-Rules-2012.

234 Siehe *J. Fry/S. Greenberg/F. Mazza*, The Secretariat's Guide to ICC Arbitration, 2012, Ch. 3, Rn. 349, 354.

235 *G. Smith*, Comparative Analysis of Joinder and Consolidation Provisions Under Leading Arbitral Rules, in: JIA 35 (2018) No. 2, 173, 178.

geschaffenen, weiterreichenden Mechanismen zum Verfahrensbeitritt weiterer Personen deutlich konservativeren Ansatz.[236] Grund hierfür dürfte nicht zuletzt gewesen sein, dass die ICC verhindern wollte, dass nach ihrer Schiedsordnung zustandegekommene und von ihr zertifizierte Schiedssprüche Bedenken in Bezug auf ihre Anerkennungsfähigkeit und Durchsetzbarkeit ausgesetzt sein könnten.[237] Schließlich ist das Renommee der ICC entscheidend für ihre Führungsposition auf dem relevanten Markt. Ihr Renommee wiederum baut gerade auf dem Vertrauen in die Effektivität schiedsgerichtlicher Entscheidungen auf, die nach den ICC-Rules zustandegekommen und von der Schiedsinstitution überprüft beziehungsweise letztlich zertifiziert worden sind.[238]

c) LCIA-Rules-2014

Während der LCIA eine Vorreiterrolle bei der Hinzuziehung zusätzlicher Parteien zu einem Schiedsverfahren einnahm,[239] ergänzte er seine Schiedsordnung erst 2014 um die Möglichkeit der Verbindung mehrerer Schiedsverfahren. Mit Ausnahme des SIAC hatten zu diesem Zeitpunkt alle anderen größeren Schiedszentren, insbesondere die hier betrachteten Regelungen hinsichtlich der Verbindung von Schiedsverfahren in ihre Schiedsordnungen eingefügt. Im Vergleich mit den direkten Wettbewerbern wirkten die LCIA-Rules-1998 daher überholt.[240] Die Fassung von 2014 diente in diesem Punkt daher nicht zuletzt dem Aufschließen zur Konkurrenz.

So stattete Art. 22.1(ix) LCIA-Rules-2014 das Schiedsgericht mit der Befugnis aus, mehrere LCIA-Schiedsverfahren zu einem einzigen zu verbinden, falls sämtliche Parteien ihr Einverständnis mit diesem Vorgehen erklärten. Außerdem konnte das Schiedsgericht gemäß Art. 22.1(x) LCIA-Rules-2014 auch ohne das explizite Einverständnis der Parteien, jedoch mit der Zustimmung der Schiedsinstitution die Konsolidierung anordnen, wenn an den zu verbindenden

---

236 *J. Fry/S. Greenberg/F. Mazza*, The Secretariat's Guide to ICC Arbitration, 2012, Ch. 3, Rn. 349.

237 Vgl. *M. Scherer/L. Richman/R. Gerbay*, Arbitrating under the 2014 LCIA Rules, 2015, Ch. 16, Rn. 34.

238 Die Überprüfung jedes Schiedsspruches durch die Experten des Schiedszentrums bildet seit jeher ein Alleinstellungsmerkmal von ICC-Schiedsverfahren. Sie dient der Qualitätskontrolle und soll sicherstellen, dass ein entsprechend zertifizierter Schiedsspruch in Anbetracht der internationalen Standards vollstreckbar ist.

239 Dazu oben unter B.II.1.a) *LCIA-Rules-1985*.

240 *M. Scherer/L. Richman/R. Gerbay*, Arbitrating under the 2014 LCIA Rules, 2015, Ch. 2, Rn. 5.

Verfahren jeweils dieselben Parteien beteiligt sind und zudem bislang in keinem dieser Verfahren ein anders besetztes Schiedsgericht konstituiert ist.

Unabhängig davon, ob das Schiedsgericht seine Konsolidierungsentscheidung auf Art. 22.1(ix) oder (x) LCIA-Rules-2014 stützt, bedurfte sie stets zusätzlich der Genehmigung durch den LCIA. Wie im Falle der ICC lag die Kompetenz zur endgültigen Entscheidung über die Verfahrenskonzentration bei der Schiedsinstitution.[241]

Abweichend von den übrigen hier betrachteten Schiedsinstitutionen konnte der LCIA nach Art. 22.6 LCIA-Rules-2014 außerdem in Eigeninitiative mehrere Schiedsverfahren miteinander verbinden, welche dieselben Parteien betrafen und auf derselben Schiedsabrede beruhten. Diese Kompetenz des LCIA bestand allerdings nur, solange in keinem der zu verbindenden Schiedsverfahren ein Schiedsgericht konstituiert war. Dann nämlich ging sie auf das Schiedsgericht über, das die Konsolidierung wiederum nur auf einen parteiseitigen Antrag hin durchführen konnte.

Durch die eher restriktive Adaption des Konsolidierungsinstruments entgingen Schiedssprüche aus verbundenen LCIA-Schiedsverfahren etwaigen Bedenken im Hinblick auf ihre Anerkennungsfähigkeit und Durchsetzbarkeit.[242] Dennoch ging der normative Ansatz etwa in Anbetracht der eigeninitiativen Konsolidierungskompetenz der Schiedsinstitution weiter als die übrigen Anbieter, die allesamt jeweils einen parteiseitigen Antrag erforderten.

d) ICDR-Rules-2014/2021

Zusammen mit den Vorschriften über den Beitritt zusätzlicher Parteien zu laufenden Schiedsverfahren führte das ICDR 2014 mit Art. 8 ICDR-Rules-2014 eine Norm mit detaillierten Vorschriften zur Konsolidierung von Schiedsverfahren ein. Das darin festgelegte Prozedere unterscheidet sich von dem der übrigen Schiedsinstitutionen in mehreren Aspekten.

Als Entscheidungsträger im Rahmen des Art. 8(1) ICDR-Rules ist weder das ICDR als Schiedszentrum noch ein betroffenes Schiedsgericht vorgesehen. Stattdessen ist eigens ein sogenannter Konsolidierungsschiedsrichter (*consolidation arbitrator*) für die Entscheidung über die Verbindung von mehreren Schiedsverfahren einzusetzen. Während es gemäß Art. 8(2) ICDR-Rules-2014 zunächst

241 *M. Scherer/L. Richman/R. Gerbay*, Arbitrating under the 2014 LCIA Rules, 2015, Ch. 16, Rn. 32.

242 *M. Scherer/L. Richman/R. Gerbay*, Arbitrating under the 2014 LCIA Rules, 2015, Ch. 16, Rn. 34.

den Parteien überlassen ist, einen Konsolidierungsschiedsrichter zu bestimmen, kann die Schiedsinstitution selbst eine Person für diese Funktion bestimmen, falls die Parteien nicht innerhalb von 15 Tagen eine Einigung erzielen.

Haben nicht sämtliche betreffenden Parteien etwas anderes vereinbart, ist das Mandat eines Schiedsrichters eines der zu verbindenden Schiedsverfahren gemäß Art. 8(2)(a) ICDR-Rules-2014 mit dem des Konsolidierungsschiedsrichters inkompatibel. Die Terminologie gleicht dem Ansatz, den das ICDR bereits 2006 für die Etablierung eines standardmäßigen vor-schiedsgerichtlichen Eilrechtsschutzes verfolgt hatte, um den Entscheidungsträger an die typischen schiedsrichterlichen Pflichten anzubinden und somit seine Legitimität sowie die seiner Entscheidungen zu unterstreichen.[243]

Darüber hinaus eröffnen die ICDR-Rules grundsätzlich die Möglichkeit, ICDR-Schiedsverfahren mit solchen zu verbinden, für die im Grunde andere Verfahrensregeln gelten. Art. 8(1) ICDR-Rules-2014 sieht insoweit ausdrücklich vor, dass eine Konsolidierung bereits in Betracht kommt, wenn zumindest in einem Schiedsverfahren die ICDR-Rules gelten. Insoweit gilt der Grundsatz, dass ein ICDR-Rules-basiertes Schiedsverfahren mit jedem anderen Schiedsverfahren verbunden werden kann, für das entweder ebenfalls die Anwendung der ICDR-Rules oder aber eine der anderen Schiedsordnungen der AAA vereinbart wurde.[244]

Als Öffnungsklausel für die Verfahrenskonsolidierung ist Art. 8(1) ICDR-Rules-2014 besonderer Seltenheitswert beizumessen. Denn die Konsolidierungsvorschriften der anderen Schiedsinstitutionen ermöglichen die Verbindung mehrerer Schiedsverfahren ausschließlich, sofern sie auf derselben Schiedsvereinbarung oder auf mehreren kompatiblen Schiedsvereinbarungen beruhen. Folgerichtig kommt in der Regel eine Konsolidierung jedenfalls dann nicht in Betracht, wenn für die betreffenden Schiedsverfahren unterschiedliche Schiedsordnungen maßgeblich sind.[245] Im Sinne der Nutzerfreundlichkeit scheint es allerdings sinnvoll, die formal-organisatorische Trennung zwischen

---

243 Vgl. oben zu den Vorschriften über den vor-schiedsgerichtlichen Eilrechtsschutz unter A.II.1.c) *ICDR-Rules-2006*.

244 Demnach sind nicht nur Schiedsverfahren nach anderen Schiedsordnungen der AAA wie den AAA-Rules (*Commercial Arbitration Rules*) oder den *Construction Industry Arbitration Rules* verbindungsfähig, sondern auch solche, auf welche die UNCITRAL-Rules Anwendung finden, die aber dennoch von dem ICDR oder der AAA administriert werden. Siehe dazu *M. Gusy/J. Hosking*, A Guide to the ICDR International Arbitration Rules, 2. Aufl. 2019, Rn. 8.12.

245 *G. Born*, International Commercial Arbitration, 3. Aufl. 2021, S. 2809 f.

AAA und ICDR auf der verfahrensrechtlichen Ebene zu durchbrechen, sofern dadurch zusätzliches Potential für die Effizienz der Konfliktlösung erschlossen werden kann.

In den drei Fallgruppen, für die Art. 8(1) ICDR-Rules-2014 eine Konsolidierung erlaubt, kommt das allgemeine Konsensprinzips der Schiedsgerichtsbarkeit zum Ausdruck. Demnach kann der Konsolidierungsschiedsrichter die Verbindung mehrerer Schiedsverfahren anordnen, falls alle involvierten Parteien dies ausdrücklich vereinbart haben,[246] falls sämtliche Einzelverfahren jeweils auf derselben Schiedsvereinbarung gründen[247] oder im Falle unterschiedlicher Schiedsabreden, soweit diese miteinander kompatibel sind, an ihnen jeweils dieselben Parteien beteiligt sind und die Streitigkeiten in Verbindung mit demselben Rechtsverhältnis stehen.[248]

Die Konsolidierung nach Art. 8(1) ICDR-Rules-2014 erfolgt ausschließlich auf Antrag einer Partei. Im Umkehrschluss kann weder das Schiedsgericht noch das Schiedszentrum die Konsolidierung mehrerer Schiedsverfahren anstoßen. Gibt der Konsolidierungsschiedsrichter einem entsprechenden Antrag statt, werden die in Rede stehenden Schiedsverfahren wie bei der ICC standardmäßig mit demjenigen verbunden, das im Sinne von Art. 2(2) ICDR-Rules als erstes begonnen wurde.[249]

Art. 8(6) ICDR-Rules-2014 deklariert, dass die Parteien angesichts einer Konsolidierung so zu behandeln sind, als hätten sie auf ihr Recht zur Wahl eines Schiedsrichters verzichtet. Ebenso ist es dem Konsolidierungsschiedsrichter demnach gestattet, eines der bereits installierten Schiedsgerichte für das konsolidierte Schiedsverfahren einzusetzen beziehungsweise die Mandate einzelner Schiedsrichter, welche in den separaten Verfahren bereits ernannt wurden, zu widerrufen.

In den ersten vier Jahren seit Einführung der Vorschrift wurde noch nie ein Konsolidierungsschiedsrichter eingesetzt, wobei Verantwortliche des ICDR betonen, dass Art. 8 ICDR-Rules-2014 aufgrund seines hohen Detailgrades den Parteien helfe, selbstständig eine Vereinbarung über die Konsolidierung von Schiedsverfahren zu erzielen, sodass die Einsetzung eines Konsolidierungsschiedsrichters gar nicht erst erforderlich wird.[250] Kritische Stimmen halten den

246 Art. 8(1)(a) ICDR-Rules-2014.
247 Art. 8(1)(b) ICDR-Rules-2014.
248 Art. 8(1)(c) ICDR-Rules-2014.
249 Art. 8(5) ICDR-Rules-2014.
250 Zum Ganzen siehe *M. Gusy/J. Hosking*, A Guide to the ICDR International Arbitration Rules, 2. Aufl. 2019, Rn. 8.09.

Ansatz des ICDR dagegen für gescheitert, da die Benennung des Konsolidierungsschiedsrichters nicht nur zusätzliche Zeit in Anspruch nimmt, sondern weitergehende rechtliche Unsicherheitsfaktoren schafft, die sich unter Umständen in erhöhten Verfahrenskosten niederschlagen könnten.[251]

Die Reform der ICDR-Rules aus dem Jahr 2021 hat keine Veränderungen für den Konsolidierungsmechanismus mit sich gebracht. Vielmehr ist dieser unverändert in Art. 9 ICDR-Rules-2021 enthalten.

e) *SIAC-Rules-2016*

Während das SIAC seit 2007 Regelungen für den Verfahrensbeitritt Dritter zur Verfügung stellte, enthält seine Schiedsordnung erst seit 2016 Bestimmungen über die Verbindung mehrerer Schiedsverfahren.[252] Seitdem sieht Rl. 8 SIAC-Rules-2016 vor, dass SIAC-Rules-basierte Schiedsverfahren auf Antrag einer der beteiligten Parteien miteinander verbunden werden können.

Ein solcher Antrag kann entweder bei einem betreffenden Schiedsgericht[253] oder vor dessen Konstituierung bei der Schiedsinstitution selbst gestellt werden.[254] Weist die Schiedsinstitution den Antrag auf Konsolidierung zunächst zurück, kann er später bei dem Schiedsgericht erneut gestellt werden.[255] Während die entsprechende Kompetenz des Schiedsgerichts im Vergleich zu derjenigen der Schiedsinstitution von zusätzlichen Voraussetzungen abhängt, ist sie in jedem Falle endgültig, da das Schiedsgericht durch die Zurückweisung eines Konsolidierungsantrags seitens der Schiedsinstitution nicht präkludiert ist.[256] Vielmehr kann der Antrag auf Konsolidierung gerade auch nach einer Ablehnung durch das SIAC bei dem Schiedsgericht erneut gestellt werden.[257] Folglich

---

251 So etwa *G. Born*, International Commercial Arbitration, 3. Aufl. 2021, S. 2807 f.

252 Das augenfällige Fehlen einer Regelung hinsichtlich der Verbindung laufender Schiedsverfahren wurde im Zusammenhang mit der Kommentierung der SIAC-Rules-2013 bereits angemerkt, etwa bei *M. Mangan/L. Reed/J. Choong*, A Guide to the SIAC Arbitration Rules, 1. Aufl. 2014, Rn. 10.16. Die Autoren verwiesen in diesem Zuge darauf, dass entsprechende Verfahrensregeln womöglich durch spätere Reformen Einzug in die SIAC-Rules erhalten würden.

253 Rl. 8.1 SIAC-Rules-2016.

254 Rl. 8.7 SIAC-Rules-2016.

255 *J. Choong/M. Mangan/N. Lingard*, A Guide to the SIAC Arbitration Rules, 2. Aufl. 2018, Rn. 7.76, 7.81; *G. Smith*, Comparative Analysis of Joinder and Consolidation Provisions Under Leading Arbitral Rules, in: JIA 35 (2018) No. 2, 173, 182.

256 Rl. 8.4 SIAC-Rules-2016.

257 *J. Choong/M. Mangan/N. Lingard*, A Guide to the SIAC Arbitration Rules, 2. Aufl. 2018, Rn. 7.76, 7.81.

hat die Ablehnung eines Konsolidierungsantrags seitens der Schiedsinstitution bloß vorläufigen Charakter.[258]

Umgekehrt ist die einmal angeordnete Konsolidierung mehrerer Schiedsverfahren durch das SIAC endgültig. Allerdings stellt Rl. 8.4 SIAC-Rules-2016 beziehungsweise Rl. 8.9 SIAC-Rules-2016 klar, dass die Verbindung von Schiedsverfahren das Schiedsgericht nicht daran hindern, sich gegebenenfalls für die Entscheidung in der verbundenen Sache als unzuständig zu erklären.

Indem die SIAC-Rules ihren Nutzern mithin gestattet, den Antrag auf Konsolidierung im Falle einer Ablehnung durch das Schiedszentrum erneut bei einem Schiedsgericht zu stellen, gehen sie weiter als die übrigen hier untersuchten Regelwerke, welche jeweils bloß einen einzigen Antrag bei einer einzigen Stelle zulassen.

Rl. 8.1 SIAC-Rules-2016 definiert drei Fallgruppen, in denen das Schiedszentrum einem Antrag auf Konsolidierung stattgeben kann. Demnach müssen entweder sämtliche Parteien diesem Vorgehen zustimmen[259] oder die zu verbindenden Schiedsverfahren müssen auf derselben Schiedsabrede beruhen.[260] Darüber hinaus gestattet Rl. 8.1(c) SIAC-Rules-2016 auch die Konsolidierung von Schiedsverfahren, die auf verschiedenen Schiedsvereinbarungen beruhen. Die Norm stellt mehrere alternative Tatbestandsvoraussetzungen auf, von denen neben der Kompatibilität der einzelnen Schiedsabreden lediglich eine weitere erfüllt sein muss, um eine Konsolidierung zu rechtfertigen.[261] So reicht aus, dass entweder die einzelnen Streitigkeiten in denselben Rechtsverhältnissen wurzeln oder in Zusammenhang mit denselben Vertragswerken stehen oder dieselbe Serie von Transaktionen betreffen.

Die identischen Fallgruppen gelten nach Rl. 8.7 SIAC-Rules-2016 auch für die Anordnung der Konsolidierung durch das Schiedsgericht. Nichtsdestoweniger ist der Spielraum eines Schiedsgerichts im Vergleich zu dem der

---

258 Damit folgen die Verfahrensregeln für die Konsolidierung von Schiedsverfahren dem Modell der Rl. 7 SIAC-Rules-2016 über den Beitritt zusätzlicher Personen zu einem Schiedsverfahren. Auch insoweit kann grundsätzlich sowohl die Schiedsinstitution als auch das Schiedsgericht über entsprechende Anträge entscheiden, ohne dass dadurch die Kompetenz-Kompetenz des Schiedsgerichts berührt würde. Vgl. dazu oben unter B.II.1.i) *SIAC-Rules-2016*.

259 Rl. 8.1(a) SIAC-Rules-2016.

260 Rl. 8.1(b) SIAC-Rules-2016.

261 *J. Choong/M. Mangan/N. Lingard*, A Guide to the SIAC Arbitration Rules, 2. Aufl. 2018, Rn. 7.67.

Schiedsinstitution beschnitten.[262] Denn das Schiedsgericht kann eine Konsolidierung nur anordnen, falls es entweder in derselben personellen Besetzung für alle betreffenden Schiedsverfahren konstituiert wurde oder aber in den übrigen der zu verbindenden Schiedsverfahren noch kein anderes (vollständig besetztes) Schiedsgericht besteht.

Dass einzelne oder sogar sämtliche Schiedsrichterposten bereits besetzt wurden, steht der Konsolidierungsanordnung nach den SIAC-Rules grundsätzlich nicht entgegen. Einerseits ermächtigen Rl. 8.6 beziehungsweise Rl. 8.10 SIAC-Rules-2016 die Schiedsinstitution dazu, Schiedsrichtermandate aufzuheben, sofern diese vor der Verbindungsentscheidung begründet wurden. Eine etwaige Aufhebung soll sicherstellen, dass keiner der Parteien ein Schiedsrichter aufgezwungen wird, an dessen Einsetzung sie nicht im Sinne des üblichen Prozederes gemäß Rl. 12 SIAC-Rules-2016 beteiligt war.[263] Allerdings ist sie nicht als automatischer, sondern als faktultativer Mechanismus konzipiert, sodass die Aufhebung von Schiedsrichtermandaten nur erfolgt, sofern das SIAC sie im Einzelnen für erforderlich hält.[264]

Nichtsdestoweniger kann das konsolidierte Schiedsverfahren auch unter Beibehaltung von bereits ernannten Schiedsrichtern fortgesetzt werden, denn Rl. 8.12 SIAC-Rules-2016 enthält die Vermutung, dass die Parteien für den Fall der Verbindung von Schiedsverfahren auf etwaige Beteiligungsrechte an der Schiedsrichterwahl verzichten. Da der im Voraus erklärte Verzicht auf dieses Recht mitunter ein Hindernis für die Anerkennung und Vollstreckbarerklärung darauf basierender Schiedssprüche darstellen könnte,[265] unterstreicht die Regelung den progressiven Regelungsansatz der SIAC-Rules. Dieser ist Ausdruck der

---

262 *J. Choong/M. Mangan/N. Lingard*, A Guide to the SIAC Arbitration Rules, 2. Aufl. 2018, Rn. 7.62.

263 *J. Choong/M. Mangan/N. Lingard*, A Guide to the SIAC Arbitration Rules, 2. Aufl. 2018, Rn. 7.79.

264 *J. Choong/M. Mangan/N. Lingard*, A Guide to the SIAC Arbitration Rules, 2. Aufl. 2018, Rn. 7.79.

265 Vgl. nur die Entscheidung der französischen Cour de cassation vom 7. Januar 1992 in Sachen *Siemens AG/BKMI Industrieanlagen GmbH v. Dutco Construction Co.* Danach ist ein etwaiges Recht zur Wahl eines Schiedsrichters Teil des zwingenden Verfahrensgrundsatzes der Gleichberechtigung der Parteien, auf das diese erst nach Eintritt des Streitfalles wirksam verzichten können. Ausführlich zu dieser vielbeachteten Entscheidung siehe *E. Schwartz*, Multi-Party Arbitration and the ICC, in: JIA 10 (1993) No. 3, 5, 10 ff.

offensiven Marktstrategie, mit der das SIAC sich in den letzten Jahren erfolgreich im Angebotswettbewerb der Schiedsinstitutionen positionieren konnte.

f) LCIA-Rules-2020

In den LCIA-Rules-2020 wurden die Vorschriften zur Verbindung von Schiedsverfahren in einem neu eingeführten Art. 22A zusammengetragen. Die bisherigen Kompetenzen sowohl des Schiedsgerichts als auch der Institution wurden indes gegenüber der Vorgängerversion erweitert. So ermöglichte die Schiedsordnung nunmehr auch die Verbindung von Verfahren, an denen (teilweise) unterschiedliche Parteien beteiligt waren. Hierzu reichte es aus, dass die zu verbindenden Schiedsverfahren auf derselben oder mehreren kompatiblen Schiedsvereinbarungen beruhten und sie dasselbe Rechtsverhältnis oder denselben Transaktionskomplex betrafen.[266]

Das Schiedsgericht ist für die Anordnung einer Konsolidierung weiterhin auf den Antrag einer der Verfahrensparteien sowie im Endeffekt auf die Zustimmung der Schiedsinstitution angewiesen.[267] Der LCIA dagegen konnte die Konsolidierung mehrerer Schiedsverfahren vor der Konstituierung eines der Schiedsgerichte wie gehabt auch eigeninitiativ verfügen.[268]

g) ICC-Rules-2021

Nachdem Art. 10 unverändert auch in den ICC-Rules-2017 enthalten war, enthielt die Nachfolgefassung kleinere Modifikationen. So erfasst Art. 10 lit. b) ICC-Rules-2021 ausdrücklich auch Konstellationen, in denen die zu verbindenden Schiedsverfahren zwar auf mehreren separaten, jedoch jeweils inhaltsgleichen Schiedsabreden beruhen.[269]

Außerdem wurde der Wortlaut des Art. 10 lit. c) ICC-Rules-2021 angepasst, um klarzustellen, dass die Regelung auf Konstellationen Anwendung findet, in denen die zu verbindenden Verfahren gerade nicht auf derselben Schiedsvereinbarung beziehungsweise deren Mehrzahl beruhen.

---

266 Art. 22.7(ii), (iii) sowie Art. 22.8(ii) LCIA-Rules-2020.

267 Art. 22.7 LCIA-Rules-2020. Siehe auch *M. Scherer*, in: M. Scherer/L. Richman/R. Gerbay (Hrsg.), Arbitrating under the 2020 LCIA Rules, 2021, Ch. 18, Rn. 42.

268 Art. 22.8 LCIA-Rules-2020.

269 Siehe auch Art. 9 ICC-Rules-2021.

III. Betrachtung unter wettbewerblichen Gesichtspunkten

Insgesamt sind die prozeduralen Beitritts- und Verbindungsmechanismen, welche die institutionellen Schiedsordnungen bereithalten, im Laufe der Jahre immer weitläufiger geworden. Waren erste Regelungskonzepte noch von dem Gedanken getragen, dass die Parteiautonomie nur in engen Grenzen mit Mehrparteienschiedsverfahren vereinbar sei, sind die aktuellen Regelungen von dem Streben nach Verfahrenseffizienz geprägt. Indem sie die verbindliche Festlegung auf eine bestimmte Schiedsordnung grundsätzlich als vorab erklärtes Einverständnis der Beteiligten mit der Anwendung der darin enthaltenen prozeduralen Werkzeuge verstehen, erschließt sich den Schiedsinstitutionen immenses Potential hinsichtlich der Normierung weitreichender Instrumente zur Verfahrenskonzentration.

Dementsprechend weitläufig ist der prozedurale Spielraum, den die Schiedsinstitutionen inzwischen mit der konkreten Ausgestaltung ihrer Regelungen zu Verfahrensbeitritt und Verfahrenskonsolidierung beanspruchen. Der fundamentale Wandel von ursprünglich restriktiver Gestaltungsphilosophie hin zu einer effizienzbetonten Normierung erfolgte schrittweise. Sein Ablauf folgt der zuvor auf Grundlage der Analyse des Wettbewerbs auf dem relevanten Markt formulierten Prognose für die Genese der institutionellen Schiedsordnungen.

1. *Angebotstransparenz erleichtert und befördert Imitation*

Mittlerweile enthalten die Regelwerke aller vorliegend gegenständlichen Schiedszentren spezielle Vorschriften, die sowohl die Verbindung von mehreren separaten Schiedsverfahren mit unterschiedlichen Parteien als auch die Einbeziehung Dritter in ein bereits initiiertes Verfahren ausdrücklich vorsehen.[270] Jedenfalls die Frage nach dem „Ob“ der Aufnahme solcher Regelungen in die jeweils eigenen Verfahrensregime haben die Schiedsinstitutionen mittlerweile allesamt positiv beantwortet. Dahingehend ist das Angebot auf dem Markt konsolidiert.

In Bezug auf die Voraussetzungen, welche die jeweiligen Verfahrensordnungen konkret aufstellen, bildet das Einverständnis der betreffenden Parteien jeweils den Ausgangspunkt für die Regelungskonzepte der hier untersuchten Schiedsinstitutionen. Mit der Eingliederung von Regelungen, welche die

---

270 Zur Verfahrenskonsolidierung siehe jeweils Art. 10 ICC-Rules-2021; Art. 22A LCIA-Rules-2020; Art. 8 SIAC-Rules-2016; Art. 8 ICDR-Rules-2014. Zur Einbeziehung Dritter in ein laufendes institutionelles Verfahren siehe jeweils Art. 7 ICC-Rules-2021; Art. 22.1(x) LCIA-Rules-2020; Art. 7 SIAC-Rules-2016; Art. 7 ICDR-Rules-2014.

nachträgliche Erweiterung des Beteiligtenfeldes sowie die Verbindung mehrerer Schiedsverfahren kodifizierten, sind insbesondere neue Möglichkeiten in Bezug auf die Auslegung des Parteiwillens geschaffen worden. Vor der Einführung ausdrücklicher Regelungen konnte regelmäßig eine einzelne Partei das Mehrparteienverfahren durch die Verweigerung ihrer Zustimmung boykottieren und somit verhindern.[271] Indem eine Schiedsordnung allerdings Maßgaben zu Verfahrensbeitritt und Verfahrensverbindung enthält, kann die Zustimmung der Parteien zu der Geltung eines solchen Regelwerks als generelles, im Grundsatz verbindliches Einverständnis mit eben solchen prozessualen Mechanismen ausgelegt werden.[272] Vor diesem Hintergrund kann der Widerspruch, den eine Partei nach Eintritt des Streitfalles im Hinblick auf eine konkrete verfahrensbündelnde Maßnahme erklärt, verworfen werden, ohne dass dadurch das fundamentale Konsensprinzip der Schiedsgerichtsbarkeit in Frage gestellt würde.

Die jeweiligen Ausgestaltungen der institutionellen Schiedsordnungen haben sich einander im Laufe der Jahre angenähert. Sämtliche der vorliegend untersuchten Schiedsordnungen ermöglichen mittlerweile eine Verfahrensbündelung auch ohne Ad-hoc Zustimmungserklärung jeder einzelnen der betreffenden Parteien. Dazu knüpfen die Regeln über den Beitritt zusätzlicher Parteien beziehungsweise der Verbindung mehrerer Schiedsverfahren an weniger formale Kriterien wie die Einheitlichkeit einer abgrenzbaren Transaktion an.[273] Dadurch wurde die Möglichkeit geschaffen, Effizienzerwägungen bei der Entscheidung über die jeweilige Maßnahme stärker zu gewichten, ohne gleichzeitig das Konsensprinzip vollkommen auszuhebeln.

271 Nur sofern Parteien in ihrer Schiedsabrede individuelle Regelungen über den Beitritt dritter Personen oder die Verbindung mit anderen Schiedsverfahren getroffen und sich somit gegenseitig verpflichtet hatten, konnte der spätere Widerspruch einer Partei verworfen werden. Im praktischen Rechtsverkehr waren und sind derartig spezifische Regelungen in Schiedsvereinbarungen allerdings absolute Ausnahmeerscheinungen. Schweigt auch das i.Ü. anwendbare Recht und enthält insbesondere die einschlägige Schiedsordnung diesbezüglich keine Regelungen, kann jede einzelne Partei effizienzfördernde Maßnahmen boykottieren und eigenständig verhindern.

272 *G. Born*, International Commercial Arbitration, 3. Aufl. 2021, S. 2765.

273 Ausdrücklich unter Anführung des Tatbestandsmerkmals von identischen Transaktionen bzw. ‚Transaktionsserien' siehe Rl. 8.1(c) SIAC-Rules-2016 sowie Art. 22.7(ii) LCIA-Rules-2020. Ähnlich zu verstehen sind zudem Art. 8(1)(c) ICDR-Rules-2014 und Art. 10(c) ICC-Rules-2021, die jeweils die Konsolidierung mehrerer Schiedsverfahren ermöglichen, falls die betreffenden Schiedsverfahren in Zusammenhang mit demselben Rechtsverhältnis stehen.

Wie weit die jeweiligen Regelungen das Tor für Verfahrensbeitritte und Verfahrenskonsolidierungen geöffnet haben, unterscheidet sich graduell von einer Schiedsinstitution zur nächsten. Während etwa das SIAC dahingehend besonders umfassende Spielräume eröffnet und sich maximaler Verfahrenseffizienz verschreibt, sind die jeweiligen Ansätze der ICC wie auch des LCIA und des ICDR demgegenüber zurückhaltender.[274] Anders als beim SIAC ist nach ihren Schiedsordnungen beispielsweise kein interventionistischer Verfahrensbeitritt verfahrensfremder Person vorgesehen. Mithin erscheint das Angebot des SIAC in Teilen weitreichender und mithin aggressiver als das der übrigen Wettbewerber.

Trotz dieser graduellen Unterschiede weist die Genese der Schiedsordnungen dennoch in puncto Regelungsinstrumenten zwecks Verfahrensbündelung starke Konvergenzerscheinungen auf. Diese beziehen sich sowohl auf die Terminologie der Vorschriften als auch auf deren normativen Gehalt sowie mitunter die systematische Einbindung in die Schiedsordnungen.

a) Urspünglicher Beitrittsmechanismus des SIAC

Ehemalige Versionen der Regelungen des SIAC über den nachträglichen Verfahrensbeitritt zusätzlicher Parteien wiesen besonders augenfällige Parallelen zu der entsprechenden Vorschrift des LCIA auf. Bevor das SIAC 2007 einen prozessualen Mechanismus für den Verfahrensbeitritt in seine Schiedsordnung einführte, waren die damals aktuellen LCIA-Rules-1998 das einzige institutionelle Regelwerk, das bereits eine solche Vorschrift enthielt. Art. 22.1(h) LCIA-Rules-1998 lautete:

> „[T]he Arbitral Tribunal shall have the power […] to allow, only upon the application of a party, one or more third persons to be joined in the arbitration as a party provided any such third person and the applicant party have consented thereto in writing, and thereafter to make a single final award, or separate awards, in respect of all parties so implicated in the arbitration."

Demgegenüber wurde Rl. 24(b) SIAC-Rules-2007 wie folgt gefasst:

> „[T]he Tribunal shall have the power to […] allow other parties to be joined in the arbitration with their express consent, and make a final award determining all disputes among the parties to the arbitration."

Im direkten Vergleich erscheint die Regelung des SIAC wie eine leicht gekürzte Version der damaligen Regelung des LCIA. Während die Fassung der SIAC-Rules

274 In diesem Sinne auch *G. Smith*, Comparative Analysis of Joinder and Consolidation Provisions Under Leading Arbitral Rules, in: JIA 35 (2018) No. 2, 173, 201 f.

von 2007 noch weder ein Antrags- noch ein Schriftformerfordernis oder die ausdrückliche Kompetenz des Schiedsgerichts zum Erlass separater Schiedssprüche enthielt, wurde all dies im Zuge der Regelungsreform 2010 ergänzt:

> "[T]he Tribunal shall have the power to [...] *upon application of a party*, allow one or more third parties to be joined in the arbitration provided that such person is a party to the arbitration agreement, with the *written consent of such third party*, and thereafter make a single final award *or separate awards* in respect of all parties."[275]

Nicht nur inhaltlich, sondern auch in Bezug auf die systematische Einbindung des Beitrittmechanismus als eine der ‚zusätzlichen Kompetenzen des Schiedsgerichts',[276] weisen die ursprünglichen Vorschriften des SIAC unverkennbare Ähnlichkeit zu der damaligen Fassung der LCIA-Rules auf.

b) Konsolidierungsmechanismus des ICDR

Ein weiteres Beispiel ist der zuletzt neu eingeführte Art. 7 ICDR-Rules-2014 mit den Regelungen für den Beitritt zusätzlicher Parteien zu einem laufenden Schiedsverfahren. Dieser ähnelt in seiner Grundstruktur auffallend stark der damals geltenden Vorschrift der ICC-Rules für den Beitrittsmechanismus, Art. 7 ICC-Rules-2012.[277] Nach beiden Vorschriften kann ein Verfahrensbeitritt weiterer Personen nur von einer der bereits beteiligten Parteien beantragt werden.[278] Außerdem entsprechen die formalen Anforderungen an einen solchen Beitrittsantrag sowohl nach den ICDR-Rules-2014 als auch nach den ICC-Rules-2012 denjenigen, die das jeweilige Regelwerk für die Erhebung der Schiedsklage vorsieht.[279] Über den normativen Gehalt hinaus kommt in den maßgeblichen Vorschriften der ICDR-Rules-2014 mit dem Verweis sogar dieselbe Regelungstechnik zum Einsatz, sodass die Orientierung an den ICC-Rules-2012 sogar bis auf die Systematik der Schiedsordnung durchschlägt.

---

275 Rl. 24(b) SIAC-Rules-2010 (Hervorhebungen nur hier).

276 Sowohl Art. 22.1 LCIA-Rules-1998 als auch Rl. 24 SIAC-Rules-2007/2010 sind mit ‚Additional Powers of the Arbitral Tribunal' überschrieben.

277 Vgl. *M. Gusy/J. Hosking*, A Guide to the ICDR International Arbitration Rules, 2. Aufl. 2019, Rn. 7.05.

278 Art. 7(1) ICDR-Rules-2014; Art. 7(1) ICC-Rules-2012.

279 Art. 7(2) i.V.m. Art. 2(3) ICDR-Rules-2014; Art. 7(2) i.V.m. Art. 4(3) ICC-Rules-2012.

2. *Verschieden intensiver Wettbewerbsdruck je nach Marktposition*

Der unterschiedlich stark ausgeprägte Druck, dem eine Schiedsinstitution je nach ihrer allgemeinen Reputation ausgesetzt ist, spiegelt sich in der historischen Entwicklung der institutionellen Vorschriften zu Mehrparteienverfahren deutlich wider. Mit dem LCIA beziehungsweise der ICC identifizierten traditionsreiche, im Markt fest etablierte Anbieter als erste den entsprechenden Bedarf der Nachfrageseite und entschlossen sich dazu, diesem durch die Einführung ausdrücklicher Verfahrensregeln Rechnung zu tragen.

Der LCIA konzeptionierte als erste Schiedsinstitution einen prozessrechtlichen Mechanismus, der die Hinzuziehung zusätzlicher Parteien zu einem laufenden Schiedsverfahren ermöglichte.[280] Die ICC nahm mit Art. 4(6) ICC-Rules-1998 als erste der vorliegend untersuchten Schiedsinstitutionen überhaupt eine Vorschrift in ihr Verfahrensregime auf, welche die Konsolidierung mehrerer Schiedsverfahren ermöglichte. Während damals lediglich Schiedsverfahren zwischen denselben Parteien und basierend auf derselben Schiedsabrede miteinander verbunden werden konnten, hat die ICC den ehemals stark limitierten Anwendungsbereich des Konsolidierungsinstrumentes stetig erweitert. So enthalten die ICC-Rules nunmehr Regelungen, die weitreichende Mechanismen sowohl für den nachträglichen Beitritt zusätzlicher Parteien als auch für die Verbindung mehrerer Schiedsverfahren bereitstellen.[281] Insbesondere mit der zum 1. Januar 2021 in Kraft getretenen Aufhebung der strikten zeitlichen Beschränkung für die Stellung von Anträgen auf verfahrenskonzentrierende Maßnahmen setzte sich der Trend der effizienzbetonten Angebotsausrichtung in der Genese der ICC-Rules weiter fort.

Die historische Genese im Vergleich zu den übrigen Schiedsordnungen verdeutlicht allerdings, dass dieser Wandel des grundlegenden Ansatzes der ICC nicht allein durch die Häufung von Mehrparteienschiedsverfahren hervorgerufen wurde. Schließlich hatte man diese Entwicklung bereits identifiziert, bevor die Gestaltung der ICC-Rules-1998 abgeschlossen worden war. Die ICC entschloss sich damals jedoch in Kenntnis dieses Umstandes gegen umfängliche Regelungen zu Mehrparteienverfahren.[282] Als sie dies 2012 mit der Reform der Schiedsordnung nachholte, hatte sich am Beispiel des SIAC bereits gezeigt,

---

280 Vgl. Art. 13.1(c) LCIA-Rules-1985. Siehe dazu ausführlich oben unter B.II.1.a) *LCIA-Rules-1985*.

281 So auch *G. Born*, International Commercial Arbitration, 3. Aufl. 2021, S. 2796.

282 *J. Fry*/*S. Greenberg*/*F. Mazza*, The Secretariat's Guide to ICC Arbitration, 2012, Ch. 3, Rn. 287.

dass eine Schiedsordnung mit einem weitreichenden Beitrittsmechanismus für Mehrparteienkonstellationen Nutzer nicht abschreckte. Ganz im Gegenteil hatte das SIAC nach Einführung der entsprechenden Regelungen 2007 sogar überdurchschnittlich hohe Wachstumsraten bei seinen Fallzahlen erzielt.

Bei Betrachtung der Fallstatistik ist zu beachten, dass sich die Zahl neu registrierter Verfahren erst mit gewissem zeitlichem Abstand zu einer Schiedsordnungsreform als aussagekräftiger Indikator für deren Erfolg oder Misserfolg auf dem Markt heranziehen lässt. Denn sofern neue Regelungen Nutzer tatsächlich zur Auswahl des entsprechenden Regimes zu bewegen, äußert sich dies zunächst in dem Abschluss einer Schiedsvereinbarung mit einem entsprechenden Institutionsverweis. Der etwaige Markterfolg spiegelt sich jedoch erst in der Fallstatistik wider, wenn ein Streitfall eintritt und eine der Parteien ein Schiedsverfahren bei der jeweiligen Schiedsinstitution anstrengt. Da Schiedsabreden regelmäßig als Zusatz zu einem Hauptvertrag und somit vor Eintritt eines Streitfalles abgeschlossen werden, liegen für gewöhnlich einige Jahre zwischen diesen beiden Ereignissen.[283]

	2006	**2007**	**2008**	**2009**	**2010**	**2011**	**2012**	**Wachstum**
ICC	593	599	663	817	793	796	759	+28 %
LCIA	133	137	215	272	246	224	265	+99 %
SIAC	90	86	99	160	197	188	235	+161 %
ICDR	586	621	703	836	888	994	996	+70 %

Jährlich neu registrierte Verfahren und Wachstum zwischen 2006 und 2012.[284]

Vor diesem Hintergrund ergibt sich der folgende Befund: War das Fallaufkommen des SIAC 2007 im Vergleich zum Vorjahr noch leicht gesunken, stieg es 2008 zunächst moderat um knapp 15 % und 2009 dann sprunghaft um rund 60 % an. Zwar verzeichneten sämtliche Schiedsinstitutionen um das Jahr 2008 herum markante Anstiege in ihrem Fallaufkommen, was mitunter als Auswirkung der

283 *S. Elsing*, Procedural Efficiency in International Arbitration, in: SchiedsVZ 2011, 114, 115.

284 Fallzahlen nach *G. Born*, International Commercial Arbitration, 3. Aufl. 2021, S. 93.

damaligen Finanzkrise gedeutet wurde.[285] Allerdings lag die Wachstumsrate des SIAC deutlich über der seiner Wettbewerber.[286]

Während zudem andere Schiedsinstitutionen wie die ICC oder der LCIA nach dem vorläufigen Rekordjahr 2009 Rückgänge beim Fallaufkommen hinnehmen mussten, stieg die Anzahl der neu registrierten Verfahren des SIAC weiter an.[287] Obgleich nicht abschließend bestimmbar ist, zu welchem Anteil diese Entwicklung auf die Reformen der SIAC-Rules aus den Jahren 2007 und 2010 zurückzuführen sind, erzeugt die Marktentwicklung jedenfalls einen dahingehenden Eindruck.[288] Auch ohne dass der Zusammenhang zwischen der Regelungsreform und dem im Marktvergleich überdurchschnittlichen Anstieg der Fallzahlen feststünde, erscheinen derartige Marktbewegungen geeignet, Wettbewerber unter Druck zu setzen und zu entsprechenden Reaktionen zu veranlassen. Denn die übrigen Schiedsinstitutionen konnten zumindest nicht ausschließen und mussten mithin davon ausgehen, dass der gleichermaßen rasante wie anhaltende Anstieg der Fallzahlen des SIAC insbesondere durch dessen Regelungsreformen angestoßen war. Bis zum Jahr 2014 hatten die übrigen der hier untersuchten Schiedsinstitutionen allesamt eigene Regelungen zum Verfahrensbeitritt eingeführt oder – sofern ihre Schiedsordnungen solche bereits enthielten – diese bestehenden Vorschriften zu Gunsten größerer Flexibilität modifiziert.

Genauso hatten alle Schiedsinstitutionen bis zu diesem Zeitpunkt entsprechend weitreichende Vorschriften zur Konsolidierung mehrerer Verfahren

---

285 In diesem Sinne *L. Markert*/*S. Wilske*, Entwicklungen in der internationalen Schiedsgerichtsbarkeit im Jahr 2009 und Ausblick auf 2010, in: SchiedsVZ 2010, 62 f.; *M. Scherer*, Economic or Financial Crises as a Defence in Comercial and Investment Arbitration, in: A. Bělohlávek/N. Rozehnalová (Hrsg.), Czech Yearbook of International Law, 219, 220 u. 224; *S. Elsing*, Procedural Efficiency in International Arbitration, in: SchiedsVZ 2011, 114, 115.

286 Relatives Wachstum des Fallaufkommens zwischen 2008 und 2009: ICC +23,2 %; LCIA +26,5 %; SIAC +61,6 %; ICDR +18,9 %.

287 Relatives Wachstum des Fallaufkommens zwischen 2009 und 2010: ICC -2,9 %; LCIA -9,5 %; SIAC +23,1 %; ICDR +6,2 %. Hinsichtlich der Daten des ICDR ist zu bemerken, dass die Schiedsinstitution sich besonders großer Beliebtheit bei U.S.-amerikanischen Nutzern erfreut. Da die U.S.A. im Zentrum der damaligen Finanzkrise standen, ist davon auszugehen, dass die Zahlen des ICDR zum Fallaufkommen im Jahr 2010 noch stärker von diesem außergewöhnlichen Ereignis beeinflusst sind als die der übrigen Schiedsinstitutionen.

288 Im Rahmen der Schiedsordnungsreform, die 2010 in Kraft trat, nahm das SIAC auch das vor-schiedsgerichtliche Eilrechtsschutzverfahren in das hauseigene Angebot auf. Vgl. dazu oben unter A.II.2.a) *SIAC-Rules-2010*.

in ihre Regelwerke aufgenommen, nachdem diese Regelungsinnovation von der Nachfrageseite angenommen wurde und sich mithin erfolgreich im Markt bewährt hatte. Anbieter, welche zunächst nicht auf diesen Trend reagierten, sahen sich mitunter dem Vorwurf konfrontiert, ihre Schiedsordnung wirke ‚veraltet' und im direkten Vergleich mit der Konkurrenz überholt.[289]

Dass etablierte Schiedsinstitutionen wie der LCIA zu den letzten gehörte, die Konsolidierungs- beziehungsweise Beitrittsmechanismen in die hauseigenen Schiedsregeln aufnahmen, ist nicht zuletzt Ausdruck des Wettbewerbsvorsprungs, der ihnen aufgrund ihrer Reputation im Markt zu Teil wird. Angesichts dieses Vorsprungs können sich traditionsreiche Schiedsinstitutionen das Zögern bei der Reaktion auf Marktbewegungen eher leisten als weniger etablierte Wettbewerber, die mangels besonderen Renommees ausschließlich an dem konkreten Inhalt ihres Angebotes gemessen werden. Nichtsdestoweniger können sich auch die führenden Schiedsinstitutionen der Dynamik des Wettbewerbs auf dem relevanten Markt nicht gänzlich entziehen.

Vielmehr zeigt das Beispiel des SIAC, dass sorgfältig konzipierte Regelwerke Nutzer anziehen und Zugewinne am Markt erzielen können, auch wenn sie nicht von einer besonders etablierten Schiedsinstitution herrühren. Verschafft ein entsprechendes Regelungskonzept einer Schiedsinstitution erst einmal auffälligen Markterfolg, kommt es zeitnah zu Anpassungen bei den konkurrierenden Anbietern, da diese hoffen, entweder ähnliche Zuwächse zu generieren oder zumindest nicht als rückständig wahrgenommen werden möchten. Dass der LCIA im Endeffekt eine Konsolidierungsregelung in seine Schiedsordnung aufgenommen hat, unterstreicht, dass selbst führende Schiedsinstitutionen vor einem derartigen Stigma nicht gefeit sind.[290] Die disziplinierende Wirkung des normativen Wettbewerbs erstreckt sich somit auch auf die führenden Anbieter.

3. *Wettbewerb als normatives Entdeckungsverfahren*

Wie gezeigt sind die institutionellen Schiedsordnungen Gegenstand von Wettbewerb. Die aktuelle Fassung jedes hauseigenen Regelwerks ist folglich das Ergebnis eines normativen Schaffensaktes, den eine Schiedsinstitution jeweils

---

289 So rückblickend in Bezug auf den LCIA *M. Scherer/L. Richman/R. Gerbay*, Arbitrating under the 2014 LCIA Rules, 2015, Ch. 2, Rn. 5 ("[T]he lack of express provisions on consolidation in the 1998 Rules made them look dated.").

290 Entsprechendes gilt für die Einführung eines vor-schiedsgerichtlichen Rechtsschutzverfahrens, dem sich der LCIA zuvor strikt verweigert hatte. Siehe dazu oben unter A.II.2.c) *LCIA-Rules-2014*.

unter ihrem individuellen Eindruck der jüngsten Marktverhältnisse anstößt und dann vollzieht. Die Genese der vorliegend untersuchten Schiedsordnungen verdeutlicht die wettbewerbsbedingten Wechselwirkungen zwischen den einzelnen Regelwerken.

Insofern ist bezeichnend, dass die Konzepte des LCIA zum Verfahrensbeitritt und der ICC zur Verfahrenskonsolidierung keine sonderlich positiven Effekte auf dem Markt nach sich ziehen konnten. Während beide Schiedsinstitutionen die stetig zunehmende Komplexität internationaler Wirtschaftsstreitigkeiten als akutes Problem identifiziert und indes ein gewisses Marktpotential für dahingehende Lösungsansätze ausgemacht hatten, kamen ihre daraufhin entwickelten Regelungskonzepte kaum zur Anwendung.

Das ursprüngliche Angebot des LCIA mit seinem weitreichenden, aber eher rudimentär gefassten Beitrittsmechanismus hat bei Nachfragern in den vielen Jahren seit seiner Markteinführung keinen erkennbaren Anklang finden können.[291] Der eng gefasste Anwendungsbereich der Konsolidierungsregelung der ICC-Rules 1998 war dagegen mangels Flexibilität und insbesondere wegen der inhärenten Benachteiligung der Beklagtenseite nur sehr eingeschränkt zur prozeduralen Bewältigung komplexer Mehrparteienstreitigkeiten geeignet.

a) *Angleichung des allgemeinen Angebots an effiziente Regelungen*

Trotz des äußerst begrenzten Markterfolges, den die jeweiligen Vorschriften verbuchen konnten, blieben sie nicht ohne Wirkung. Vielmehr rückten sie den nachfrageseitigen Bedarf, den sie zu bedienen suchten, in das Zentrum der Aufmerksamkeit anderer Anbieter. Dadurch wurde die normative Entwicklung angestoßen, die in der allgemeinen Verbreitung von Beitritts- und Konsolidierungsmechanismen mündete. Doch nicht nur der Umstand, dass mittlerweile jede der vorliegend gegenständlichen Schiedsordnungen entsprechende Vorschriften enthält, ist Ausdruck des wettbewerbsbedingten Entdeckungsprozesses.

Auch die konkrete normative Entwicklung der institutionellen Regelwerke ist von einer fortschreitenden Liberalisierung der Vorschriften über Mehrparteienverfahren geprägt. So weisen diejenigen Schiedsordnungen, deren Mehrparteienregime bereits mehrere Entwicklungsstufen durchlaufen hat (ICC, LCIA und SIAC), in ihren aktuellen Fassungen allesamt Anwendungskompetenzen der

291 *N. Voser*, Multi-Party Disputes and Joinder of Third Parties, in: A. van den Berg (Hrsg.), 50 Years of the New York Convention, 343, 399 ("Art. 22.1(h) [LCIA-Rules-1998] is very rarely applied").

Schiedsinstitutionen beziehungsweise der Schiedsgerichte auf, die weit über das ursprüngliche Maß hinausgehen.

Mit dieser allgemeinen Liberalisierung ging zudem die Konkretisierung der Vorschriften einher. Während die Schiedsinstitutionen ihren prozeduralen Mechanismen zur Bewerkstelligung komplexer Streitfälle ein immer breiteres Anwendungsfeld einräumten, versuchten sie, auch dem nachfrageseitigen Bedarf an Vorhersehbarkeit Rechnung zu tragen, indem sie ihre Vorschriften differenzierter gestalteten. Vielmehr als beispielsweise noch Art. 13.1(c) LCIA-Rules-1985, der die Voraussetzungen für einen Verfahrensbeitritt Dritter eher rudimentär festlegte, enthalten die aktuellen Versionen der Schiedsordnungen dahingehend weit dezidierter formulierte Vorgaben.

Dabei geben sie unter anderem Aufschluss darüber, welcher Personenkreis in Bezug auf Verfahrensbeitritt und -konsolidierung antragsberechtigt ist, innerhalb welches Zeitraums ein solcher Antrag gestellt werden kann und welche inhaltlichen Anforderungen dieser erfüllen muss.[292] Von differenzierteren Bestimmungen geht ein höheres Maß an Planbarkeit aus, da Nutzer in die Lage versetzt werden, die Implikationen der entsprechenden Regelungen besser zu antizipieren und diese in ihre Dispositionen mit einzubeziehen.

Vorschriften über verfahrensbündelnde Mechanismen sind mittlerweile omnipräsent in den institutionellen Schiedsordnungen. Genauso stellen deren Liberalisierung sowie Ausdifferenzierung Entwicklungstrends dar, die auf das gesamte Angebot am Markt allgemeingültig zutreffen. In der Zusammenschau bestätigen diese Befunde die Prognose, dass der Angebotswettbewerb angesichts der hochgradigen Transparenz des relevanten Marktes erhebliche Angleichungstendenzen bewirkt.[293] Sobald ein Regelungskonzept von den Nachfragern positiv angenommen ist und sich praktisch als effizient erweist, reagieren die übrigen Schiedsinstitutionen mit entsprechenden Anpassungen ihrer eigenen Regelwerke. Aufgrund der spezifischen Beschaffenheit des relevanten Marktes, der sich hinsichtlich des Angebotsinhalts durch vollständige Transparenz auszeichnet, verbreiten sich erfolgreich eingeführte Regelungsinnovationen innerhalb

292 Siehe dazu die vergleichende Analyse unterschiedlicher institutioneller Regelungen zu Verfahrensbeitritt und Verfahrenskonsolidierung bei *G. Smith*, Comparative Analysis of Joinder and Consolidation Provisions Under Leading Arbitral Rules, in: JIA 35 (2018) No. 2, 173, 189 ff.

293 Siehe dazu im Zweiten Teil unter B.IV.2. *Angebotstransparenz begünstigt inhaltliche Annäherung.*

kurzer Zeit, sodass sich alsbald weitreichende Konvergenz der Schiedsordnungen einstellt.

b) Keine Anpassung an Regelungskonzepte ohne Markterfolg

Die wettbewerbliche Dynamik spiegelt sich über die positive Anpassung hinaus gleichermaßen negativ in der Rechtsgenese wider, wenn ein neuartiges Regelungskonzept nach seiner Einführung durch eine Schiedsinstitution ohne erkennbaren Markterfolg bleibt.

Ein Beispiel hierfür ist die 2014 vom ICDR eingeführte Figur des Konsolidierungsschiedsrichters. Andere führende Schiedsinstitutionen hatten zu dieser Zeit ihre Regelwerke bereits um entsprechende Mechanismen ergänzt. Während die Einführung einer Konsolidierungsvorschrift durch das ICDR somit vergleichsweise spät erfolgte, wich sie in bemerkenswerter Weise von den bestehenden Regelungskonzepten ab.

Anders als alle anderen der vorliegend untersuchten Schiedsinstitutionen wies das ICDR die Entscheidungsbefugnis für Konsolidierungsanträge weder dem Schiedsgericht noch der administrierenden Schiedsinstitution zu. Stattdessen wurde über den einschlägigen Art. 8 ICDR-Rules-2014 mit dem Konsolidierungsschiedsrichter eine gänzlich neue Figur geschaffen. Dieser Bezeichnung folgend entspricht der Konsolidierungsschiedsrichter in seiner formalrechtlichen Konzeption einem herkömmlichen Schiedsrichter.

Geht ein Antrag auf Konsolidierung mehrerer Schiedsverfahren ein, fordert das ICDR alle betreffenden Parteien auf, sich auf eine Vorgehensweise zu einigen, nach der ein Konsolidierungsschiedsrichter ausgewählt werden soll.[294] Erzielen die Parteien keine Einigung, bestimmt das ICDR über die Besetzung der Position.[295] Der Grundsatz des vorrangigen Auswahlrechts der Parteien und der nachrangigen Ersatzbestimmung durch das ICDR gilt ebenso im Rahmen der Konstitution des in der Hauptsache zuständigen Schiedsgerichts.[296]

Zudem sehen die ICDR-Rules ausdrücklich vor, dass die Prinzipien der Unabhängigkeit sowie Unparteilichkeit für Konsolidierungsschiedsrichter genauso gelten wie allgemein für jeden anderen Schiedsrichter. Folgerichtig räumt Art. 8(2)(d) ICDR-Rules-2014 den Parteien in Verbindung mit Art. 14 ICDR-Rules-2014 das Recht ein, Widerspruch gegen die personelle Besetzung einzulegen, um die Ersetzung des Konsolidierungsschiedsrichters zu erreichen.

---

294 Art. 8(2)(a) ICDR-Rules-2014.
295 Art. 8(2)(b) ICDR-Rules-2014.
296 Vgl. Art. 12(1), (5), (6) ICDR-Rules-2014.

Die Ausgestaltung des Konsoliderungsmechanismusses mit einem eigens und ausschließlich zu dieser Entscheidung berufenen Schiedsrichter war zum Zeitpunkt ihrer Markteinführung ein absolutes Alleinstellungsmerkmal der ICDR-Rules. In den ersten vier Jahren ihrer Gültigkeit kam die Vorschrift aber kein einziges Mal zur Anwendung.[297]

297 *M. Gusy/J. Hosking*, A Guide to the ICDR International Arbitration Rules, 2. Aufl. 2019, Rn. 8.09.

Conclusio

Zusammenfassung der Ergebnisse und Einordnung

A. Konkurrenz zwischen den Schiedsinstitutionen schlägt auf die normative Ebene der Schiedsordnungen durch

Die Schiedsinstitutionen sind in ihrer Tätigkeit nicht immun gegen wirtschaftliche Einflüsse. Sie agieren im Kontext eines kompetitiven Marktumfeldes, in dem der eigene Erfolg von der Transaktionsentscheidung der Nachfrager abhängt. Ihre Funktion als Rechtserzeuger bildet insofern keine Ausnahme. Denn die Gestaltung der Schiedsordnungen erfolgt seitens der Schiedsinstitution in dem Bewusstsein, dass nachfrageseitig die Regelungen mit denen anderer Anbieter verglichen werden. Mithin steht dieser Prozess genauso unter dem Einfluss wettbewerblicher Dynamik wie auch das sonstige Marktverhalten einer Schiedsinstitution.

Die Untersuchungsergebnisse zu der Genese der gegenständlichen Schiedsordnungen zeigen einen Verlauf, der zu der Analyse des relevanten Marktes passt. In ihren Grundzügen spiegeln die herausgearbeiteten Entwicklungen sowohl betreffend den vor-schiedsgerichtlichen Eilrechtsschutz als auch den Komplex der Mehrparteienverfahren die spezifische Wettbewerbsdynamik auf dem relevanten Markt wider. Die Transparenz des Angebotes begünstigt die Nachahmung erfolgreicher Regelungen. Dadurch nähern sich die Angebote der Schiedsinstitutionen und damit der normative Gehalt der Schiedsordnungen immer weiter aneinander an. Diese Konvergenzerscheinungen sind in erster Linie wettbewerbsbedingt. So erscheint es für die Schiedsinstitutionen als Anbieter wirtschaftlich sinnvoll, die eigene Schiedsordnung gemäß dem Vorbild der Konkurrenz anzupassen, sofern Marktbeobachtungen die Attraktivität bestimmter Regelungskonzepte für die Nachfrageseite nahelegen.

Darüber hinaus sind Zusammenhänge zwischen der Marktstruktur und der Rechtsgenese zu erkennen. Während die ICC über weite Teile des 20. Jahrhunderts den Markt als Quasi-Monopolist beherrschen konnte, kam es in den letzten Jahrzehnten zu einer Fülle von Markteintritten. Langjährige Wettbewerber wie der LCIA sowie die AAA mit der Gründung des ICDR fokussierten sich seitdem zunehmend auf internationale Schiedsverfahren. Zudem konnten sich jüngere Schiedsinstitutionen wie das SIAC mit ihrem Angebot am Markt etablieren. In der Folge ist der relevante Markt heute stärker umkämpft als in früheren Zeiten.

Derweil haben sich die Intervalle zwischen den Neufassungen der einzelnen Schiedsordnungen deutlich verkürzt. Nach Einführung der ICC-Rules-1985 vergingen noch 13 Jahre bis zu der Neufassung im Jahr 1998 und von da an sogar weitere 14 Jahre bis zu den ICC-Rules-2012. Die beiden folgenden Überarbeitungen der Schiedsordnung ereigneten sich in einem zeitlichen Abstand von fünf Jahren (2012 und 2017) beziehungsweise zuletzt lediglich vier Jahren (2017 und 2021). Mithin reformierte die ICC ihre Verfahrensordnung in diesen neun Jahren genauso oft wie in den vorvergangenen 27 Jahren. Eine ähnliche Verdichtung der Novellierungstaktung ist im Falle des LCIA festzustellen. Zwischen den LCIA-Rules-1985 und den LCIA-Rules-1998 lagen noch 13 Jahre, bevor noch einmal 16 Jahre bis zu der Reform 2014 vergingen. Von da an dauerte es jedoch bloß sechs Jahre bis zum Inkrafttreten der Neufassung aus dem Jahr 2020. Das ICDR ließ sieben Jahre zwischen den letzten beiden Reformen seiner Schiedsordnung vergehen. Das SIAC überarbeitete seine Regeln zwischen 2007 und 2016 sogar alle drei Jahre.

Zusammengenommen besteht eine auffällige Korrelation zwischen der Etablierung jüngerer Schiedsinstitutionen im Markt und der Verkürzung der Zeiträume zwischen den Reformen der Schiedsordnungen. Vor dem Hintergrund der Wettbewerbsanalyse ist insofern nicht von einem Zufall auszugehen. Vielmehr entsprechen die gesteigerten Reformaktivitäten der Schiedsinstitutionen dem zu erwartenden Anbieterverhalten auf einem zunehmend umkämpften Markt. So ziehen reichere Auswahlmöglichkeiten der Nachfrager erhöhten Wettbewerbsdruck nach sich.

Anders als im Falle eines Quasi-Monopols muss ein Anbieter potentielle Kunden dann nicht nur grundsätzlich von einer Produktkategorie, sondern darüber hinaus insbesondere von der Überlegenheit des eigenen Angebotes im Vergleich zu den konkurrierenden überzeugen. In einem solchen kompetitiven Marktumfeld entstehen für die Anbieter zusätzliche Anreize, besondere Sensibilität für die Bedürfnisse und Präferenzen der Nachfrageseite an den Tag zu legen, um daraus Rückschlüsse für die möglichst attraktive Gestaltung des eigenen Angebotes zu ziehen. Wo eine Schiedsinstitution es schafft, mit ihrer Schiedsordnung ein von ihren Konkurrenten vernachlässigtes Interesse der Nachfrageseite zu adressieren, erlangt sie ihnen gegenüber einen Wettbewerbsvorsprung. Umgekehrt werden dadurch die übrigen Anbieter unter Druck gesetzt, ihr jeweiliges Angebot ebenfalls zu verbessern, um konkurrenzfähig zu bleiben. Folgerichtig ist jede Neufassung einer Schiedsordnung grundsätzlich dazu geeignet, Wettbewerbsdruck auf die Schiedsinstitutionen als Vertreter der Angebotsseite zu entfalten und mithin Anpassungsreaktionen in Gestalt weiterer Reformen anderer Schiedsordnungen anzustoßen.

Wenn auch die gesteigerte Konkurrenz auf dem gegenständlichen Markt mit einer erhöhten Dynamik bei der Genese der Schiedsordnungen einherging, ist das Innovationspotential des Wettbewerbs auf dem untersuchten Markt dennoch ambivalent zu bewerten. Insbesondere die Öffentlichkeit der Schiedsordnungen beziehungsweise die vollständige Transparenz der Angebote haben insoweit hemmende Effekte. Der skizzierte Wettbewerbsdruck befördert weniger innovatives als vielmehr imitatorisches Marktverhalten in Bezug auf die Konzeption der Schiedsordnungen. So ist die Gestaltung innovativer Regelungen mit hohem wirtschaftlichem Aufwand, insbesondere in Form von dezidierten Marktbeobachtungen und Kundenbefragungen verbunden. Ob ein Konzept von der Nachfrageseite angenommen wird und somit tatsächlich Erfolg hat, lässt sich nicht mit letzter Sicherheit prognostizieren. Gleichzeitig droht einer Schiedsinstitution bei etwaigem Fehlschlagen ein nachhaltiger Reputationsverlust, den es angesichts der herausragenden Bedeutung dieses Faktors für die Auswahlentscheidung der Nachfrager unbedingt zu vermeiden gilt.

Gleichzeitig sind Schiedsinstitutionen angesichts der vollständigen Transparenz der Schiedsordnungen leicht dazu in der Lage, Regelungskonzepte von Wettbewerbern zu übernehmen, sobald diese sich auf dem Markt als erfolgreich erwiesen haben. Auch rechtlich steht einer konzeptionellen Nachahmung nichts entgegen. Auf diese Weise lässt sich das Risiko eines Reputationsschadens infolge einer in der Praxis gescheiterten Regelung auf Null reduzieren. In diesem Sinne zeigt die exemplarische Analyse der Schiedsordnungen, dass normative Änderungen, welche im Zuge einer Überarbeitung vorgenommen werden, in der Mehrzahl von imitatorischem Charakter sind.

Diese Problematik wird im Bereich der institutionellen Schiedsgerichtsbarkeit durch die Struktur des Marktes noch verstärkt. Dort ist mit der ICC ein Marktführer aktiv, der zwar seinen Status als Quasi-Monopolist eingebüßt hat. Dennoch ist die ICC angesichts ihrer lang hergebrachten Tradition mit herausragender Reputation ausgestattet, die ihr bis heute einen im Markt einmaligen Wettbewerbsvorteil gegenüber den anderen Schiedsinstitutionen verschafft. Neben der ICC sind die hier gegenständlichen sowie einige wenige andere Schiedsinstitutionen zumindest mit einem gewissen Grad an mehr oder weniger verbreiteter positiver Bekanntheit ausgestattet. Wie die ICC als Marktführer im Verhältnis zu ihnen – nur in entsprechend geringerem Maße – ziehen diese Schiedsinstitutionen wiederum wettbewerbliche Vorteile gegenüber weniger renommierten Konkurrenten.

Diejenigen Schiedsinstitutionen, welche unabhängig von der inhaltlichen Beschaffenheit ihres Angebots bereits aus ihrem Ruf einen starken Wettbewerbsvorsprung ziehen, können eher auf normativ-innovatorische Aktivitäten verzichten. Gleichzeitig sind gerade die führenden Schiedsinstitutionen hierfür personell wie finanziell besser ausgestattet, während kleinere Zentren nur in deutlich beschränkterem Maße über derartige Ressourcen verfügen. Mithin sind die Anbieter mit dem höchsten individuellen Innovationspotential gleichzeitig am wenigsten auf dessen Ausschöpfung angewiesen, um den eigenen quantitativen Markterfolg sicherzustellen.

Dass darin ein Hemmnis für die Innovationskraft des freien Wettbewerbs zwischen den Schiedsinstitutionen bestehen kann, verdeutlicht die Untersuchung der vorliegend ausgewählten Regelungsthematiken. Mit der ICC beziehungsweise dem LCIA waren es zwar jeweils traditionell etablierte Schiedsinstitutionen, die als erste Regelungen zur Handhabung von vor-schiedsgerichtlichem Rechtsschutz beziehungsweise zur Ermöglichung von Mehrparteienverfahren vorstellten. Diese im Kern innovativen Konzepte wurden jedoch in ihrer Ausgestaltung bewusst eng gefasst (ICC Referee Rules, Konsolidierungsmechanismus nach Art. 4(6) ICC-Rules-1998) oder zumindest in der institutionellen Praxis letztlich äußerst restriktiv angewandt (LCIA). Letztlich waren es jedoch weniger etablierte Schiedsinstitutionen, welche diese Ansätze aufgriffen und in ambitionierterer Form umsetzten. Erst als diese weitreichenderen Konzepte der Konkurrenz erfolgreich am Markt etabliert waren, zogen mit einiger Verzögerung die traditionell führenden Schiedsinstitutionen nach und passten ihre eigenen Regeln entsprechend an.

Die zahlreichen Ausweichmöglichkeiten der Nachfrager verhindern, dass besonders marktmächtige Schiedsinstitutionen das gesamte Feld allein nach ihren eigenen Vorstellungen entwickeln können. Angesichts der gestiegenen Anzahl von Schiedsinstitutionen sowie dem Markterfolg, welchen ehemals weniger etablierte Akteure speziell in der jüngeren Vergangenheit seit der Jahrtausendwende verzeichnen, geraten zunehmend auch die traditionell führenden Anbieter unter Druck. Der verschärfte Wettbewerb zwingt sämtliche Schiedsinstitutionen dazu, nachfrageseitige Interessen umfänglich zu berücksichtigen und diese ins Zentrum der eigenen rechtserzeugenden Tätigkeit zu stellen. Obgleich einzelne Schiedszentren aufgrund besonderer Reputation eine größere Resistenz gegenüber diesem Wettbewerbsdruck aufweisen als die meisten ihrer Konkurrenten, befördert die Konkurrenz insgesamt die nutzerorientierte Weiterentwicklung der Verfahrensordnungen und damit des gesamten Feldes der institutionellen Schiedsgerichtsbarkeit.

B. Die Normativität von Wettbewerb

Rechtserzeugung erfolgt nicht per se in einem wettbewerbsfreien Raum. Wo mehrere alternative Regelungsregime bestehen und deren potentielle Adressaten die freie Wahl haben, welches Anwendung finden soll, entsteht ein Konkurrenzverhältnis zwischen den normschaffenden Einheiten. Sofern sie sich positive Effekte von einer möglichst weiten Verbreitung des eigenen Rechts versprechen, müssen die Rechtserzeuger ihre Regelwerke derart gestalten, dass sich diese für Nutzer möglichst attraktiv darstellen.

Dabei ist insbesondere die relative Attraktivität eines Regelwerks im Vergleich zu den konkurrierenden Alternativen entscheidend. So muss jedes Angebot nicht nur vor dem Hintergrund der Nutzerpräferenzen konzipiert werden, sondern auch mit Blick auf etwaige Konkurrenzprodukte. Denn letztlich muss jeder Rechtserzeuger davon ausgehen, dass die Marktgegenseite ihre Entscheidung zwischen den verschiedenen Regelungsalternativen auf Grundlage eines entsprechenden Vergleichs trifft. Folgerichtig kann nur ein Angebot, das weiten Teilen der Marktgegenseite relativ optimal erscheint, dem dahinterstehenden Anbieter zu einer verbreiteten Anwendung seiner Vorschriften zu verhelfen. Der Wettbewerb von Rechtserzeugern und ihren Regelwerken hat mithin direkte Auswirkungen auf die individuelle Gestaltung des Normativen und folgerichtig auf die Rechtsentwicklung im Allgemeinen.

Derartiger Wettbewerb erscheint unproblematisch, sofern die betreffende Materie bloß eine einzige Nutzergruppe mit weitgehend homogenen Interessen angeht. Dies trifft beispielsweise auf die institutionellen Schiedsordnungen zu. Die Nachfrager teilen im Grundsatz das Interesse an effizienter Konfliktlösung. Insofern verkörpern sie eine homogene Gruppe. Außerdem handelt es sich bei den Schiedsordnungen um Regelwerke, deren Geltungsreichweite unmittelbar von dem Einverständnis einer Person mit der Anwendung abhängt. Die Rechtsverhältnisse Dritter bleiben *per definitionem* unberührt. Demnach besteht ein Gleichlauf der rechtswahlberechtigten Personen mit denjenigen, deren Rechtsverhältnisse der Geltung der jeweiligen Schiedsordnung unterworfen sind. Wenn die Schiedsinstitutionen die Gestaltung der Schiedsordnungen allein an den Bedürfnissen und Präferenzen der Marktgegenseite ausrichten, werden dadurch die Interessen Dritter weder berührt noch vernachlässigt. Vielmehr bringt der Wettbewerb zwischen Rechtserzeugern unter diesen Umständen trotz transparenzbedingter Konvergenzerscheinungen auch gewisse Unterschiede zwischen den Schiedsordnungen hervor. Dadurch erhöht sich für die Nutzer die Wahrscheinlichkeit, dass sie unter den Schiedsordnungen ein Angebot vorfinden, dass für ihre individuellen Präferenzen auch in Ansehung des konkreten Einzelfalls geeignet ist.

Wo Rechtsvorschriften dagegen widerstreitende Interessen verschiedener Akteure betreffen und die normative Ebene letztlich einen Ausgleich zwischen ihnen vermitteln soll, kann Wettbewerb diese Funktion von Recht gefährden. Dies gilt insbesondere, wenn die Rechtswahl einer Person über deren eigene Sphäre hinaus auch Implikationen für unbeteiligte Dritte hat. Sofern von einer Regelung widerstreitende Interessen unterschiedlicher Akteure betroffen sind, jedoch nur ein bestimmter von ihnen rechtswahlberechtigt ist, tritt nur dieser als Nachfrager auf dem entsprechenden Markt in Erscheinung. Da Rechtserzeuger als Anbieter mit der Gestaltung ihrer normativen Produkte allein die Nachfrager überzeugen müssen, drohen etwaige Interessen Dritter angesichts des Wettbewerbs auf normativer Ebene unberücksichtigt zu bleiben. Wettbewerb zwischen Rechtserzeugern kann dann eine Übervorteilung der rechtswahlberechtigten Akteure auf normativer Ebene bewirken.

C. Legislatorischer Wettbewerb: Implikationen für die staatliche Sphäre

Vor diesem Hintergrund kann der Einfluss von Wettbewerb insbesondere im Rahmen staatlicher Rechtsetzung zu einem erheblichen Störfaktor werden. Denn staatliche Gesetzgeber sind als solche stets dem Gemeinwohl verpflichtet. Um diesem Auftrag gerecht zu werden, muss die Legislative sicherstellen, dass ihre Rechtsvorschriften auf der sachgemäßen Abwägung aller berechtigten Interessen beruhen. Wo Nachfragern jedoch die freie Rechtswahl eröffnet ist, drohen deren Interessen, diejenigen betroffener Dritter im Gesetzgebungsverfahren zu überlagern. Gegebenenfalls verfestigt sich ein derartiges Ungleichgewicht allgemein auf normativer Ebene und schlägt in der Folge auf die Rechtspraxis durch.

Außerdem besteht ein Spannungsfeld zwischen der normativen Gestaltungsfreiheit eines prinzipiell absolut souveränen Gesetzgebers und dem wettbewerbsbedingten Druck, welchen die etwaige Konkurrenz mit den Regelungsgefügen anderer Staaten hervorruft. Jedenfalls erscheint die legislative Ausgestaltung nicht mehr uneingeschränkt souverän im Sinne vollkommener, lediglich durch verfassungsmäßig und damit selbst auferlegte Vorgaben leicht begrenzte Gestaltungsfreiheit zu erfolgen, wenn sie im Kern maßgeblich der jeweiligen Rechtslage in anderen Jurisdiktionen geschuldet ist. Demnach beschränkt zumindest besonders intensiv ausgeprägter legislatorischer Wettbewerb die Gestaltungfreiheit von staatlichen Gesetzgebern, worin eine Gefahr für dessen Souveränität und je nach betroffener Materie für das Gemeinwohl liegt.

Wettbewerb zwischen Rechtserzeugern hat mithin keine effizienzsteigernden Effekte, soweit keine Identität zwischen den Rechtswahlberechtigten und den Rechtswahlbetroffenen besteht. Im Gegenteil ist ein solcher Wettbewerb sogar dazu geneigt, ineffiziente Regelungen hervorzubringen, indem er für die Rechtserzeuger Anreize zur ausschließlichen Beachtung der nachfrageseitigen Präferenzen beziehungsweise der Rechtswahlberechtigten schafft. Zur Unterbindung kommt einerseits die Einschränkung der Rechtswahlfreiheit und andererseits eine Harmonisierung der alternativen Regelwerke durch entsprechende Koordinierung der Rechtserzeuger in Betracht. Dadurch kann Wettbewerb für bestimmte Bereiche, in denen ansonsten eine ungleichmäßige Gewichtung an sich gleichberechtigter Interessen durch die Rechtserzeuger droht, je nach Bedarf gezielt beschränkt oder ausgeschaltet werden.

Derartige regulatorische Maßnahmen zur Eindämmung von normativem Wettbewerb bedürfen zu ihrer Effektivität eines abgestimmten Handelns von mehreren Gesetzgebern. Zwar ist grundsätzlich auch ein einzelner in der Lage, für seine Rechtsordnung entsprechend beschränkende Regelungen einzuführen, jedoch bleibt dann die Möglichkeit eines ausweichenden Gebietswechsels erhalten hin in einen vorteilhafteren Rechtsraum unter Ägide eines anderen, nicht beteiligten Gesetzgebers. Sowohl der Ausschluss der freien Rechtswahl also auch die Rechtsharmonisierung über Jurisdiktionsgrenzen hinweg erfordern gleichermaßen das Zusammenwirken von Gesetzgebern.

Koordiniertes Verhalten birgt für staatliche Legislative ebenso wie für Anbieter auf einem klassischen Markt das Potential, den eigenen Handlungsspielraum zu vergrößern. Während das Kartellverbot private Kooperation grundsätzlich untersagt, steht Staaten wechselseitige Koordination ohne Weiteres als legitimes Instrument zur Verfolgung der eigenen Interessen offen. Um auch in Zeiten einer globalisierten Welt die effektive Herrschaft über die Beschaffenheit rechtlicher Vorgaben effektiv ausüben zu können, sollten Staaten dem zwischen ihnen entstandenen Wettbewerb durch konzertierte Maßnahmen entgegentreten. Neben der Harmonisierung rechtlicher Vorgaben kommt zu diesem Zweck auch die Beschränkung privater Rechtswahlfreiheit in Betracht. Andernfalls droht angesichts voranschreitender Globalisierung ein immer intensiverer Wettbewerb, der staatliche Gesetzgeber im Sinne eines neuzeitlichen *divide et impera* letztlich zu Getriebenen der forum shopper machen würde. Die normative Gestaltungsfreiheit staatlicher Legislative entspräche dann bloß noch der formalen, dogmatischen, nicht mehr jedoch der faktischen Rechtswirklichkeit.

Zusammenfassende Thesen

I. Wo zwischen mehreren alternativen Regelwerken gewählt werden kann, entsteht ein Konkurrenzverhältnis.

II. Diese Konkurrenz betrifft sowohl die Normgefüge als auch die dahinterstehenden Rechtserzeuger, deren gestalterischer Herrschaft sie unterliegen.

III. Die Konzeptionierung durch den Rechtserzeuger erfolgt im Bewusstsein über den Vergleich der einschlägigen Alternativregelungen, der nutzerseitig die Grundlage für die Rechtswahlentscheidung bildet.

IV. Der Markterfolg einer Regelung hängt von deren Beliebtheit bei den Nachfragern ab.

V. Bei der Gestaltung von Rechtsnormen orientieren sich Rechtserzeuger wie Anbieter daher an den Präferenzen der Nachfrageseite.

VI. Die vollständige Angebotstransparenz, die angesichts der öffentlich verfügbaren Regelwerke herrscht, vereinfacht die Verbreitung von erfolgreichen Innovationen im Markt.

VII. Gleichzeitig schwächt diese Transparenz vor dem Hintergrund der herausragenden Bedeutung des Renommees der Schiedsinstitutionen auf dem vorliegend untersuchten Markt wettbewerbsbedingten Innovationsdruck ab.

VIII. Je mehr Nachfrager sich für ein bestimmtes Regelwerk entscheiden und je erfolgreicher sich dieses somit am Markt erweist, desto stärker wird der Anpassungsdruck auf die übrigen Wettbewerber.

IX. Je weiter die Anwendung eines bestimmten Regelwerks in der Praxis verbreitet ist, desto stärker ist die normative Marktmacht des dahinterstehenden Rechtserzeugers einzuschätzen.

X. Die mit dem Wettbewerb zwischen Rechtserzeugern einhergehende Dynamik beeinflusst die Rechtsgenese konkurrierender Normgefüge.

XI. Soweit keine personelle Identität zwischen Rechtswahlberechtigten und Rechtswahlbetroffenen besteht, droht der Wettbewerb zwischen Rechtserzeugern Ineffizienzen bei der normativen Gestaltung hervorzurufen.

XII. Im Kontext staatlicher Gesetzgebung kann intensiver Wettbewerb zu einer faktischen Beschränkung der Gestaltungsfreiheit und damit der normativen Macht individueller staatlicher Gesetzgeber führen.

XIII. Anders als privaten Rechtsetzungsinstanzen steht es staatlichen Gesetzgebern grundsätzlich offen, die Ausgestaltung von Regelungen abzustimmen und ihre Rechtsetzung zu konzertieren.

XIV. Wie auf einem herkömmlichen Markt kann eine Koordinierung der Anbieter deren Machtposition gegenüber der nachfragenden Marktgegenseite verstärken.

XV. Während die fortschreitende Globalisierung die Machtstellung Privater als Nachfrager durch die Schaffung effektiver Rechtswahlfreiheit wesentlich befördert, schwindet die faktische normative Gestaltungsmacht jedes einzelnen Staates angesichts des Wettbewerbes, dem Rechtsordnungen und Regelwerke zunehmend ausgesetzt sind.

XVI. Um die Herrschaft (demokratisch legitimierter) staatlicher Gesetzgeber über die normative Beschaffenheit von Recht unter diesen Rahmenbedingungen zu erhalten und abzusichern, bedarf es der Einschränkung entsprechenden Wettbewerbs – entweder durch den koordinierten Ausschluss von Rechtswahlfreiheit oder im Wege von Harmonisierung.

Literaturverzeichnis

ABOUL-ENEIN, Mohamed Ibrahim Mostafa: Arbitration under the Auspices of the Cairo Regional Centre for Commercial Arbitration, in: JIA 2 (1985) 4, S. 23–40.

ALNABER, Rania: Emergency Arbitration – Mere Innovation or Vast Improvement, in: Arb. Int'l. 35 (2019) 4, S. 441–472.

ALTENKIRCH, Markus: Die Beendigung des Schiedsrichtervertrags, in: SchiedsVZ 2014, S. 113–121.

ANDERS, Monika/GEHLE, Burkhard (Hrsg.): Zivilprozessordnung – Mit GVG und anderen Nebengesetzen, 80. Auflage 2022, München.

ANTOMO, Jennifer: Aufwind für internationale Gerichtsstandsvereinbarungen – Inkrafttreten des Haager Übereinkommens, in: NJW 2015, S. 2919–2922.

BAAIJ, C.J.W.: Hiding in Plain Sight – The Power of Public Governance in International Arbitration, in: HILJ 60 (2019) 1, S. 135–180.

BANIFATEMI, Yas: Expedited Proceedings in International Arbitration, in: Laurent Lévy/Michael Polkinghorne (Hrsg.): Expedited Procedures in International Arbitration, 2017, Paris (Frankreich), S. 9–33.

BARGEN, Jan Malte von: Gerichtsinterne Mediation – Eine Kernaufgabe der rechtsprechenden Gewalt, 2008, Tübingen.

BARTELS, Michael: Multiparty Arbitration Clauses, in: JIA 2 (1985) 2, S. 61–66.

BASEDOW, Jürgen: Theorie der Rechtswahl oder Parteiautonomie als Grundlage des Internationalen Privatrechts, in: RabelsZ 75 (2011) 1, S. 32–59.

BAUR, Jürgen F.: Das Tatbestandsmerkmal „Wettbewerb", in: ZHR 134 (1970) 7, S. 97–150.

BEBCHUK, Lucian Arye: Federalism and the Corporation – The Desirable Limits on State Competition in Corporate Law, in: HLR 107 (1992) 7, S. 1435–1510.

BEBCHUK, Lucian Arye/FERRELL, Allen: Federalism and Corporate Law – The Race to Protect Managers from Takeovers, in: CLR 99 (1999) 5, S. 1168–1199.

BEBCHUK, Lucian Arye/HAMDANI, Assaf: Vigorous Race or Leisurely Walk – Reconsidering the Competition over Corporate Charters, in: YLJ 112 (2002) 3, S. 553–615.

BERAUDO, Jean-Paul: Recognition and Enforcement of Interim Measures of Protection Ordered by Arbitral Tribunals, in: JIA 22 (2005) 3, S. 245–254.

Berger, Klaus Peter: Internationale Wirtschaftsschiedsgerichtsbarkeit – Verfahrens- und materiellrechtliche Grundprobleme im Spiegel moderner Schiedsgesetze und Schiedspraxis, 1992, Berlin.

Berger, Klaus Peter: The International Arbitrators' Application of Precedents, in: JIA 9 (1992) 4, S. 5–22.

Berger, Klaus Peter: The Creeping Codification of the Lex Mercatoria, 1. Auflage 1999, Den Haag (Niederlande).

Berger, Klaus Peter: Die Rechtsstellung des Pre-Arbitral Referees, in: SchiedsVZ 2006, S. 176–182.

Berger, Klaus Peter: Herausforderungen für die (deutsche) Schiedsgerichtsbarkeit, in: SchiedsVZ 2009, S. 289–299.

Berger, Klaus Peter: Institutional Arbitration – Harmony, Disharmony and "The Party Autonomy Paradox", in: RACI 11 (2018) 2, S. 335–364.

Bermann, George A.: The self-styled "autonomy" of international arbitration, in: Arb. Int'l. 36 (2020) 2, S. 221–232.

Blackaby, Nigel/Partasides, Constantine: Redfern and Hunter on International Arbitration, 6. Auflage 2015, New York (U.S.A.).

Böhle, Jan: Die Abwahl zwingenden Rechts vor staatlichen Gerichten in Inlandsfällen, in: ZEuP 2019, S. 72–98.

Born, Gary B.: International Arbitration and Forum Selection Agreements – Drafting and Enforcing, 5. Auflage 2016, Den Haag (Niederlande).

Born, Gary B.: International Commercial Arbitration, 3. Auflage 2021, Alphen aan den Rijn (Niederlande).

Bosch, Wolfgang/Bechtold, Rainer: Gesetz gegen Wettbewerbsbeschränkungen – Kommentar, 10. Auflage 2021.

Bose, Raja/Meredith, Ian: Emergency Arbitration Procedures – A Comparative Analysis, in: IALR 15 (2012) 5, S. 186–194.

Bucher, Eugen: Was macht den Schiedsrichter? – Abschied vom Schiedsvertrag und Weiteres zu Prozessverträgen, in: Birgit Bachmann/Stephan Breidenbach/Dagmar Coester-Waltjen et al. (Hrsg.): Grenzüberschreitungen: Beiträge zum internationalen Verfahrensrecht und zur Schiedsgerichtsbarkeit, 2005, Tübingen, S. 97–118.

Calavros, Constantin: Grundsätzliches zum Rechtsverhältnis zwischen Schiedsrichtern und Parteien nach griechischem Recht, in: Walther F. Lindacher/Dieter Pfaff/Günther H. Roth et al. (Hrsg.): Festschrift für Walther J. Habscheid zum 65. Geburtstag, 1989, Bielefeld, S. 65–78.

Calliess, Gralf-Peter/Hoffmann, Hermann: Effektive Justizdienstleistungen für den globalen Handel, in: ZRP 2009, S. 1–4.

CALVO, Michel A.: The New ICC Rules of Arbitration – Substantial and Procedural Changes, in: JIA 14 (1997) 4, S. 41–52.

CALVO GOLLER, Karin: The 2012 ICC Rules of Arbitration – An Accelerated Procedure and Substantial Changes, in: JIA 29 (2012) 3, S. 323–344.

CARLEVARIS, Andrea/FERIS, José Ricardo: Running in the ICC Emergency Arbitrator Rules – The First Ten Cases, in: ICC-ICA Bul. 25 (2014) 1, S. 25–37.

CARY, William L.: Federalism and Corporate Law – Reflections upon Delaware, in: YLJ 83 (1974) 4, S. 663–705.

CAVALIEROS, Philippe/KIM, Janet: Emergency Arbitrators Versus the Courts – From Concurrent Jurisdiction to Practical Considerations, in: JIA 35 (2018) 3, S. 275–306.

CHANG, Wang Sheng: CIETAC Amended Arbitration Rules 2000 – Embrace the New Century, in: Albert Jan van den Berg (Hrsg.): ICCA Yearbook Commercial Arbitration 2001, Alphen aan den Rijn (Niederlande), S. 366–375.

CHENG, Teresa: Celebrating the Fiftieth Anniversary of the New York Convention, in: Albert Jan van den Berg (Hrsg.): 50 Years of the New York Convention, 2009, Alphen aan den Rijn (Niederlande), S. 679–688.

CHIU, Julie C.: Consolidation of Arbitral Proceeding and International Arbitration, in: JIA 7 (1990) 2, S. 53–76.

CHOI, Dongdoo: Joinder in international commercial arbitration, in: Arb. Int'l. 35 (2019) 1, S. 29–55.

CHOONG, John/MANGAN, Marc/LINGARD, Nicholas: A Guide to the SIAC Arbitration Rules, 2. Auflage 2018, New York (U.S.A.).

CONEJERO ROOS, Cristián: Multi-Party Arbitration and Rule-Making – Some Issues, Contrasting Approaches, in: Albert Jan van den Berg (Hrsg.): 50 Years of the New York Convention, 2009, Alphen aan den Rijn (Niederlande), S. 411–433.

CORNISH, William: The Expansion of Intellectual Property Rights, in: Gerhard Schricker/Thomas Dreier/Annette Kur (Hrsg.): Geistiges Eigentum im Dienst der Innovation, 2001, Baden-Baden, S. 9–21.

DELVOLVÉ, Jean-Louis: Final Report on Multi-Party Arbitrations, in: ICC-ICA Bul. 6 (1995) 1, S. 26–50.

DERAINS, Yves: Technical expertise and "reféré arbitral", in: Pieter Sanders (Hrsg.): New Trends in the Development of International Commercial Arbitration and the Role of Arbitral and Other Institutions, 1983, Deventer (Niederlande), S. 183–191.

DERAINS, Yves/SCHWARTZ, Eric A.: A Guide to the New ICC Rules of Arbitration, 1998, Den Haag (Niederlande).

DERAINS, Yves/SCHWARTZ, Eric A.: A Guide to the ICC Rules of Arbitration, 2. Auflage 2005, Alphen aan den Rijn (Niederlande).

DEZALAY, Yves/GARTH, Bryant: Merchants of Law as Moral Entrepreneurs – Constructing International Justice from the Competition for Transnational Business Disputes, in: LSR 29 (1995) 1, S. 27–64.

DIEDRICH, Frank: Rechtswahlfreiheit und Vertragsstatut, in: RIW 2009, S. 378–385.

DRAHOZAL, Christopher R.: Regulatory competition and the location of international arbitration proceedings, in: IRLE 24 (2004) 3, S. 371–384.

DRAHOZAL, Christopher R./NAIMARK, Richard W.: Towards a Science of International Arbitration – Collected Empirical Research, 2005, Den Haag (Niederlande).

DRAHOZAL, Christopher R./WARE, Stephen J.: Why Do Businesses Use (or Not Use) Arbitration Clauses?, in: OJDR 25 (2010) 2, S. 433–476.

DREIER, Horst (Hrsg.): Grundgesetz – Kommentar, 3 Bände, Bd. III, 3. Auflage 2018, Tübingen.

DREIER, Thomas/SCHULZE, Gernot (Hrsg.): Urheberrechtsgesetz, 7. Auflage 2022, München.

DROULERS, Diana C.: Institutional Commercial Arbitration from the Inside, in: Kaj Hobér/Annette Magnusson/Marie Öhrström (Hrsg.): Between East and West, 2010, Huntington (U.S.A.), S. 141–148.

DUNNING, Graham/QUIRK, Iain/GLEGHORN, Shane/SIMPSON, Damian/PINTO, Timothy: Using Article 37 of the ICDR International Arbitration Rules – Obtaining Emergency Relief, in: DRJ 62 (2007) 2, S. 68–72.

EIDENMÜLLER, Horst: Recht als Produkt, in: JZ 2009, S. 641–653.

EIDENMÜLLER, Horst: The Transnational Law Market, Regulatory Competition, and Transnational Corporations, in: IJGLS 18 (2011) 2, S. 707–749.

EIDENMÜLLER, Horst: Regulatory Competition in Contract Law and Dispute Resolution, in: Horst Eidenmüller (Hrsg.): Regulatory Competition in Contract Law and Dispute Resolution, 2013, München, S. 1–10.

EIDENMÜLLER, Horst: Collateral Damage: Brexit's Negative Effects on Regulatory Competition and Legal Innovation in Private Law, in: ZEuP 2018, S. 868–891.

EIDENMÜLLER, Horst/WAGNER, Gerhard (Hrsg.): Mediationsrecht, 2015, Köln.

ELSING, Siegfried H.: Procedural Efficiency in International Arbitration – Choosing the Best of Both Legal Worlds, in: SchiedsVZ 2011, S. 114–123.

ELSING, Siegfried H./GROTE, Franziska Gräfin: TTIP und der Spill-over-Effekt auf die Handelsschiedsgerichtsbarkeit, in: RIW 2018, S. 321–339.

FERRARI, Franco/KIENINGER, Eva-Maria/MANKOWSKI, Peter et al. (Hrsg.): Internationales Vertragsrecht – Rom I-VO – CISG – CMR – FactÜ Kommentar, 3. Auflage 2018, München.

FEZER, Karl-Heinz: Aspekte einer Rechtskritik an der economic analysis of law und am property rights approach, in: JZ 41 (1986) 18, S. 817–824.

FISCHEL, Daniel: The 'Race to the Bottom' Revisited – Reflections on Recent Developments in Delaware's Corporation Law, in: NwULR 76 (1982) 6, S. 913–945.

FITZNER, Uwe/LUTZ, Raimund/BODEWIG, Theo (Hrsg.): Beck'scher Online-Kommentar Patentrecht, 24. Auflage (Stand: 15. Januar 2022), München.

FLECKE-GIAMMARCO, Gustav: The ICC Scrutiny Process and Enhanced Enforceability of Arbitral Awards, in: JAS 24 (2014) 3, S. 47–77.

FOUCHARD, Philippe: Final Report on the Status of the Arbitrator, in: ICC-ICA Bul. 7 (1996) 1, S. 27–56.

FRY, Jason/GREENBERG, Simon/MAZZA, Francesca: The Secretariat's Guide to ICC Arbitration – A Practical Commentary on the 2012 ICC Rules of Arbitration from the Secretariat of the ICC International Court of Arbitration, 2012, Paris (Frankreich).

FUCHS, Felix: Das Haager Übereinkommen vom 2. Juli 2019 über die Anerkennung und Vollstreckung ausländischer Urteile in Zivil- oder Handelssachen, in: GWR 2019, S. 395–399.

GAILLARD, Emmanuel/PINSOLLE, Philippe: The ICC Pre-Arbitral Referee – First Practical Experiences, in: Arb. Int'l. 20 (2004) 1, S. 13–37.

GAILLARD, Emmanuel/SAVAGE, John (Hrsg.): Fouchard, Gaillard, Goldman on International Commercial Arbitration, 1999, Den Haag (Niederlande).

GAL, Jens: Die Haftung des Schiedsrichters in der internationalen Handelsschiedsgerichtsbarkeit, 2009, Tübingen.

GEIGER, Christophe: Flexibilising Copyright – Remedies to the Privatisation of Information by Copyright Law, in: IIC 39 (2008) 2, S. 178–197.

GEIMER, Reinhold: Dritte als weitere Parteien im Schiedsverfahren, in: Hans-Eric Rasmussen-Bonne/Richard Freer/Wolfgang Lüke et al. (Hrsg.): Balancing of Interests, 2005, Frankfurt am Main, S. 163–180.

GENSCHEL, Philipp/KEMMERLING, Achim/SEILS, Eric: Accelerating Downhill: How the EU Shapes Corporate Tax Competition in the Single Market, in: JCMS 49 (2011) 3, S. 585–606.

GERBAY, Rémy: Is the End Nigh Again? – An Empirical Assessment of the "Judicialization" of International Arbitration, in: ARIA 25 (2014) 2, S. 223–247.

GERBAY, Rémy: The Functions of Arbitral Institutions, 2016, Alphen aan den Rijn (Niederlande).

GHAFFARI, Amir/WALTERS, Emmylou: The Emergency Arbitrator – The Dawn of a New Age, in: Arb. Int'l. 30 (2014) 1, S. 153–167.

GIELEN, Nico/WAHNSCHAFFE, Christian Johannes: Die virtuelle Verhandlung im Schiedsverfahren, in: SchiedsVZ 2020, S. 257–265.

GIESSEN, Philipp: Der Pre-Arbitral-Referee und der Emergency Arbitrator in der internationalen Schiedsgerichtsbarkeit, 2012, Frankfurt.

GINSBURG, Tom: The Culture of Arbitration, in: VJTL 36 (2003), S. 1335–1345.

GOETHE, Johann Wolfgang von: Wilhelm Meisters Wanderjahre oder die Entsagenden, 1821, Stuttgart.

GORNIG, Gilbert: Internationale Schiedsgerichtsbarkeit in Konkurrenz zur staatlichen Gerichtsbarkeit, in: Volker Bouffier/Hans-Detlef Horn/Roman Poseck et al. (Hrsg.): Grundgesetz und Europa, 2016, Tübingen, S. 501–518.

GRABITZ, Eberhard/HILF, Meinhard/NETTESHEIM, Martin (Hrsg.): Das Recht der Europäischen Union, 3 Bände, 75. EL (Januar 2022), München.

GRANSTRAND, Ove: Towards a Theory of Innovation Governance and the Role of IPRs, in: GRUR Int. 2020, S. 341–354.

GRIERSON, Jacob/VAN HOOFT, Annet: Arbitrating under the 2012 ICC Rules – An Introductory User's Guide, 2012, Alphen aan den Rijn (Niederlande).

GROEBEN, Hans von der/SCHWARZE, Jürgen/HATJE, Armin (Hrsg.): Europäisches Unionsrecht – Vertrag über die Europäische Union – Vertrag über die Arbeitsweise der Europäischen Union – Charta der Grundrechte der Europäischen Union, 4 Bände, Bd. 2, 7. Auflage 2015, Baden-Baden.

GUANDALINI, Bruno: Economic Analysis of the Arbitrator's Function, 2020, Den Haag (Niederlande).

GUSY, Martin F./HOSKING, James M.: A Guide to the ICDR International Arbitration Rules, 2. Auflage 2019, Oxford (Vereinigtes Königreich).

HAAS, Ulrich/KAHLERT, Heiner: Privacy and Confidentiality, in: Karl-Heinz Böckstiegel/Stefan Kröll/Patricia Nacimiento (Hrsg.): Arbitration in Germany, 2015, Alphen aan den Rijn (Niederlande), S. 963–980.

HABEL, Arne: Contract Governance – Eine verfassungsrechtliche und rechtsdogmatische Analyse zu vertraglichen und vertragsrechtlichen Regelungsstrukturen in Belangen des Gemeinwohls, 2012.

HABSCHEID, Walter J.: Zum Problem der Mehrparteienschiedsgerichtsbarkeit, in: Claude Reymond (Hrsg.): Schweizer Beiträge zur internationalen Schiedsgerichtsbarkeit, 1984, Zürich (Schweiz), S. 173–190.

HAMANN, Hartmut/LENNARTZ, Thomas: Schiedsverfahren oder staatliche Gerichtsverfahren – Was ist besser?, in: JA 2012, S. 801–808.

HANESSIAN, Grant/DOSMAN, E. Alexandra: Songs of Innocence and Experience: Ten Years of Emergency Arbitration, in: ARIA 27 (2016) 2, S. 215–237.

HANNICH, Rolf (Hrsg.): Karlsruher Kommentar zur Strafprozessordnung – Mit GVG, EGGVG, EMRK, 8. Auflage 2019, München.

HANOTIAU, Bernard: Complex – Multicontract-Multiparty – Arbitrations, in: Arb. Int'l. 14 (1998) 4, S. 369–394.

HANOTIAU, Bernard: Problems Raised by Complex Arbitrations Involving Multiple Contracts-Parties-Issues – An Analysis, in: JIA 18 (2001) 3, S. 253–360.

HANOTIAU, Bernard: International Arbitration in a Global Economy – The Challenges of the Future, in: JIA 28 (2011) 2, S. 89–103.

HANOTIAU, Bernard: Complex Arbitrations: Multi-Party, Multi-Contract, Multi-Issue – A comparative Study, 2. Auflage 2020, Alphen aan den Rijn (Niederlande).

HAUSMANINGER, Christian: The ICC Rules for a Pre-Arbitral Referee Procedure – A Step Towards Solving the Problem of Provisional Relief in International Arbitration?, in: ICSID Rev. 7 (1992) 1, S. 82–113.

HAYEK, Friedrich August von: Der Wettbewerb als Entdeckungsverfahren, in: Kurt R. Leube (Hrsg.): Die Österreichische Schule der Nationalökonomie, 1996, Wien (Österreich), S. 119–137.

HEISKANEN, Veijo: Key to Efficiency in International Arbitration, in: ICSID Rev. 30 (2015) 3, S. 481–485.

HOBECK, Paul/MAHNKEN, Volker/KOEBKE, Max: Schiedsgerichtsbarkeit im internationalen Anlagenbau – Ein Auslaufmodell?, in: SchiedsVZ 2007, S. 225–237.

HOFFMANN, David A.: Whither Bespoke Procedure?, in: UILR 2014 2, S. 389–430.

HORN, Jakob: Der Emergency Arbitrator und die ZPO, 2019, Tübingen.

HUNTER, Martin/PAULSSON, Jan: A Commentary on the 1985 Rules of the London Court of International Arbitration, in: Pieter Sanders (Hrsg.): ICCA Yearbook Commercial Arbitration 1985, Alphen aan den Rijn (Niederlande), S. 167–172.

ICC: Decisions on Costs in International Arbitration, in: ICC Dis. Res. Bul. 2015 (Issue 2), S. 1–55.

ICC: 2017 ICC Dispute Resolution Statistics, in: ICC Dis. Res. Bul. 2018 (Issue 2), S. 51–65.

JARVIN, Sigvard/DERAINS, Yves/ARNALDEZ, Jean-Jacques: Collection of ICC Arbitral Awards 1986–1990 – Recueil des sentences arbitrales de la CCI, 1994, Paris (Frankreich).

JEPHCOTT, Mark/LÜBBIG, Thomas: Law of Cartels, 2003, Bristol (Vereinigtes Königreich).

JOHNS, J. Brian: ICDR Emergency Arbitrations, in: ICDR-IAR 5 (Fall 2016), S. 5–6.

KAHAN, Marcel/KAMAR, Ehud: The Myth of State Competition in Corporate Law, in: SLR 55 (2002) 3, S. 679–749.

KAPLAN, Stanley A.: Foreign Corporations and Local Corporate Policy, in: Vand. L. Rev. 21 (1968) 4, S. 433–481.

KARTON, Joshua: The Culture of International Arbitration and the Evolution of Contract Law, 2013, Oxford (Vereinigtes Königreich).

KAUFMANN-KOHLER, Gabrielle: Globalization of Arbitral Procedure, in: VJTL 36 (2003), S. 1313–1333.

KAUFMANN-KOHLER, Gabrielle: Soft Law in International Arbitration – Codification and Normativity 1 (2010) 2, S. 283–299.

KERBER, Wolfgang: Interjurisdictional Competition within the European Union, in: FILJ 23 (2000) Special Symposium Issue, S. 217–249.

KERSTING, Christian: Corporate Choice of Law – A Comparison of the United States and European Systems and a Proposal for a European Directive, in: Brookl. J. of Int'l. L. 28 (2002) 1, S. 1–74.

KERSTING, Christian: Wettbewerb der Rechtskulturen – Der Kampf um das beste Recht, in: H. Michael Piper/Heinrich-Heine-Universität Düsseldorf (Hrsg.): Neues aus Wissenschaft und Lehre, 2010, Düsseldorf, S. 557–579.

KERSTING, Christian/SCHINDLER, Clemens Philipp: Die EuGH-Entscheidung „Inspire Art" und ihre Auswirkungen auf die Praxis, in: RdW 2003, S. 621–625.

KIENINGER, Eva-Maria: Wettbewerb der Privatrechtsordnungen im europäischen Binnenmarkt – Studien zur Privatsrechtskoordinierung in der Europäischen Union auf dem Gebiet des Gesellschafts- und Vertragsrechts, 2002, Tübingen.

KIENINGER, Eva-Maria: Niederlassungsfreiheit als Freiheit der nachträglichen Rechtswahl, in: NJW 2017, S. 3624–3627.

KINDL, Johann/MELLER-HANNICH, Caroline (Hrsg.): Gesamtes Recht der Zwangsvollstreckung, 4. Auflage 2021, Baden-Baden.

KIRCHHOF, Paul: Freiheitlicher Wettbewerb und staatliche Autonomie – Solidarität, in: Hans Otto Lenel/Helmut Gröner/Walter Hamm et al. (Hrsg.): ORDO, 2016, Berlin, S. 39–45.

KLAUSNER, Michael: Corporations, Corporate Law, and Networks of Contracts, in: Virg. L. Rev. 81 (1995) 3, S. 757–852.

KLEINSCHMIDT, Jens: Die Widerklage gegen einen Dritten im Schiedsverfahren, in: SchiedsVZ 2006, S. 142–150.

KLICK, Jonathan: The Law and Economics of Regulatory Competition, in: Francesco Parisi (Hrsg.): Production of Legal Rules, 2011, Cheltenham (Vereinigtes Königreich), S. 386–398.

KLOSE, Bernhard: Entwicklungen bei der außergerichtlichen Justiz, in: NJ 2018, S. 12–17.

KLOSE, Bernhard: Justiz als Wirtschaftsfaktor – Rechtsfindung im Spannungsfeld von Effizienz und Planbarkeit, 2020, Baden-Baden.

KLUMPP, Steffen/RIEBLE, Volker/LÖWISCH, Manfred (Hrsg.): J. von Staudingers Kommentar zum Bürgerlichen Gesetzbuch – §§ 328–345 BGB, 2020, Berlin.

KOCH, Harald: Sammelklage und Justizstandorte im internationalen Wettbewerb, in: JZ 2011, S. 438–445.

KÖRBER, Torsten/SCHWEITZER, Heike/ZIMMER, Daniel et al. (Hrsg.): Wettbewerbsrecht – Kommentar zum Europäischen Kartellrecht, 5 Bände, Bd. 1, 6. Auflage 2019, München.

KÖRBER, Torsten/SCHWEITZER, Heike/ZIMMER, Daniel et al. (Hrsg.): Wettbewerbsrecht – Fusionskontrolle, 5 Bände, Bd. 3, 6. Auflage 2020, München.

KÖRBER, Torsten/SCHWEITZER, Heike/ZIMMER, Daniel et al. (Hrsg.): Wettbewerbsrecht – Kommentar zum Deutschen Kartellrecht, 5 Bände, Bd. 2, 6. Auflage 2020, München.

KRÖLL, Stephan: 50 Jahre UN-Übereinkommen über die Anerkennung und Vollstreckung ausländischer Schiedssprüche – Standortbestimmung und Zukunftsperspektive, in: SchiedsVZ 2009, S. 40–53.

KRONKE, Herbert: Internationale Schiedsverfahren nach der Reform, in: RIW 1998, S. 257–265.

KROPHOLLER, Jan: Internationales Privatrecht, 6. Auflage 2006, Tübingen.

LACHMANN, Jens-Peter: Handbuch für die Schiedsgerichtspraxis, 3. Auflage 2008, Köln.

LACKHOFF, Klaus: Restrictions on State Interference with Commerce in the U.S.A. and the EC, in: CJEL 2 (1996) 2, S. 313–337.

LALIVE, Pierre: Transnational (or Truly International) Public Policy and International Arbitration, in: Pieter Sanders (Hrsg.): Comparative Arbitration Practice and Public Policy in Arbitration, 1987, Deventer (Niederlande), S. 257–316.

LANGHEID, Theo/WANDT, Manfred (Hrsg.): Münchener Kommentar zum Versicherungsvertragsgesetz, 3 Bände, Bd. 3, 3. Auflage 2022, München.

LEBOULANGER, Philippe: Multi-Contract Arbitration, in: JIA 13 (1996) 4, S. 43–97.

LEMENEZ, Guillaume/QUIGLEY, Paul: The ICDR's Emergency Arbitrator Procedure in Action Part I – A Look at the Empirical Data, in: DRJ 63 (2008) 3, S. 60–69.

LENDERMANN, Nathalie: Procedure Shopping Through Hybrid Arbitration Agreements – Considerations on Party Autonomy in Institutional International Arbitration, 2018, Baden-Baden.

LEW, Julian D. M./MISTELIS, Loukas A./KRÖLL, Stefan M.: Comparative International Commercial Arbitration, 2003, Den Haag (Niederlande).

LIM, P. G.: The Kuala Lumpur Regional Arbitration Centre, in: ICSID Rev. 3 (1988) 1, S. 118–125.

LOEWENHEIM, Ulrich/MEESSEN, Karl M./RIESENKAMPFF, Alexander et al. (Hrsg.): Kartellrecht – Europäisches und Deutsches Recht, 4. Auflage 2020, München.

LÖRCHER, Gino/LÖRCHER, Torsten: Organisation eines Ad-hoc-Schiedsverfahrens, in: SchiedsVZ 2005, S. 179–189.

LYNCH, Katherine: The Forces of Economic Globalization – Challenges to the Regime of International Commercial Arbitration, 2003, Den Haag (Niederlande).

MALLOY, Michael P.: Current Issues in International Arbitration, in: Transnat'l. Lawy. 15 (2002), S. 43–54.

MANGAN, Marc/REED, Lucy/CHOONG, John: A Guide to the SIAC Arbitration Rules, 1. Auflage 2014, Oxford (Vereinigtes Königreich).

MARKERT, Lars/WILSKE, Stephan: Entwicklungen in der internationalen Schiedsgerichtsbarkeit im Jahr 2009 und Ausblick auf 2010, in: SchiedsVZ 2010, S. 62–67.

MASSURAS, Konstadinos: Dogmatische Strukturen der Mehrparteienschiedsgerichtsbarkeit, 1998, Frankfurt am Main.

MAUNZ, Theodor/DÜRIG, Günter/HERZOG, Roman et al. (Hrsg.): Grundgesetz – Kommentar, 7 Bände, 96. EL (November 2021), München.

MAURER, Andreas: Justizstandort Deutschland im globalen Wettbewerb, in: ZRP 2009, S. 88–90.

MCGUIRE, Mary-Rose: Grenzen der Rechtswahlfreiheit im Schiedsverfahrensrecht? – Über das Verhältnis zwischen der Rom-I-VO und § 1051 ZPO, in: SchiedsVZ 2011, S. 257–267.

MEESSEN, Karl M.: Prinzip Wettbewerb, in: JZ 2009, S. 697–706.

MENKEL-MEADOW, Carrie J.: Are Cross-Cultural Ethics Standards Possible or Desirable in International Arbitration?, in: Peter Gauch/Franz Werro/Pascal Pichonnaz (Hrsg.): Mélanges en l'honneur de Pierre Tercier, 2008, Genf (Schweiz), S. 883–904.

MESTMÄCKER, Ernst-Joachim: Gewerbliche Schutzrechte und Urheberrechte in der Eigentums- und Wirtschaftsordnung, in: Andreas Fuchs/Hans-Peter Schwintowski/Daniel Zimmer (Hrsg.): Wirtschafts- und Privatrecht im Spannungsfeld von Privatautonomie, Wettbewerb und Regulierung, 2004, München, S. 261–276.

MESTMÄCKER, Ernst-Joachim/SCHWEITZER, Heike: Europäisches Wettbewerbsrecht, 3. Auflage 2014, München.

MICHAELS, Ralf: Privatautonomie und Privatkodifikation – Zu Anwendbarkeit und Geltung allgemeiner Vertragsrechtsprinzipien, in: RabelsZ 62 (1998) 4, S. 580–626.

MICHAELS, Ralf: Rollen und Rollenverständnisse im transnationalen Privatrecht, in: Deutsche Gesellschaft für Völkerrecht (Hrsg.): Paradigmen im internationalen Recht, 2012, S. 175–223.

MICHAELS, Ralf: Make or Buy – A Public Market for Legal Transplants, in: Horst Eidenmüller (Hrsg.): Regulatory Competition in Contract Law and Dispute Resolution, 2013, München, S. 27–42.

MOFFITT, Michael L.: Customized Litigation – The Case For Making Civil Procedure Negotiable, in: GWLR 75 (2007) 4, S. 461–521.

MONOPOLKOMMISSION: Systemwettbewerb – Sondergutachten der Monopolkommission gemäß § 24 b Abs. 5 Satz 4 GWB, 1998, Baden-Baden.

MUSIELAK, Hans-Joachim/VOIT, Wolfgang (Hrsg.): Zivilprozessordnung – Mit Gerichtsverfassungsgesetz, 19. Auflage 2022, München.

MUSTILL, Michael John: Arbitration – History and Background, in: JIA 6 (1989) 2, S. 43–56.

NICKLISCH, Fritz: Aktuelle Entwicklungen der internationalen Schiedsgerichtsbarkeit für Bau-, Anlagenbau- und Konsortialverträge, in: BB 2001, S. 789–794.

OEBBECKE, Janbernd: Justiz im Wettbewerb, in: DÖV 60 (2007) 5, S. 177–186.

OGUS, Anthony: Competition between National Legal Systems – A Contribution of Economic Analysis to Comparative Law, in: ICLQ 48 (1999) 2, S. 405–418.

OGUS, Anthony: The Economic Basis of Legal Culture – Networks and Monopolization, in: OJLS 22 (2002) 3, S. 419–434.

O'Hara O'Connor, Erin: Jurisdictional Competition for Dispute Resolution – Courts versus Arbitration, in: Horst Eidenmüller (Hrsg.): Regulatory Competition in Contract Law and Dispute Resolution, 2013, München, S. 427–441.

Paulsson, Jan: A Better Mousetrap: 1990 ICC Rules for a Pre-Arbitral Referee Procedure, in: IBL 18 (1990), S. 214–219.

Paulsson, Jan: Moral Hazard in International Dispute Resolution, in: ICSID Rev. 25 (2010) 2, S. 339–355.

Paulsson, Jan: The Idea of Arbitration, 2013, Oxford (Vereinigtes Königreich).

Pechstein, Matthias/Nowak, Carsten/Häde, Ulrich (Hrsg.): Frankfurter Kommentar zu EUV, GRC und AEUV, 4 Bände, Bd. 3, 1. Auflage 2017, Tübingen.

Peter, Alexander F.: Warum die Initiative „Law – Made in Germany" bislang zum Scheitern verurteilt ist, in: JZ 66 (2011) 19, S. 939–946.

Peters, Anne: Wettbewerb der Rechtsordnungen, in: Thomas Giegerich/Armin Hatje/Anne Peters (Hrsg.): Gemeinwohl durch Wettbewerb?, 2014, Berlin, S. 7–56.

Piekenbrock, Andreas: Englisch als Gerichtssprache? – Contra, in: FuL 2010, S. 171.

Platte, Martin: When Should an Arbitrator Join Cases?, in: Arb. Int'l. 18 (2002) 1, S. 67–81.

Podszun, Rupprecht: Wirtschaftsordnung durch Zivilgerichte – Evolution und Legitimation der Rechtsprechung in deregulierten Branchen, 2014, Tübingen.

Podszun, Rupprecht/Franz, Benjamin: Was ist ein Markt? – Unentgeltliche Leistungsbeziehungen im Kartellrecht, in: NZKart 2015, S. 121–127.

Podszun, Rupprecht/Rohner, Tristan: Nach dem Brexit: Die Stärkung staatlicher Gerichte für wirtschaftsrechtliche Streitigkeiten, in: BB 2018, S. 450–454.

Podszun, Rupprecht/Rohner, Tristan: Die Zukunft der Kammern für Handelssachen, in: NJW 2019, S. 131–136.

Poseck, Roman: Schiedsgerichte und Schlichtungsstellen, in: Volker Bouffier/Hans-Detlef Horn/Roman Poseck et al. (Hrsg.): Grundgesetz und Europa, 2016, Tübingen, S. 561–575.

Prütting, Hanns/Gehrlein, Markus (Hrsg.): Zivilprozessordnung – Kommentar, 13. Auflage 2021, Köln.

Prütting, Hans: Die rechtliche Stellung des Schiedsrichters, in: SchiedsVZ 2011, S. 233–239.

Rauscher, Thomas (Hrsg.): Münchener Kommentar zum FamFG – Gesetz über das Verfahren in Familiensachen und in den Angelegenheiten der freiwilligen Gerichtsbarkeit (FamFG) mit Internationalem und Europäischem

Zivilverfahrensrecht in Familiensachen (IZVR, EuZVR), 2 Bände, Bd. 1, 3. Auflage 2018, München.

RAUSCHER, Thomas/KRÜGER, Wolfgang (Hrsg.): Münchener Kommentar zur Zivilprozessordnung – Mit Gerichtsverfassungsgesetz und Nebengesetzen, 3 Bände, Bd. 1, 6. Auflage 2020, München.

RAUSCHER, Thomas/KRÜGER, Wolfgang (Hrsg.): Münchener Kommentar zur Zivilprozessordnung – Mit Gerichtsverfassungsgesetz und Nebengesetzen, 3 Bände, Bd. 2, 6. Auflage 2020, München.

RAUSCHER, Thomas/KRÜGER, Wolfgang (Hrsg.): Münchener Kommentar zur Zivilprozessordnung – Mit Gerichtsverfassungsgesetz und Nebengesetzen, 3 Bände, Bd. 3, 6. Auflage 2022, München.

REDFERN, Alan: Arbitration and the Courts: Interim Measures of Protection – Is the Tide About To Turn, in: TILJ 30 (1995) 1, S. 71–88.

REISMAN, William Michael/CRAIG, W. Laurence/PARK, William/PAULSSON, Jan: International Commercial Arbitration – Cases, materials and notes on the resolution of international business disputes, 1. Auflage 1997, Westbury (U.S.A.).

REITHMANN, Christoph/MARTINY, Dieter (Hrsg.): Internationales Vertragsrecht, 9. Auflage 2022, Köln.

RISSE, Jörg: Wirtschaftsmediation, in: NJW 2000, S. 1614–1620.

RISSE, Jörg: Wirtschaftsmediation, 2003, München.

RISSE, Jörg/OEHM, Max Wilhelm: Vertraulichkeit und Nicht-Öffentlichkeit in Schiedsverfahren, in: ZVglRWiss 114 (2015) 4, S. 407–430.

RISSE, Jörg/REISER, Lisa: Die Haftung von Schiedsorganisationen, in: NJW 2015, S. 2839–2845.

RODI, Michael: Internationale Besteuerung, in: StuW 2008, S. 327–337.

ROMANO, Roberta: Law as a Product: Some Pieces of the Incorporation Puzzle, in: JLEO 1 (1985) 2, S. 225–283.

ROMANO, Roberta: The Genius of American Corporate Law, 1993, Washington D.C. (U.S.A.).

ROMANO, Roberta: Is Regulatory Competition a Problem or Irrelevant for Corporate Governance?, in: OREP 21 (2005) 2, S. 212–231.

RÜHL, Giesela: Das Haager Übereinkommen über die Vereinbarung gerichtlicher Zuständigkeiten – Rückschritt oder Fortschritt?, in: IPRax 2005, S. 410–415.

RÜSSMANN, Helmut: Zwingendes Recht in den Schiedsregeln einer Schiedsinstitution?, in: Alexander Bruns/Christoph Kern/Joachim Münch et al. (Hrsg.): Festschrift für Rolf Stürner zum 70. Geburtstag, 2013, Tübingen, S. 481–492.

SACHS, Michael (Hrsg.): Grundgesetz – Kommentar, 9. Auflage 2021, München.

SÄCKER, Franz Jürgen/BIEN, Florian/MEIER-BECK, Peter et al. (Hrsg.): Münchener Kommentar zum Wettbewerbsrecht, 5 Bände, Bd. 1, 3. Auflage 2020, München.

SÄCKER, Franz Jürgen/RIXECKER, Roland/OETKER, Hartmut et al. (Hrsg.): Münchener Kommentar zum Bürgerlichen Gesetzbuch – Allgemeiner Teil §§ 1–240, AllgPersönlR, ProstG, AGG, 13 Bände, Bd. 1, 9. Auflage 2021, München.

SÄCKER, Franz-Jürgen/MEIER-BECK, Peter (Hrsg.): Münchener Kommentar zum Wettbewerbsrecht, 5 Bände, Bd. 2, 4. Auflage 2022, München.

SAENGER, Ingo (Hrsg.): Zivilprozessordnung – Familienverfahren, Gerichtsverfassung, Europäisches Verfahrensrecht: Handkommentar, 9. Auflage 2021, Baden-Baden.

SALANS, Carl F.: The 1985 Rules of the London Court of International Arbitration, in: Arb. Int'l. 2 (1986) 1, S. 40–56.

SALGER, Hanns-Christian/TRITTMANN, Rolf (Hrsg.): Internationale Schiedsverfahren – Praxishandbuch, 2019, München.

SCHACK, Haimo: Das neue Haager Anerkennungs- und Vollstreckungsübereinkommen, in: IPrax 2020, S. 1–6.

SCHERER, Matthias: Economic or Financial Crises as a Defence in Commercial and Investment Arbitration, in: Alexander J. Bělohlávek/Naděžda Rozehnalová (Hrsg.): Czech Yearbook of International Law, 2010, New York (U.S.A.), S. 219–236.

SCHERER, Maxi/GANZ, Sarah: The Big Unknown Amongst the Arbitral Institutions? – Focus: The American Arbitration Association – a leading provider of commercial dispute resolution services worldwide, in: Disp. Res. 3 (2015) 1, S. 3–5.

SCHERER, Maxi/RICHMAN, Lisa/GERBAY, Rémy: Arbitrating under the 2014 LCIA Rules – A User's Guide, 2015, Alphen aan den Rijn (Niederlande).

SCHERER, Maxi/RICHMAN, Lisa/GERBAY, Rémy (Hrsg.): Arbitrating under the 2020 LCIA Rules – A User's Guide, 2021, Alphen aan den Rijn (Niederlande).

SCHERPF, Georg/MAJUMDAR, Shantanu: The Revised LCIA Arbitration Rules 2014, in: SchiedsVZ 2014, S. 227–232.

SCHINAZI, Mikaël: The Three Ages of International Commercial Arbitration and the Development of the ICC Arbitration System, in: ICC Dis. Res. Bul. 2020 (Issue 2), S. 63–75.

SCHMIDT-AHRENDTS, Nils/SCHMITT, Moritz: Einführung in das Schiedsverfahrensrecht, in: JURA 2016, S. 520–527.

Schöldström, Patrik: The Arbitrator's Mandate – A Comparative Study of Relationships in Commercial Arbitration Under the Laws of England, Germany, Sweden and Switzerland, 1998, Stockholm (Schweden).

Schön, Wolfgang: Der „Wettbewerb“ der europäischen Steuerordnungen als Rechtsproblem, in: DStJG 2000, S. 191–226.

Schön, Wolfgang: Tax competition in Europe – the legal perspective, in: ECTR 9 (2000) 2, S. 90–105.

Schönke, Adolf/Schröder, Horst/Eser, Albin et al. (Hrsg.): Strafgesetzbuch – Kommentar, 30. Auflage 2019, München.

Schulze, Reiner/Dörner, Heinrich/Ebert, Ina et al. (Hrsg.): Bürgerliches Gesetzbuch – Handkommentar, 11. Auflage 2021, Baden-Baden.

Schütze, Rolf A. (Hrsg.): Institutionelle Schiedsgerichtsbarkeit – Kommentar, 3. Auflage 2018, Köln.

Schwab, Karl Heinz: Mehrparteienschiedsgerichtsbarkeit und Streitgenossenschaft, in: Walther F. Lindacher/Dieter Pfaff/Günther H. Roth et al. (Hrsg.): Festschrift für Walther J. Habscheid zum 65. Geburtstag, 1989, Bielefeld, S. 285–294.

Schwab, Karl Heinz/Walter, Gerhard: Schiedsgerichtsbarkeit – Systematischer Kommentar zu den Vorschriften der Zivilprozeßordnung, des Arbeitsgerichtsgesetzes, der Staatsverträge und der Kostengesetze über das privatrechtliche Schiedsgerichtsverfahren, 7. Auflage 2005, München.

Schwartz, Eric A.: Multi-Party Arbitration and the ICC, in: JIA 10 (1993) 3, S. 5–20.

Seibel, Mark: Der Sachverständige und die gerichtliche Leitung seiner Tätigkeit nach der ZPO, in: NJW 2014, S. 1628–1633.

Seiler, Christian: Steuerstaat und Binnenmarkt, in: Otto Deppenheuer/Markus Heintzen/Matthias Jestaedt et al. (Hrsg.): Staat im Wort, 2007, Heidelberg, S. 875–894.

Selling, Heinz-Jürgen: Deutschland im Steuerwettbewerb der Staaten, in: IStR 2000, S. 225–232.

Sessler, Anke/Voser, Nathalie: Die Revidierte ICC-Schiedsgerichtsordnung – Schwerpunkte, in: SchiedsVZ 2012, S. 120–129.

Sgard, Jérôme: A Tale of Three Cities – The Construction of International Commercial Arbitration, in: Grégoire Mallard/Jérôme Sgard (Hrsg.): Contractual Knowledge, 2016, Cambridge (Vereinigtes Königreich), S. 153–184.

Sheppard, Ben H./Townsend, John M.: Holding the Fort Until the Arbitrators Are Appointed – The New ICDR International Emergency Rule, in: DRJ 61 (2006) 2, S. 74–81.

Silva-Romero, Eduardo: Brief Report on Counterclaims and Cross-Claims – The ICC Perspective, in: Stephen R. Bond (Hrsg.): Arbitral Procedure at the Dawn of a New Millenium, 2005, Brüssel (Belgien), S. 73–82.

Smith, Gordon: Comparative Analysis of Joinder and Consolidation Provisions Under Leading Arbitral Rules, in: JIA 35 (2018) 2, S. 173–202.

Spohnheimer, Frank: Gestaltungsfreiheit bei antizipiertem Legalanerkenntnis des Schiedsspruchs – Zugleich ein Beitrag zur Gewährung rechtlichen Gehörs in Schiedsverfahren und zur Aufhebung von Schiedssprüchen, 2010, Tübingen.

Stein, Friedrich/Jonas, Martin (Hrsg.): Kommentar zur Zivilprozessordnung, 12 Bände, Bd. 10, 23. Auflage 2014, Tübingen.

Stelkens, Paul/Bonk, Heinz Joachim/Sachs, Michael et al. (Hrsg.): Verwaltungsverfahrensgesetz – Kommentar, 9. Auflage 2018, München.

Stevens, Matt: Internal Affairs Doctrine – California Versus Delaware in a Fight for the Right to Regulate Foreign Corporations, in: BCLR 48 (2007) 4, S. 1047–1087.

Stone Sweet, Alec/Grisel, Florian: The Evolution of International Arbitration – Judicialization, Governance, Legitimacy, 2017, Oxford.

Strasser, Christian: Vollstreckung aus Nicht-EU-Urteilen – Was sind ausländische Urteile wert?, in: NZFam 2015, S. 103–107.

Strong, Stacie I.: Limits of Procedural Choice of Law, in: Brookl. J. of Int'l. L. 39 (2014) 3, S. 1027–1121.

Subramanian, Guhan: The Influence of Antitakeover Statutes on Incorporation Choice – Evidence on the "Race" Debate and Antitakeover Overreaching, in: UoPLR 150 (2002) 6, S. 1795–1873.

Symeonides, Symeon C.: The Hague Principles on Coice of Law for International Contracts – Some Preliminary Comments, in: AJCL 61 (2013) 4, S. 873–899.

Taeger, Jürgen/Pohle, Jan (Hrsg.): Computerrechts-Handbuch – Informationstechnologie in der Rechts- und Wirtschaftspraxis, 36. EL (Februar 2021), München.

Tochtermann, Peter: Alternative Dispute Resolution – Einführung in die alternative Streitbeilegung, in: JuS 2005, S. 131–135.

Trittmann, Rolf/Schroeder, Hans-Patrick: Der Einfluss der Reformen des Zivilprozesses auf die Schiedsgerichtsbarkeit in Deutschland, in: SchiedsVZ 2005, S. 71–76.

Tung, Frederick: Origins of the Internal Affairs Doctrine, in: JCL 32 (2006) 1, S. 33–101.

Turner, Peter/Mohtashami, Reza: A Guide to the LCIA Arbitration Rules, 1. Auflage 2009, Oxford (Vereinigtes Königreich).

van den Berg, Albert Jan (Hrsg.): ICCA Yearbook Commercial Arbitration 1991, Bd. XVI (1991), Alphen aan den Rijn (Niederlande).

van den Berg, Albert Jan (Hrsg.): ICCA Yearbook Commercial Arbitration 2000, Bd. XXV (2000), Alphen aan den Rijn (Niederlande).

van den Berg, Albert Jan: The New York Arbitration Convention of 1958 – Towards a Uniform Judicial Interpretation, 1994, Deventer (Niederlande).

Vanberg, Viktor: Auch Staaten tut der Wettbewerb gut – Eine Replik auf Paul Kirchhof, in: Hans Otto Lenel/Helmut Gröner/Walter Hamm et al. (Hrsg.): ORDO, 2016, Berlin, S. 47–53.

Veeder, V. V.: London Court of International Arbitration The New 1998 LCIA Rules, in: Albert Jan van den Berg (Hrsg.): ICCA Yearbook Commercial Arbitration 1998, Alphen aan den Rijn (Niederlande), S. 366–369.

Veeder, V. V.: Strategic Management in Commencing an Arbitration, in: Albert Jan van den Berg (Hrsg.): Arbitration Advocacy in Changing Times, 2011, Alphen aan den Rijn (Niederlande), S. 27–34.

Verbist, Herman/Schäfer, Erik/Imhoos, Christophe: ICC Arbitration in Practice, 2. Auflage 2015, Alphen aan den Rijn (Niederlande).

Vorwerk, Volkert/Wolf, Christian (Hrsg.): Beck'scher Online-Kommentar zur Zivilprozessordnung, 44. Ed. (März 2022), München.

Voser, Nathalie: Multi-Party Disputes and Joinder of Third Parties, in: Albert Jan van den Berg (Hrsg.): 50 Years of the New York Convention, 2009, Alphen aan den Rijn (Niederlande), S. 343–410.

Voser, Nathalie/Meier, Andrea: Joinder of Parties or the Need to (Sometimes) Be Inefficient, in: Christian Klausegger/Peter Klein/Florian Kremslehner et al. (Hrsg.): Austrian Arbitration Yearbook 2008, 2008, Wien (Österreich), S. 115–123.

Wagner, Gerhard: Dispute Resolution as a Product – Competition between Civil Justice Systems, in: Horst Eidenmüller (Hrsg.): Regulatory Competition in Contract Law and Dispute Resolution, 2013, München, S. 347–422.

Wagner, Gerhard: The Dispute Resolution Market, in: BLR 62 (2014) 5, S. 1085–1156.

Wagner, Gerhard: Rechtsstandort Deutschland im Wettbewerb – Impulse für Justiz und Schiedsgerichtsbarkeit, 2017, München.

Waldhoff, Christian: Grundrechte und Kommunalrecht – Grundrechtsbindung bei Handeln der Verwaltung in Privatrechtsform, in: JuS 2017, S. 286–288.

WALTER, Gerhard: Dogmatik der unterschiedlichen Verfahren zur Streitbeilegung, in: ZZP 103 (1990) 2, S. 141–170.

WANG, Hui: Multidimensional Thinking about the 'Soft Laws' Phenomena in International Commercial Arbitration – A Chinese Perspective, in: ASA Bull. 36 (2018) 3, S. 615–626.

WERNICKE, Stephan: Perspektiven des deutschen Rechts im Wettbewerb der Rechtsordnungen, 2017, S. 3038–3043.

WETTER, Joshua Gillis: The International Arbitral Process – Public and Private, 1979, New York (U.S.A.).

WETTER, Joshua Gillis: The Present Status of the International Court of Arbitration of the ICC – An Appraisal, in: ARIA 1 (1990) 1, S. 91–107.

WHITESELL, Anne Marie: Multiparty Arbitration – The ICC International Court of Arbitration Perspective, in: R. Doak Bishop/Belinda Macmahon (Hrsg.): Multiple Party Actions in International Arbitration, 2009, Oxford (Vereinigtes Königreich), S. 203–212.

WIECZOREK, Bernhard/SCHÜTZE, Rolf A./GEBAUER, Martin (Hrsg.): Zivilprozessordnung und Nebengesetze, 14 Bände, Bd. 11, 5. Auflage 2019, Berlin.

WIEDEMANN, Gerhard (Hrsg.): Handbuch des Kartellrechts, 4. Auflage 2020, München.

WIELAND, Joachim: Steuerwettbewerb in Europa, in: EuR 2001, S. 119–128.

WILSKE, Stephan: International Commercial Courts and Arbitration, in: CAAJ 11 (2018) 2, S. 153–192.

WILSKE, Stephan/MARKERT, Lars/BRÄUNINGER, Laura: Entwicklungen in der internationalen Schiedsgerichtsbarkeit im Jahr 2014 und Ausblick auf 2015, in: SchiedsVZ 2015, S. 49–68.

WILSKE, Stephan/MARKERT, Lars/BRÄUNINGER, Laura: Entwicklungen in der internationalen Schiedsgerichtsbarkeit im Jahr 2016 und Ausblick auf 2017, in: SchiedsVZ 2017, S. 49–72.

WILSKE, Stephan/MARKERT, Lars/EBERT, Björn: Entwicklungen in der internationalen Schiedsgerichtsbarkeit im Jahr 2019 und Ausblick auf 2020, in: SchiedsVZ 2020, S. 97–120.

WINTER, Ralph K.: State Law, Shareholder Protection, and the Theory of the Corporation, in: JLS 6 (1977) 2, S. 251–292.

WOLF, Alexander: Ist der „Justizstandort Deutschland" international wettbewerbsfähig?, in: RIW 2019, S. 258–272.

WOLF, Christian: Die institutionelle Handelsschiedsgerichtsbarkeit, 1992, München.

WOLFF, Reinmar: Die Schiedsvereinbarung als unvollkommener Vertrag? – Zum Rügeerfordernis des § 1032 Abs. 1 ZPO, in: SchiedsVZ 2015, S. 280–286.

WURMNEST, Wolfgang: Forum Shopping bei Kartellschadensersatzklagen und die Kartellschadensersatzrichtlinie, in: NZKart 2017, S. 2–10.

YEŞILIRMAK, Ali: Provisional Measures in International Commercial Arbitration, 2005, Den Haag (Niederlande).

YU, Hong-Lin: Duty of Confidentiality – Myth and Reality, in: CJQ 31 (2012) 1, S. 68–88.

ZEYNALOVA, Yuliya: The Law on Recognition and Enforcement of Foreign Judgments – Is It Broken and How Do We Fix It?, in: Berk. J. of Int'l. L. 31 (2013) 1, S. 150–205.

ZUCK, Rüdiger: Das rechtliche Interesse auf Akteneinsicht im Zivilprozess, in: NJW 2010, S. 2913–2916.

www.ingramcontent.com/pod-product-compliance
Ingram Content Group UK Ltd.
Pitfield, Milton Keynes, MK11 3LW, UK
UKHW021928290926
8980IPUK00016B/1511

9 783631 882887